L'ABBAYE
DU
PONT-AUX-DAMES
(Ordre de Citeaux)

ASSISE EN LA PAROISSE DE COUILLY

(Châtellenie de Crecy)

Élection et Diocèse de Meaux-en-Brie

1226-1790

MEAUX
LIBRAIRIE LE BLONDEL
Place de la Cathédrale
—

PARIS
LIBRAIRIE DUMOULIN
13, quai des Grands-Augustins
—

1878

L'ABBAYE

DU

PONT-AUX-DAMES

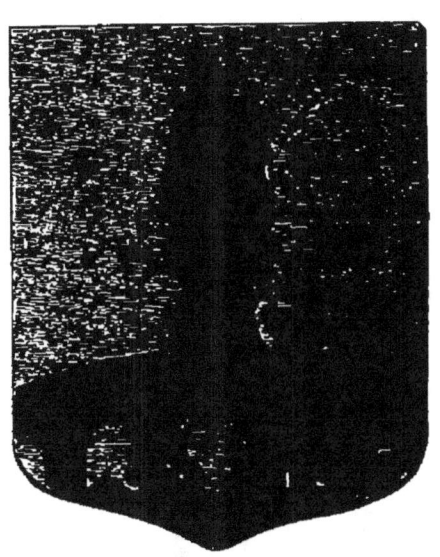

Armoiries de l'Abbaye du Pont-aux-Dames

Tirées de l'armorial manuscrit de D'Hozier.

La Communauté des Religieuses du Pont-aux-Dames porte d'azur à un pont d'argent sur une rivière du même, et sur ce pont une Vierge aussi d'argent, ayant sur son bras senestre le petit Jésus, qui tient en sa main une palme du même.

L'ABBAYE
DU
PONT-AUX-DAMES

(Ordre de Cîteaux)

ASSISE EN LA PAROISSE DE COUILLY

(Châtellenie de Crécy)

Élection et Diocèse de Meaux-en-Brie

1226-1790

MEAUX
LIBRAIRIE LE BLONDEL
Place de la Cathédrale

PARIS
LIBRAIRIE DUMOULIN
13, quai des Grands-Augustins

1878

A MESSIEURS

Les Président, Vice-Présidents et Membres de la Société d'Archéologie, Sciences, Lettres et Arts du département de Seine-et-Marne.

Messieurs,

Sur la proposition de M. Boquet-Liancourt, leur vice-président, les membres de votre Société, composant la section de Meaux, m'ont fait l'honneur de m'offrir une place parmi vous. Encore bien que je fusse extrêmement sensible à ce témoignage de sympathie qui m'était donné par un certain nombre de mes concitoyens, des circonstances diverses m'ont toujours empêché de me rendre à vos convocations, d'assister à vos séances mensuelles. Je vous ai déjà, soit par lettre, soit de vive voix, adressé les excuses que ma persistante inexactitude m'imposait. Je viens aujourd'hui, Messieurs, vous renouveler mes excuses et, justifiant de l'emploi de mon temps, vous demander le bénéfice des circonstances atténuantes; je viens vous offrir, à titre de bienvenue, le résultat des recherches auxquelles je me suis livré depuis le jour que vous m'avez fait l'honneur de me recevoir au nombre de vos collaborateurs. Cet opuscule rentre assurément dans le programme de votre Société. L'Introduction dont je le fais précéder explique l'intention qui m'a dominé, le but que je me suis proposé dans l'accomplissement de ce petit travail.

En me mettant en communication avec vous, en me soumettant à votre jugement, il m'importe particulièrement, Messieurs, que vous ne me preniez ni pour un savant, ni pour un lettré ; je ne suis ni l'un ni l'autre. Je suis tout simplement un homme des champs, qui consacre mes loisirs à la recherche des documents concernant l'histoire de mon village natal. Cela veut dire, Messieurs, que je ne saurais avoir aucune prétention d'aucun genre ; que loin de prendre en mauvaise part vos observations ou vos critiques, je les recevrai, je les provoquerai même comme des témoignages d'affectueuse et franche confraternité.

En me livrant aux recherches dont cet opuscule est le résumé, je pensais que, si dans chacune de nos communes rurales, et sans compter les hommes éminemment compétents qui, soit dans l'*Almanach historique de Seine-et-Marne*, soit dans les Mémoires de votre Société ou dans d'autres recueils, publient des notices sur notre histoire locale, il se trouvait un chercheur qui voulût bien recueillir et publier les documents concernant cette commune, on aurait, en peu d'années, les éléments d'une histoire générale de notre contrée. J'apporte une pierre pour la construction future de cet édifice.

Si dans le cours de mes excursions, j'avais la bonne fortune de trouver encore quelques matériaux, je serais heureux de vous en faire part.

En attendant, je vous prie, Messieurs, de vouloir bien agréer, avec l'assurance de ma haute considération, l'expression de mon affectueux dévouement.

BERTHAULT.

Paris, le 25 Novembre 1877.

TABLE DES MATIÈRES

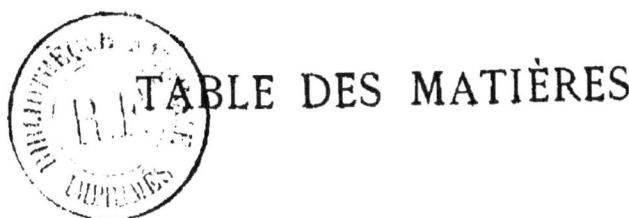

Introduction.	9
1 Cartulaire de l'Abbaye.	16
2 Sentiments religieux du moyen âge	20
3 Objet. Style et formules des chartes	22
4 Propriété. Propriété féodale. Propriété roturière. Conditions des Terres. Main-morte. Eléments de la fortune privée au moyen âge..	28
5 Mesures et Monnaies.	40
6 Noms de personnes. Noms de lieux	43
7 Observations générales sur l'analyse du cartulaire.	46
Législation	49
Bibliographie	69
Liste chronologique des abbesses.	73
Liste des intendants de l'abbaye.	75

NOTICE HISTORIQUE

I. Fondation de l'abbaye au Pont-Notre-Dame. .	76
II. Translation de l'Abbaye du Pont-Notre-Dame au hameau de Rus..	93
III. L'ordre de Cîteaux	106
IV. Les premières abbesses. Le frère convers. Le confesseur. Le chapelain. Le sceau des Abbesses.	118
V. Les premières Religieuses. La règle monastique. Le costume. La clôture. Les oblates. Les sœurs converses. Le confesseur. Le visiteur.	134
VI. Corruption de l'ordre. Relâchement. Calamités générales. Guerres. Pillage de l'abbaye. Abbesses du XVᵉ siècle	169

VII. Le Concile de Trente. Les Abbesses du xvie siècle. 180
VIII. Le Temporel de l'Abbaye au xvie siècle . . 191
IX. Madame Claude de Beauvilliers de Saint-Aignan, abbesse. Les Etats Généraux de 1614. Agrandissement considérable du monastère et de son enclos. Lettres patentes de Louis XIII. Enquête. Arrêts du Parlement. Noms des Religieuses 221
X. Madame de Baradat, abbesse. Le cérémonial de l'Abbaye. Vêtures. Professions. Inhumations. Noms des Religieuses. 235
XI. Mesdames Marie-Anne de Lorraine, Henriette de Lorraine, Madeleine de La Trémoille, Calliope de La Trémoille, abbesses. Les Pensionnaires. Suppression de l'Hôtel-Dieu de Couilly 250
XII. Madame Françoise Lefèvre d'Ormesson, abbesse. Sa bénédiction par Bossuet. Le Frère Edme Perrot, supérieur général de l'ordre. Madame de Bourlamaque, abbesse. Sa prise de possession. 266
XIII. Madame de Fontenille, vingt-neuvième et dernière abbesse. Reconstruction du monastère. Le temporel de l'Abbaye en 1768. Evaluation de la Terre et Seigneurie de Crécy. Le dernier Seigneur 282
XIV. Le temporel de l'Abbaye en 1789. 313
XV. La Révolution. Suppression des ordres monastiques. Inventaire des biens de l'abbaye. Vente des biens nationaux. Les dernières Religieuses. 329

CONCLUSION 349
ANALYSE DU CARTULAIRE. I
TABLE DES NOMS DE PERSONNES. 84

INTRODUCTION

En 1875, j'ai publié sous le titre de *Lettre historique* une description topographique du territoire de Couilly. Dans l'introduction que j'ai cru devoir y joindre, j'ai fait connaître l'origine de ce fragment d'histoire locale que j'avais dû me borner à mettre au net, annoter et compléter, car je n'en étais, en définitive, que l'éditeur. Quelques personnes bienveillantes, après avoir pris la peine de lire cet opuscule, m'ont fait l'honneur de m'adresser certaines observations, je ne crains pas de dire, certaines critiques. L'une d'elles, sous la forme la plus aimable et la plus courtoise, a consigné les siennes dans le *Publicateur de l'arrondissement de Meaux*, numéro du 20 septembre 1875.

On reprochait surtout à cette notice la forme épistolaire que j'avais cru devoir lui conserver. On trouvait en outre que j'avais écrasé mon texte sous une avalanche de notes trop nombreuses et trop longues. Une autre personne, dans l'*Indépendant de*

Seine-et-Marne, voulut bien exprimer son opinion sur l'opuscule dont il s'agit (1).

Je ne saurais avoir pour moi-même plus d'indulgence que de raison, et ma personnalité fût-elle en cause, mon jugement ne doit subir aucune altération. Aussi je m'empresse de reconnaître que ces critiques étaient parfaitement fondées. J'en fais donc mon profit. Au lieu de publier sous sa forme épistolaire mon fragment historique concernant l'abbaye du Pont-aux-Dames, fragment dont j'ai déjà parlé, je renonce à cette forme et je rédige moi-même la notice qui fait l'objet de ce livre. Je réduis également, autant que faire se peut, le nombre et l'étendue des notes.

Si, purgé des défauts reprochés à ma *Lettre historique* sur Couilly, le présent opuscule est moins sujet à corrections, il devra cette amélioration à mes censeurs.

Pour certains esprits, l'histoire d'une abbaye de nonnes doit être une suite d'anecdotes piquantes, de récits analogues aux aventures de *Vert-Vert*, à l'expédition d'un certain *comte Ory* qui, nuitamment, avec quatorze chevaliers, envahit le couvent de Faremoutiers, *pour plaire aux nonnes et pour se désennuyer*. Mais la vieille chanson du comte Ory n'est pas un document historique, et ceux qui, sous l'empire de cette gaillardise, *grilleraient dans leur*

---

(1) Article anonyme, numéro du 29 septembre, même année.

peau de trouver ici quelque pie au nid, seront complétement déçus.

Cette notice historique sur l'abbaye du Pont-aux-Dames n'est pas du nombre des livres amusants. Je ne pense pas qu'elle puisse être lue tout d'un trait, sans causer à son lecteur un ennui profond, mais je pense qu'elle pourra fournir aux personnes qui se livrent à l'étude de notre histoire locale quelques renseignements utiles. Ce livre que j'intitule *Notice historique*, pourrait être intitulé avec autant de raison : *Recueil* de pièces concernant l'abbaye du Pont-aux-Dames.

En effet, je me fais un devoir de rapporter, soit en totalité, soit par extraits, un grand nombre de pièces originales. Tout mon travail consiste à coudre l'un à l'autre ces divers documents. Chemin faisant, j'essaie de donner une idée de la vie de couvent, de faire connaître les règlements intérieurs, les usages des monastères de femmes ; de mettre le lecteur au courant des formes judiciaires de l'ancien temps. Autant que possible, j'emploie les formules et les expressions mêmes des actes notariés ou autres documents dont mon récit n'est que le résumé. Je saisis toutes les occasions de fournir les renseignements topographiques et bibliographiques dont je puis avoir connaissance. Les renseignements topographiques ont une utilité pratique dont l'importance ne doit échapper à personne et sur laquelle j'ai particulièrement insisté dans ma *Lettre historique* sur Couilly. Chacun sait que dans les questions de cours d'eau, de voirie rurale, de servitudes foncières et autres matières analogues, la connaissance de la topographie ancienne est d'une importance capitale.

Quant aux renseignements bibliographiques, ils sont toujours recherchés par les personnes studieuses.

Le surplus du récit ne peut être qu'un objet de curiosité rétrospective, sans utilité pratique.

On ne doit pas s'attendre à trouver ici l'histoire complète et sans lacunes de l'abbaye du Pont. Les documents qui nous restent sont peu nombreux. Quand on sait les vicissitudes que les archives des monastères, et particulièrement celles de l'abbaye du Pont, ont éprouvées avant d'arriver entre les mains des archivistes qui les conservent aujourd'hui avec tant de sollicitude et de soin, on est étonné que ces rares épaves soient parvenues jusqu'à nous. Ces documents se trouvent répartis dans trois grands dépôts. Trois ou quatre pièces importantes et notamment le cartulaire dont je parlerai tout à l'heure sont à la Bibliothèque nationale. Les archives nationales en conservent aussi quelques-unes. Enfin plusieurs liasses de titres sont aux archives départementales à Melun. Lorsque j'énonce ces titres dans le cours de ma notice, j'ai soin d'indiquer le dépôt auquel ils appartiennent et leur numéro de classement.

Je saisis avec plaisir l'occasion de constater ici que, parmi les archives départementales de la

France, celles de Seine-et-Marne occupent un des premiers rangs, grâce au dévouement infatigable de notre archiviste départemental, M. Lemaire. Son catalogue rédigé avec un soin exceptionnel comprend aujourd'hui quatre volumes in-4°.

Je manquerais à l'un de mes premiers devoirs, si, dans cette introduction, je n'adressais mes remerciements à M. Lemaire, pour l'empressement avec lequel il a bien voulu m'aider dans le cours de mes recherches.

Après avoir exploré les trois grands dépôts dont je viens de parler, j'ai questionné quelques vieillards dont j'espérais obtenir des renseignements oraux ; mais tous les souvenirs du temps de l'abbaye sont éteints.

Des personnes qui avaient connaissance de mes recherches m'ont offert spontanément, avec une obligeance extrême, quelques renseignements écrits : M. Dubois, président du tribunal de commerce de Meaux et propriétaire au Pont-aux-Dames, m'a communiqué des titres de propriété dans lesquels j'ai trouvé certaines énonciations dont j'ai fait usage pour décrire l'enclos de l'abbaye ; M. Boquet-Liancourt, propriétaire à Meaux, vice-président de la Société d'archéologie de Seine-et-Marne, a mis à ma disposition un certain nombre de pièces dont je me suis servi dans le cours de mon dernier chapitre ; M. Cruchet, notaire à Couilly, m'a procuré quelques documents qui m'ont été très-utiles. Que ces trois messieurs veuillent bien recevoir ici mes remerciements.

De mon côté je possède le cérémonial manuscrit de l'abbaye. Ces documents sont, à ma connaissance, les seuls titres que le temps n'ait pas détruits.

J'ai dit que le département des manuscrits de la bibliothèque nationale conservait un cartulaire de l'abbaye du Pont. Il m'a paru tellement intéressant, tellement utile aux personnes qui s'occupent de notre histoire locale, que je me suis fait un devoir de joindre à ma notice historique une analyse assez développée de ce document. L'analyse dont il s'agit fait suite à la notice. Je ferai connaître ici sommairement l'état matériel du cartulaire, la nature des chartes qui le composent, le sujet de ces chartes, les renseignements divers qui ressortent de la lecture attentive de ces pièces, enfin le plan que j'ai suivi dans mon analyse.

CARTULAIRE DE L'ABBAYE.

On appelle cartulaires des registres où sont transcrits les divers contrats d'acquisition ou d'échange et tous autres titres quelconques concernant un monastère, un chapitre de chanoines, ou toute communauté religieuse, et l'on donne le nom général de chartes à toutes les pièces dont se composent ces cartulaires.

Dans un temps où les contestations étaient extrêmement fréquentes, où, pour justifier de ses droits, on était journellement mis en demeure de produire ses titres, où ces mêmes titres étaient exposés à tant de causes de destruction, telles que pillages et incendies; les monastères ne se contentaient pas d'une seule copie de leurs titres. Chaque établissement religieux avait plusieurs cartulaires.

Or, il est certain : 1° que ce cartulaire du Pont-aux-Dames conservé à la bibliothèque nationale n'est pas celui dont Toussaint Duplessis s'est servi pour composer les quelques pages de notice qu'il a consacrées à notre abbaye; 2° qu'il n'est pas complet.

En effet, une lettre du cardinal Rollin du 5 juillet 1478, que Toussaint Duplessis rapporte comme étant extraite du cartulaire du Pont, ne se trouve pas dans le nôtre (1); et sur l'état du temporel de l'abbaye, on voit figurer un grand nombre de biens dont les titres d'acquisition ne se trouvent pas non plus dans notre cartulaire.

Toute incomplète que soit cette pièce, elle ne vaut pas moins la peine qu'on s'y arrête un instant.

Ce cartulaire catalogué sous le numéro 10,944 latin, recouvert d'une reliure moderne, sous le titre : *Cartularium Pontis Dominarum* forme un volume petit in-8° de 155 feuillets d'un beau papier vélin; il est écrit d'une écriture cursive du dix-

---

(1) De leur côté, les auteurs du Gallia Christiana citent comme étant tirés *ex tabulario monasterii*, les noms de quelques abbesses dont notre cartulaire ne fait pas mention.

septième siècle. L'encre en est tellement décolorée dans presque toutes ses parties et le papier a pris, avec le temps, une teinte tellement jaunâtre que la lecture de ce manuscrit est assez pénible. En outre, dans les chartes latines, il est fait usage de nombreuses abréviations. Aussi les personnes peu familiarisées avec ces sortes d'écritures ne sauraient en faire la lecture couramment sans s'y préparer par plusieurs heures d'une étude attentive.

Je rapporte ici trois lignes qui donneront une idée des abréviations dont il s'agit :

« A. dei gra Font. Ebr. abbissa e cntus eiusdᵉ
« ecclie oibˢ psentes littas insptis salutē in dno
« novitis qᵈ cu ecclia de Colognanciis hret in decima
« de Bolorria in Bria. »

Supprimant les abréviations et complétant tous les mots, on écrira cette phrase en toutes lettres de la manière suivante :

« Adela deï gratia Fontis Ebraudi abbatissa et
« conventus ejusdem ecclesiæ, omnibus presentes
« litteras inspecturis, salutem in Domino. Noveritis
« quod cum ecclesia de Colognanciis haberet in
« decima de Bolorria in Bria....

Ce qui veut dire :

Adèle, par la grâce de Dieu, abbesse de Fontevrault et toute la communauté dudit monastère, à tous ceux qui ces présentes lettres verront, salut en Notre-Seigneur. Sachez que comme l'église de Collinances avait sur la dime de Bouleurs en Brie...

Il se trouve dans les chartes écrites en français

beaucoup moins d'abréviations que dans les chartes latines.

L'encrassement dont sa première page est couverte, prouve qu'avant d'être mis sous la reliure qui le protége aujourd'hui, notre cartulaire a dû, bien souvent, essuyer la poussière des études des officiers publics du temps.

Les chartes sont écrites pêle-mêle, sans ordre de dates ni de matières. Quelques pièces ont été écrites après coup sur des pages laissées en blanc à cet effet. Quelquefois l'insuffisance de la place réservée a forcé le copiste de presser ses lignes et son écriture au point de nous en rendre la lecture extrêmement difficile. Certaines pages blanches ont reçu des fioritures à la plume qui sont probablement l'œuvre de quelque jeune clerc.

Tel est l'état matériel de notre cartulaire.

Il contient les formules de tous ou de presque tous les actes de la vie civile : donations, ventes, échanges, testaments, transactions sur procès, adjudication de bail à l'extinction des feux, etc., etc. Il nous fournit des renseignements sur les monnoies et les mesures en usage dans notre pays, sur la propriété, sur l'aménagement et les produits de la terre, sur la topographie locale. Il nous fait assister à la formation des noms de famille. Nous y rencontrons, à chaque pas, l'application de quelques règles du droit romain, du droit féodal et coutumier, que nous retrouverons plus tard formulées en articles de loi dans notre coutume de Meaux et même dans notre code civil, dans notre code de procédure. Nous y voyons aussi le rôle actif du clergé, notamment celui des évêques et des officiaux se manifester dans la plupart de nos chartes. Un commentaire complet de ce document serait, en quelque sorte, un cours de droit ancien, une histoire abrégée du moyen-âge en action. Je n'entreprendrais pas un pareil travail. Les observations sommaires et superficielles qui font l'objet de cette introduction ont, uniquement, pour but d'attirer l'attention du lecteur sur les points principaux de nos chartes.

SENTIMENTS RELIGIEUX DU MOYEN-AGE.

Le caractère dominant du moyen-âge est l'enthousiasme religieux. La foi se manifeste par les pratiques de la dévotion la plus exaltée. Sous l'empire de l'ignorance et de la crédulité, les imaginations voient partout les suggestions malfaisantes du démon luttant contre l'ange du salut pour s'emparer des âmes que ce dernier veut sauver. Le diable sous le nom de Satan, de Démon, d'Esprit-Malin, est l'objet d'une frayeur horrible. On ne sait comment s'en délivrer. Ce besoin de conjurer la néfaste influence du démon domine tous les esprits. Chacun fait ce qu'il peut pour obtenir la protection de Dieu. L'un fonde un monastère; un autre fait vœu d'accomplir le pèlerinage de la Terre Sainte; un autre embrasse la vie monastique et se consacre au service de Dieu; un autre donne ses biens en totalité ou en partie et même sa propre personne à quelque monastère. Toutes les donations sont faites pour le *remède* de l'âme du donateur et des âmes de ses parents et amis, sans conditions, ou bien à charge de messes, prières et oraisons, etc., etc.

En 1232, un nommé Thierry, cordonnier à Couilly, et Richeude, sa femme, font donation de leurs biens à l'abbaye.

Après la mort de Thierry, les nommés Gauthier, de Voulangis, et Renaud, de Crécy, traduisent en justice la veuve de Thierry pour faire reconnaître et constater certains droits qu'ils prétendaient avoir sur les biens compris dans la donation. Mais bientôt saisis de crainte et considérant leur action comme téméraire et sacrilége, ils se présentent devant le curé de Couilly, se désistent de leurs prétentions, demandent miséricorde et déclarent s'en rapporter à Richeude, au frère convers de l'abbaye, au charpentier Robert, demeurant au Pont-Notre-Dame, pour ordonner ce qui sera le plus conforme au droit et conviendra le mieux à l'âme de Thierry (1).

Si je rapporte ce fait, c'est qu'il me paraît caractéristique et peint parfaitement l'esprit du moyen-âge.

L'exaltation religieuse a pour corollaire la puissance à peu près absolue du clergé. A cette époque l'évêque est la plus haute autorité de la contrée.

(1) Voir la charte du mois de juillet 1240 qui rapporte les faits que je viens d'énoncer.

Son influence est illimitée. Pour l'accomplissement de tous les actes de la vie, c'est à son ministère qu'on a recours. S'agit-il de rédiger un acte quelconque au profit de l'abbaye ; on comparaît devant l'évêque, lequel reçoit les déclarations des parties, en dresse la charte, à laquelle il attache le scel épiscopal. Cette déclaration ainsi rédigée constitue le titre le plus authentique et le plus respectable. S'agit-il de régler quelque contestation ; on se soumet au jugement de l'évêque, on le prend pour arbitre, on se conforme à sa décision ; et si quelque traité s'accomplit sans son concours les parties le prient de le ratifier et d'y apposer son sceau. Ainsi confirmé par la puissance épiscopale, les parties ne doutent pas que le traité dont il s'agit, soit plus respecté, plus fidèlement exécuté. L'évêque, ainsi constitué pour juge, déclare dans sa sentence qu'il a pris l'avis de quelques hommes de bien, ce qu'il exprime par ces mots : *de bonorum consilio* ou par la formule, *eu sur ce délibération aux saiges*. Il était de règle au moyen-âge que nul ne pouvait être jugé que par ses pairs.

OBJET, STYLE ET FORMULES DES CHARTES.

On trouve dans notre cartulaire les formules des actes qui se passent communément devant notaires.

La rédaction de ces chartes est aussi simple que possible. La personne qui se propose de donner ou de vendre tel bien à l'abbaye, se présente devant l'évêque de Meaux ou devant Hugues de Chatillon, sire de Crécy, lesquels, dans les termes les plus concis, rédigent la déclaration du vendeur ou donateur. La femme donatrice ou venderesse est toujours autorisée de son mari; le mineur assisté de son tuteur. En outre, on voit figurer dans ces chartes tous les hoirs de l'aliénateur, et le seigneur du fief dans le ressort duquel le bien dont il s'agit est situé. Ces diverses personnes approuvent et confirment expressément l'aliénation. Lorsque, pour quelque cause que ce soit, elles n'ont pas figuré dans cette charte, elles approuvent et confirment par une charte séparée que l'on appelle *charte de confirmation.*

Cette double confirmation est la conséquence de la législation du temps.

Au treizième siècle, encore bien que le chef de la famille soit seul inscrit sur le rôle de la taille, le bien patrimonial est considéré comme la propriété indivise et collective de tous les membres de cette même famille. Or ces derniers, en confirmant la charte d'aliénation, renoncent à tous les droits qu'ils peuvent avoir sur ce bien, ils renoncent à toute revendication ultérieure, ils renoncent au *retrait lignager.*

Quant à la confirmation du seigneur, elle s'explique par trois causes résultant du système des fiefs c'est-à-dire de l'organisation de la propriété féodale.

1. A l'époque dont nous nous occupons, on ne

pouvait aliéner son bien, fief ou censive, sans la permission, sans la coopération du seigneur dont il était mouvant.

2. Le seigneur pouvait toujours exercer le retrait du bien féodal aliéné dans l'étendue de sa seigneurie et quelquefois le retrait du bien censuel même, dans les cas autorisés par la coutume. Or son intervention dans la charte d'aliénation était une renonciation implicite à l'exercice de l'action en *retrait féodal* ou *censuel*.

3. Enfin dans presque toutes les chartes le seigneur intervenant consent à ce que l'abbaye possède en *main-morte*, cela veut dire qu'il *amortit* le bien dont il s'agit.

Ces explications seront complétées dans le paragraphe relatif au mécanisme de la propriété féodale, où trouveront également leur place quelques observations sur les chartes d'amortissement.

Dans quelques-unes de nos chartes, indépendamment des hoirs et du seigneur, on voit figurer des *plèges*, c'est-à-dire des garants ou cautions qui se portent fort de l'exécution de la charte.

Notre cartulaire contient quelques *vidimus*. C'est ainsi que l'on nommait des copies collationnées par des officiers publics sur des titres originaux. Ces copies tiraient leur nom de la formule employée par ceux qui les délivraient et qui attestaient avoir vu, lu et tenu le titre primordial.

Enfin, on rencontre dans ce cartulaire deux ou trois pièces qui ne concernent pas l'abbaye. Ce sont d'anciens titres de propriété s'appliquant à des biens qui plus tard lui auront été donnés ou vendus.

On remarquera sans doute que nos premières chartes sont presque toutes passées devant Hugues de Chatillon ou devant Pierre de Cuisy, évêque de Meaux. Cette forme est évidemment insolite. En ce qui concerne Hugues de Chatillon, ce n'est pas en qualité de sire de Crécy, mais en qualité de fondateur de l'abbaye que l'on s'adresse à lui. Après son décès, les chartes ne sont plus passées devant le sire de Crécy. En ce qui concerne Pierre de Cuisy, on a recours à son ministère non pas seulement en sa qualité d'évêque, mais en raison de la part qu'il a prise à la fondation, puis à la translation de l'abbaye. Après la mort de Pierre, ce n'est plus à l'évêque mais bien à l'official, que, selon les principes du droit canonique, on soumet la rédaction des chartes.

Telles sont les formules de nos chartes pendant le treizième siècle. Sauf quelques rares exceptions, elles sont écrites exclusivent en latin.

Aussitôt que le quatorzième siècle commence, les usages changent complètement. Les officiaux n'instrumentent plus que rarement. Le ministère des notaires est généralement employé. La plupart des chartes sont écrites en français. Sur la langue vulgaire du moyen-âge, je ne ferai qu'une seule remarque : c'est que le pluriel ou pour parler plus correctement, la lettre S qui est le signe du pluriel, est très-souvent ajoutée à la fin des mots, sans aucune raison, d'une façon tout à fait inopportune.

Pour faciliter les recherches et faire connaître le contenu des pièces, le copiste les fait précéder d'un titre écrit tantôt en latin, tantôt en français, tantôt en français et en latin mêlés.

Dans les chartes des quatorzième et quinzième siècles, on rencontre l'application des règles du droit romain, du droit civil français et même du droit canonique. Dans les chartes de vente, par exemple, le vendeur s'oblige et oblige ses hoirs indéfiniment, promet toutes garanties et renonce à toutes les exceptions du droit romain. Il renonce également au *privilége de croix*.

La législation du treizième siècle accordait aux croisés plusieurs priviléges : notamment celui de ne payer leurs dettes qu'au retour de la croisade, pendant la durée de laquelle ces dettes ne produisaient pas d'intérêts; celui de n'être justiciables que des cours ecclésiastiques, etc.

Les femmes de leur côté renoncent au bénéfice du sénatus-consulte Velleyen et de l'épître du divin Adrien, qui, pour protéger la faiblesse de leur sexe frappaient de nullité les obligations par elles contractées au profit de leurs maris ou même de personnes étrangères.

Dans le cours des quatorzième et quinzième siècles, on trouve les formules de quatre testaments.

Le premier, celui de madame Marguerite, dame

du Tour et de Dampierre (1309-1315) est écrit dans la forme olographe. Les trois autres; celui de Jean de Couternois, 1334; ceux de Guillaume de Charny et de Jean de Lagny, 1349, sont dans la forme authentique. Chacun de ces trois derniers, dressé par le curé de la paroisse du testateur, conformément aux règles du droit canonique, serait absolument nul aux termes du droit civil. En effet, le curé rédacteur se trouve au nombre des légataires, et parmi les témoins, on voit figurer des femmes.

Mais les testaments, pour cause pieuse, c'est-à-dire pour la *sauveté des âmes*, selon l'expression de Beaumanoir, ayant été dictés par l'inspiration du Saint Esprit, étaient exempts des solennités ordinaires prescrites par les lois civiles. Telle était la doctrine des canonistes du temps, doctrine qui doit évidemment s'appliquer à nos chartes de donations que le droit civil n'aurait pas considérées comme valables, par la raison péremptoire qu'elles ne sont pas acceptées.

Quant au testament de madame Marguerite, il est vicié par la coopération du mari de la testatrice qui le confirme et le scelle.

Quoiqu'il en soit, et quand même ils n'auraient pas été tenus pour valables en vertu de l'inspiration du Saint Esprit, tous ces testaments et donations n'auraient pas moins reçu leur entière exécution. Personne, à cette époque, ne se serait permis d'invoquer la nullité d'un legs pieux. Le désistement que j'ai rapporté plus haut, à l'occasion de la donation faite par le cordonnier Thierry, nous fournit un exemple des inquiétudes religieuses de cette époque.

PROPRIÉTÉ.

PROPRIÉTÉ FÉODALE OU FIEFS. — PROPRIÉTÉ ROTURIÈRE OU CENSIVES. — CONDITION DES TERRES. — MAIN-MORTE. — ÉLÉMENTS DE LA FORTUNE PRIVÉE AU MOYEN-AGE.

J'aurai, plus d'une fois, l'occasion de parler des biens de l'abbaye. Quelques explications sur le système féodal, en ce qui concerne la condition des terres, ne sont donc pas inopportunes.

Lorsque les grandes seigneuries eurent été constituées, les seigneurs ne pouvant faire valoir eux-mêmes leurs immenses domaines, se trouvèrent dans la nécessité de les démembrer, soit par inféodation, soit par arroturation. Les terres attribuées par inféodation aux gentilshommes furent des fiefs ou terres nobles. Les roturiers n'ayant pas qualité pour posséder des fiefs; les terres qui leur furent concédées par accensement ou bail à cens se trouvèrent arroturées et constituèrent des censives, c'est-à-dire des terres roturières.

Selon les principes de la féodalité, la propriété foncière se décomposait en *domaine utile* et domaine honorifique ou direct que l'on nommait la directe seigneurie ou simplement *la directe*.

Or les démembrements dont il s'agit ne dépouillaient pas entièrement le suzerain, lequel ne concédait que le domaine utile, conservant pour lui-même la seigneurie directe. Ce droit de directe seigneurie, je me hâte de le dire, n'était pas purement honorifique; il était encore pour le suzerain une source de revenus importants.

Les concessionnaires de terre étaient liés à leur seigneur par des liens étroits.

Le gentilhomme possesseur de fief était lié par la *foi*, c'est-à-dire par une inébranlable fidélité que son honneur lui faisait une loi d'observer en toutes circonstances. Le vassal engageait sa foi par un acte solennel de soumission que l'on appelait acte de *foi et hommage*, qu'il renouvelait à chaque changement de seigneur.

Quant au tenancier concessionnaire d'une roture ou censive, dont il était, en définitive, locataire ou fermier perpétuel; il devait à son seigneur un loyer, redevance annuelle ou fermage en argent que l'on appelait *cens*.

Cette redevance proportionnée à la valeur des produits de la terre en représentait à peu près la valeur locative. A Couilly, le cens était de quatre deniers par arpent.

A la fin de l'ancien régime, les cens n'ayant jamais subi d'augmentation ne représentaient plus qu'une redevance extrêmement minime.

Le revenu des seigneuries consistait EN PARTIE dans la perception des cens et dans les droits de mutation que l'on appelait *lods et ventes*, en matière de censives; *quint et requint* en matière de fiefs.

Indépendamment des *cens*, redevance en argent, la terre était encore chargée d'une redevance en nature que l'on appelait *dîme* et sur laquelle je donnerai plus loin quelques explications.

De même que le domaine utile et le domaine direct constituaient deux propriétés distinctes, les cens et les dîmes étaient également l'objet d'une possession séparée, étaient aliénables à volonté, passaient de main en main et se transmettaient comme on transfert aujourd'hui des actions de jouissance dans une compagnie de chemin de fer ou autre. Il va sans dire que je ne parle ici que des dîmes inféodées et non des dîmes ecclésiastiques.

Lorsque le même propriétaire venait à réunir, en sa personne, le domaine utile et le domaine direct, il avait la propriété absolue, *le plein domaine*.

On comprend, de reste, que *la directe* s'exerçant sur des censives était une seigneurie de beaucoup inférieure à la seigneurie féodale, à laquelle était attaché le droit de haute justice.

Le territoire de la paroisse de Couilly, par exemple, dont le seigneur féodal était le sire de Crécy lui-même se trouvait entre les mains d'un grand nombre de petits seigneurs censiers tels que : le seigneur de Martigny; l'abbaye de Fontaine-les-Nonnes, propriétaire du fief de la chapelle des Marets, le Chapitre de Meaux, propriétaire du moulin de Champigny, l'abbaye du Pont-aux-Dames elle-même et plusieurs autres propriétaires. Telles sont les règles qui régissent la propriété sous l'ancien régime, règles dont nous trouvons, à chaque pas, l'application dans notre cartulaire.

Ici c'est un tenancier qui donne ou vend à l'abbaye sa censive, telle qu'elle se poursuit et comporte, chargée de cens envers tel seigneur censier.

Là, c'est un gentilhomme, un chevalier (miles) ou bien un écuyer (armiger), qui donne ou vend tel cens, tel revenu, telle dime ou portion de dime, telle redevance à percevoir sur ses fiefs ou sur ses cencives.

Si, dans les premiers siècles, les principes du droit féodal privaient les roturiers de la faculté de posséder des fiefs, il ne résultait pas de cette règle que les gentilshommes fussent réciproquement inhabiles à posséder des censives. Ils en acquéraient, souvent, qu'ils joignaient à leurs fiefs. Et les roturiers eux-mêmes, à partir du règne de Philippe-le-Hardi, furent autorisés à posséder des fiefs à la condition de payer au fisc royal, tous les vingt ans et même à chaque mutation de vassal, une certaine rétribution ou taxe que l'on appela *droit de franc-fief*.

Toutes les communautés religieuses pouvaient acquérir des fiefs aussi bien que des censives. Mais si l'on considère, d'une part, que ces établissements appelés gens de *main-morte* étaient des personnes morales qui ne mouraient jamais, dont l'existence était indéfinie, dont les biens n'étaient jamais aliénés ; d'autre part que les droits de mutation étaient un des principaux revenus des seigneuries, on comprendra que les gens de main-morte dussent être soumis à des règles spéciales. Aussi ne pouvaient-ils posséder des biens qu'à la condition de payer un droit d'*amortissement* sur l'origine et l'importance duquel il est bon de donner quelques explications.

Nous avons vu que nul ne pouvait acquérir un immeuble sans l'agrément du seigneur du fief dans le ressort duquel cet immeuble était situé. « Les établissements de main-morte, en vertu des constitutions du royaume, dit *Ragueau*, étaient inhabiles à posséder des biens fonds ; et quand ils en acquéraient, ils pouvaient être contraints d'en vider leurs mains entre les mains de personnes habiles à les posséder. » En effet, ces établissements ne mourant jamais, n'aliénant jamais, les biens qu'ils acquéraient, n'engendraient plus de droits de mutation, n'étaient plus productifs d'aucun droit féodal ; les seigneurs se trouvaient donc privés des droits de lods et vente, de quint, de requint, de reliefs, de deshérence, de confiscation, de rachat, de saisine, qu'ils auraient pu percevoir si ces biens étaient demeurés dans la circulation.

Ces principes féodaux admis et reconnus, il était juste que les seigneurs fussent dédommagés, quand ils accordaient à des gens de main-morte l'autorisation d'acquérir et de posséder. Aussi prirent-ils le parti de n'accorder cette autorisation que moyennant un dédommagement auquel on donna le nom d'*indemnité*.

Dans ce cas, le seigneur habilitait spécialement l'établissement dont il s'agissait, consentait à ce que cet établissement possédât en main-morte (*in manu mortua*), à ce qu'il ne fut jamais contraint de vider ses mains, en un mot le seigneur *amortissait* l'immeuble.

Par application des principes du droit féodal, tout acte qui, sans aliéner le fonds, constituait un abrégement, c'est-à-dire une diminution du fief, était également soumis à l'amortissement. Notre cartulaire nous en fournit quelques exemples. Par abrégement du fief, j'entends la constitution d'une rente, d'une redevance quelconque en argent ou en grains, à percevoir sur tel ou tel bien (1).

Tel était l'usage qui se pratiquait au commencement du treizième siècle.

Quant au droit d'indemnité, il n'en est fait mention dans aucune de nos chartes. De cette omission, il faut peut-être conclure que les seigneurs, par un sentiment de pitié, amortissaient gratuitement.

Comme un arrière-fief, en vertu du système de la féodalité, ne pouvait être abrégé sans le consentement de tous les seigneurs dont il était tenu, et

---

(1) Les dîmes inféodées étaient soumises aux mêmes règles que les fiefs.

comme tous les fiefs relevaient immédiatement ou médiatement du roi, souverain fieffeux du royaume; les successeurs de Saint-Louis posèrent en principe que le droit d'amortir, de retirer des biens-fonds de la circulation, était un droit royal et qu'au roi seul appartenait la faculté de conférer des lettres d'amortissement sans préjudice du droit d'indemnité appartenant aux seigneurs.

Ces rois Capétiens considéraient que les gens de main-morte, acquérant toujours et n'aliénant jamais, finiraient par être propriétaires de tous ou de presque tous les immeubles du royaume (1); que cet état de choses était extrêmement préjudiciable au public et à l'Etat, par la raison que les taillables, se trouvant d'autant plus surchargés que les privilégiés augmentaient tous les jours la masse de leurs biens, seraient bientôt hors d'état de payer la taille.

Il faut convenir que non-seulement au point de vue du droit féodal, mais encore au point de vue de l'équité, de la morale et de la bonne administration, les rois de France avaient raison. A partir du règne de Philippe-le-Bel, les lettres d'amortissement ne furent plus conférées que par le roi (2).

Il y avait trois sortes d'amortissement : 1° amortissement général pour un diocèse ou pour une

---

(1) Fleury. Institution....
(2) On trouve dans notre cartulaire trois chartes d'amortissement conférées par saint Louis. Les biens que ces chartes ont pour but d'amortir étant situés dans la censive royale, saint Louis, dans ces trois circonstances, réunit à sa qualité de roi celle de seigneur.

province; 2° amortissement particulier pour un héritage nouvellement acquis ; 3° amortissement mixte pour tous les héritages que possédait une communauté.

A l'époque dont nous nous occupons, la finance que l'on payait au fisc royal pour droit d'amortissement, dans le ressort de la coutume de Meaux, était du tiers de la valeur de l'immeuble amorti. L'indemnité que l'on payait aux seigneurs pour les dédommager de la perte de leurs droits seigneuriaux était : en matière de fiefs, du tiers de la valeur de l'héritage amorti ; en matière de rotures, il n'était que du cinquième (1).

En attendant qu'ils fussent amortis, les biens nouvellement acquis étaient passibles d'une contribution ou finance appelée droit d'*acquet* ou de *nouveaux acquets*. Sous Philippe-le-Bel, la taxe de nouvel acquet, consistant en une année de revenu, se payait tous les trente ans. Sous les autres rois, elle se paya plus ou moins souvent. A partir du règne de Louis XIV, elle se paya tous les vingt ans. Une fois amortis, les biens n'étaient plus compris dans la taxe des nouveaux acquets.

Nous verrons plus loin que les rois de France, depuis la fin du treizième siècle jusqu'à Louis XV, sans enlever aux gens de main-morte la faculté d'acquérir des immeubles, firent tous leurs efforts pour restreindre autant que possible cette faculté (2)

---

(1) Coutume de Meaux, commentée par Jean Bobé, article 202.
(2) Fleury. Institution....

et pour les contraindre à contribuer dans une proportion équitable aux charges de l'Etat.

Dans les chartes royales d'amortissement, il est dit que le droit de posséder en main-morte est octroyé *sauf le droit d'autrui*; cela signifie que l'amortissement ne décharge pas de la prestation du cens les biens dont il s'agit (1).

Lorsqu'une communauté religieuse acquérait un fief, le seigneur dominant exigeait ordinairement que, pour la prestation de l'hommage, elle se fît représenter par une personne sur la tête de laquelle le fief résidait fictivement et dont la mort donnait ouverture aux droits de mutation. Quand cet homme, à qui l'on donnait le nom d'*homme vivant et mourant*, était mort, l'abbaye devait en fournir un autre. L'hommage était dû chaque fois qu'il y avait mutation d'homme vivant et mourant.

Le nom de *Gens de main-morte* que l'on donne aux communautés religieuses signifie : que les biens fonds, possédés par ces établissements, se trouvant retirés de la circulation et ne produisant plus aucun droit de mutation ou autre, sont complètement morts pour le commerce. *Gens de main-morte* sont donc ceux qui ne possèdent que des biens *amortis* (2).

---

(1) On trouve dans notre cartulaire une charte de Philippe-le-Bel de l'an 1293, aux termes de laquelle il nomme un de ses clercs pour faire la recette du droit de francs fiefs et de nouveaux acquets. A partir de cette époque, l'amortissement est conféré par le roi à l'exclusion des seigneurs.

(2) Le jurisconsulte Thaumas de la Thaumassière, en son

J'ai pensé que ces explications très-sommaires et très-abrégées étaient nécessaires pour faire bien comprendre le texte de nos chartes. Abstraction faite des droits seigneuriaux, la propriété foncière consistant en bois, vignes, prés, terres labourables, moulins, maisons manables, etc., était le principal élément de la fortune privée et particulièrement de celle des monastères au moyen-âge. Notre pays était beaucoup plus boisé qu'il ne l'est aujourd'hui (1). Aussi l'abbaye possédait plusieurs centaines d'arpents de bois. La quantité de terres couvertes de vignes était considérable et l'abbaye du Pont en possédait beaucoup. Nous en verrons plus loin le détail.

Les terres contiguës à la rivière du Morin étaient en prés.

Les produits des terres labourables étaient le blé et l'avoine.

On cultivait aussi le chanvre dans la paroisse de Couilly.

L'eau étant à peu près la seule force motrice que

---

commentaire de la coutume de Berry, dit que les gens de mainmorte sont appelés ainsi par antiphrase : *quia non moriantur.... quia possessio eorum est immortalis....* Ou bien parce que les droits seigneuriaux dus par les héritages qu'ils possèdent se perdent et meurent dans leurs mains.

(1) Sur l'état forestier de notre pays au moyen-âge voir :
Recherches historiques et géographiques sur les grandes forêts de la Gaule et de l'ancienne France, par M. L. F. Alf. Maury, membre de l'Institut, directeur général des archives nationales. Paris, 1848, un vol. in-8°.

Ce beau travail d'érudition a été imprimé dans les *Mémoires* de l'Académie des inscriptions.

l'on connût, les moulins entraient pour une bonne part dans la fortune privée. Notre abbaye en possédait un.

A tous ces genres de biens, il faut ajouter :

1. Les rentes ou redevances, soit en argent, soit en grains, assénées sur les revenus d'une terre, d'un moulin, d'une foire, etc., ces rentes résultaient ordinairement de libéralités faites à l'abbaye par des seigneurs.

2. Les banalités de fours, de moulins, de pressoirs ou autres. Ces banalités étaient des monopoles en vertu desquels on obligeait les habitants de telle circonscription à cuire leur pain, moudre leur grain, ou pressurer leur vin aux fours, moulins et pressoirs banaux.

3. Les droits de pacage ou permission de faire pacager ses bestiaux dans tels bois et forêts.

4. Les droits de rivière ou droits de pêche.

5. Enfin les cens et les dimes inféodées.

J'ai dit en quoi consistait le cens ; il me reste à donner l'explication du mot dimes.

« La misère dans laquelle vivaient les premiers ecclésiastiques, dit Denizart, engagea les peuples à donner à leurs pasteurs une partie de leurs moissons. » (1) Cette portion du fruit que chaque habitant offrait volontairement à son curé fut appelée dime, parce qu'elle était ordinairement du dixième de la récolte. Néanmoins, elle ne fut pas égale

---

(1) Denizart. V° Dîmes ecclésiastiques.

dans toutes les paroisses. Dans quelques-unes, elle excéda le dixième, dans d'autres, elle fut moindre (1). Charlemagne consacra cet usage et, par ses capitulaires, obligea les populations à fournir aux curés la subsistance temporelle, c'est-à-dire à leur payer la dime. Telle serait l'origine de cette oblation à laquelle on donna le nom de dime ecclésiastique. Elle était essentiellement inaliénable.

Il y avait une autre sorte de Dimes entre les mains des laïques. Ces dimes auraient été le résultat de traités que certains seigneurs auraient conclus autrefois avec leurs vassaux. Les seigneurs, en cédant des terres à ces derniers, se seraient réservé sur ces mêmes terres des redevances en nature dont la quotité variait suivant les seigneuries (2). C'est à ces redevances que l'on donna le nom de Dimes inféodées (3).

Ces sortes de dimes étaient dans le commerce. On pouvait les transférer, les donner, les vendre, les affermer à volonté.

Or les dimes qui figurent dans l'énumération des biens de l'Abbaye sont des dimes inféodées. Il n'est pas question ici de dimes ecclésiastiques.

---

(1) Fleury. Institution....
(2) Fleury. Institution.....
(3) « On rapporte communément l'origine des dimes inféodées
« à Charles-Martel, lequel, vers 730 inféoda une partie des dimes
« aux seigneurs qui l'avaient secondé dans la guerre contre les
« Sarrazins. Cependant toutes les dimes inféodées n'ont pas eu
« la même origine, » *Fleury. Institution*.....

MESURES ET MONNAIES

Les mesures de capacité dont il est fait mention dans notre cartulaire, sont : le muid (*modius*); le setier (*sextarium*); la mine (*mina*).

Les deux premières servent pour le vin et pour les grains; la mine ne sert que pour les grains seulement.

Pour les grains : le muid contenait douze setiers et le setier deux mines.

Pour le vin, le muid contenait vingt-deux setiers et demi. La capacité du setier n'était pas uniforme; elle variait de seigneurie à seigneurie, de village à village; elle variait aussi selon la nature de la marchandise qu'il était destiné à mesurer.

La mesure de longueur était la toise qui comprenait six pieds.

La mesure agraire était l'arpent (*arpentum*) qui se composait invariablement de cent perches, mais la grandeur de la perche, comme chacun sait, était très-variable.

Au reste le mot perche n'est pas prononcé une seule fois dans notre cartulaire. Les fractions de l'arpent sont : le demi-arpent, le quartier, le demi-quartier.

La seule monnaie dont il soit fait mention dans les chartes du treizième siècle est la monnaie du comte de Champagne, spécialement celle qui se frappait à Provins et que l'on appelait livre de Provins, livre Provinoise (*libra Pruviniensis*).

A partir du quatorzième siècle ; quand la monnaie du comte n'est plus en usage, on se sert de la livre *tournois*, laquelle était plus faible d'un quart que la livre *parisis*.

Cent vingt-cinq livres tournois ne valaient donc que cent livres parisis.

Les subdivisions de la livre était le sou (1), le denier (2), l'obole, la maille et la pite (3). Le denier valait deux oboles ; l'obole valait deux mailles et la maille deux pites.

La livre était un terme de compte et se composait de vingt sous. Le denier et ses subdivisions étaient seules des monnaies réelles et courantes.

Au moyen âge le numéraire ou monnaie circulante était très-rare ; le blé, l'avoine, les bestiaux en tenaient lieu.

En 1259, Gaucher de Chatillon, sire de Crécy, octroie une rente de 29 setiers et pleine mine de blé pour la dot de deux filles de Guillaume de Chalifer, les quelles se font *nonains* à l'abbaye du Pont (4).

En 1265, l'Abbaye du Pont acquiert vingt-sept arpents de bois, en la forêt de Crécy, lieu dit Lu-

---

(1) Sou, monnaie d'argent qui était la vingtième partie de la livre et valait douze deniers.
(2) Au treizième siècle le denier était une monnaie de billon qui contenait six grains et demi d'argent. Dans les siècles suivants il ne fut plus qu'une simple monnaie de cuivre.
(3) Pite, que l'on appelait aussi pougeoise ou poitevine.
(4) Voir charte du mois de février 1259.

beton, moyennant 180 livres 112 sous et demi tournois et deux chevaux de 40 livres tournois (1).

Ces deux chartes prouvent évidemment la rareté du numéraire. Elles prouvent en outre :

La première : que dès le treizième siècle les Religieuses payaient une dot pour leur entrée au couvent (2).

La seconde : que le prix moyen d'un cheval était de 40 livres et qu'un arpent de bois en la forêt de Crécy valait environ 18 livres tournois (3).

(1) Voir charte du mois de mars 1265.
(2) Ce fait résulte encore d'une autre charte du mois de janvier 1260.
(3) En effet, le prix des 27 arpents se compose de :

	l.	s.	d.
180 livres, ci.	180	»	»
112 sous et demi qui font.	5	12	6
2 chevaux de 40 livres, soit 80 l. pour les deux, ci.	80	»	»
En tout 265 l. 12 s. 6 d., ci.	265	12	6

Si l'on divise cette somme par 27 on trouve que l'arpent de bois valait, à peu de chose près, 9 livres 16 sous.

On voit que le prix d'un cheval est le quadruple du prix d'un arpent de bois. Au moyen âge le bétail avait plus de valeur que la terre.

Plusieurs causes donnent l'explication de ce fait.

Il ne faut pas oublier que nous sommes au treizième siècle. Or si l'on considère :

D'une part, que toute la chevalerie française partait pour la croisade; que chacun, avant de partir, aliénait une partie de ses biens, en donnait aux monastères, en vendait à vil prix; que l'élevage des animaux était loin d'être ce qu'il est aujourd'hui; que les chevaux devaient être très-recherchés et par conséquent devaient coûter très-cher;

D'autre part, que les forêts étaient beaucoup plus étendues qu'elles ne le sont aujourd'hui; que les moyens de transport et de communication étant très-imparfaits, l'exploitation de ces mêmes forêts était très-difficile; que les sires de Crécy interdisaient le défrichement dans leur seigneurie, etc., etc...

Aux dix-septième et dix-huitième siècles, encore bien que le numéraire fut moins rare qu'au moyen âge ; une partie des fermages se payait encore en nature.

NOMS DE PERSONNES — NOMS DE LIEUX

Au moyen âge, on n'a pas d'autre nom que le nom de baptême, auquel on ajoute quelquefois celui de son père : *Pierre fils de Jean*. On ajoute également à son nom le titre dont on est revêtu, son office, sa profession, la ville où l'on demeure. Aussi la préposition *de* mise à la suite du nom

---

On se rendra compte du fait que je viens d'énoncer, lequel, à première vue, paraîtrait difficile à concevoir.

Je dois ajouter que le prix de la propriété foncière, en nature de terre labourable, de vigne ou de forêt, varie considérablement selon sa situation et sa qualité.

Je me borne aux exemples suivants que je trouve dans notre cartulaire :

Charte de 1234. Vente de vingt arpents de terre situés à Couilly, moyennant 100 livres de Provins.

Charte du mois de mai 1260. Vente d'une pièce de terre labourable sise à Couilly, lieu dit l'Orme Jarrois, contiguë à l'abbaye, de la contenance d'un demi arpent moyennant 6 livres tournois.

Charte de 1264. Vente d'une pièce de vigne de la contenance de 44 perches et demie sise au Vignoble de Crécy, moyennant 6 l. 15 s. 8 d.

Charte du mois de mars 1264. Vente d'une pièce de terre de la contenance de cinq quartiers, sise près du Rû de Champigny moyennant 17 l. tournois.

Charte de 1290. Vente de 10 arpents de bois situés entour l'Hermitage moyennant 50 l. tournois.

Supposé que la livre du treizième siècle soit l'équivalent d'une vingtaine de francs en monnaie d'aujourd'hui ; la valeur d'un cheval aurait été de 800 francs environ ; celle d'un arpent de forêt de 200 francs environ.

n'indique pas la possession d'une seigneurie, elle signifie simplement *demeurant à*..... Les gentilshommes ajoutent à leur nom leur qualité de chevalier (*miles*) ou d'écuyer (*armiger*).

Les femmes, n'exerçant aucune profession, ne sont jamais désignées que par leur nom de baptême. La femme noble est appelée dame *(domina)*. La femme roturière est appelée damoiselle (*domicella*).

Au treizième siècle on voit s'établir l'usage d'ajouter au nom de baptême quelque qualification distinctive, quelque surnom ou sobriquet. Ces surnoms résultant du caractère, de la manière d'être, de quelque défaut physique ou autre, de la profession qu'on exerçait, du lieu que l'on habitait, etc... se transmettent de père en fils et finissent, avec le temps, par devenir des noms de famille. On en trouve plusieurs dans notre cartulaire : *Bataille, Beauvoisin, Bouteiller, Du Four, Du Moulin, Fournier, De la Voute, Lecourt, Lebègue, Letondu, Malejambe*, etc., etc...

Quant aux nobles, ils prirent les noms de leurs terres ou seigneuries.

Les noms d'hommes qui se rencontrent le plus souvent dans notre cartulaire sont ceux de : *Etienne, Gui, Gille, Guillaume, Hugues, Henri, Jean, Jeannot, Michel, Pierre, Perrot, Philippe, Robin, Simon*, etc.

Les noms de femmes plus variés que les noms d'hommes sont ceux de : *Adèle, Adeline, Aalis, Aalyde, Agnès, Aveline, Bétilde, Elisabeth, Emen-*

garde, *Emeline, Gondeline, Héloïse, Jeanne, Hodéarde, Luce, Mathilde, Marie, Odierne, Perrette, Pétronille, Richolde* ou *Richeude, Sodilie, Ysabelle*, etc...

Il n'existait alors aucun registre d'état civil et l'ignorance était grande; aussi ne doit-on pas s'étonner que l'ortographe des noms propres soit incertaine et variable. Les rédacteurs des chartes écrivaient les noms plus ou moins correctement comme on les prononçait.

En ce qui concerne les noms de lieux, Couilly est celui que l'on a écrit le plus incorrectement. Dans les chartes latines on écrit : *Colliacum, Coulliacum, Cuilleia*. Dans les chartes françaises, *Coully, Cuilly, Cueilly, Cuelly*.

Même observation pour Bouleurs que l'on écrit : Bollorria, Bolorria, Boullaire, Boulleurre, Bouleurre, Bouleure.

Les autres noms sont écrits assez correctement et jamais leur identité ne saurait être douteuse. Sauf quelques rares exceptions, les villages nommés dans notre cartulaire sont situés dans les arrondissements de Meaux et de Coulommiers.

Autant que je l'ai pu, j'ai recueilli sur la topographie ancienne les renseignements qui pouvaient intéresser le lecteur. Sur les dénominations anciennes des différents cantons de la forêt de Crécy, où notre abbaye possédait plusieurs centaines d'arpents de bois, j'ai consulté le régisseur même de la forêt, M. Prudhomme, lequel, avec une obligeance extrême, m'a renseigné le mieux qu'il a pu. Mais dans cette matière il est bien difficile de répondre à toutes les questions. On est quelquefois réduit aux conjectures. Quelques dénominations locales sont complètement perdues; quelques lieux dits ne se retrouvent plus.

OBSERVATIONS GÉNÉRALES SUR L'ANALYSE DU CARTULAIRE

J'ai décrit l'état matériel du cartulaire de notre abbaye. L'analyse que j'en ai dressée s'adresse particulièrement aux personnes qui dans le cours de leurs études historiques auraient le désir de consulter ce manuscrit et c'est pour leur en faciliter la lecture que j'ai réuni dans cette introduction les explications qu'on vient de lire. La forme à laquelle je me suis arrêté devra, sans aucun doute, faciliter les recherches.

Dans la marge de gauche, je place la date de la charte. La lettre L sous la date signifie que la charte est écrite en latin; la lettre F qu'elle est écrite en français. Dans la marge de droite, j'indique le folio du manuscrit. Je donne à mon analyse plus ou moins de développement selon l'importance de la pièce. Quand on saura le sujet de chaque charte, on en fera plus facilement la lecture.

J'ai dit que ces pièces étaient écrites pêle-mêle, sans ordre de dates ni de matière. Je les ai classées par ordre chronologique. Mais, sans tenir compte des dates, j'ai groupé à la suite l'une de l'autre les chartes qui concernent le même sujet. Il ne faut pas oublier que l'année commençait alors à Pâques et que les mois de janvier, février, mars étaient les derniers mois de l'année.

A partir de 1300, la plupart des chartes sont écrites en français. Pour en faire connaître les formules et aussi pour faire connaître les noms des officiers qui les ont rédigées, je donne à mon analyse plus de développement que dans la période précédente. Je rapporte même plusieurs pièces en entier.

A la suite de l'analyse on trouvera la table des noms de personnes énoncés dans le cartulaire. Je rapporte tous les noms de famille, lesquels peuvent être l'objet de recherches généalogiques. Je rapporte aussi ceux des noms de baptême auxquels on a joint l'énonciation de métier que l'homme, dont il s'agit, exerçait; ces indications peuvent avoir un certain intérêt au point de vue des recherches historiques.

J'ai fait entrer dans l'analyse presque tous les noms propres; ceux que j'ai dû laisser en dehors sont peu nombreux. Quant aux noms vagues, tels que : *Pierre de Couilly*, *Jean de Saint-Germain*, etc., etc., je n'ai pas cru devoir les mentionner. Ces noms ne sauraient fournir aucun renseignement d'aucun genre; ils n'auraient servi qu'à grossir inutilement la liste.

Le numéro placé à la suite des noms renvoie au numéro que j'ai mis en tête de chaque pièce.

Avant de finir, je dois signaler une omission.

Le nombre des chartes comprises en notre cartulaire est de 180; et si, dans l'analyse on n'en trouve que 179 c'est que, dans le cours du classement, une pièce m'a, par inadvertance, échappé. En corrigeant les épreuves, je me suis aperçu de cette omission; il était trop tard pour la réparer.

La pièce omise est un *Vidimus* d'une lettre du pape Innocent IV qui confirme la charte par laquelle l'abbé de Cercamp s'oblige à fournir aux Religieuses du Pont-Notre-Dame une redevance annuelle de dix-mille harengs. (Voir les n°s 63 et 64 de l'analyse). Ce vidimus est délivré par Oudard de Lagny, garde scel de la baillie de Crécy et Deniset Noyaurt, tabellion royal audit lieu, le 28 octobre 1363.

Couilly, le..... 1877.

BERTHAULT.

LÉGISLATION

Si humble et si modeste que soit le sujet d'histoire dont on s'occupe ; il est indispensable de se mettre au courant de la législation qui le concerne.

Jusqu'au dix-septième siècle, le gouvernement n'intervient que rarement dans les affaires des monastères. Les actes de l'autorité royale, sur ces matières, sont en petit nombre. La législation qui, jusqu'à cette époque, régit les établissements religieux se compose de divers éléments : statuts des chapitres généraux ; décrets des conciles généraux et particuliers ; bulles, brefs et lettres des papes ; instructions données par les archevêques, les évêques et les abbés généraux, etc., etc.

Le catalogue de tous ces règlements serait aussi fastidieux que peu instructif et dépasserait d'ailleurs les limites de ce petit livre ; j'en fais grâce au lecteur.

Les principaux actes du seizième siècle sur les matières monastiques sont : le concordat de 1516, le concile de Trente, le concile de Milan, la grande ordonnance de Blois.

Si je mentionne ici le concile italien de Milan, de 1565, c'est que le décret de ce concile, formant un règlement complet pour les monastères de femmes, a été adopté par l'assemblée du clergé de France de 1655. Il est rapporté dans le tome 4ᵉ des **Mémoires du Clergé**.

A partir du dix-septième siècle un changement notable se produit; les actes du pouvoir souverain, en ce qui concerne les communautés religieuses, sont nombreux. Quand on parcourt cette législation ; quand on lit, avec attention, les préambules des ordonnances, édits, déclarations de Louis XIV et de Louis XV, on voit que : Frappé du rapide accroissement de la richesse immobilière des gens de mainmorte; justement préoccupé des inconvénients que peut engendrer, au point de vue de l'intérêt public, au point de vue de l'administration des finances de l'Etat, cette accumulation de biens fonds entre les mains des communautés religieuses ; le gouvernement poursuit résolument un triple but et prend, avec une persévérante fermeté, les moyens qu'il juge les plus efficaces et les plus praticables 1ᵉ Pour faire constater la quantité des biens de main-morte, en surveiller la gestion, en assurer la conservation et, sans porter atteinte à la liberté d'en acquérir de nouveaux, imposer à cette liberté certaines conditions ; 2° Pour faire contribuer le plus possible les établissements de main-morte aux charges de l'Etat; Empêcher les fraudes, les dissimulations que ces établissements étaient convaincus de commettre en matière d'impôts; 3ᵉ Enfin pour soustraire les jeunes filles à l'influence du couvent et protéger les familles contre les effets de cette influence dangereuse.

Dans le cours des dix-septième et dix-huitième siècles, on trouve presque toujours, en ce qui concerne les communautés religieuses, plusieurs édits ou déclarations rendus successivement sur le même sujet. Je vais indiquer les plus importants de ces actes, en faisant observer toutefois que les préambules dont ils sont précédés rappellent ordinairement les édits et déclarations rendus antérieurement sur le sujet dont il s'agit. La plupart de ces actes législatifs ont une grande étendue; je ne puis qu'en dresser un tableau sommaire et par conséquent insuffisant.

1606

Edit du mois de décembre donné sur les remontrances de l'assemblée générale du clergé de France tenu à Paris es-années 1605 et 1606. Il est dit : que les Evêques pourront visiter les églises conventuelles des abbayes même de celles qui se prétendent exemptes, à la charge toutefois qu'ils feront ces visites en personne et sans aucun salaire. Que nulle ne pourra être nommée abbesse qu'après dix ans de profession et l'exercice d'un office claustral pendant six ans. Il est fait défense à toutes personnes de faire leur demeure dans les monastères.

1612

Constitution du pape Paul V du 10 juillet portant révocation des permissions accordées aux femmes d'entrer dans les monastères de religieuses.

1622

BREF du pape Grégoire XV qui commet le cardinal De La Rochefoucault à l'effet de visiter et réformer tous les monastères et lieux réguliers des ordres de Saint Benoit, de Saint Augustin, de Citeaux et de Cluny, même les exempts.....

1624

DÉCLARATION du pape Urbain VIII du 27 octobre portant que nonobstant la permission qui pourrait être accordée par le pape, aux femmes, à l'effet d'entrer dans les monastères de Religieuses, elles ne pourront toutefois y entrer qu'avec le consentement des religieuses qui doit être donné capitulairement et par voix secrètes.

1629

1° ORDONNANCE du 15 janvier donnée sur les plaintes faites par les députés du royaume assemblés en l'année 1614 : Il est enjoint aux Evêques de procéder à la réformation des monastères, de faire observer la clôture des Religieuses. Les monastères qui sont chefs d'ordre jouiront du droit d'élection et pareillement ceux qui sont demeurés en possession de ce droit.

2° DÉCLARATION du 21 novembre qui défend de faire aucun établissement de monastère, maison ou communauté régulière et religieuse de l'un ou de l'autre sexe, sans permission expresse du Roi.

1634

EDIT de Janvier sur le fait des Tailles. Il est dit : que les ecclésiastiques pourront faire valoir par leurs mains une de leurs terres et maisons et celles qui y sont adjacentes et contigués, sans payer la taille.

1635

1° ARRÊT rendu au Parlement de Paris en forme de règlement le 11 janvier, par lequel, sur les conclusions de l'avocat général Bignon, il est fait défense aux Religieuses Ursulines et à toutes supérieures de couvents de filles de prendre aucune somme pour la réception d'aucune Religieuse, mais seulement une pension viagère modérée, laquelle ne pourra excéder la somme de 500 livres.

2° ARRÊT rendu au Parlement de Paris en forme de règlement le 16 juillet, par lequel le droit qui appartient aux Evêques de visiter les monastères et d'ordonner la clôture des Religieuses est reconnu et confirmé suivant les ordonnances.

1643

DÉCLARATION du 16 avril sur le fait des Tailles. Mêmes dispositions qu'en l'édit de 1634.

1657

BREF du pape Alexandre VII, du 10 novembre. Reconnaît que les papes Sixte IV en 1475 et Alexandre VI en 1498 ont permis l'usage de la viande à toutes les maisons de l'ordre de l'un et de l'autre sexe, trois jours par semaine ; en conséquence, pour tranquilliser les consciences et lever tous scrupules, Alexandre VII approuve bénignement cette dispense et même, en cas de besoin la confirme et l'accorde encore de nouveau.

1659

1° RÈGLEMENT fait par le Parlement de Paris le 9 mars portant défense aux monastères de Religieuses de prendre aucune somme de deniers d'entrée pour la réception d'aucune Religieuse mais une pension viagère seulement, qui ne pourra, pour les plus riches, excéder 500 livres ; ordonne, qu'à l'avenir, les vœux des Religieuses se feront en la présence du supérieur ou du subdélégué d'icelui et que les actes en seront insérés dans les registres de profession et signés tant de la Religieuse que du Supérieur ou subdélégué et de la Supérieure du monastère.

2° DÉCLARATION royale du 7 juin. Rappelle que les anciens Rois ont expressément défendu qu'aucun établissement de communauté religieuse fut fondé sans leur permission... Constate que tous ces bons et utiles règlements ont été méprisés. En conquence fait inhibitions et défenses à toutes personnes de quelque condition et qualité qu'elles soient d'entreprendre telle nature d'établissement sans la permission du roi.

1661

EDIT du mois d'août. Constate que les communautés religieuses ont l'habitude d'acquérir des biens moyennant des rentes viagères... Reconnaît que ces sortes d'opérations engendrent de grands abus... Ce désordre a été introduit par ceux qui s'étant
« dépouillés de tout sentiment d'affection pour leurs parents et
« familles, ne considérant que leur satisfaction particulière et ne
« cherchant que les aises et les commodités de la vie qu'ils se
« sont persuadés consister en la jouissance facile et assurée de ce
« que leurs biens pourraient produire, se sont mis en peine de
« trouver les moyens d'augmenter leurs revenus aux dépens même
« de la perte et aliénation de leurs fonds et dans cette pensée
« quelques-uns ayant vendu la propriété de leurs fonds et héri-
« tages et converti la valeur d'iceux en deniers comptant ont
« trouvé des personnes disposées à les recevoir et accepter les
« donations irrévocables qui leur ont été faites à la charge d'en
« payer durant la vie du donateur seulement, l'intérêt ou la rente
« à un denier plus fort que celui porté par nos ordonnances. Et
« comme ceux qui prennent la résolution de convertir leurs biens
« en cette nature de rentes, s'adressent aux communautés et entre
« les communautés à celles qui sont en réputation d'être les plus
« riches..... Ce désordre est venu à tel point qu'il nous a semblé
« nécessaire d'en arrêter le cours et d'en défendre l'usage comme
« dommageable à ceux qui donnent et aux familles de ces der-
« niers, puisque, par ce moyen, les biens sont irrévocablement
« aliénés et que les héritiers en sont privés pour toujours contre
« l'esprit de toutes les coutumes du royaume qui ont si soigneu-
« sement pourvu à la conservation des biens dans les familles et
« à empêcher les dispositions contraires aux lois de l'Etat, aux
« anciennes et nouvelles ordonnances, dont, par ces voies indi-
« rectes, la prévoyance serait éludée, en ce que, par le temps,
« une bonne partie des biens du royaume tomberait en la pro-
« priété des gens de main-morte qui sont incapables d'en possé-
« der aucuns sans nos lettres de permission et d'amortissement.
A ces causes... défendons à tous nos sujets de donner, à l'avenir

aucuns deniers comptant, héritages ou rentes aux communautés religieuses à condition d'une rente viagère, ensemble aux notaires ou autres personnes publiques de recevoir les dits actes sous peine.....

1663

DÉCLARATION du 12 février sur le fait des Tailles... s'autorisant de l'article 33 de l'Edit de 1634 et de l'article 21 de la déclaration de 1643, les gens de main-morte réunissent à leur principal manoir toutes les fermes qu'ils possèdent dans une même paroisse, faisant cultiver leurs héritages par des gens qui paraissent être leurs valets et qui en réalité sont leurs fermiers ; ce qui fait que la taille ne pouvant être régalée que sur les petits marchands et manœuvres, il y a beaucoup de non-valeurs au préjudice du fisc. A quoi voulant remédier... Et pour éviter aux fraudes... Ordonne que les dits ecclésiastiques ne pourront se servir de gens qui aient été compris aux rôles des Tailles.

1666

EDIT de décembre qui défend à toutes personnes de fonder aucun établissement de communauté religieuse, sans la permission expresse du roi.

1667

1° EDIT du mois de mars sur le fait des Tailles, qui rappelle les dispositions de la déclaration de 1663 et ajoute : les dits ecclésiastiques ne pourront tenir qu'une ferme par leurs mains dans une même paroisse et sans fraude; savoir : le labour de quatre charrues... sans qu'ils puissent jouir de ce privilége que dans une seule paroisse; et s'ils ont des héritages ailleurs ils seront tenus de les bailler à ferme à gens taillables.

2° GRANDE ORDONNANCE civile du mois d'avril de la même année. Les articles 15 et 16 du titre 20 prescrivent aux supérieurs et supérieures des communautés religieuses de tenir un registre des vetures et professions.

3° ARRÊT du Parlement de Paris du 4 avril, en forme de réglement qui fait défenses à toutes supérieures de communautés religieuses de prendre aucune chose pour l'entrée de leur monastère, à peine d'être procédé selon la rigueur des canons contre les supérieures qui contreviendraient à l'avenir, de confiscation des choses données et de condamnation au double tant contre les monastères qui auront reçu les dites sommes que contre les parents qui les auront données ; le tout applicable aux hôpitaux des lieux.

1671

DÉCLARATION du mois de juin concernant la réforme des maisons religieuses. Confirme les bulles et brefs des papes Grégoire XV et Urbain VIII sur cette matière et néanmoins défend aux cours de Parlement, grand Conseil et autres cours et juges d'ordonner les dites réformes, sans qu'il leur soit apparu des lettres patentes du roi.

1689

DÉCLARATION du 5 juillet sur l'amortissement ; Fixe la quotité des droits à payer, savoir : Pour les fiefs et autres biens nobles mouvant du roi, sur le pied du tiers de la valeur du fonds d'iceux. Et pour les biens en roture étant dans la censive de S. M. sur le pied du cinquième. Pour le paiement des droits d'amortissement, ordonne à tous les gens de main-morte de fournir des déclarations exactes de tous les biens qu'ils ont acquis à quelque titre que ce soit.

1691

EDIT du mois de décembre, portant création des greffiers des insinuations ecclésiastiques avec tarif des droits qui leur sont attribués. Cet édit a pour objet, dit Denizart, d'établir dans le royaume des dépôts publics où les titres de propriété des biens des gens de main-morte, les aliénations, les acquisitions et les principaux actes d'administration de ces biens doivent être enregistrés afin qu'il y ait un lieu où ceux qui en auront besoin puissent les trouver ; Il s'exprime en ces termes : Louis... A tous présent et avenir : « Les fraudes et les abus qui se commettent
« dans les actes concernant l'état des personnes ecclésiastiques...
« Etant d'une dangereuse conséquence dans la police de l'Eglise...
« Art. VIII. Les gens de main-morte de notre royaume qui aliéne-
« ront ou engageront ci-après aucuns immeubles..... seront tenus
« d'en faire enregistrer les contrats d'aliénation et les adjudica-
« tions par sentence ou arrêts, au greffe des gens de main-morte
« du lieu où les biens aliénés sont assis, dans les quatre mois

« après l'aliénation autrement nous déclarons les dites aliénations
« nulles.....

1693

DÉCLARATION du 28 avril qui fixe les sommes qu'il est permis de recevoir pour l'entrée en religion. Après avoir rappelé la législation antérieure, continue en ces termes : «......Plusieurs
» monastères ne possédant qu'une portion médiocre des biens
» qui sont nécessaires à leur subsistance, les Supérieures de ces
» maisons ont cherché des secours à leurs nécessités dans les dots
» qu'elles ont reçues des personnes qui y sont entrées ; Et quel-
» ques monastères qui ne se trouvaient pas dans le même besoin
» n'ont pas laissé d'augmenter encore, par cette voie, les biens
» considérables qu'ils avaient... Nos parlements ont réprimé ces
» désordres dans des occasions où l'on avait donné des sommes
» excessives pour l'entrée de quelques personnes dans des mo-
» nastères et ils ont même tâché d'en empêcher la continuation
» par des arrêts généraux qu'ils ont rendus. Cependant comme
» ces arrêts n'ont pas eu le succès qu'on devait attendre de la
» justice de leurs dispositions et que les voies dont on s'est servi
» pour en éluder l'exécution, se sont trouvées encore plus
» préjudiciables à nos sujets que ce qui avait été pratiqué aupa-
» ravant..... Défendons à tous supérieurs et supérieures d'exiger
» aucune chose directement ou indirectement, en vue et considé-
» ration de la réception à la prise d'habit ou de la profession.
» Mais permet aux Carmélites, aux filles de Sainte-Marie, aux
» Ursulines... de recevoir des pensions viagères pour la subsis-
» tance des personnes qui y prennent l'habit, pensions qui ne
» pourront excéder 500 livres de rente annuelle dans la ville de
» Paris et autres villes où il y a Parlement et 350 livres dans les
» autres villes et lieux du royaume. Permettons aux dits monas-
» tères de recevoir pour les meubles, habits et autres choses
» absolument nécessaires pour l'entrée des Religieuses jusqu'à la
» somme de 2,000 livres une fois payée dans les villes où nos
» cours de Parlement sont établies, jusqu'à celle de 1,200 livres
» dans les autres villes et lieux, dont il sera passé des actes
» devant notaires, etc., ect. »...

Dans le cas où les parents ne pourront pas assurer une pension viagère, ces monastères pourront recevoir une somme d'argent ou des immeubles pourvu que ces sommes n'excèdent pas 8,000 livres dans les villes où il y a une Cour de Parlement, et 6,000 livres dans les autres villes. Quant aux autres monastères, s'ils justifient qu'ils ne peuvent entretenir leurs religieuses et si

l'Evêque donne un avis favorable ils pourront également recevoir des pensions, des sommes d'argent et des immeubles jusqu'à concurrence des sommes fixées ci-dessus..... « N'entendons néan-
» moins comprendre dans la présente disposition les donations
» qui seraient faites aux monastères pour une rétribution juste
» et proportionnée des prières qui y pourraient être fondées ;
» quand même les fondateurs y auraient des parents à quelque
» degré que ce puisse être. Voulons qu'à l'égard des communautés
» des personnes séculières et régulières qui ne sont point confir-
» mées par nos lettres patentes, notre édit du mois de décembre
» 1666 soit incessamment exécuté ; Et à l'égard de celles que l'on
» ne jugera pas nécessaire de confirmer ou transférer, nous dé-
» clarons dès à présent nulles toutes les acquisitions et donations
» d'héritages, rentes ou autres, faites par elles à leur profit. »

1695

EDIT du mois d'avril sur la juridiction ecclésiastique. « Les
» archevêques et évêques veilleront dans l'étendue de leur diocèse
» à la conservation de la discipline régulière dans tous les mo-
» nastères exempts et non exempts tant d'hommes que de femmes
» où elle est observée et à son rétablissement dans tous ceux où
» elle ne sera pas en vigueur... pourront les visiter en personne...
» Et s'ils y trouvent quelque désordre touchant la clôture des
» monastères de femmes et l'administration des biens et revenus
» temporels, ils y pourvoiront ainsi qu'ils l'estimeront convenable
» pour ceux qui sont soumis à leur juridiction ordinaire ; à l'égard
» de ceux qui se prétendront exempts, ils ordonneront à leurs
» supérieurs réguliers d'y pourvoir dans les trois mois et même
» dans un moindre délai s'ils jugent absolument nécessaire d'y
» apporter un remède plus prompt. »

1696

EDIT rendu pour l'interprétation de l'article 18 de l'Edit du mois d'avril 1695 ci-dessus. « Lorsque les archevêques et évêques
» auront eu avis de quelques désordres dedans aucuns monas-
» tères exempts, Nous voulons qu'ils avertissent les Supérieurs
» réguliers d'y pourvoir dans six mois et qu'à faute d'y donner
» ordre dans le dit temps, ils y pourvoiront eux-mêmes ainsi
» qu'ils l'estimeront nécessaire suivant les règles et instituts de
» chaque ordre. »

1699

ORDONNANCE du mois d'août. Le titre IV de cette ordonnance est intulé : *Des Committimus et Gardes-Gardiennes*.

1700

DÉCLARATION du 9 mars sur le fait de l'amortissement.

1704

DÉCLARATION du 4 octobre qui décharge du droit d'amortissement les rentes créées sur l'hôtel-de-ville de Paris; ordonne que les rentes constituées à prix d'argent au profit des ecclésiastiques, bénéficiers, communautés séculières et régulières, curés, fabriques, confréries et généralement tous gens de main-morte, y seront sujettes.

1705

DÉCLARATION du 18 août qui décharge du droit d'amortissement les rentes constituées à prix d'argent par le clergé au profit des gens de main-morte pour se procurer les fonds des dons gratuits que le clergé fait au roi et les sommes que les diocèses lui ont offertes pour acquérir certains offices créés par le Gouvernement. « Le roi considère que les rentes créées par le clergé sur sa recette générale et par les diocèses sur leurs recettes particulières pour les causes ci-dessus énoncées ne doivent pas avoir moins de faveur que les rentes créées sur l'hôtel-de-ville. »

1706

DÉCLARATION du 9 mars. Considérant que les communautés religieuses peuvent difficilement acquitter les droits « particulièrement les communautés de filles dont la plus grande « partie se trouve ruinée, les unes pour les bâtiments qu'elles « ont entrepris, les autres pour la mauvaise administration de « leurs supérieures », Dit que les droits d'amortissement pour les rentes constituées à prix d'argent au profit des gens de main-morte seront modérés à deux années du revenu des dites rentes.

1708

DÉCLARATION du 20 mars qui rappelant la législation antérieure sur cette matière défend aux gens de main-morte de passer leurs baux sous signatures privées, exige que ces baux soient passés devant notaires ; qu'ils soient contrôlés et que les droits en soient payés sur le pied du tarif.

1715

DÉCLARATION du 16 février. Considérant que l'ordonnance du mois de juin 1680 sur les Aides et celle du mois de juillet 1681 sur la régie des fermes s'appliquent à toutes les communautés religieuses de l'un et de l'autre sexe ; dit que les communautés religieuses ne sauraient prétendre être exemptées du paiement des droits ; dit que les ordonnances ci-dessus énoncées seront exécutées selon leur forme et teneur ; que les communautés religieuses ne pourront jouir de l'exemption d'autres droits que de ceux accordés par les ordonnances au clergé du royaume.

1724

1° DÉCLARATION du 22 février qui dispense les communautés religieuses de payer un nouveau droit d'amortissement, quand, à l'expiration d'un bail emphitéotique, elles rentrent en possession de biens anciennement amortis.

2° DÉCLARATION du 21 novembre qui ordonne qu'à l'avenir le droit d'amortissement des héritages que les gens de mainmorte acquerraient par vente, don ou autrement, soit dans la mouvance du roi soit dans celle des seigneurs particuliers serait payé, à raison du cinquième de la valeur des biens tenus en fiefs et du sixième de ceux tenus en roture.

1729

ARRÊT du conseil du 22 février qui fait défenses à toutes communautés religieuses ou autres de défricher aucuns de leurs bois, soit futaie ou taillis, sans la permission du roi, à peine de 3,000 livres d'amende pour chaque arpent de futaie, de 300 livres pour chaque arpent de taillis, et d'être tenus de rétablir les lieux en bois, à leurs frais et dépens. En ce qui concerne les permissions que ces établissements devaient obtenir pour faire procéder à la coupe de leurs taillis et futaies, voir la législation sur les eaux et forêts.

1736

Déclaration du 9 avril 1736 qui renouvelle les dispositions du titre XX de l'ordonnance du mois d'avril 1667. L'article xxxv de la déclaration de 1736 dit que, dans les maisons religieuses, il y aura deux registres en papier commun pour inscrire les actes de vêture, noviciat et profession, lesquels registres seront cotés par premier et dernier, et paraphés sur chaque feuillet par le supérieur ou la supérieure.

1742

Déclaration du 10 février qui, rappelant l'édit du mois d'avril 1695, soumet les monastères de filles à la juridiction des Evêques, dit qu'aucune fille ou veuve ne pourra être admise à la profession et à l'émission des vœux solennels même dans les monastères exempts, sans avoir été auparavant examinée par les archevêques ou évêques diocésains ou par des personnes commises de leur part sur la vocation desdites filles ou veuves, sur la liberté et les motifs de l'engagement qu'elles sont sur le point de contracter..... Fait défense à toute religieuse de sortir de son couvent sans la permission expresse de l'archevêque ou évêque diocésain.

1749

Edit du mois d'août 1749, appelé communément l'édit de main-morte. Il a pour but de renouveler les dispositions de l'édit du mois de décembre 1666. Le préambule est ainsi conçu :
« Louis..... Le désir que nous avons de profiter du retour de la
» paix pour maintenir de plus en plus le bon ordre dans l'inté-
» rieur de notre royaume, nous a fait remarquer comme un des
» principaux objets de notre attention, les inconvénients de la
» multiplication des établissements de gens de main-morte et de
» la facilité qu'ils trouvent à acquérir des fonds naturellement
» destinés à la subsistance et à la conservation des familles. Elles
» ont souvent le déplaisir de s'en voir privées soit par la dispo-
» sition que les hommes ont à former des établissements nou-
» veaux qui leur soient propres et fassent passer leur nom à la
» postérité avec le titre de fondateur, soit par une trop grande
» affection pour des établissements déjà autorisés, dont plusieurs
» testateurs préfèrent l'intérêt à celui de leurs héritiers légitimes.

» Indépendamment de ces motifs, il arrive souvent que par les
» ventes qui se font à des gens de main-morte, les biens immeubles
» qui passent entre leurs mains cessent pour toujours d'être dans
» le commerce; en sorte qu'une très grande partie des fonds de
» notre royaume se trouve actuellement possédée par ceux dont
» les biens ne pouvant être diminués par des aliénations, s'aug-
» ment au contraire continuellement par de nouvelles acquisi-
» tions..... A ces causes..... »

Défense est faite aux gens de main-morte d'acquérir, recevoir ou posséder, à l'avenir, aucun fonds de terre, maisons, droits réels, rentes foncières ou autres, si ce n'est après avoir obtenu lettres patentes du roi pour parvenir à ladite acquisition et pour l'amortissement des dits biens et après que ces lettres auront été enregistrées en la Cour du Parlement ou Conseils supérieurs.

« Pour obvier aux fraudes journalières, dit Fleury, l'édit aurait
» pu condamner les contrevenants à voir réunir au domaine les
» acquisitions faites sans lettres patentes. » Droit public, tome II, page 43.

1750

DÉCLARATION du 17 août qui, confirmant des lettres patentes du 15 juin 1727, ordonne aux gens de main-morte de fournir des déclarations de leurs biens.

« ..... L'effet trop fréquent des répartitions inégales étant de
» faire retomber le poids des impositions sur ceux qui sont le
» moins en état de le supporter, nous regardons comme le plus
» noble usage que nous puissions faire de la souveraine puis-
» sance que nous tenons de Dieu, de faire ressentir notre protec-
» tion aux faibles et aux pauvres, dans quelque ordre et dans
» quelque état qu'ils se trouvent..... En conséquence..... »

Tous les établissements religieux de l'un ou de l'autre sexe seront tenus de fournir dans les six mois la déclaration de leurs biens et revenus.

1751

ARRÊT du conseil en forme de règlement du 13 avril qui ordonne que le droit d'amortissement sera payé, savoir : pour les biens tenus en franc alleu noble sur le pied du cinquième de la valeur, et pour les biens tenus en franc alleu roturier sur le pied du sixième.

1758

Déclaration du 9 juillet qui permet aux gens de main-morte d'acquérir des rentes sur la ville de Paris.

1760

Arrêt du conseil du 2 septembre, concernant les baux des gens de main-morte et le contrôle de ces baux. « Les commu-
» nautés religieuses ne pourront affermer leurs biens et revenus,
» même leurs dîmes, que par bail passé devant notaire, à la
charge d'en payer les droits de contrôle. Leur défendons de
» faire aucuns baux sous signatures privées, tacite reconduction
» ou convention verbale, sous les peines portées par la déclara-
» tion du 20 mars 1708. »

1762

Déclaration du 20 juillet, en interprétation de l'édit du mois d'août 1749.

Les déclarations du 21 novembre 1629 et du 7 juin 1659, les édits de 1666, de 1695, de 1749 avaient défendu expressément tout établissement de maison religieuse sans l'autorisation du roi. Le clergé ayant élevé certaines réclamations contre l'édit de 1749, ses représentations donnèrent lieu à la déclaration interprétative de 1762. Cette déclaration contient 20 articles. L'article 4 n'entend empêcher les gens de main-morte de faire des baux emphitéotiques Le 5e concerne la faculté de donner à cens et à rente perpétuelle. L'article 7e concerne les communautés religieuses à qui il est permis de recevoir des dots des sujets qui se présentent pour entrer en religion. Le paiement ne pourra en être fait qu'en deniers, en effets mobiliers ou en rentes. On pourra stipuler que la dot sera payable en plusieurs termes ou en un seul, et que l'intérêt en sera payé sur le pied fixé par les ordonnances. On pourra convenir que pour tenir lieu d'une dot, il sera payé une rente viagère pendant la vie de la religieuse, sans que les communautés, sous prétexte du défaut de paiement ou sous aucun autre prétexte, puissent acquérir la propriété ou se faire envoyer en possession d'aucun immeuble pour l'acquittement des dites dots.

La déclaration du 20 juillet 1762 a été renouvelée le 7 mai 1780.

1768

EDIT du mois de mars sur la discipline et la réformation des monastères. Fixe l'âge pour entrer en religion..... Pour écarter avec soin tout ce qui pourrait « introduire dans les cloîtres le
» regret et le repentir. ... Pour prévenir les dangers d'un engage-
» ment prématuré..... Nous avons choisi pour les hommes le
» même âge que celui qui avait été prescrit par l'Eglise pour
» leur entrée dans les ordres sacrés, et pour les filles nous avons
» préféré l'âge auquel il est plus ordinaire de pourvoir à leur
» établissement..... »

Article 1er. — Aucun de nos sujets ne pourra, à compter du 1er avril 1769, s'engager par la profession monastique ou régulière, s'il n'a atteint, à l'égard des hommes, l'âge de 21 ans accomplis, et à l'égard des filles, celui de 18 ans, également accomplis..... Les professions faites avant l'âge prescrit sont déclarées nulles..... Il est expressément défendu à tous supérieurs ou supérieures d'admettre qui que ce soit à la profession avant l'âge requis..... Il est enjoint aux archevêques et aux évêques de procéder à la visite et réformation des monastères.

1773

EDIT du mois de février, qui renouvelle et rend générale la défense que les lois de l'Eglise avaient faite à tous les monastères sans exception de recevoir des dots..... Art. 4. La pension pour le temps de la postulance ou noviciat des religieux ne pourra excéder 500 livres pour chaque année. Voulons qu'il ne puisse être rien exigé ni reçu en vue et considération de la réception, de la prise d'habit ou de la profession des dits religieux, à quelque titre que ce soit, à peine d'être les maisons où il y aurait été contrevenu condamnées à la restitution du quadruple de ce qui aurait été reçu, et ceux de nos sujets qui auraient souscrit ou concouru aux dits actes à 1,000 livres d'amende, le tout applicable à l'hôpital du lieu le plus voisin. Art. 5. N'entendons néanmoins empêcher les parents des dits religieux de leur assurer pour le temps de leur vie des pensions qui les suivront dans les maisons où ils pourront faire leur résidence. Voulons que les dites pensions ne puissent être établies que par acte devant notaire ou par testament, sous peine de nullité, et qu'elles ne puissent excéder, en aucun cas, 400 livres, et ce sous les peines portées par l'article précédent.

1780

1° Déclaration du 7 mai, qui renouvelle toutes les dis positions de celles du 20 juillet 1762.

2° Déclaration du 24 août qui fait défense aux gens de main-morte d'acquérir, sans la permission du roi, des rentes constituées sur particuliers..... « Voulons et nous plait que les articles 14, 15, 16, 22, de l'édit du mois d'août 1749, soient exécutés selon leur forme et teneur. Faisons et renouvelons expresses inhibition et défenses à tous gens de main-morte d'acquérir, recevoir ni posséder à l'avenir aucunes rentes constituées sur particuliers, de quelque manière et pour quelque cause gratuite ou onéreuse que ce puisse être, même par voie de reconstitution de deniers provenant de remboursement de capitaux d'anciennes rentes, si ce n'est après avoir obtenu nos lettres patentes.

1789

Assemblée nationale. Séance du 28 octobre. Décret provisoire sur les vœux monastiques. Sur la proposition du député Target, l'Assemblée rend le décret suivant : « L'Assemblée ajourne
» la question sur l'émission des vœux, et cependant et par pro-
» vision décrète que l'émission des vœux sera suspendue dans
» les monastères de l'un et de l'autre sexe. »

Séances des 29, 30, 31 octobre et 2 novembre. Discussion sur la propriété des biens ecclésiastiques. A la fin de la séance du 2 novembre, Mirabeau lit et fait adopter la motion suivante : « Qu'il soit déclaré premièrement que tous les biens ecclésias-
» tiques sont à la disposition de la nation, à la charge de pour-
» voir d'une manière convenable aux frais du culte, à l'entretien
» de ses ministres et au soulagement des pauvres, sous la sur-
» veillance et d'après les instructions des provinces ; seconde-
» ment que selon les dispositions à faire pour les ministres de la
» religion, il ne puisse être affecté à la dotation des curés moins
» de 1,200 livres, non compris le logement et jardins en dépen-
» dant. » Le résultat de l'appel nominal donne 568 voix pour adopter la motion, 346 pour la rejeter et 40 voix nulles. La séance est levée au bruit des applaudissements de l'auditoire (*Moniteur universel*).

Séance du 13 novembre. — Décret qui oblige tous les titulaires de bénéfices à faire devant les juges royaux et municipaux, sur papier libre et sans frais, une déclaration détaillée des effets mobiliers et immobiliers appartenant aux bénéfices et établissements ecclésiastiques, en affirmant qu'il n'en a été fait aucune distraction.

Séance du 14 novembre. — Il est constaté que l'assemblée, en employant les mots *effets mobiliers* a entendu comprendre les bibliothèques dans les inventaires qui doivent être faits. En conséquence les supérieurs de monastères devront fournir le catalogue de leurs livres et manuscrits.

1790

Assemblée nationale. Décret du 13 février qui abolit les vœux monastiques et supprime les ordres religieux : « L'assem-
» blée nationale décrète comme article constitutionnel que la loi
» ne reconnaîtra plus de vœux solennels monastiques des per-
» sonnes de l'un ou de l'autre sexe. Déclare en conséquence que
» les ordres et congrégations religieuses sont et demeurent sup-
» primés en France, sans qu'il puisse en être établi d'autres, à
» l'avenir. »

Sur la proposition du député Lechapelier l'assemblée complète son décret par la disposition suivante : « Tous les individus de
» l'un ou de l'autre sexe, existant dans les monastères, pourront
» en sortir, en faisant leur déclaration devant la municipalité du
» lieu, et il sera pourvu incessamment à leur sort par des pen-
» sions convenables. Il sera pareillement indiqué des maisons où
» pourront se retirer ceux ou celles qui préféreront de ne pas
» profiter des dispositions du présent décret. »

Enfin sur la proposition de l'abbé Montesquiou, l'assemblée nationale ajoute la disposition suivante : « Les religieuses pour-
» ront rester dans les maisons où elles sont aujourd'hui, l'Assem-
» blée les exceptant expressément, à cet égard, des dispositions
» de l'article qui oblige les religieux à réunir plusieurs maisons
» en une seule. »

Assemblée nationale. Décret du 26 septembre sur le traitement des religieuses. Ce décret n'a pas moins de 27 articles et 3 articles additionnels. Treilhard, rapporteur, évalue à 60,000 le nombre des religieuses de tous ordres existant en France. Le décret fixe à 700 livres le traitement des religieuses de chœur à 350 livres celui des sœurs converses ou données. Dans le cas où les religieuses renonceront au bénéfice de la disposition du décret qui leur permet de rester dans leurs maisons, les emplacements de ces maisons seront aliénés et les intérêts du prix seront employés à l'augmentation des traitements. Les religieuses déclareront à la municipalité du lieu si elles entendent rester dans leur maison ou si elles veulent en sortir. Les officiers municipaux devront se transporter dans les maisons à l'effet de recevoir les déclarations des religieuses. Les religieuses qui sortiront jouiront de leur traitement comme celles qui resteront, sans aucune différence. Les abbesses perpétuelles et inamovibles jouiront, savoir : celles dont la maison n'avait pas un revenu excédant 10,000 livres, d'une somme de 1,000 livres; celles dont la maison avait un revenu au-delà de 10,000 livres mais moins de 24,000, d'une somme de 1,500 livres ; celles dont la maison avait un revenu excédant 24,000 livres d'une somme de 2,000 livres.

BIBLIOGRAPHIE

Avant d'entreprendre les recherches que le travail, dont il s'agit, exigeait, j'ai dû m'initier aux usages monastiques, me familiariser avec tous les règlements concernant l'ordre de Citeaux et particulièrement les monastères de femmes. A cet effet j'ai lu, les uns en entier, les autres en partie seulement, un grand nombre d'ouvrages sur cette matière. La nomenclature de ces livres sera peut-être utile à ceux de mes lecteurs qui, par leurs goûts, sont attirés vers l'étude de l'histoire.

Voici la liste des principaux ouvrages dont je me suis servi :

Gallia christiana. La liste chronologique des abbesses du Pont-aux-Dames se trouve dans le tome VIIIe, col. 1,725 et suiv.

De antiquis ecclesiæ ritibus par dom Edmond Martenne, bénédictin de Saint-Germain-des-Prez, 3 vol. in-4°, voir le 3e vol.

Thesaurus novus anecdotorum, par le même. Ce précieux recueil se compose de 5 gros vol. gd in-f°. C'est dans le 4e vol. pages 1243 à 1646 que se trouvent les statuts des chapitres généraux de l'ordre de Citeaux, depuis l'an 1243 jusqu'à l'an 1547.

Mémoires du clergé ou *Recueil des actes, titres et mémoires du clergé de France,* 1706-1750. 12 vol. in-f°. Le tome IVe intitulé : *Des ministres de l'Eglise qui sont réguliers,* concerne exclusivement les ordres monastiques.

Histoire des ordres monastiques, par le P. Hélyot, 1714. 8 vol. in-4°. Les derniers chapitres du tome 5e et les deux premiers du tome 6e concernent particulièrement les religieuses de l'ordre de Citeaux.

Histoire de l'Eglise de Meaux, par Dom T. Duplessis, bénédictin de Saint-Germain-des-Prez, 1731. 2 vol. in-4°.

Du Premier esprit de l'ordre de Citeaux, par le R. P. D. Julien Paris, abbé de Foucarmont. 1653, in-4°.

Le véritable gouvernement de l'ordre de Citeaux, par dom Louis Meschet, abbé de La Charité. 1678, in-4°.

Priviléges de l'ordre de Citeaux, par le même. 1713, in-4°.

Histoire générale de la Réforme de Citeaux, par Dom Armand François Gervaise. 1746, in-4°.

La conduite canonique de l'Eglise pour la réception des filles dans les monastères, par Antoine Godefroy. 1668, in-12.

Traité de la cloture des religieuses, 1681, par J.-B. Thiers, curé de Champrond et ensuite de Vibray (1).

Essais de l'histoire de l'ordre de Citeaux, par Lenain, sous-prieur de l'abbaye de La Trappe. 9 vol. in-12. 1696-1697.

Huitième discours sur l'histoire ecclésiastique de Fleury.

Oraison funèbre de madame Anne-Marie de Lorraine, abbesse du Pont-aux-Dames, par Dom Cosme de Saint-Michel, feuillant. 1653.

La parfaite abbesse, éloge de madame Catherine de Baradat, abbesse du Pont-aux-Dames, par le P. Noël, cordelier. 1654.

Mémoires historiques et chronologiques sur Port-Royal des Champs, 2 vol. 1758. Anonyme. Selon le P. Lelong, l'auteur de ces mémoires serait un abbé Bessoigne.

Ce n'est qu'après avoir lu tous ces livres, les avoir analysés, résumés, condensés dans mon esprit que je me suis mis à rédiger ma notice sur l'abbaye du Pont-aux-Dames.

Ce catalogue bibliographique joint aux explications que j'ai données dans l'introduction me permettra de diminuer le nombre et l'étendue des notes. Si, dans le cours des iv° et v° chapitres j'en ai mis un certain nombre au bas des pages; ces notes ont pour but de constater que je me suis appuyé sur les statuts mêmes des chapitres généraux et que je les ai fidèlement traduits. Je saisis toujours l'occasion, quand elle se présente, de rap-

---

(1) Champrond et Vibray sont situés dans le département de la Sarthe.

porter des fragments de quelques vieux livres, lesquels sont plus expressifs et plus colorés que je ne serais moi-même.

En ce qui concerne les nombreux traités sur les diverses matières de notre ancien droit français je m'abstiens d'en faire l'énumération ; cela m'entraînerait trop loin. J'indiquerai seulement : Les *Institutes féodales* de Guyot; les *Institutes coutumières* de Loisel; l'*Institution au droit ecclésiastique* de Fleury; enfin notre *Coutume de Meaux*, commentée par Jean Bobé.

LISTE CHRONOLOGIQUE

DES

ABBESSES DU PONT-AUX-DAMES

1re — H..... Toussaint Duplessis et les auteurs du *Gallia Christiana* déclarent ne connaître notre première abbesse que par la première lettre de son nom.
    Elle figure sur un titre de   1233.

2e — Jeanne Ire   1247.
3e — Aélipde   1277.
4e — Ysabelle Ire de Serris   1342-1355.
5e — Agnès Ire   1364.
6e — Jacqueline de Gaillonnes, de Gaillonnel ou de Gaillondel   1377-1392.
7e — Jeanne IIe du Sollier   1397-1403.
8e — Marie Ire de Villers   1427.
9e — Agnès IIe de Puchot   1439-1445.
10e — Jeanne IIIe Thébonde   1446.
11e — Aglantine I^e de Montiette   1449.
12e — Tassine Girard   1456.
13e — Alardine de Jasquières   1469-1479.
14e — Aglantine IIe   1488.
15e — Marguerite Mignot   1502-1528.
16e — Marie IIe Glane   1529.
17e — Perrette Ire Ornot   1530-1551.
18e — Pétronille IIe ou Perronnelle du Valangelier   1551.
19e — Isabelle IIe de Chabannes   1551-1590.
20e — Isabelle de Pommeuse.
21e — Claude de Beauvilliers de Saint-Aignan   1590-1626.
22e — Catherine de Baradat   1626-1651.
23e — Anne-Marie de Lorraine   1651-1652.
24e — Henriette de Lorraine   1652-1655.
25e — Madeleine de la Trémoille   1655-1679.

26ᵉ — Calliope de la Trémoille   1679-1700.
27ᵉ — Françoise Lefevre d'Ormesson   1700-1726.
28ᵉ — Catherine-Isidore de Bourlamaque   1727-1752.
29ᵉ — Gabrielle de la Roche-de-Fontenille   1752-1790.

INTENTANTS DE L'ABBAYE

L'abbesse avait l'administration du temporel de l'abbaye. Cette administration nécessitait des déplacements, des voyages fréquents, engendrait de nombreux procès dont la solution exigeait ordinairement des enquêtes, des expertises, des arpentages, etc. Or, l'Abbesse, en raison de son sexe et de ses occupations spirituelles n'était pas apte à faire en personne tous les actes de cette gestion. C'est pourquoi le Supérieur de l'ordre envoyait, dans chaque monastère de femmes un religieux convers qui, sous les yeux de l'abbesse, gérait les affaires de la communauté et rendait compte au visiteur du résultat de son administration. On trouve dans le cartulaire de l'abbaye, les noms de deux ou trois de ces frères convers.

Vers la fin du xvi⁰ ou le commencement du xvii⁰ siècle on cessa d'employer comme régisseurs les religieux convers; on les remplaça par des laïques à qui l'on donna le nom d'intendants. Les nombreux titres et actes que j'ai compulsés m'en ont fait connaître huit.

Voici leurs noms :

HUTIN (Abel) est nommé dans un acte de 1634. Il prend le titre de receveur de l'abbaye.

FILDESOYE (Jacques), fils de Jacques Fildesoye et de Catherine Scoquart, marchands au Pont-aux-Dames.

> De .... à 1718.

Il est le premier qui prenne le titre d'intendant, achète de Thomas Thierry, en 1708, l'office de vérificateur particulier des rôles pour la distribution du sel en la paroisse de Couilly (Office créé en 1702). Comme il exerçait en même temps l'office de procureur fiscal de la rivière du Morin, il se faisait nommer dans les actes : *M. de La Rivière*. (Il est parlé de Jacques Fildesoye dans le chapitre XII.)

HUBERT (Charles) succède à Jacques Fildesoye et prend le titre d'intendant.

MOREAU (Jean) prend également le titre d'intendant. Il est nommé dans un acte de 1725.

Marlot (François) prend également le titre d'intendant. Il est nommé dans un acte de 1741.

Houlier (Etienne) prend aussi le titre d'intendant. Il figure en qualité de témoin dans un acte de mariage du 21 avril 1744.

Jouvenon (Thierry). Il prend le titre d'agent des affaires de l'abbaye, exerce en même temps l'office de procureur en la prévôté de Quincy. Il est nommé dans un acte de baptême du 22 juillet 1773.

Brulon de Vallemont (Jacques-Philippe-Nicolas) prend le titre de bachelier es loix et d'avocat au parlement, et se qualifie : agent des affaires de l'abbaye. Vers 1780 jusqu'en 1790.

Sceau de Marie d'Avesne comtesse de St Paul et de Blois femme de Hugues de Chatillon Il n'existe plus qu'un fragment du Sceau — de ce dernier —

NOTICE HISTORIQUE

I

FONDATION DE L'ABBAYE AU PONT-NOTRE-DAME

C'est au mois d'avril de l'an 1226 que messire Hugues de Chatillon, sire de Crécy-en-Brie et seigneur immédiat de la paroisse de Couilly, fonda l'abbaye du Pont.

La lettre historique dont j'ai parlé plus haut fait connaître, avec autant d'exactitude que possible, la topographie ancienne de Couilly ; il serait inopportun de revenir sur ce sujet.

On sait qu'en 1226, sur le terrain compris entre la tête du Pont de Couilly et l'abreuvoir actuel d'une part, la grande route nationale et la rivière d'autre part, il existait un petit hameau que l'on appelait le Pont-Notre-Dame ou simplement le Pont ; que ce petit hameau séparé du chef-lieu de la paroisse se composait, en grande partie, de bâtiments assez étendus nouvellement construits et destinés à servir d'hôtel-Dieu (1). C'est là, c'est dans ces bâtiments hospitaliers que Hugues de Chatillon établit son abbaye. Elle fut appelée l'abbaye du Pont-Notre-Dame ou Notre-Dame-du-Pont ou simplement l'abbaye du Pont.

Nous verrons plus loin que toutes les églises Cisterciennes étaient placées sous la protection de la Vierge patronne de l'Ordre. Le nouveau monastère avait double raison pour prendre le nom de Notre-Dame.

Hugues de Chatillon voulut qu'elle fut de l'ordre de Citeaux qui jouissait alors d'une considération universelle et de la faveur particulière des papes. Honoré III à qui le sire de Crécy avait fait part de son dessein, l'approuva, le confirma, recommanda même à l'abbé de Citeaux de recevoir sous sa conduite la nouvelle abbaye. Le supérieur général de l'ordre était frère Dom Boniface, vingt-deuxième abbé de Citeaux. Il était dans la cinquième année de sa prélature abbatiale (2).

Le lecteur fera sans doute cette réflexion : que la fondation d'un monastère étant un acte absolument temporel, Hugues de Chatillon n'avait pas à demander l'approbation du pape. Je ne saurais me dispenser de répondre à cette observation.

(1) Lettre historique sur Couilly.
(2) Cérém., manusc.

En effet le sire de Crécy communiquant son projet au pape et lui demandant sa confirmation commettait une faute contre l'autorité royale ; et l'intervention du pape, dans cette circonstance, était un empiétement sur les droits de la couronne. Les rois de France, gardiens et défenseurs énergiques des libertés de l'Eglise Gallicane, ont toujours eu dans leurs attributions la police des ordres monastiques et n'ont jamais souffert, dans l'administration temporelle de ces communautés, l'immixtion du pape. Les premiers Capétiens, en adoptant la formule : *Rois par la grâce de Dieu*, voulaient exprimer cette pensée : qu'ils n'entendaient relever que de Dieu et de leur épée et ne reconnaissaient, sur la terre, d'autre suzerain que. Dieu, c'est-à-dire qu'ils ne reconnaissaient au pape aucun droit sur la couronne de France ; que le royaume de France n'était pas un pays d'obédience papale.

En 1666, dans un édit dont le lecteur ne me saura pas mauvais gré de rapporter ici le préambule, Louis XIV s'exprimait ainsi : « Les roys nos
» prédécesseurs ayant jugé combien il était impor-
» tant à l'état et au bien de leur service, qu'il ne se
» fit dans le royaume aucun établissement de mai-
» sons régulières et communautez sans leur autho-
» rité et permission..... Ce qui a été, durant quel-
» que temps religieusement observé ; en sorte que
» ne s'y étant commis aucun abus, le nombre des
» communautés de notre royaume se serait trouvé
» peu considérable et nos sujets n'en auraient point

» reçu d'incommodité, mais il est arrivé que durant
» la longueur des dernières guerres et durant notre
» minorité, plusieurs maisons régulières et com-
» munautés se sont formées sans lettres patentes
» par la connivence ou négligence que nos officiers
» ont apportée à faire garder les dites ordonnances,
» ce qui a fait que le nombre s'en est augmenté de
» manière qu'en beaucoup de lieux les commu-
» nautés tiennent et possèdent la meilleure partie
» des terres et des revenus, qu'en d'autres elles
» subsistent avec peine pour n'avoir été suffisam-
» ment dotées et qu'aucunes se sont vues réduites
» à la nécessité d'abandonner leurs maisons à la
» poursuite de leurs créanciers, au grand scandale
» de l'Eglise et au préjudice des personnes qui
» étaient entrées dans les dites communautés et de
« leurs familles qui s'en sont trouvées surchargées.
» Et ayant résolu d'empêcher qu'à l'avenir il ne
» s'en établisse aucune et de faire garder pour cette
» fin plus de précaution qu'il n'en a été apporté
» par le passé, savoir faisons : voulons et nous plait
» qu'à l'avenir il ne pourra être fait aucun établis-
» sement de collége, monastère, communauté reli-
» gieuse... sans permission expresse de nous, par
» lettres patentes bien et dûment enregistrées en
» nos Cours de Parlement (1).

Dans un édit rédigé par le chancelier Daguesseau

---

(1) Isambert, *Recueil des anciennes lois françaises.*

le gouvernement de Louis XV rappelait les mêmes principes en 1749 (1).

Tel a toujours été et tel est, même encore aujourd'hui, le droit public de la France. Tous nos recueils de lois depuis les capitulaires de Charlemagne jusqu'à la loi du 24 mai 1825 sur les congrégations religieuses de femmes en font foi (2).

Quoi qu'il en soit, il est certain que, dans cette circonstance, le sire de Crécy suivait le courant de l'opinion de cette époque ; qu'il n'avait aucunement l'intention de se soustraire à l'autorité du roi dont l'autorisation était, d'avance, acquise à la fondation dont il s'agit.

J'ai pensé que ces courtes observations sur notre droit public ne seraient pas déplacées ici. Plus longues elles seraient inopportunes et fastidieuses. Je continue mon récit.

Dans sa charte de fondation, Hugues de Chatillon déclare tout d'abord que l'établissement dont il s'agit, est fondé de la volonté même et de l'assentiment du vénérable Pierre, évêque de Meaux. En effet tous les conciles recommandent, pour ces fondations, le consentement de l'évêque diocésain, du

---

(1) Isambert, *Recueil des anciennes lois françaises.*
L'Edit de 1749 est désigné par les Jurisconsultes du siècle dernier sous le nom d'Edit de Main-Morte.
(2) Entr'autres autorités sur cette matière on peut consulter Dupuy, *Preuves des Libertés de l'Eglise Gallicane*, chapitre XV.

curé de la paroisse et des titulaires des autres églises du lieu s'il y en a (1).

Ces conditions canoniques s'expliquent facilement : il importait à l'évêque de connaître les règles d'un nouveau monastère qu'il pourrait avoir sous sa juridiction; il importait également au curé de savoir quelle influence exercerait sur son droit paroissial l'existence de cet établissement. Nous verrons bientôt que l'exercice de ce droit paroissial ne tarda pas à faire naître de vives contestations entre le curé de Couilly et le chapelain du couvent.

Aux termes d'une charte du même mois d'avril 1226, la fondation de l'abbaye fut expressément confirmée par Pierre de Cuisy, évêque de Meaux, lequel se réserva le droit de bénir les abbesses; cette réserve contraire aux priviléges de l'ordre de Citeaux devait se trouver nulle.

Les Cisterciens admettaient dans leur ordre les monastères de femmes, à la condition qu'ils fussent construits d'une façon convenable, et qu'ils fussent pourvus d'un revenu suffisant qui permit aux religieuses de vivre sans être forcées de mendier (2) et comme deux monastères du même ordre trop voi-

(1) Monasterium novum nisi episcopo aut permittente aut probante nullus incipere aut fundare præsumat. Voir la collection des *Conciles* de Labbe, tome 4, page 1380; les *Mémoires du clergé*, tome 2 ; l'*Institution au droit canonique* de Fleury, etc., etc.
(2) Donec peractis competenter ædificiis et ita possessionibus et rebus necessariis sufficienter dotatæ.... ita quod eas non oporteat mendicare. Cap. gen. 1225.

sins l'un de l'autre auraient pu se nuire et même entrer en rivalité, on exigeait qu'il y eut une distance de dix lieues au moins entre deux monastères de nonnes et que la distance qui séparait une communauté de femmes d'un monastère de moines fut de six lieues au moins (1).

La première communauté de nonnes que les Cisterciens reçurent dans l'ordre fut l'abbaye du Tart fondée en 1120 dans le diocèse de Langres (2).

On devait encore observer plusieurs choses en la fondation des monastères, dit Julien Paris : « la première était qu'elle ne devait se faire ni ac-
» cepter sans la permission du chapitre général ;
» de sorte que lorsque quelqu'un offrait de fonder
» quelque nouveau monastère ou de le transférer,
» la coutume était que l'abbé à qui l'on s'était
» adressé en faisait rapport au chapitre général,
» lequel commettait quelqu'un pour informer de la
» commodité ou incommodité des choses et sur le
» procès-verbal qu'il en faisait, on autorisait ou
» l'on refusait (3).

Nous avons vu plus haut que Hugues de Chatillon s'était adressé au pape.

Tout monastère, pour être admis dans l'ordre de Citeaux, devait justifier de ses moyens d'existence.

---

(1) In ordine cisterciensi abbatiæ monialium distent saltem sex leucis ab abbatiis monachorum et decem ab aliis abbatiis monialium. Cap. gen. 1218, art. 3.
(2) Hélyot.
(3) Dom Julien Paris ne parle pas de l'intervention du pape.

Or notre abbaye du Pont, très-libéralement dotée par son fondateur était en état de remplir cette condition. Et les donations qu'elle reçut, par la suite, lui permirent même d'acquérir des biens considérables.

Par sa charte de fondation, Hugues de Chatillon donne en franche aumône à l'abbaye :

Cent arpents de bois, savoir : 72 arpents situés au lieu dit Jarrois et 28 arpents situés au lieu dit Lubeton ; le droit d'usage dans sa forêt de Crécy ; huit arpents de pré dans l'île de Condé ; l'usage de la rivière du Morin depuis le moulin de Talemer jusqu'au moulin de Quintejoie ; la ferme de l'Hermitage près de Villeneuve-le-Comte avec 200 arpents de terre labourable. Il déclare qu'il ne réserve aucun droit sur ces biens. Avec le consentement des habitants de Couilly ; il établit, au profit du couvent, un four banal et règle le prix du fournage. Enfin, sans imposer un gardeur aux Religieuses, il exprime la volonté que, dans le cas où quelque circonstance les mettrait dans la nécessité d'invoquer le secours d'un protecteur séculier, elles ne puissent se placer sous la garde ou avouerie d'un autre seigneur que le sire de Crécy (1).

Cette dernière condition devait nécessairement subir l'influence des événements politiques. En 1289, lorsque Philippe-le-Bel eut acquis la terre et seigneurie de Crécy, les abbayes qui se trouvaient

(1) Voir la charte de fondation.

sous la garde de Gaucher V passèrent sous la garde et avouerie du Roi et de la Reine. Nous verrons plus loin de quelle juridiction l'Abbaye du Pont-aux-Dames releva, pour les matières temporelles, dans les siècles suivants.

Quant au four banal, il fut supprimé plus tard, et remplacé par deux pressoirs banaux situés, l'un à Couilly, sur le bord du chemin des Voyeulx, l'autre au Pont-aux-Dames, dans la cour intérieure de l'abbaye.

Des termes de la charte de fondation, il résulte : premièrement, que Hugues de Chatillon ne concède aux religieuses aucun droit de justice, droit qu'elles n'ont jamais exercé ; deuxièmement, qu'il ne retient pas la foi sur les biens aumônés. Or, la foi constituant le fief, les biens ainsi donnés ne purent être possédés que roturièrement.

Pour compléter sa fondation, Hugues de Chatillon fit construire immédiatement au Pont-Notre-Dame, près des bâtiments affectés au logement des religieuses, une petite église, et fit consacrer un cimetière pour l'inhumation des nonnes ; mais les statuts de l'ordre de Citeaux permettant de recevoir dans les cimetières cisterciens les séculiers qui, par leur testament, auraient exprimé la volonté d'y être enterrés, tout habitant de Couilly pouvait être inhumé dans le cimetière du Pont-Notre-Dame (1).

Conformément aux statuts de l'ordre, l'église

(1) Voir Lettre historique sur Couilly.

conventuelle fut dédiée à la Vierge, patronne de l'ordre (1). Guy de Chatillon, frère aîné de Hugues, y fonda deux chapelles pour l'entretien desquelles il assigna dix muids de blé à percevoir sur le moulin de Claye, et dix livres provinoises à percevoir sur les revenus de la terre de Montgé (2).

Les questions d'intérêt sont presque toujours des occasions de discordes. Une contestation ne tarda pas à s'élever entre le nouveau monastère et le curé de Couilly, au sujet du droit paroissial que ce dernier prétendait exercer et des dimes qu'il prétendait percevoir dans l'enclos des religieuses. La difficulté, soumise au jugement de Pierre de Cuisy, évêque de Meaux, que les parties avaient pris pour arbitre, fut réglée de la manière suivante :

En ce qui concernait les dimes, il fut décidé que les jardins des religieuses, les novales que ces dernières cultivaient elles-mêmes par leurs propres mains, et les biens qu'elles viendraient à acquérir autour de l'abbaye, dans le dimage du curé, seraient exempts de dimes en vertu du privilége de l'ordre. Au sujet des enterrements, il fut réglé que si quelques habitants de la paroisse, demeurant hors de l'enceinte de l'abbaye, exprimaient la volonté d'être enterrés dans le cimetière du Pont-Notre-Dame, il serait fait droit à leur volonté, à la condition que leurs corps seraient d'abord portés à

---

(1) Ordo cisterciensis cujus patrona Virgo Maria....
(2) Charte du mois d'avril 1226.

l'église paroissiale, où serait dite une messe ; que les legs faits par les défunts au curé de Couilly et à tous autres seraient respectés. En ce qui concernait le droit paroissial qu'il aurait pu exercer dans l'église conventuelle et dans l'enclos des religieuses, le curé renonça à toutes oblations, ne se réservant que les fiançailles et les baptêmes (1).

Pour l'indemniser du dommage qu'il éprouvait, Hugues de Chatillon accorda au curé, ainsi qu'à tous ses successeurs à perpétuité, quarante sous de rente à percevoir sur le péage du pont de Couilly, et vingt livres de Provins, pour acquérir un revenu dont jouiraient, à l'avenir, tous les curés de Couilly.

Dans le cours des années qui suivent la fondation, Hugues de Chatillon fait encore aux religieuses du Pont de nouvelles donations. Il étend leur droit de rivière jusqu'au moulin de Liary (2); leur donne soixante muids de vin à prendre sur les vignes de Crécy (3); leur accorde le droit de faire paître leurs bestiaux dans ses bois et forêts (4); leur donne trois cents arpents de bois dans sa forêt de Crécy et deux mille livres provinoises payables quatre ans après son décès, sur le produit des coupes de la forêt (5); il leur donne tout le terrain qui s'étend du pont de Couilly au moulin

---

(1) Charte du mois d'août 1228.
(2) Charte du mois de septembre 1227.
(3) Charte du mois d'avril 1226.
(4) Charte du mois d'août 1228.
(5) Charte du mois d'août 1228.

de Talemer, et se trouve compris entre la rivière et le chemin du Voyeulx; il établit à leur profit un four banal à Villeneuve-le-Comte, &c. (1).

En 1231, Marie d'Avesne, dame de Crécy, deuxième épouse de Hugues de Chatillon, approuve, confirme et ratifie toutes les donations faites par son mari aux religieuses du Pont. La dame de Crécy était fille unique de Gauthier, seigneur d'Avesne en Ternois, et de Marguerite, comtesse de Blois. Par son mariage avec le sire de Crécy, le comté de Blois était entré dans la maison de Chatillon (2).

Le droit féodal ne permettait pas que le possesseur d'un fief le diminuât sans l'agrément de son seigneur dominant; or, les donations que le sire de Crécy avait faites à l'abbaye avaient notablement diminué son fief : c'est pourquoi, par une charte de l'an 1231, Thibault IV, comte de Champagne, dont le sire de Crécy était vassal (3), approuve et confirme la fondation de l'abbaye.

Toutes les formalités requises tant par le droit féodal que par le droit canonique se trouvent donc remplies.

Mais Hugues de Chatillon et Marie d'Avesne ne crurent jamais que leur abbaye fût suffisamment dotée. Tant qu'ils vécurent, ils ne cessèrent

---

(1) Charte du mois d'août 1228.
(2) André Duchesne. Histoire de la maison de Chatillon.
(3) Hugues de Chatillon était bouteiller de Champagne. P. Anselme.

d'augmenter son revenu. Ayant constitué, par une charte de l'an 1239, une rente annuelle et perpétuelle de treize muids de grain au profit du monastère de Cercamp en Ternois, fondé par un des ancêtres de Marie d'Avesne, ils stipulèrent, comme condition expresse de cette constitution de rente, que, de leur côté, les moines de Cercamp enverraient, chaque année, aux frais de leur couvent, dix mille harengs et trois pots de beurre à l'abbaye du Pont-Notre-Dame.

La redevance des trois pots de beurre fut rachetée en 1360, moyennant une rente de six muids de vin vermeil que les moines de Cercamp possédaient dans le vignoble de Crécy, et qu'ils cédèrent à l'abbaye du Pont (1).

Quant à la redevance de dix mille harengs, elle fut rachetée plus tard moyennant une rente de cent quarante livres, dont l'abbaye toucha régulièrement les arrérages jusqu'en 1789.

Jusqu'ici, j'ai suivi pas à pas les énonciations du cartulaire, et j'ai relaté, dans leur ordre chronologique, tous les faits qui se rattachent à la fondation de l'abbaye. Ce chapitre serait incomplet si je ne faisais pas mention de la légende que Janvier rapporte en ses mémoires, et de laquelle il résulte qu'un événement tragique aurait été la cause de cette fondation (2).

---

(1) Charte du 25 février 1360. Cercamp dans le Hainaut français, aujourd'hui département du Pas de-Calais.
(2) Mémoires manuscrits de Janvier, tome 2, page 422.

Fait en vers incultes et ridicules, le récit fastidieux de Janvier ne comprend pas moins de six grandes pages in-folio. En voici le résumé succinct :

La première épouse de Hugues de Chatillon était d'une beauté remarquable. Encore bien qu'elle fût aussi pudique et vertueuse que belle et de mœurs irréprochables, un page de son mari avait conçu pour elle une ardente et brutale passion. Un jour qu'elle se préparait à monter sur sa haquenée, ce page vient l'aider à se placer commodément sur sa selle, et, poussé par le démon de la luxure, se rend coupable d'un outrage odieux : oubliant toute retenue, oubliant le respect qu'il doit à la femme de son seigneur, il a l'audace d'introduire sa main sous la jupe de cette dame. Celle-ci, sous le coup de son indignation, adresse à cet insulteur les plus méprisantes paroles. Lâche et perfide, le page conçoit le dessein de se venger ; il n'y réussit que trop bien. Il parvient à dérober une bague appartenant à la dame, et dont il se fera bientôt un instrument de vengeance. En effet, ayant accompagné son maître à la chasse, il trouve le moyen de lui parler en secret, lui présente la bague dont il s'agit, déclare qu'il l'a reçue des mains mêmes de la dame, laquelle, brûlant pour lui de flammes impudiques et le poursuivant depuis longtemps de propos lascifs, lui donna cette bague comme un gage de son amour. En acceptant cette bague, il avait la volonté bien arrêtée de la remettre à son seigneur, qu'il ne consentirait jamais à trahir. Cette révélation devait produire l'effet que le page en attendait.

La colère du sire de Crécy ne connaît plus de bornes ; il jure de se venger, retourne immédiatement au château, monte à la chambre de sa dame, qu'il trouve au milieu de ses chambrières, lesquelles étaient occupées à lui peigner et tresser les cheveux, la saisit par ses tresses, la traîne jusqu'en la cour du château, la fait garroter et lier fortement à la queue d'un jeune cheval indompté, monte sur l'animal, le lance au galop à travers les rues, sort de la ville par la porte de Meaux et se dirige du côté de Couilly. Le corps de la malheureuse dame, ainsi traîné, se déchire et se brise. Après une course effrénée, le cheval, hors d'haleine, s'arrête près du pont de Couilly, et la pauvre dame expire. Son mari laisse là ce cadavre ensanglanté et revient au château.

Obsédé de remords, le page infâme, dont la noire perfidie vient de causer un si grand malheur, va trouver son seigneur et lui fait l'aveu complet de son crime. Le sire de Crécy, éperdu de douleur, court au pont de Couilly, fait recueillir le corps de sa malheureuse victime, et, pour qu'il soit mis en riche sépulture, fait bâtir en ce lieu la merveilleuse église où l'on prie jour et nuit pour l'infortunée dame.

Quant au page, il expie son crime. Enfermé dans une tour du château et privé de toute nourriture, il finit par mourir de faim.

Tel est l'événement dont Janvier déclare avoir lu le récit dans un mémoire écrit par un habitant de Crécy. Il déclare en outre que les gens du pays en avaient connaissance, et qu'ils ne manquaient pas de le raconter aux jeunes garçons, pour leur inspirer l'horreur de la lâcheté.

Le moyen âge est l'époque des histoires fantastiques, des légendes merveilleuses, qui naissaient dans les épaisses forêts dont notre pays était couvert, que les esprits crédules et craintifs acceptaient sans réserve, exagéraient et propageaient à l'infini. L'événement dont on vient de lire le récit est-il vrai ? Est-il absolument imaginaire ? Je laisse au lecteur le soin de trancher cette question (1).

(1) Le Père Anselme dit que Hugues de Chatillon épousa en premier mariage la fille de Thibaut Ier du nom, comte de Bar, et que cette dame mourut sans postérité. André Duchesne en son *Histoire de la maison de Chatillon* ne fait pas mention de ce premier mariage. Doit-on conclure, de ce silence, que cette union n'aurait pas été heureuse ?

II

TRANSLATION DE L'ABBAYE DU PONT-NOTRE-DAME AU HAMEAU DE RUS.

L'abbaye du Pont-Notre-Dame était fondée depuis treize ans, et les nombreuses donations qu'elle avait reçues de son fondateur n'avaient pas épuisé la générosité de ce dernier. En 1239, soit que l'humidité causée par le voisinage de la rivière rendît le séjour du Pont désagréable aux religieuses, soit qu'elles eussent à souffrir des débordements du Morin, soit que les bâtiments de l'abbaye fussent insuffisants, Hugues de Chatillon et Marie d'Avesne, suivant les conseils de l'évêque de Meaux et du curé de Couilly, transférèrent le monastère au hameau de Rus, que l'on appelle aujourd'hui le Pont-aux-Dames (1).

L'enclos que les religieuses possédèrent jusqu'en 1790 existe encore aujourd'hui dans son intégralité, avec les grands murs qui lui servaient de clôture; mais, divisé en trois parties distinctes, il appartient à trois propriétaires différents.

(1) Charte du mois de février 1239.

Une jolie maison de campagne à deux étages, ayant vue sur la grande route nationale, dont elle est séparée par une cour sablée que ferme une grille en fer, occupe, avec ses annexes et dépendances, l'emplacement qu'occupèrent autrefois les bâtiments conventuels et les pavillons Du Barry.

Une autre maison de campagne, beaucoup moins importante que la précédente, et dont la façade n'est pas tournée du côté de la route, occupe une partie de l'emplacement de l'église du couvent.

Entre ces deux maisons, plusieurs travées de bâtiments bordant la route, et servant aujourd'hui tant à l'habitation de deux ou trois familles qu'à l'engrangement des récoltes, occupent, en partie, la place qu'occupaient les granges, écuries, remises, pressoirs et autres bâtiments affectés à l'exploitation des terres que l'abbaye faisait valoir.

Telles sont, en peu de mots, les transformations que ces lieux ont subies depuis le commencement de notre siècle, et sur lesquelles je ne crois pas devoir m'étendre plus longuement. Tous les habitants du pays en connaissent les détails mieux que moi. Mes recherches, d'ailleurs, ne portent que sur la topographie ancienne.

En 1239, le chemin pierreux qui, partant de Quincy, aboutit au Pont-aux-Dames, en passant par la croix de Saint-Fiacre, et que pour cette raison on appelle *chemin de la Croix-de-Saint-Fiacre,* franchissait la grande route royale et descendait en droite ligne jusqu'au moulin d'Arnould et au pont de bois. Le *Moulin d'Arnould* était le moulin banal des habitants de la paroisse de Couilly (1). Quant au *pont de bois,* construit près de ce moulin par les religieuses elles-mêmes, comme je le dirai tout à l'heure, il permettait aux habitants de Rus de passer sur la rive gauche du Morin et de rejoindre le chemin qui conduit de Saint-Germain à Villiers.

L'enclos dans lequel les religieuses furent établies formait un grand carré de la contenance de quinze arpents environ, traversé par le rû de Champigny. Il était limité du côté du couchant par le chemin dont je viens de parler, et des trois autres côtés par les route et chemins qui lui servent encore de limites aujourd'hui, savoir : du côté du nord par la grande route nationale, du côté du midi par le chemin des Voyeulx, du côté du levant par le chemin qui de la grande route conduit au moulin de la Saulx ainsi qu'au hameau de Martigny.

A l'encoignure formée par la grande route et le chemin du moulin banal était le monastère, se composant de deux grands corps de logis liés ensemble. L'un de ces corps de logis, bordant le chemin du moulin banal, était le cloître ou bâtiment conventuel, au delà duquel, et donnant sur le même chemin, était la bergerie. L'autre corps de

(1) Aujourd'hui le moulin d'Arnould (molendinum Arnulphi) n'est guère désigné que par le nom de : moulin du Pont-aux-Dames.

bâtiment bordant la grande route servait particulièrement à l'exploitation rurale.

Parallèlement à ce bâtiment était construite l'église conventuelle, dont la façade était tournée du côté du cloître et le chevet du côté de Crécy.

L'espace qui séparait de l'église le bâtiment dont il s'agit formait une grande cour dite *Cour extérieure,* par opposition à la cour conventuelle que je vais indiquer. Cette cour extérieure, à l'usage des gens de service, était entourée de constructions nombreuses dont l'ensemble formait une sorte de ferme dans l'enceinte de l'abbaye.

Les deux grands bâtiments d'encoignure dont j'essaie de faire connaître la position étaient en maçonnerie commune. Leur point de jonction formait un pan coupé sur le carrefour existant à l'intersection des deux voies publiques. C'est là que se trouvait l'entrée du couvent. Un passage voûté, de forme ogivale, en pierre de liais, avec moulures extérieures, formait l'entrée principale et donnait accès dans la cour conventuelle ou *Cour intérieure.*

La porte en chêne, à deux battants, était garnie de grosses têtes de clous et de ferrures historiées, selon la mode du temps. A droite de la porte principale, une petite porte latérale donnait entrée dans l'intérieur du cloître.

Ce qui précède fait voir que notre abbaye, ainsi que tous les monastères situés à la campagne, n'était pas seulement une communauté religieuse, une maison de retraite et de prières, mais encore le siége d'une exploitation rurale.

La description très-sommaire qu'on vient de lire, et qui se rapporte à l'état ancien des lieux, est assurément incomplète; mais les documents que je possède ne me permettent pas de fournir de plus amples détails. Je ne saurais indiquer exactement ni les dimensions de ces divers bâtiments primitifs, ni leur distribution intérieure, ni les époques de leur construction successive. Au reste, tous ces bâtiments et l'enclos du couvent furent considérablement augmentés en 1623, ainsi que nous le verrons plus loin.

L'église conventuelle, dont j'ai fait connaître l'emplacement, avait une certaine analogie avec notre église paroissiale; mais, tandis que celle-ci avait un pignon à trois pointes et que son clocher était assis sur le milieu de l'édifice, l'église du couvent avait un pignon simple, auquel faisait suite un clocher semblable à celui de l'église paroissiale (1).

La porte principale en plein-cintre était surmontée d'une rosace. A droite de l'entrée principale existait une petite porte latérale. Sur la facade, les religieuses avaient fait mettre en lettres dorées le nom de leur fondateur (2), dont les armoiries étaient représentées sur les vitraux des fenêtres (3).

Cet édifice, dont la voûte et les fenêtres étaient

---

(1) Grand atlas de Saint-Germain-des-Prez.
(2) Mémoires de Janvier.
(3) André Duchesne.

en ogives, avait été construit avec la plus grande simplicité, conformément aux règlements de l'ordre. Il était couvert en tuiles et dépourvu de tout ornement d'architecture. Sa longueur était de cent quarante pieds et sa largeur de cinquante-huit (1).

Ces dimensions ne paraîtront pas excessives quand on saura que cette église comprenait deux chœurs et grand nombre de sépultures. A l'extrémité de la nef était le chœur d'en-bas ou chœur des prêtres, fermé par une grille en fer. Au chevet de l'église, et derrière ce premier chœur, était le chœur d'en-haut ou chœur des religieuses, élevé de deux ou trois marches au-dessus du sol de la nef et du premier chœur. Ce second chœur était sans doute fermé par une grille comme le chœur d'en-bas (2). Tel était l'état de l'église conventuelle aux dix-septième et dix-huitième siècles. Elle avait dû subir, dans le cours des quatorzième, quinzième et seizième siècles, diverses dégradations, recevoir des réparations et modifications que je ne saurais indiquer. Au treizième siècle, le chœur des nonnes, séparé de l'église par une grille (3), se trouvait dans

---

(1) Procès-verbal d'expertise du 17 thermidor, an IV.
(2) A Port-Royal-des-Champs le chœur des religieuses non-seulement était grillé, mais un rideau de toile noire était en outre étendu sur la grille afin que les religieuses ne fussent pas vues.
Une note de Dupuy nous apprend que sous ces chœurs il existait une crypte ou caveau dont l'entrée se trouvait dans le chœur d'en bas. Manuscrits de Dupuy, tome 22, page 300, Bibliothèque nationale.
(3) Dans les couvents de Carmélites le chœur des religieuses est toujours séparé de l'église par une grille.

un petit bâtiment contigu que l'on convertit plus tard en sacristie.

Par la charte de translation, le sire et la dame de Crécy donnèrent aux Moniales la propriété du rû de Champigny, à partir de la grande route nationale jusqu'à la rivière, et le droit de construire sur le Morin, près du moulin d'Arnould, un pont à l'usage des piétons, des chevaux et des voitures. Ce pont, construit en effet au lieu désigné, existait encore au commencement de notre siècle; on l'appelait le *Pont de bois*. Enfin, par cette même charte, Hugues et Marie donnèrent à l'abbaye la dime du blé et du vin de La Chapelle-sur-Crécy, deux arpents de terre au-dessus du Petit-Voulangis, pour y planter des vignes ou pour en faire ce que besoin serait; en outre, ils renouvelèrent l'obligation imposée par la charte de fondation aux religieuses, de ne se mettre jamais sous l'avouerie d'un autre seigneur que le sire de Crécy (1).

Certains habitants de Rus possédaient, dans l'enclos même de l'abbaye, quelques parcelles de terre que d'anciens seigneurs avaient sans doute aliénées au profit de leurs tenanciers. Le couvent acquit en peu de temps toutes ces parcelles, et ne tarda pas à posséder tout l'enclos en plein domaine (2).

(1) Voir la Charte de translation.
(2) Ces acquisitions de biens, situés dans l'enceinte de l'abbaye, résultent de deux chartes de vente et d'une charte de donation passées devant l'official de Meaux en 1243 et 1247.
Archives de Melun. H. 658.

Les religieuses étaient à peine établies à Rus que le curé de Couilly souleva contre elles une contestation analogue à celle qu'il avait déjà soulevée en 1228, et prétendit exercer son droit paroissial dans leur nouvel enclos. Sa prétention était d'autant plus mal fondée que, pour l'indemniser du dommage qu'il pourrait éprouver par suite de la fondation de l'abbaye, le sire de Crécy lui avait attribué quarante sous de rente sur le péage du pont de Couilly. Cette contestation fut, comme la première, soumise au jugement de Pierre de Cuisy, évêque de Meaux, lequel, après avoir pris l'avis de quelques hommes de bien, décida que le nouvel enclos du couvent serait exempt du droit paroissial, tout aussi bien que l'enclos du Pont-Notre-Dame (1). Je ne dois pas oublier de dire, en passant, que les nonnes, après leur installation à Rus, conservèrent la propriété de leur première habitation, et, par une faveur spéciale, restèrent administratrices de l'hôtel-Dieu. Les Cisterciens n'étaient pas un ordre hospitalier, et l'administration d'un hospice était assurément contraire aux prescriptions de la règle.

En 1241, Mme Marie d'Avesne, comtesse de Saint-Paul et de Blois, épouse de messire Hugues de Chatillon, alla de vie à trépas, et fut son corps enterré dans le chœur d'en-bas de l'église conventuelle. Son tombeau fut peut-être le premier que l'on y construisit. Il était situé du côté gauche du

---

(1) Charte du mois de mars 1139.

chœur, près de la grille. Une statue en marbre blanc représentait cette dame étendue sur son tombeau (1).

Quant à messire Hugues de Chatillon, il trépassa le neuvième jour d'avril de l'an 1248, non sans avoir fait encore quelques nouvelles libéralités à l'abbaye. Il fut également inhumé dans le chœur de l'église, à côté de la comtesse de Blois, son épouse. Les religieuses lui firent élever un magnifique monument en marbre, sur lequel on voyait la statue couchée du fondateur, sous la figure d'un homme d'armes revêtu de sa cotte de mailles, la main gauche appuyée sur son bouclier (2).

Près du tombeau de Marie d'Avesne était celui de Guy de Chatillon, frère aîné de Hugues (3).

A droite étaient les tombeaux en marbre de messire Gaucher de Chatillon et de Mme Marguerite, dame du Tour, de Dampierre et de Sompuis, son épouse.

Sur celui de Gaucher, on lisait l'inscription suivante : « Cy gist messire Gauchier de Chastillon,
» seigneur dou Tour et de Dampierre, aisné fils de
» Gauchier de Chastillon, jadis comte de Porcien
» et connestable de France. Il trépassa l'an
» MCCCXXV, ou mois d'aoust, le jour de feste de
» Sainct Loys. Et a fait faire cette tombe Madame
» Ysabel de Chastillon, abbesse de Nostre-Dame

---

(1) André Duchesne. Mémoires de Janvier.
(2) Mémoires de Janvier.
(3) Mémoires de Janvier.

» de Soissons, fille de mondit seigneur le connes-
» table et sœur dudit seigneur. Priez Dieu pour
» les âmes de tous deux (1). »

Sur le tombeau de Mme Marguerite, laquelle était issue de la maison des comtes de Flandres, puînés de celle de Bourbon, étaient gravées, avec le nom et l'épitaphe de cette dame, les armes de Flandres, qui étaient d'or au lion de sable brisé d'un lambel de gueules (2).

Du même côté, deux tombeaux attiraient particulièrement l'attention : c'étaient celui de Mme Blanche de France, duchesse d'Orléans, fille du roi Charles IV, et celui de deux autres enfants du même roi morts en bas âge. Ces deux tombeaux, construits en marbre noir, étaient entourés d'une grille en fer. Celui de la duchesse d'Orléans était surmonté de son buste en marbre blanc, de chaque côté duquel était un buste d'enfant également en marbre blanc. On y lisait cette inscription : « Cy gissent les en-
» trailles de dame de noble mémoire, madame
» Blanche, jadis fille du roy Charles, roy de
» France et de Navarre, et de la royne Jehanne
» d'Evreux, sa femme. Laquelle fille fut femme de
» monseigneur le duc d'Orliens, comte de Valois
» et de Beaumont, jadis fils du roy Philippe de
» Valois et de la royne Jehanne de Bourgogne, qui

---

(1) Mémoires de Janvier.
(2) André Duchesne. Il ajoute : mais les lames sur lesquelles était gravée l'Epitaphe sont levées et n'y reste de toute l'escripture sinon qu'elle trépassa au mois d'août.

» trépassa l'an MCCCXCVII, ou mois de février.
» Priez Dieu pour l'âme de ly (1). »

Plusieurs seigneurs et dames de la maison de Châtillon, plusieurs bienfaiteurs de l'abbaye, toutes ou presque toutes les abbesses qui s'étaient succédé au Pont-aux-Dames, avaient aussi leur sépulture dans l'église du couvent; mais ces sépultures, moins monumentales que celles dont je viens de donner la description, étaient, pour la plupart, adossées au mur avec ou sans arcades; quelques-unes étaient recouvertes de simples pierres tombales, sur lesquelles il était d'usage de graver au trait l'épitaphe et quelquefois la figure du défunt. Les abbesses étaient représentées debout, les mains jointes sur la poitrine. Leur nom, le lieu et la date de leur naissance, de leur profession religieuse, de leur bénédiction, de leur mort, étaient gravés au trait sur les marges de la dalle. Janvier nous a conservé la description de deux ou trois tombes d'abbesses, avec leurs épitaphes. J'aurai l'occasion de les rapporter un peu plus loin, quand je parlerai des personnes qu'elles concernent. Le lecteur me saurait mauvais gré de prolonger plus longtemps ce catalogue de tombeaux.

Avant de passer au chapitre suivant, je dois ici corriger une erreur qui se trouve dans la *Lettre historique sur Couilly*, page 90.

---

(1) Voyage littéraire de deux bénédictins de la congrégation de Saint-Maur, 1ᵉ partie, page 17.

Il y est dit que le corps de la duchesse d'Orléans fut porté à Saint-Denis, près de celui de Marie de France, sa sœur aînée.

C'est une erreur dont la responsabilité ne doit pas retomber entièrement sur moi. En effet, les frères de Sainte-Marthe, dans leur *Histoire généalogique de la Maison de France,* disent positivement que la duchesse d'Orléans fut enterrée dans l'église de Saint-Denis, et l'inventaire des tombeaux qui existaient dans cette église en 1793 mentionne celui de Madame Blanche de France, duchesse d'Orléans, avec la statue couchée de cette dame. Tels étaient les éléments de preuve dont j'avais connaissance et sur lesquels j'avais cru pouvoir m'appuyer sans la moindre hésitation. Mais depuis l'impression de la *Lettre historique* sur Couilly, poursuivant la recherche des documents de notre histoire locale, j'ai trouvé : 1° dans le cartulaire de l'abbaye du Pont-aux-Dames, une charte de laquelle il résulte que la duchesse d'Orléans *pour l'affectueuse dévotion qu'elle avoit à l'église du Pont-Notre-Dame,* avait exprimé la volonté que ses *entrailles y fussent mises* quand il plairait à Dieu qu'elle départit de son siècle (1); 2° dans les manuscrits de Dupuy, la note que j'ai déjà citée, de laquelle il résulte que les *entrailles* de la duchesse d'Orléans *gisaient* dans l'église du Pont;

___

(1) Au reste, T. Duplessis, dont je n'avais pas l'ouvrage sous la main, à cette époque, confirme absolument ce fait et cite même la charte dont il s'agit.

3° enfin, dans le voyage littéraire, l'épitaphe que j'ai rapportée plus haut qui confirme la note de Dupuy.

Je tiens donc pour certain que les frères de Sainte-Marthe se sont trompés, ce qui n'altère aucunement la grande et légitime considération dont ils jouissent ; que la duchesse d'Orléans était réellement enterrée dans l'église conventuelle du Pont ; et que le monument élevé à sa mémoire dans l'église de Saint-Denis était un tombeau vide, un simple cénotaphe.

III

L'ORDRE DE CITEAUX.

Nous avons vu que Hugues de Châtillon avait placé son abbaye du Pont-Notre-Dame dans la filiation immédiate de Citeaux.

Il est donc indispensable de faire connaître aussi laconiquement que possible les principaux statuts et priviléges des Cisterciens.

L'ordre de Citeaux était une congrégation de l'ordre de Saint-Benoît. Il avait été fondé en 1098, par saint Robert, abbé de Molesme. Profondément affligé de la corruption affreuse qui régnait dans ce monastère où son autorité abbatiale n'était plus respectée, où la règle n'était plus observée, Robert prit la résolution de quitter une communauté qui, riche de biens temporels, était devenue si pauvre de biens spirituels (1).

Saint Albéric, saint Étienne et plusieurs autres moines l'accompagnèrent. Leur dessein était de fonder dans quelque solitude, une abbaye où la règle serait mieux suivie (2).

(1) Gervaise.
(2) Gervaise.

Le légat auprès duquel ils avaient commencé par se rendre pour lui faire part de leur résolution, approuva leur entreprise, encouragea leur ferveur et les autorisa par un décret à se séparer de Molesme (3).

Il ne restait plus qu'à trouver un lieu de retraite où l'on put se fixer. Robert et ses compagnons s'adressèrent donc au duc de Bourgogne, qui leur fit l'abandon d'une grande étendue de terrain dans la forêt de Citeaux, au diocèse de Châlon-sur-Saône.

C'est au milieu de ces solitudes sauvages que ces religieux fondèrent leur monastère, auquel on donna le nom d'abbaye de Citeaux : Robert en fut le premier abbé ; Albéric fut prieur ; Étienne sous-prieur.

Les premiers moines se livrèrent avec ardeur au défrichement des terres qui leur avaient été données. Ces grands travaux de culture leur étaient commandés par la nécessité de leur situation tout autant que par la règle de Saint-Benoît, qui prescrivait six ou sept heures de travail manuel par jour.

Le but du nouvel institut était de rétablir la rigoureuse observance de la règle ; c'est pourquoi Robert, Albéric, Étienne dressèrent des règlemeuts propres à la remettre en vigueur.

Ces premiers règlements fondés sur la charité, sur les devoirs réciproques des supérieurs et des inférieurs reçurent le nom de *carte de charité*. Leurs auteurs, dont la volonté ferme était de poser les bases d'un nouvel ordre, dont l'église de Citeaux n'était,

(3) Gervaise.

pour ainsi dire, que la première pierre, définirent les prérogatives de l'abbé de Citeaux et celle des autres abbés de l'ordre, réglèrent tout ce qui concernait les assemblées des chapitres généraux et particuliers, les visites, le maintien de la discipline et de l'uniformité dans les monastères de l'ordre.

L'église de Citeaux que les premiers religieux avaient construite, que Robert avait dédiée à la Vierge, sous la protection de laquelle il avait mis toute sa postérité spirituelle (1), fut reconnue comme église-matrice et chef d'ordre, à laquelle toutes les autres maisons de l'ordre devraient être soumises (2).

Le légat avait favorisé l'établissement du nouvel institut. Ce fut donc par ordre et par commission de ce dernier, que Robert reçut des mains de l'évêque de Châlon le bâton pastoral. Après la mort de Robert, ce furent les religieux eux-mêmes, sans la participation de l'évêque, qui procédèrent à l'élection d'Albéric, après la mort duquel ils nommèrent Étienne.

Sous l'administration d'Albéric, le pape Pascal II confirma l'établissement de Citeaux, érigea le nouveau monastère en titre d'abbaye chef-d'ordre sous la garde, protection et spéciale juridiction du Saint-Siége.

Les monastères cisterciens étaient donc exempts de la juridiction des évêques.

La vie régulière qu'on menait à Citeaux dans ces

(1) Dom Gervaise.
(2) Dom Julien Paris. Dom Meschet.

premiers temps acquit à l'ordre une grande considération, et de nouveaux adeptes y vinrent de toutes parts.

En 1113, sous l'administration d'Étienne, un jeune gentilhomme bourguignon qui devait devenir un des hommes les plus importants de son temps, acquérir une influence immense et donner un grand éclat à son ordre, vint prendre l'habit monastique à Citeaux. Je veux parler de saint Bernard. C'était en souvenir de lui que les religieuses Cisterciennes étaient ordinairement appelées *Bernardines*.

A cette époque, l'affluence des moines était si considérable à Citeaux, que la communauté se trouva dans la nécessité de fonder de nouveaux monastères.

En 1113, les Cisterciens fondèrent l'abbaye de La Ferté-sur-Grosne; en 1114, celle de Pontigny; en 1115, avec la protection du comte de Champagne, l'abbaye de Clairvaux, dont saint Bernard fut le premier abbé; enfin, dans le cours de la même année, avec l'aide d'un seigneur de Choiseul, nommé Aldéric d'Aigremont, ils fondèrent celle de Morimond.

Ces quatre abbayes furent appelées les quatre filles de Citeaux. Chacune d'elles, à son tour, fonda de nombreuses maisons qui composèrent sa filiation. Il y eut donc autant de filiations qu'il y eut d'abbayes fondatrices ou mères. Le développement de l'ordre fut si considérable et si prompt que, cinquante ans après sa fondation, la maison de Citeaux avait déjà donné naissance à 500 abbayes; au milieu du XIIIe

siècle, le nombre de ses fondations s'élevait à 1800 (1).

En 1256, les Cisterciens rédigèrent leurs premiers statuts sous le titre d'*anciennes constitutions* et les complétèrent en 1350 par le livre des *Nouvelles définitions*.

L'abbé de Citeaux qui avait le titre de *révérendissime frère,* était le supérieur général de l'ordre, exerçait la même autorité que le chapitre général quand ce dernier n'était pas assemblé. Il avait juridiction sur tous les monastères de l'ordre, les visitait en personne ou nommait des visiteurs pour faire les visites en son lieu et place. Il pouvait seul faire des règlements généraux, accorder des dispenses, bénir tous les abbés et abbesses de l'ordre, donner des mandements et priviléges pour l'impression des livres à l'usage de l'ordre. Enfin l'abbé de Citeaux qui était un des plus hauts seigneurs de sa province, avait le titre de conseiller né au parlement de Dijon (2), siégeait de droit aux états de Bourgogne sur le même rang que les évêques (3), et portait, comme ces derniers la crosse, la mitre et les habits épiscopaux.

Quant aux autres abbés, à qui l'on donnait le titre de *Vénérables* ou *Révérends frères,* ils avaient, chacun dans sa filiation et sous le contrôle de l'abbé général, les mêmes attributions que ce dernier. Chaque père abbé devait visiter une fois par an tous les monastères de sa filiation.

(1) Hélyot.
(2) Honneur qui lui fut confirmé par Henri III, en 1578.
(3) Honneur qui lui fut confirmé par Louis XIV, en 1699.

La grande considération dont jouissait l'ordre de Citeaux lui mérita la faveur constante des papes et lui valut de nombreux priviléges.

En 1132, Innocent II reconnaît que tous les monastères de l'ordre sont exempts de la juridiction épiscopale et les dispense de payer les dîmes sur leurs terres.

En 1234, Grégoire IX les dispense de payer aucune redevance sous prétexte de patronage (1), advocatie (2) ou garde gardienne (3), et défend aux évêques de se mêler des élections, installations, punitions, dépositions des abbés et abbesses.

En 1245, Innocent IV déclare que lesdits monastères ne pourront être visités que par des abbés ou par des religieux de l'ordre.

En 1254, Alexandre IV confirmant et complétant la bulle d'Innocent IV dit que les monastères de l'ordre seront dispensés de payer aux évêques aucun droit de visite ou de procuration.

En 1255, le même pape Alexandre IV autorise les religieux et les religieuses de l'ordre à construire dans leurs granges et fermes des autels et des chapelles pour y célébrer le service divin (4).

Tous ces priviléges, obtenus à prix d'argent, dit

---

(1) Il s'agit ici des redevances que pouvait retenir à son profit, celui qui donnait des biens en aumône à quelque monastère.

(2) Advocatie ou avouerie, rétribution que l'on payait au seigneur qui se constituait avoué ou gardeur de l'abbaye.

(3) Taxe ou droit de sceau que l'on payait pour l'expédition des lettres de sauvegarde ou garde gardienne.

(4) La lettre d'Alexandre IV se trouve dans notre cartulaire.

Gervaise, furent successivement renouvelés, approuvés et confirmés par plusieurs papes dont il serait trop long d'énumérer les bulles.

Enfin en 1489, Innocent VIII confirme l'abbé de Citeaux dans le pouvoir de donner la bénédiction à tous les Abbés et Abbesses de l'ordre.

Dès le douzième siècle saint Bernard déplorait la facilité avec laquelle les papes accordaient ces exemptions et priviléges qu'il considérait comme destructifs de la discipline (1). Dans les siècles suivants de nombreux conciles s'efforcèrent de les restreindre; mais le mal qui devait en résulter était déjà produit et Fleury (2) n'hésite pas à leur attribuer en grande partie le relâchement que nous ne tarderons pas à constater chez les moines Cisterciens.

Si les priviléges dont il s'agit excitaient déjà l'indignation de saint Bernard, qui ne les considérait qu'au point de vue de la discipline monastique, combien plus sévèrement devrons-nous les juger, si nous les considérons au point de vue du droit et de la morale universels. Lorsque le pape recommande aux évêques, dont il est le chef, de renoncer à leur droit de procuration, de faire gratuitement leurs visites; lorsqu'il recommande aux curés de renoncer à la perception des dîmes ecclésiastiques sur les biens de cer-

---

(1) « Ces priviléges que saint Bernard (lettre à Henri, archevêque de Sens) envisageait comme des profanations de la piété monastique, comme l'abomination dans le sanctuaire. *Gervaise.* »

(2) VIIIe discours.

taines communautés religieuses, on peut prétendre, à la rigueur, qu'il agit dans la limite des attributions d'un souverain pontife. Mais quand il va plus loin, quand il dispense ces mêmes communautés de payer à tel seigneur des rétributions légitimement dues, quand il les dispense de payer au fisc royal la taxe à laquelle donne ouverture l'expédition de lettres patentes, il mérite le reproche si souvent encouru de fouler aux pieds tous les droits ; il commet sur les prérogatives de la couronne un empiètement que le Roi ne saurait tolérer ; il prépare les représailles que Philippe-le-Bel devait bientôt exercer. Si le pape voulait accorder à certaines communautés des priviléges pécuniaires, que ne commençait-il par renoncer à la taxe que la Cour de Rome exigeait pour l'expédition des bulles.

J'ai dit que l'ordre de Citeaux avait embrassé la règle de saint Benoît. Je dois dire quelques mots de cette règle et des premiers statuts des Cisterciens.

La profession monastique exigeait le triple vœu d'obéissance, de chasteté, de pauvreté individuelle; et la règle fixant l'emploi du temps et l'exercice des pratiques religieuses prescrivait particulièrement aux moines le travail des mains, le silence, la solitude, l'abstinence de la chair, le jeûne, la prière, les lectures pieuses.

L'obéissance consistait en une soumission parfaite à la règle ainsi qu'aux ordres de l'Abbé, pourvu qu'ils fussent conformes aux statuts et règlements de l'ordre.

La chasteté consistait à renoncer au mariage, à tout

commerce avec les femmes, et pour mieux observer la continence, à fuir toutes les occasions propres à faire naître des désirs sensuels.

La pauvreté individuelle consistait à ne posséder aucun bien en propre.

Telles étaient les principales exigences de la règle à l'observance étroite de laquelle les Cisterciens s'étaient soumis. Les statuts de leurs premiers chapitres eurent pour but de la confirmer, de l'expliquer et de la compléter.

Ils recommandèrent la plus grande simplicité dans la construction des églises et des bâtiments conventuels, dans la décoration des autels, dans le logement et dans l'habillement des religieux. Les moines de saint Benoît étaient vêtus de noir; mais comme les étoffes blanches étaient celles qui coûtaient le moins cher, les Cisterciens adoptèrent l'habit blanc d'où leur vint le nom de *moines blancs* et le nom d'*abbayes blanches* à tous les monastères de l'Ordre.

Ils exigèrent que les moines vécussent en commun, qu'ils mangeassent au réfectoire et couchassent au dortoir; ils permirent aux malades seulement de manger de la viande une fois par jour.

Pour se mettre à l'abri du soupçon d'incontinence, pour éviter les tentations, *car il n'est pas prudent de vivre avec des femmes quand on veut observer la continence,* ils défendirent à tous les bénéficiers de l'ordre d'avoir des femmes dans leurs maisons (1).

Le chapître général de 1222 alla plus loin. Il exprima le vœu qu'on suppliât le pape de ne plus obliger les Cisterciens à placer des convers dans les monastères de nonnes pour gérer les biens de ces dernières; *car cette cohabitation tournait au préjudice de l'ordre ainsi qu'au péril des âmes* (2).

Nous verrons bientôt que l'ordre ne persista pas longtemps dans cette résolution.

Enfin les Cisterciens n'admettaient pas dans leur ordre les monastères doubles (3). On appelait ainsi les monastères qui réunissaient dans une même enceinte une communauté d'hommes et une communauté de femmes (4).

Nous avons vu plus haut à partir de quelle époque et sous quelles conditions les Cisterciens avaient admis dans l'ordre des monastères de femmes.

Voués à la vie la plus austère et la plus frugale, ils se soumirent non-seulement à la pauvreté individuelle mais renoncèrent de plus à voir augmenter les biens de la communauté. Le chapître général de l'an 1198

---

(1) Quia etiam volentibus conservare continentiam non est tutum habitare cum feminis, prohibemus ne sacerdotes nec clerici beneficiati in domibus suis famulas habeant, de quibus debeat sinistra suspicio suboriri.
Thesaurus, tome 4, page 149.
(2) Supplicandum domino papæ ne compellat nos ad mittendos monachos nostros et conversos ad cohabitandum cum monialibus et in temporalibus eisdem providendum. Vergit enim res ista ad prejudicium ordinis et periculum animarum. Cap. gen. 1222.
(3) Cistercienses cohabitationem cum monialibus et administrationem declinant.
(4) Chelles, par exemple, était un monastère double.

fit défense à l'ordre d'acquérir et de posséder des moulins.

L'observance rigoureuse de ces austérités ne devait pas durer longtemps.

En 1191 on commence à se lasser de la pauvreté des premiers temps et de nombreuses voix réclament contre l'interdiction d'acquérir ; mais le chapître général tient bon et maintient l'interdiction d'acquérir des biens immobiliers :

« Pour contenir la cupidité qui se manifeste dans
» l'ordre, dit le chapître de 1191, cupidité à laquelle
» on nous sollicite de donner satisfaction, Nous pro-
» posons de maintenir fermement l'interdiction d'ac-
» quérir des terres et toutes possessions immobi-
» lières » (1).

Ainsi parlait le chapître de 1191. Celui de 1215 fait quelques concessions et commence à transiger avec les premiers statuts. Il cède à l'ambition des richesses, mais avec certaines restrictions. Il s'exprime en ces termes :

« Le chapître général décide qu'il n'est permis à
» personne d'acquérir des terres labourables, des
» vignes, des fours, des moulins, à moins qu'ils ne
» nous soient donnés en franche aumône et par dona-
» tion solennelle et pourvu que nous ne fassions pas

---

(1) Ad temperandam cupiditatem in ordine nostro et notam semper acquirendi quam impetimur repellendam proposuimus firmiter tenendam ab omnibus ut deinceps omnino abstineamus ab emtione terrarum et omnium possessionum immobilium.

» cultiver ces biens par d'autres mais que nous les
» fassions valoir par nos propres mains » (1).

Un pas restait à faire pour atteindre son entière liberté d'action. Le chapître général de 1278 déclare : « que les anciennes constitutions ne faisant point
» obstacle à la faculté d'acquérir; il est permis à l'ordre
» de faire des acquisitions et d'accroître ses biens,
» sauf le droit d'autrui » (2).

L'humilité de cette réserve finale paraîtra superflue. Le respect du droit d'autrui est toujours sous-entendu.

Les Cisterciens usèrent largement de cette faculté d'acquérir. On sait à quel degré de richesse les ordres monastiques arrivèrent dans l'espace de quatre siècles. On sait quelle fut la conséquence de cette accumulation de biens territoriaux entre les mains des gens de main morte au point de vue de l'impôt.

Je crois en avoir dit assez sur l'ordre de Citeaux. Il est temps de revenir à l'abbaye du Pont-aux-Dames.

---

(1) Statutum est a capitulo generali ut nullus deïnceps audeat terras arabiles, vineas, furnos, vel molendina emere vel acquirere nisi in puram eleemosynam et solemnem donationem datæ fuerint nobis, quas tamen propriis manibus et sumtibus excolamus nec aliis tradamus excolendas.

(2) Item Statuitur quod non obstantibus antiquis constitutionibus, quilibet possit acquirere et acquisita retinere et suos terminos dilatare, salvo jure alieno.

Nos chartes royales d'amortissement rapportées dans notre cartulaire se terminent par ces mots : Sauf le droit d'autrui (salvo jure alieno), cela veut dire que l'amortissement ne décharge pas de la prestation du cens. Mais ce n'était pas le cas des moines Cisterciens.

IV

LES PREMIÈRES ABBESSES. LE FRÈRE CONVERS. LE CONFESSEUR. LE CHAPELAIN. LE SCEAU DES ABBESSES.

Tout monastère d'hommes était gouverné par un supérieur électif qui, sous le titre d'Abbé, administrait le temporel de la communauté, recevait les religieux à profession et, pour le maintien de la discipline, avait le droit de corriger ses moines, de prononcer contre eux des censures, de les condamner aux peines établies par les règlements, suivant la gravité des cas. De même toute abbaye de femmes était gouvernée par une Abbesse qui, sur ses religieuses, exerçait la même autorité que l'abbé sur ses moines.

Le gouvernement de l'Abbesse devait être paternel, s'exercer par la voie de la douceur, de la patience, de l'exhortation. L'abbesse ne devait recourir aux punitions que dans les cas de rébellion ou de faute grave. Ses religieuses, qu'elle appelait ses filles et qui de leur côté l'appelaient leur mère, devaient avoir pour elle l'obéissance et le respect que les enfants les plus soumis ont pour leur père et mère.

L'Abbesse était élue par ses religieuses au scrutin

secret ; l'élection devait être autorisée par le roi (1) ; l'usage permettait qu'elle fut notifiée au pape qui de Rome expédiait des bulles confirmatives (2). Dans quelques abbayes les Abbesses étaient triennales; au Pont-aux-Dames elles furent toujours viagères, c'est-à-dire nommées à vie.

Pour être éligible aux fonctions d'Abbesse, il fallait avoir au moins trente ans d'âge et cinq ans de profession religieuse; mais ces conditions d'éligibilité, qui d'ailleurs furent modifiées par la suite, n'étaient pas rigoureusement observées.

Les Abbesses ayant mission d'administrer les biens temporels de l'abbaye, on avait soin, dit Fleury, de n'élire aux fonctions d'Abbesse que des femmes d'expérience et propres à la conduite des affaires. Mais pour aider l'Abbesse dans la gestion de ces affaires temporelles qui nécessitaient fréquemment des déplacements, des voyages, engendraient des contestations,

---

(1) Le XVe chapitre des *Preuves* des Libertés de l'Église gallicane ne se compose que de demandes adressées au roi pour obtenir main-levée de la régale, et de suppliques adressées soit au roi, soit au comte de Champagne pour avoir la permission de procéder à l'élection d'un évêque, d'un archevêque, d'un abbé ou d'une abbesse.

(2) L'ancien archevêque de Malines dans son livre des *Quatre Concordats*, expose les inconvénients de l'institution canonique dont l'effet est de mettre les souverains dans la dépendance du pape. « L'institution canonique dans la main des papes est le lien
» qui tient l'univers enchaîné à leur trône. Vous n'aurez pas
» d'évêques, disent-ils à tout prince dont ils croient avoir à se
» plaindre. Vous n'aurez pas de bulles, disent-ils à tout sujet de
» ces princes, à tout homme dont ils prétendent avoir lieu d'être
» mécontents. »
Les quatre concordats, tome Ier, page 331.

des procès, l'Abbé de Citeaux envoyait dans chaque monastère de nonnes un frère convers qui gérait les biens de la communauté, faisait fonctions de procureur (1) des moniales dans les affaires litigieuses e^t rendait compte de sa gestion au Visiteur. L'emploi du frères convers dans les monastères de femmes avait été désapprouvé par le chapître général de l'an 1222, mais on s'était bientôt affranchi de ce scrupule et chaque monastère de femmes était, en réalité, pourvu d'un frère convers qui faisait fonction d'intendant.

L'Abbesse, à cause de son sexe, ne pouvant recevoir l'ordre de prêtrise, était incapable d'administrer les sacrements; mais dans certaines circonstances et particulièrement dans les grandes cérémonies elle pouvait officier pastoralement (2). Dans les chapîtres claustraux, l'Abbesse, de concert avec la prieure, faisait des instructions aux novices, leur expliquait les préceptes de la religion, les instruisait de toutes les observances claustrales, de toutes les cérémonies de l'ordre. Elle n'avait pas qualité pour donner le voile aux novices (3), pour leur faire subir l'examen après l'année de profession, ni pour les bénir. Ces cérémonies étaient dans les attributions de l'évêque, de ses délégués ou du Supérieur de l'ordre.

La maison du Pont-aux-Dames étant un monas-

---

(1) Ici le mot *Procureur* est employé dans le sens de *mandataire*.
(2) Cér. manusc.
(3) Abbatissis virgines velare illicitum. **Dom Martene**, De Ritibus, tome 3, p. 111.

tère exempt, l'Abbesse avait le droit de se faire bénir par l'abbé de Citeaux ou par l'évêque de Meaux.

Celui qui la bénissait lui donnait en ces termes l'investiture de sa mission abbatiale : « Recevez, lui
» disait-il, l'entière puissance de gouverner ce monas-
» tère, le troupeau qui le compose et tout ce qui con-
» cerne son administration intérieure et extérieure
» pour le spirituel et pour le temporel. Prenez ce
» voile sacré qui vous rappellera que, méprisant le
» monde, vous vous êtes humblement et véritable-
» ment, de tout l'élan de votre cœur, constituée
» épouse perpétuelle de Jésus-Christ qui vous préserve
» de tout mal et vous conduise à la vie éternelle. »
Ainsi soit-il (1).

Après avoir consacré les religieuses, l'évêque ou l'Abbé les remettant à l'entrée du cloître, entre les mains de l'Abbesse, disait à celle-ci : « Voyez com-
» ment vous conserverez ces consacrées à Dieu et
» comment vous les lui représenterez immaculées,
» vous qui êtes établie pour en rendre raison devant
» le tribunal de leur saint époux quand il viendra
» juger les vivants et les morts » (2).

La crosse que l'Abbesse portait en sa main ou qu'elle faisait porter devant elle dans les cérémonies était le symbole de son autorité abbatiale. Elle ne devait pas la porter dans l'église quand l'Abbé général

---

(1) Cér. manusc.
(2) Cér. manusc.

officiait, ni dans le chapître en sa présence, car il avait sur elle la supériorité.

De même que la houlette du berger se termine par un crochet avec lequel il arrête ses brebis par le pied, de même la crosse abbatiale était recourbée, disait-on, pour exprimer cette pensée que l'Abbesse avait mission d'arrêter les précipitations de ses religieuses (1).

Encore bien que l'Abbesse ne fut pas obligée de vivre séparément, il n'était pas d'usage qu'elle mangeât au réfectoire avec ses religieuses. Mais elle devait accomplir les mêmes pratiques de dévotion que ces dernières. Elle était vêtue comme elles et ne devait se distinguer que par son exactitude à remplir tous ses devoirs.

Une des premières obligations de l'Abbesse était d'ordonner tout ce qui concernait la célébration du service divin, de veiller à ce que les religieuses assistassent régulièrement aux offices, se confessassent et communiassent aux époques fixées par la règle. A cet effet le couvent était pourvu d'un confesseur et d'un chapelain choisis par l'Abbé de Citeaux.

« Une Abbesse qui se démettait, dit Gervaise, pouvait aller demeurer dans une autre abbaye, mais dans ce cas elle ne pouvait pas emmener avec elle une religieuse de la maison sous quelque prétexte que ce put être, d'amitié ou de parenté. Si elle prenait le parti de rester dans son abbaye, on lui donnait un appartement convenable, sans qu'on permit pour cela

---

(1) Cérém. manuscr.

que quelque autre religieuse y logeât avec elle sous prétexte de lui tenir compagnie. On la faisait servir par une sœur converse mais qui ne lui était pas uniquement attachée. Il ne lui était pas plus permis de sortir du monastère qu'aux autres. »

Le bénédictin Dom Martène, dans son traité *de Ritibus antiquis ecclesiæ*, nous apprend que les Abbesses des premiers siècles confessaient elles-mêmes leurs religieuses(1), mais que le droit de confesser leur fut enlevé par la raison qu'on les accusait de pousser trop loin la curiosité (2). J'ignore si les moines confesseurs ont été plus discrets, plus réservés que n'auraient été les Abbesses ; le secret de la confession ne me permet pas d'approfondir cette question. Je dois pourtant constater que les règlements, en vertu desquels les Abbesses ont été privées du droit de confesser, furent dressés par les personnes mêmes qui devaient leur succéder dans l'exercice de ce droit.

Le statut qui leur aurait enlevé ce droit serait de 1228, mais comme les règlements n'étaient pas toujours exécutés aussitôt que publiés, il est permis de supposer que nos premières Abbesses eurent mission de confesser leurs nonnes.

Nous avons vu que l'Abbesse, pour accomplir certains actes que son sexe ne lui permettait pas de remplir elle-même, avait près d'elle un frère convers, un

---

(1) Abbatissæ confessiones suarum sororum audiebant, tome 2, p. 39.
(2) Quanquam hac in re plusculum sibi videantur abbatissæ, adèo ut earum temeritatem reprimere necesse fuerit.

confesseur, un chapelain. Je dois dire quelques mots de ces trois réguliers.

Ils ne pouvaient être envoyés dans un couvent de nonnes qu'après une année de noviciat et c'était l'Abbesse elle-même qui leur donnait l'investiture de leurs fonctions. L'abbesse assise, ayant sur ses genoux le livre de la règle, recevait leur serment d'obéissance, de continence et de pauvreté volontaire. Chacun de ces moines fléchissait le genou, étendait la main sur le livre de la règle et disait à l'Abbesse : « *Je vous promets obéissance pour le bien jusqu'à la mort* », à quoi l'Abbesse répondait : « *Que Dieu vous donne la vie éternelle* », et la communauté disait : *Amen*. Cela fait, le moine baisait le livre et se retirait (1).

Le moine profès était celui qui se vouait à la vie monastique dans le dessein de se faire prêtre et de chanter au chœur. Le convers, au contraire, était celui qui, dépourvu de lettres et ne pouvant devenir clerc, faisait profession dans le seul but de s'occuper des affaires temporelles du monastère, sans être obligé de suivre le chœur.

Un moine convers ne pouvait se présenter dans un couvent de nonnes qu'avec la permission de son Abbé. A défaut de cette autorisation, il encourait des pénalités sévères. Enfin, il ne pouvait être admis au réfectoire des convers que s'il était revêtu de l'habit des Cisterciens, et tonsuré (2).

---

(1) Statut de l'an 1254. *Thesaurus*, tome 4, p. 1,402.
(2) Concedit capitulum generale quod conversi monialium,

Le confesseur et le chapelain, ainsi que le frère convers devaient être pris dans l'ordre et commissionnés par l'Abbé général. Il fallait qu'ils fussent de bonne vie et suffisamment lettrés. Ils devaient se soumettre exactement à toutes les exigences de la règle, et s'ils étaient convaincus d'avoir mangé de la viande, ils étaient rappelés à leur monastère et mis au pain et à l'eau.

Le Père Abbé et le visiteur pouvaient, au besoin, ordonner au chapelain de faire office de confesseur, pourvu qu'il fut de bonne vie et de mœurs irréprochables. Et si le chapelain, abusant de son ministère, avait commis l'œuvre de chair avec une religieuse, il devait être défroqué, expulsé de son couvent et privé du droit de rentrer jamais dans aucun monastère de l'Ordre (1).

Le chapelain devait célébrer la messe conformément aux usages et règlements de Citeaux. En cas d'infraction, l'abbesse avait le droit de le punir (2).

Le couvent devait fournir honnêtement le vivre et le vêtir au confesseur, au chapelain, au frère convers, mais ç'aurait été un crime, dit Gervaise, de leur donner de l'argent.

cùm per abbatiam ordinis transire eos contigerit, recipientur in refectoriis conversorum, dummodo sint conversis ordinis conformes in habitu et tonsura. 1252.

(1) Statuit et ordinat capitulum generale quod si aliquis capellanus monialium nostri ordinis cum moniali seu cum conversis nostri ordinis deprehensus fuerit carnaliter deliquisse, ablato ei habitu, ab ordine penitus expellatur, nec in eadem abbatia vel alibi in ordine denuo habeat licentiam remanendi, an 1273.

(2) Cap. gén. de 1258.

Nous verrons plus loin que le chapelain n'exerçait son ministère que dans l'enceinte de l'abbaye, et que les religieuses célébraient elles-mêmes le service divin, dans leurs granges, quand leurs travaux agricoles les retenaient aux champs, loin du couvent.

Encore bien que le frère convers, le confesseur et le chapelain ne fussent pas logés dans le cloître même des religieuses, mais dans quelque bâtiment séparé ; encore bien qu'ils ne mangeassent pas au même réfectoire que les nonnes ; encore bien que les chapitres des premiers temps eussent fait ce qui dépendait d'eux pour que le confesseur, en exerçant son ministère, ne fut pas trop rapproché de sa pénitente, ainsi que nous le verrons dans le chapitre suivant ; certains lecteurs constateront peut-être que l'abbé de Citeaux, en plaçant dans tous les monastères de femmes, les moines dont je viens de parler, s'écartait singulièrement des premiers statuts, lesquels reconnaissaient sagement que : « *Volentibus* « *conservare continentiam non est tutum habitare* « *cum feminis* (1). »

J'aurai l'occasion, en parlant des religieuses, de revenir sur le confesseur, sur le visiteur et sur le chapelain. Il me reste à faire connaître les noms de nos premières abbesses.

Ces noms nous ont été conservés par Toussaint Duplessis et par les auteurs du *Gallia christiana*. La liste donnée par ces derniers diffère peu de celle

---

(1) Cette phrase est rapportée plus haut en note.

que nous fournit Duplessis. Et comme les documents dont chacun d'eux s'est servi ne nous sont pas parvenus, je ne puis que suivre aveuglément ces historiens. Néanmoins, une charte de l'an 1277 que j'ai trouvée dans un carton des archives nationales, m'a permis de combler une lacune qu'ils ont laissée entre la deuxième et la troisième abbesse.

Tout ce que savent de notre première abbesse dom Toussaint Duplessis et les auteurs du *Gallia christiana*, c'est que son nom commençait par une *H*. Cette abbesse aurait figuré en 1233 dans une transaction intervenue entre notre abbaye et le chapitre de Meaux. Notre deuxième Abbesse serait *Jeanne Ire*. Par une charte originale qui se trouve aux archives nationales (1), cette Abbesse reconnaît le sire de Crécy comme gardeur de l'abbaye. La charte dont il s'agit, écrite en langue vulgaire, sous la date du mois d'avril 1247, n'est pas sans intérêt; je crois devoir la rapporter en entier :

« Je suer (2) Johenne, abbesse dou Pont-Nostre-
« Dame et tout le convent de ceste maison, nous
« faisons à savoir à tous ceux qui ces lettres ver-
« rons, que nous tenons à gardeur et à avoué de
« toutes les choses que nous avons acquises en son
« fief et en ce qui de li muet ou par achat ou par
« eschange ou par aulmosne ou par aucune autre
« manière jusques aujourd'hui, et pour que ceste
« chose soit ferme et estable à tousjours, nous

(1) Archiv. Nat. J. 383.
(2) Sœur.

« avons fait sceller ces lettres de nostre scel. Ce
« fut fait en l'an de l'incarnation Nostre Seigneur
« mil deus cens quarante set au mois d'avril.

A cette pièce est appendu, par un petit ruban de parchemin, un sceau de forme ovale très-allongée, en cire grisâtre, long de trois centimètres environ, représentant une abbesse debout, qui tient en sa main gauche un livre ouvert, en sa main droite sa crosse abbatiale. La figure de l'abbesse est parfaitement conservée, la cire ayant acquis avec le temps une très-grande dureté.

En 1247, l'usage de notre langue vulgaire était encore bien nouveau, car les plus anciens documents écrits en français que relatent les bénédictins diplomatistes sont de 1133, 1147, 1168, 1183, 1206, 1215, 1220.

Or, si l'on établit une comparaison entre la pièce dont il s'agit et les chartes françaises rapportées dans notre cartulaire et qui sont données par des seigneurs laïques, on constatera que ces dernières chartes, quoique postérieures à 1247, sont moins correctes que la pièce émanée de l'Abbesse. Au reste, nous verrons plus loin que, même au XIIIe siècle, on exigeait que les moniales fussent suffisamment lettrées.

On doit rapporter à l'époque où vivait Jeanne Ire, la lettre du pape Alexandre IV, lettre que j'ai déjà citée, par laquelle le souverain Pontife, autorise les religieuses de Citeaux à construire des autels dans leurs fermes pour y célébrer les offices.

J'ai dit que nos premières moniales se livraient aux travaux des champs et cultivaient elles-mêmes leurs biens. Or, comme ces travaux les entraînaient souvent et pour plusieurs jours, bien loin de leur couvent, le pape les autorise à célébrer elles-mêmes le service divin dans leurs fermes.

Nous devons également rapporter à cette époque une autre lettre du même pape que l'on trouvera toute entière dans l'analyse de notre cartulaire.

Au moyen-âge, encore bien qu'il existât une législation et de nombreux tribunaux, la police était nulle. Le droit du plus fort ou du plus audacieux était la loi suprême. Les prévôts royaux et seigneuriaux dont l'action était absolument entravée par le droit d'asile et par le privilége de clergie, étaient impuissants à protéger les personnes et les propriétés. Sous le couvert des deux priviléges que je viens d'énoncer, les malfaiteurs étaient nombreux et audacieux. Dans les rangs des pillards figuraient ordinairement des prêtres apostats, des moines errants et mendiants, des clercs à qui leur tonsure assurait l'impunité. Ces gens s'introduisaient dans les monastères de nonnes situés à la campagne ; par intimidation, ils extorquaient aux religieuses les sommes d'argent dont elles étaient en possession. Quelquefois, ils procédaient avec violence, pillaient le monastère, expulsaient les religieuses et ne se retiraient qu'après avoir consommé sur place les provisions de la maison.

Dans le cours du xiiie siècle, nos religieuses furent singulièrement molestées ; elles éprouvèrent tant de tribulations, extorsions et pilleries que, vers l'an 1261, ne trouvant pas dans le clergé de leur diocèse, une protection efficace contre les mauvais traitements dont elles étaient victimes, elles s'adressèrent au pape Alexandre IV qui, prenant en main leur défense, les mit sous la protection de l'archevêque de Sens et de ses suffragants dont il stimula le zèle par la lettre que je rapporte dans l'analyse du cartulaire (1).

Le lecteur se demandera peut-être :

Pourquoi ces religieuses ne s'adressaient-elles pas au roi de France ?

C'est que l'abbaye du Pont était un monastère exempt, relevant directement du Saint-Siège ; c'est que le pape, armé de l'excommunication, était un protecteur plus puissant que le roi.

Encore bien que le pape, dans cette circonstance, prenne le parti du faible et de l'opprimé, on ne doit pas moins constater qu'en intervenant dans une question de police qui concernait exclusivement les officiers du roi de France, il commettait un empiétement sur les droits de la couronne. Que devait-il faire ? transmettre au roi la plainte des religieuses.

Mais, en lisant notre histoire, il faut s'accoutumer à rencontrer à chaque pas le mépris du droit d'autrui, l'abus de la force et de l'autorité, l'empiétement du pouvoir spirituel sur le temporel.

---

(1) Voir cette lettre. Voir également dans le quatrième volume des Mémoire du Clergé, livre sixième, le chapitre 3 intitulé : *Des Religieux apostats et vagabonds et autres qui sont hors de leurs monastères.*

Après Jeanne Ire, je placerai *Aélipde* — Aëlipidis — dont je trouve le nom sur une charte du mois de juillet 1277, aux termes de laquelle notre abbesse et le frère Hugues, prieur du Val des Écoliers, pour l'utilité de leurs couvents respectifs, vendent au regrattier Mauger, moyennant vingt livres parisis payées comptant, un terrain situé à Paris, rue des Jardins, dans la censive de Pierre Flamingis, tenant d'une part à la maison du dit Flamingis, d'autre part à celle des religieuses du Pont.

Cette charte commence ainsi :

« Universis presentes litteras inspecturis frater
« Hugo Vallis scolarium Parisiensis ac totus ejusdem
« loci conventus, ac soror Aelipdis humilis abbatissa
« de Ponte Beatæ Mariæ Cisterciensis ordinis Meldensi
« diocesi totusque ejusdem loci conventus,
« salutem in domino sempiternam, notum facimus
« quod nos pro utilitate monasteriorum nostrorum
« vendidimus ac nomine venditionis in perpetuum,
« quittavimus Maugerio regratterio quamdam pla-
« team...... » (1).

Le sceau qui pend à cette pièce est absolument semblable à celui que j'ai décrit plus haut.

Aelipdis était sans doute en charge quand la châtellenie de Crécy fut cédée par Gaucher V, de Châtillon, au roi Philippe-le-Bel.

A partir de cette époque, notre abbaye, dont le sire

(1) Arch. Nation. J. 151.

de Crécy avait été gardeur, passa sous la garde et avouerie du roi et de la reine.

Aelipdis aurait été remplacée par *Isabelle Ire* de Serris que nomment deux chartes rapportées dans notre cartulaire : l'une du mois de juillet 1349; l'autre du mois de mars 1353.

Après Isabelle Ire on placerait :

Agnès Ire dont le nom aurait figuré sur un titre de 1363.

Jacqueline Gaillones, Gaillonnet ou Gailloudel, qui aurait figuré sur des titres de 1377 et 1392.

Enfin, *Jeanne IIe* du Sollier, dont le nom aurait été relaté dans des chartes de 1399 et de 1403, serait la septième abbesse et fermerait le xive siècle.

Lorsque T. Duplessis et les frères de sainte Marthe ont commis une omission, ce n'est pas moi qui pourrait affirmer que ma liste des abbesses est exacte et complète; mais si l'on divise par sept la période de 174 ans qui s'étend de 1226 à la fin du xive siècle, on trouve que chaque abbesse aurait une administration de 25 années en moyenne, ce qui paraît conforme aux probabilités.

A la fin du xive siècle, le sceau particulier de l'abbesse diffère un peu de celui que j'ai décrit plus haut. Il représente, dans une niche gothique, une abbesse voilée, tenant sa crosse d'une main, un livre ouvert de l'autre (1).

---

(1) Archiv. Nation. Inventaire des sceaux, tome 3, p. 158.

Le sceau de l'abbaye représente, dans une niche gothique, la Vierge assise, tenant sur ses genoux l'Enfant Jésus (1).

(1) Idem, p. 5o.

V

LES PREMIÈRES RELIGIEUSES. LA RÈGLE MONASTIQUE. LE COSTUME. LA CLOTURE. LES OBLATES. LES SŒURS CONVERSES. LE CONFESSEUR. LE VISITEUR.

Au moyen-âge, on donnait le nom de moniales, de nonnes ou de nonnains aux femmes qui se vouaient au service de Dieu par la profession monastique. Le mot moniale était la traduction du latin *monialis*, lequel était le féminin de *monachus* (moine). Le mot nonne venait du latin *nonna* qui, selon Ducange, était un terme d'honneur et de révérence. (1)

Le nom de moniale, sans être absolument tombé en désuétude, est rarement employé dans le cours des XVIIe et XVIIIe siècles. A cette époque, les mots *nonne* et *nonnain* sont universellement en usage.

Enfin, tous ces noms complétement oubliés depuis près d'un siècle, sont remplacés par les noms de *sœurs* ou *religieuses*.

« Dans les premiers temps, dit Fleury, les vierges
« même consacrées solennellement par l'évêque ne
« laissaient pas de vivre dans des maisons particu-
« lières, n'ayant pour clôture que leur vertu. Depuis,

---

(1) Voir Ducange, v° nonnus.

« elles formèrent de grandes communautés. Enfin,
« on a jugé nécessaire de les tenir enfermées
« sous une clôture très-exacte. » (1)

Au XIIIe siècle, on ne reconnaît donc pour nonnes ou religieuses, que les femmes vivant en communauté sous une règle monastique. Néanmoins, l'ordre de Citeaux permettait à quelques-unes de demeurer en ville, à la condition qu'elles fussent vieilles. (2)

On sait quel était l'enthousiasme religieux du moyen-âge. On sait par quelles mortifications on manifestait sa dévotion. Encore bien que l'Eglise eut élevé le mariage à la dignité de sacrement ; encore bien que l'état des gens mariés fut considéré comme très-saint ; les théologiens regardaient l'état de continence parfaite, comme le plus excellent, le plus agréable à Dieu. Le mariage, disaient-ils, est une chose humaine ; mais la virginité est angélique et divine ; et comme l'ange surpasse l'homme, la virginité excelle le mariage. Enfin, les gens mariés sont obligés de s'occuper des intérêts humains ; les vierges, au contraire, peuvent se donner entièrement à Dieu.

Sous l'empire de cette foi profonde, les vierges se vouaient à la vie monastique et se constituaient épouses spirituelles de Jésus-Christ.

La règle de saint Benoît dont j'ai déjà parlé, se proposait particulièrement d'étouffer tous les désirs

---

(1) Institution au droit canonique, tome 1, page 585.
(2) Ne sola in villis habitet nisi senex.

sensuels. Les chapitres généraux n'avaient cessé d'en rappeler les dispositions, d'en exiger l'observance.

Les religieuses de Citeaux devaient donc vivre dans la chasteté, dans la pauvreté individuelle et dans l'obéissance. Elles devaient, en outre, vivre en communauté, se soumettre à l'abstinence absolue de la chair, manger au réfectoire et coucher au dortoir, lequel était divisé par de légères cloisons, en autant de cellules que l'abbaye contenait de nonnes. Elles devaient observer rigoureusement la clôture (1); il ne leur était permis de sortir sous aucun prétexte, même pour aller au bain (2). Elles ne pouvaient recevoir aucune visite, et les portes du monastère devaient être fermées jour et nuit. Il était même interdit à l'abbesse de recevoir aucune femme mariée; le séjour d'une femme mariée dans un monastère de nonnes était considéré comme contraire à l'honnêteté de l'ordre (3). Comme le titre de marraine était attributif d'une maternité fictive, il était expressément défendu aux religieuses de tenir un enfant sur les fonts de baptême.

Le père Abbé, le visiteur et l'évêque avaient seuls le droit d'entrer dans les monastères, mais sous certaines réserves (4).

En cas d'infraction à la règle, l'abbesse avait le

---

(1) Moniales ordinis cisterciensis clausuram observant.
(2) His interdictum ad balnea discurrere et natatoria visitare.
En ce qui concernait les religieuses, la fréquentation des bains était considérée comme une action déshonnête et scandaleuse.
(3) Cùm hoc sit contra ordinis honestatem. Cap. gen. de 1275, art. 15.
(4) Nullus præter visitatores claustra earum ingrediatur...
Ingressus infra clausuram earum interdictus omnibus.

droit d'infliger à ses nonnes, les punitions autorisées par les règlements. Pour une faute légère, la religieuse était simplement admonestée. Pour une faute plus grave, elle était mise au pain et à l'eau. Enfin, selon la gravité des cas, elle pouvait subir la discipline, l'emprisonnement, l'excommunication ; elle pouvait même être expulsée de l'ordre et remise au bras séculier.. Enfin, la religieuse encourait l'emprisonnement dans tous les cas où cette peine était infligée aux moines et spécialement pour diffamation envers son abbesse. Cette peine était ordinairement subie dans l'intérieur du couvent ; mais quand elle avait été prononcée pour cause de simonie ou de conspiration contre l'abbesse, on la subissait au dehors (1).

L'excommunication ne pouvait pas être prononcée par l'abbesse ; le supérieur général avait seul le droit de prononcer cette peine et d'absoudre les excommuniées (2).

La mort même ne rompait pas la clôture ; la religieuse devait être enterrée dans le cimetière du couvent (3).

La profession monastique était accessible à tous. La règle de Saint-Benoît n'excluait personne ; elle

---

(1) Delinquentes in propriis domibus puniantur nisi fuerint conspiratrices vel simoniace receptæ.

(2) Excommunicatæ debent a patre abbate absolvi.

(3) Il y avait à l'abbaye du Pont-aux-Dames deux cimetières.

Celui des gens de service et employés était situé à l'extrémité de l'Enclos du côté de Crécy.

Suivant les usages de l'ordre de Citeaux, celui des religieuses devait être situé près de l'église, du côté du midi.

Les abbesses étaient inhumées dans l'église.

admettait les roturiers aussi bien que les nobles, les doctes aussi bien que les ignorants, les pauvres aussi bien que les riches. Dans ces premiers temps, dit Gervaise, on ne savait ce que c'était que d'exiger une dot pour la réception des filles dans les monastères. L'abbesse qui se serait permis d'exiger une dot pour l'admission d'une religieuse dans la communauté, aurait été considérée comme Simoniaque et déposée. Telle était la règle de l'ordre ; mais je dois dire, qu'en fait, il n'était pas une religieuse qui ne fournît volontairement une dot, soit en argent, soit en grains. Notre cartulaire en fournit deux exemples (1).

Nous avons vu que l'on admettait à la profession monastique les ignorants aussi bien que les doctes ; mais on exigeait que les religieuses de chœur fussent assez lettrées pour comprendre parfaitement le latin. En effet, tous les actes émanant de la Cour de Rome, lettres, brefs, bulles, etc; tous les actes quelconques émanant des évêchés ; tous les arrêts des parlements

---

1. Voir Charte du mois de février 1259, par laquelle Gaucher de Châtillon sire de Crécy, octroie 29 setiers et pleine mine de blé pour la dot des deux filles de Guillaume de Chalifer.

Charte du mois de janvier 1260, par laquelle Pierre Marcel, sergent au Châtelet de Paris, donne pour la subsistance de ses deux filles religieuses au Pont-Notre-Dame, dix livres de cens à percevoir sur deux maisons sises à Paris. Laquelle rente est amortie par saint Louis aux termes d'une Charte du mois de juin 1261.

Son nom n'étant suivi d'aucune qualification, Guillaume de Chalifer est évidemment roturier. Quant au sergent Marcel, il est également roturier. Les deux Chartes que je viens d'énoncer prouvent donc que les filles roturières étaient admises à l'Abbaye aussi bien que les nobles.

étaient écrits en latin. Il était donc indispensable que les religieuses fussent en état de les lire et de les comprendre, et quand la religieuse devenait Abbesse, il fallait qu'elle fut apte à correspondre avec tous les membres du clergé.

Les filles pauvres et complétement illettrées que l'on admettait dans la communauté, n'étaient pas religieuses de chœur, mais simplement sœurs converses. J'en parlerai plus loin.

Si la profession monastique n'était interdite à personne, il ne s'ensuivait pas qu'une Abbesse fut forcée d'admettre indistinctement toutes les postulantes. L'admission d'une novice était soumise à l'agrément des religieuses, qui, au scrutin secret, la recevaient ou la repoussaient. L'admission devait, en outre, être approuvée par le Père Abbé ou par le visiteur (1).

Quand le nombre des religieuses n'avait pas été fixé par le fondateur, il était déterminé par le chapitre général en proportion des revenus de la maison. L'Abbesse qui dépassait le nombre fixé pouvait être excommuniée, et le visiteur qui avait autorisé cette infraction, était mis au pain et à l'eau (2).

Tel était l'ensemble des règlements généraux qui régissaient les Abbayes de femmes au XIIIe siècle.

---

(1) Abbatissæ nullam personam ad habitum accipiant nisi licentia patrum abbatum aut visitatorum.
(2) Monialium numerus in monasteriis debet taxari. Patribus abbatibus et visitatoribus monialium præcipitur ut secundum facultates ipsorum taxent et taxatum numerum non excedant absque licentiacapituli generalis. Qui vero contra fecerint, omni sexta feria, sint in pane et aqua ad usque capitulum generale. 1242.

Le travail assidu étant incontestablement la sauvegarde la plus efficace contre les tentations mauvaises, contre les excitations de la sensualité, on ne voulait pas que la religieuse restât un seul instant oisive.

Les chapitres du XIIIe siècle savaient déjà que :

> Tentation fille d'oisiveté
> Ne manque pas d'agir de son côté. (1)

Aussi chaque heure de la journée avait son emploi spécial. La religieuse ne devait jamais s'isoler, se séparer de ses compagnes ; elle avait toujours, en tous lieux, des témoins de ses actions. Les conversations intimes entre sœurs étaient interdites. En tous lieux, sauf au parloir, la religieuse devait observer le silence. Au chœur, elle devait non seulement conserver une attitude décente, mais chanter avec méthode et s'abstenir de *caqueter* avec ses voisines. Au réfectoire, même silence (2). Pour occuper l'esprit des nonnes et les forcer au silence pendant le repas ; l'une d'elles devait faire à haute voix une lecture tirée de quelque livre latin approuvé par le supérieur de l'Ordre. (3)

Les religieuses de Citeaux devaient communier sept fois par an et même plus souvent si le père Abbé le

---

(1) Lafontaine.
(2) In refectorio observanda modestia, silentium, benedictio ante refectionem.
(3) Monialibus interdicitur ne legant in refectoriis libros vernacula lingua conscriptos..... sed latinos tantum et ab ordine institutos......
An 1531, art. I.

jugeait nécessaire; (1) elles ne devaient jamais se confesser qu'au religieux désigné par le supérieur de l'ordre. (2) Dans les premiers temps, on donnait la communion sous les deux espèces ; mais le chapitre général de 1437 décida qu'à l'avenir, on ne la donnerait plus que sous l'espèce du pain.

On sait que le monastère du Pont était le siége d'une exploitation rurale. Si les nonnes, à partir du xve siècle affermèrent leurs biens ou les firent cultiver par leurs serviteurs domestiques ; il n'en était pas de même au xiiie siècle.

Nous avons vu qu'à cette époque elles les cultivaient elles mêmes par leurs propres mains.

Le temps que les moniales ne consacraient pas aux travaux champêtres, à l'administration de l'Hôtel-Dieu, aux exercices religieux, était employé à coudre et à filer. (3)

L'habillement des nonnes du xiiie siècle était approprié à leurs occupations manuelles ; il consistait dit Hélyot, en une tunique ou robe blanche, un scapulaire noir et une ceinture de même couleur. Au chœur, la plupart portaient des coules ou seulement des man-

(1) Item statuit et ordinat capitulum generale ut moniales ordinis septies ad minus in anno sanctam communionem recipiant, vel etiam pluries si earum visitatoribus visum fuerit expedire.
An 1260.
(2) Moniales vero nulli alii confiteantur nisi ad nutum patris abbatis vel visitatoris secum dum quod in usibus continetur.
An 1241. Idem 1253. Idem 1265.
(3) Hélyot.

teaux. Les novices étaient entièrement vêtues de blanc.

La tunique à laquelle on donnait ordinairement le nom de cuculle, était l'habit de travail. Cette cuculle dont les manches très-étroites et très-courtes laissaient à découvert la main et l'avant-bras, était considérée comme un emblême d'innocence. (1) Elle était serrée à la taille par une ceinture et descendait un peu plus bas que le genou. La coule était une robe de dessus plus ample que la cuculle et qui tenait lieu de manteau.

Au lieu des chaperons que portaient les moines, dit Julien Paris, les moniales devaient porter des voiles de toile noire, si elles étaient professes, ou de toile blanche si elles étaient novices. Il leur était aussi permis de porter des chappes ou des manteaux au lieu de coules.

Mais comme le costume de tous les monastères de l'ordre n'était pas uniforme, le chapitre de l'an 1235 ordonna qu'à l'avenir les moniales porteraient la cuculle sans le manteau, ou le manteau sans la cuculle, de sorte que celles qui feraient usage de l'un de ces deux vêtements ne porteraient pas l'autre ; qu'elles auraient des voiles noirs et que, pendant les heures de travail, elles se vêtiraient d'un scapulaire qui, comme la cuculle, serait dépourvu de capuchon. Ce vêtement auquel on donne ici le nom de scapulaire n'est autre chose qu'un diminutif de la cuculle, un

___
(1) Cuculla est signum innocentiæ. Martène. *De Ritibus*..... tome 3, p. 75.

vêtement très-court et très-étroit dont les manches collantes ne dépassaient pas le coude.

Le chapitre général de 1491 considérant que l'uniformité n'était pas strictement observée dans tous les monastères de l'ordre, régla définitivement le costume des moniales. Il ordonna : qu'elles porteraient sur la tête un voile de toile de lin ou de chanvre mais non de soie ; que ce voile serait noir pour les professes et blanc pour les novices ; qu'il tomberait sur les épaules et sur le dos sans coquetterie, sans faire des plis étagés. (1) La cuculle reçut des dimensions plus amples que celles qu'elle avait eues jusqu'alors ; le chapitre ordonna que les moniales qui faisaient usage de la cuculle, continueraient de porter au chœur de grandes cuculles blanches très-amples, mais sans queue et tombant jusqu'aux genoux ; que celles qui jusqu'alors avaient fait usage de manteaux au lieu de cuculles, continueroient de porter de grands manteaux blancs tombant jusqu'à terre, mais sans queue et sans aucun ornement ; que la tunique serait blanche, bien fermée jusqu'au cou et tomberait jusqu'à terre ; que l'on porterait par-dessus la tunique un scapulaire de serge noire serré à la taille par une ceinture. Sauf le voile et le scapulaire qui étaient noirs, il ne devait entrer dans l'habillement des religieuses que des étoffes blanches. La tunique devait être pourvue d'une ouverture pour recevoir la discipline. (2) Enfin, les

---

(1) Martène. *Thesaurus.*
(2) Cum sola fissura necessaria duntaxat ad inducendum et capiendum disciplinam...

moniales devaient porter des chemises de laine, à moins qu'il n'en fut autrement ordonnée par l'Abbese. Le chapitre défendit l'usage des anneaux, des ceintures d'or ou d'argent et de tous autres bijoux. On dut se conformer à la simplicité de saint Bernard, et s'abstenir de tous objets de luxe. Quant aux moniales qui enfreindraient ce règlement, fussent-elles revêtues de la dignité abbatiale, le chapitre ordonna qu'elles fussent sévèrement punies et même déposées, si les circonstances l'exigeaient. (1).

Une guimpe en toile très-fine et très-blanche dont le but était, pour ainsi dire, de cacher la religieuse, de la soustraire aux regards indiscrets, complétait son costume. Cette guimpe se composait de trois pièces distinctes : La guimpe proprement dite qui garnissait le cou, une partie des épaules, le haut de la poitrine et du dos, fermait hermétiquement la robe ; une pièce qui, enveloppant la tête jusqu'au milieu du front, formait une coiffe sur laquelle était posé le voile ; une autre pièce ou mentonnière qui encadrait le visage et n'en laissait à découvert que la partie comprise entre la coiffe et l'extrémité du menton. (2)

---

(1) Si quæ vero rebelles aut inobedientes fuerint, quamvis etiam abbatiali vel aliqua quacumque præeminant dignitate debite puniantur; etiam si earum demerita exigant deponantur.
Cette description du costume des religieuses est la traduction à peu près littérale du décret du chapitre général de 1491.
(2) Le chapitre général de 1490 ne fait pas mention de la guimpe, mais toutes les statues funéraires, tous les portraits gravés sur les pierres tombales, tous les dessins du temps la représentent.

Des bas en tricot de laine et des souliers en cuir complétaient l'habillement des moniales.

Tel était le costume des religieuses de Citeaux au xve siècle. Nous verrons que dans les siècles suivants, il ne subit aucune modification notable.

Nous avons vu que la virginité était considérée comme l'état le plus parfait, le plus agréable à Dieu, comme la première condition de l'abnégation religieuse. Tous les règlements ont donc pour but de protéger cette pureté morale et physique, de protéger la nonne contre les tentatives extérieures, contre ses propres tentations.

Au XIIIe siècle, pas plus qu'au XVIIIe, on ne s'imaginait que la consécration religieuse avait le pouvoir de changer la nature humaine.

> Encore un coup, ne faut qu'on s'imagine.
> Que d'être nette et pure de péché.
> Soit privilége à la guimpe attaché. (1)

Aussi les chapitres généraux prétendent mettre la nonne dans l'impossibilité matérielle de faillir.

La clôture des moniales et les devoirs du confesseur sont l'objet de nombreux règlements qui, mal observés ou même considérés comme non avenus par ceux qui sont chargés de les appliquer sont constamment renouvelés par les chapitres généraux. (2)

---

(1) La Fontaine.
(2) Dans le tome 4e du *Thesaurus* qui embrasse la période de 1134 à 1547. On ne compte pas moins de onze chapitres généraux qui recommandent la clôture. Le dernier est de 1547 ; il reproche

Le confesseur doit être de bonne vie et mœurs, et choisi par l'Abbé général de Citeaux. (1) Les plus grandes précautions sont prises pour que, pendant la confession, un obstacle infranchissable le sépare de sa pénitente. Il ne doit pas entrer dans le cloître et, comme il n'existe presque jamais de parloirs grillés dans les premiers monastères, c'est par une fenêtre garnie d'un grillage en fer qu'il devra recevoir la confession de la moniale. Le salut des âmes et la conservation de la bonne renommée de l'ordre sont à ce prix. (2)

Le règlement dressé le 2 juin 1687 par Madame Gabrielle de Rochechouart-Mortemart, Abbesse de Fontevrault pour tous les couvents de son ordre, contient l'article suivant :

« 52. Les longs entretiens avec les Pères confes-
« seurs tant réguliers que séculiers, ordinaires qu'ex-
« traordinaires, surtout quand ils sont jeunes, ne
« seront nullement soufferts, si ce n'est à leurs con-
« fessionnaux dont la grille doit être couverte d'une
« toile épaisse et bien clouée. Nous chargeons la

---

aux Religieuses d'aimer trop la parure et la dissipation et de vouloir imiter les femmes mariées dans le costume.

A partir de cette époque la clôture est encore l'objet de recommandations incessantes.

(1) Ut confessores et capellani monialium non instituantur nisi sint honestæ vitæ et sufficienter litteraturæ. An 1449.

(2) Omnes moniales ordinis quæcumque sint loquantur de confessione per fenestram... 1231.

Pro salute animarum et conservatione bonæ famæ ordinis præcipitur ut nulla monialis ordinis nostri loquatur nisi per fenestram bene et spisse ferratam... 1242, art. 15.

« conscience des Mères prieures de veiller sur cet
« article qui est très-important. Ces mêmes Pères
« confesseurs ne se tiendront jamais aux parloirs si la
« compagnie du dedans n'est composée au moins de
« trois personnes. » (1)

Si les confesseurs étaient en si grande suspicion ; s'ils inspiraient tant de méfiance, que n'avait-on laissé les Abbesses en possession du droit de confesser leurs nonnes, auxquelles elles avaient mission de faire des instructions religieuses.

Quant à la clôture, elle est l'objet de préoccupations incessantes. Les papes, les chapitres généraux, les conciles généraux et particuliers, les assemblées du clergé, les évêques la recommandent avec la plus grande insistance. Chacun s'applique à trouver quel-

---

(1) Ce réglement est rapporté par M. Pierre Clément dans sa Notice sur Madame Gabrielle de Rochechouart de Mortemart, abbesse de Fontevrault.

La présence de nombreux confesseurs dans l'intérieur des monastères de femmes a toujours été le sujet des plus amères critiques. L'abbaye du Pont-aux-Dames eut presque toujours trois moines Cisterciens pour confesser les Moniales. Il ne faudrait pas en conclure que les Religieuses eussent la conscience tellement chargée de péchés énormes qu'un seul confesseur n'aurait pu leur suffire. Si ces confesseurs étaient nombreux, c'est que l'ordre éprouvait le besoin de donner des emplois, des sinécures à ses moines. Dom Gervaise nous apprend que Nicolas Larcher, qui succéda à Jean Petit dans les fonctions d'Abbé général de Citeaux et s'appliqua particulièrement à la réforme de l'Ordre, apportait le plus grand soin dans le choix des confesseurs « persuadé que
» dans cet emploi on ne pouvait trop mettre des hommes spiri-
» tuels, éclairés et d'une vie irréprochable ; bien éloigné de ceux
» qui, pour l'ordinaire, ne mettent dans ces postes que le rebut
» des maisons, gens dont on ne sait que faire, qui ne sont propres
» à aucune charge, également incapables de gouverner les autres
» et de se gouverner eux-mêmes. »

ques entraves nouvelles ; chacun imagine quelque nouveau règlement. L'ouvrage de J.-B. Thiers qui n'est, en partie, que le recueil de tous ces règlements est curieux à lire et donne exactement l'idée de l'intérieur d'un cloître. Encore bien qu'il s'exprime quelquefois avec une crudité d'expressions peu conforme au langage de nos jours, je crois devoir néanmoins, en faire une analyse sommaire.

Et d'abord tous les règlements témoignent aux moniales une méfiance extrême. On suppose que l'esprit du mal, sous la figure d'une harpie, rôde perpétuellement autour du monastère, guettant sa proie, méditant quelque ruse pour s'emparer d'une brebis. Les religieuses, de leur côté, sont présumées se prêter aux entreprises du diable, les favoriser, ne chercher que le moyen de s'enfuir, de s'échapper du couvent. Sous l'empire de cette pensée, on considère naturellement qu'une clôture infranchissable est l'unique sauvegarde pour empêcher les nonnes de faire *banqueroute à leur honneur* (1).

« La clôture, dit Thiers, doit être regardée comme le fondement de la vie religieuse, et c'est d'elle, comme le remarque très-bien saint François de Salles, que dépend le bon ordre de tout le reste... La clôture est leur Sion et leur ville de force, elle est leur sauvegarde et l'on peut dire avec raison que leur innocence y est comme dans son fort (2).

(1) J. B. Thiers, page 435.
(2) J. B. Thiers, préface.

« La clôture des religieuses est considérée comme la fidèle gardienne de leur virginité. La clôture seule peut pourvoir à la pudeur, à l'honnêteté, à la bienséance des religieuses, lesquelles étant mortes au monde vivent seulement en Jésus-Christ. Le couvent est donc un tombeau d'où l'on ne doit sortir que pour la résurrection. C'est pourquoi la religieuse doit être un jardin de chasteté, un jardin fermé *(hortus conclusus)*. Et l'on dit proverbialement que : clôture bien gardée garde le couvent; clôture mal gardée et l'entrée des frères ou séculiers perd le couvent.

« Les anciennes constitutions de l'ordre de Citeaux, le livre des nouvelles définitions publié en 1350, tous les chapitres généraux, le pape Boniface VIII, par sa bulle *Periculoso*, ordonnèrent expressément la clôture des religieuses. Le chapitre de 1618 décida qu'on ne recevrait dans l'ordre aucune religieuse, à moins qu'elle ne fasse vœu de clôture perpétuelle. La profession des religieuses et des converses devait être faite en ces termes : Je... promets stabilité sous clôture perpétuelle, etc....

« Selon J.-B. Thiers, dix raisons ont fait considérer la clôture comme absolument nécessaire. Ces raisons que l'on peut réduire à deux ou trois sont celles-ci :

« L'Eglise, en ordonnant la clôture aux religieuses, a considéré : que toute brebis sortant de sa bergerie est en danger d'être mangée par les loups; — que la clôture est la fidèle gardienne de la virginité dont les religieuses ont fait vœu, et dont Jésus-Christ, leur divin époux, est extrêmement jaloux, puisque, comme dit un ancien proverbe : *aut virum aut murum oportet mulierem habere ;* — que les religieuses ne sauraient sortir de leur monastère sans pécher contre la pudeur, la bienséance et l'honnêteté, sans amasser beaucoup de la poussière du monde, sans s'exposer aux périls, aux précipices du monde, de cette vaste mer où tant de gens se noient ; — que le silence et la solitude du cloître sont indispensables à la pratique de la vie religieuse, car, comme dit saint Bernard, il n'y a pas d'instrument qui vide tant le cœur que la langue ; — que l'on ne saurait jamais conserver dans le monde l'esprit de solitude et de silence. En effet, dit admirablement saint Climaque, la porte d'une volière n'est pas plus tôt ouverte que les oiseaux qui y sont renfermés s'envolent. Ainsi, les vertus que l'on gardait sûrement dans le secret de la solitude se dissipent souvent et s'évanouissent lorsqu'on en sort pour avoir commerce avec les hommes ; — et comme tout ce que l'on rencontre dans le monde n'est que concupiscence de la chair ou concupiscence des yeux, dit saint Jean, les religieuses qui sortiraient de leur couvent ne pourraient y rapporter que ce qu'elles auraient vu et entendu etc., etc...

« La religieuse ne doit pas sortir, même pour visiter ses parents et s'entretenir de leurs affaires. La véritable religieuse, morte au monde, doit être encore plus éloignée de ses propres parents que les morts ne sont éloignés des vivants. Et comme une vraie religieuse doit avoir plus de confiance en Dieu que dans les remèdes de la médecine, elle ne pourra sortir de son couvent pour aller prendre des eaux thermales dans l'intérêt de sa santé. Le livre des *Nouvelles définitions*, publié en 1350, défend expressément aux religieuses, sous de grandes peines, d'aller aux bains hors de leur monastère (1). »

« Si un supérieur, dit Gervaise, eut été assez lâche pour permettre à une religieuse, Abbesse ou non, de les aller prendre au dehors, il était aussitôt excommunié, et la religieuse, à son retour, était mise en pénitence, c'est-à-dire dévoilée et privée de l'habit régulier (2). »

La religieuse ne pouvait sortir de sa clôture que pour fonder un nouveau monastère, pour être transférée dans une autre communauté en qualité d'Abbesse ou autre, ou bien en cas d'incendie, d'inondation, de famine, de guerre.

Il importait que les murs du couvent ne pussent être facilement escaladés. Aussi, « les murailles
« devaient être de hauteur compétente, c'est-à-dire
« de quinze pieds pour le moins ; il ne devait y
« avoir contr'icelles ni par dedans ni par dehors
« aucune treille à étage ou échelons... on ne per-
« mettait pas non plus qu'aucune chambre du
« cloître eût vue sur la rue ou dedans les maisons
« voisines.

(1) J. B. Thiers.
(2) Dom Gervaise, page 37.

Il n'aurait pas suffi d'empêcher la religieuse de sortir. Il fallait encore lui défendre de recevoir des visites. Dans les premiers temps, le fondateur, le père abbé, le visiteur et l'évêque avaient seuls le droit d'entrer dans le monastère. Plus tard, on y admit les nobles et quelques personnes de qualité tellement honnêtes et vénérables, qu'on n'aurait pu, sans scandale, leur interdire l'entrée (1).

Sauf ces exceptions, les portières ne devaient ouvrir la porte à personne.

L'Abbé général ou le visiteur, entrant dans le cloître, ne devait jamais se séparer des frères vertueux et discrets qui l'accompagnaient; il ne devait jamais pénétrer dans les cellules des nonnes qu'elles n'en fussent sorties, ni manger dans les cloîtres. Les religieuses ne devaient jamais parler en particulier au visiteur; elles devaient toujours aller deux à deux, et celle qui parlait devait être entendue de sa compagne.

L'évêque, également, devait être accompagné de personnes âgées et pieuses; il ne devait, non plus, manger dans le cloître, et s'il y mangeait, dans quelque salle en dehors de la clôture, il devait se contenter de ce que les « religieuses lui pouvaient
« présenter, étant obligé, par le quatrième concile
« de Carthage, par le concile de Trente et par
« l'exemple de saint Augustin, de saint Paulin et de
« saint Jean Chrysostome, d'avoir une table qui

---

(1) J. B. Thiers, page 386.

« ressente la pauvreté... *ut episcopus mensam ac victum pauperem habeat* (1). »

« L'évêque ne pouvait entrer dans le cloître ni pour les vêtures, examens, professions, confirmations, ni pour la bénédiction des Abbesses. Celle de ces cérémonies qui ne se faisaient pas à la grille se faisaient dans l'église conventuelle. Mais il pouvait y entrer pour administrer aux religieuses malades les sacrements de pénitence, d'eucharistie, d'extrême-onction.

» L'entrée du cloître était absolument interdite aux petits enfants, filles ou garçons, lesquels inconscients de leurs actions, auraient pu se découvrir et blesser la pudeur des religieuses.

» Les maîtres de musique ne pouvaient pas y entrer sous prétexte d'enseigner l'orgue ou le plain chant aux nonnes, ni les avocats, notaires, procureurs, pour les affaires temporelles de la maison; les actes de leur ministère devaient se faire à la grille.

» L'entrée du cloître était permise aux médecins, apothicaires et chirurgiens en cas de maladie de quelque sœur ; aux maçons, charpentiers, couvreurs et autres ouvriers en cas de nécessité, pour l'entretien de la maison. Mais les officières ne devaient jamais s'entretenir avec eux en particulier; elles devaient discourir de telle sorte que celle qui parlait fut entendue de ses compagnes.

(1) Nous verrons plus loin que l'abbaye du Pont-aux-Dames avait le droit de recevoir des visites.

» Il était expressément recommandé aux supérieurs de n'accorder à personne de permission générale pour entrer dans le monastère.

» L'arrivée d'un étranger était annoncée par un son de cloche. Les religieuses devaient, alors, se voiler, se retirer dans leurs cellules ou dans la chambre de communauté et s'abstenir de circuler dans le couvent. »

« La religieuse ne devait jamais avoir de fami-
» liarité avec les hommes; car le moyen de tenir
» le feu dans son sein sans être brûlée ? Le feu et
» les étoupes sont de nature contraire; mais si vous
» approchez les étoupes du feu elles sont bientôt
» changées en feu. L'homme et la femme sont de
» différent sexe, mais dès lors que vous les joignez
» l'un avec l'autre, ils se portent aux mouvements
» déréglés que la nature corrompue leur inspire.
» Les religieuses doivent surtout fuir la vue des
» jeunes gens, car le diable les présente aux yeux des
» vierges afin qu'elles pensent durant la nuit aux
» visages de ceux qu'elles ont vus pendant le jour,
» ainsi les flèches du diable pénètrent jusqu'au fond
» du cœur des vierges (1). »

La religieuse devait non seulement s'abstenir de toute familiarité avec les hommes; elle devait même s'abstenir de recevoir les embrassements de sa propre mère. Le chanoine Eveillon, dans son traité des Monitoires, condamne la tendresse de certaines

(1) J. B. Thiers, page 370.

religieuses qui font ouvrir la porte de leur clôture pour embrasser leur mère et leurs proches parentes. Il déclare que cette action est très-irréligieuse, *sensuelle et peut produire beaucoup de scandale* (1).

J'ai cru devoir analyser tous ces règlements pour donner une idée des usages monastiques. Leur sévérité même commanda quelques adoucissements.

Les anciens règlements exigeaient que les matines fussent dites à deux heures après minuit. On toléra que l'heure en fût retardée (2).

Le chapitre général de 1481 permit l'usage de la viande, et plus tard les abbesses, dans certains cas graves, furent autorisées à délivrer à leurs religieuses des permissions de sortie, pourvu que ces permissions fussent approuvées par l'Ordinaire et par l'Evêque du diocèse où la permissionnaire devait se rendre (3).

La clôture étant incompatible avec les travaux des champs et l'administration de l'Hôtel-Dieu, les religieuses du Pont-aux-Dames ne l'observèrent pas pendant le cours de la période qui nous occupe;

---

(1) Eveillon. *Traité des monitoires*, chap. 15.

(2) Le chapitre général de 1481 pour donner satisfaction aux réclamations des religieux et religieuses et s'appuyant d'ailleurs sur les autorisations accordées par les papes Benoît XII et Sixte IV, permet l'usage de la viande, les jours non prohibés par l'Eglise. Dom Martène. *Thesaurus*.

En 1657 le pape Alexandre VII confirme cette dispense pour la *tranquillité des consciences*. Dom Meschet. Priviléges.

(3) Règlement de l'assemblée générale du clergé de France de 1625, confirmé dans celles de 1635 et 1645.

Mémoires du Clergé, tome IV.

mais elles s'y soumirent à partir du dix-septième siècle ; or, en analysant dans le présent chapitre les règlements concernant la clôture, je commets volontairement un anachronisme pour éviter le fractionnement des matières dont se compose cette notice.

Jusqu'à présent, je me suis servi du terme général de *moniales, sœurs, nonnes* ou *religieuses*. Je dois en préciser le sens. La profession monastique résultait de trois actes solennels : 1° la vêture, prise de voile ou prise d'habit; 2° l'examen doctrinal; 3° l'acte de profession.

La jeune postulante admise à faire partie de la communauté n'était pas encore complétement religieuse. Elle n'était encore que *novice*. Son année de noviciat ou de probation était un temps d'épreuve pendant lequel elle n'était pas encore morte au monde et pouvait encore renoncer à l'état monastique. Après l'acte de profession, elle était *religieuse professe*, elle était enchaînée pour sa vie. Morte civilement, elle ne pouvait que très-difficilement faire prononcer, par l'autorité judiciaire, la nullité de ses vœux, pour rentrer dans le monde. J'aurai l'occasion de revenir plus loin sur les actes qui constituaient l'entrée en religion ; je n'ai donc pas à les décrire ici.

Indépendamment des religieuses professes, la communauté comprenait encore deux autres sortes de personnes, savoir : des oblates ou données et des sœurs converses.

On appelait *oblates* ou *données* des femmes

veuves qui, sans changer d'habit et sans faire profession, se constituaient serves de l'abbaye, lui donnaient non-seulement leur propre personne, mais encore leurs biens et même leurs enfants. Ces oblates ou données étaient vouées à perpétuité au service de l'abbaye, mais non d'aucune religieuse en particulier. La règle de saint Benoit défendait expressément aux moniales d'avoir des servantes.

Notre cartulaire contient une charte du mois d'octobre 1275 par laquelle damoiselle Ysabelle de Moulignon donne sa propre personne (*seipsam*), avec douze arpents de terre, à l'abbaye.

Quant aux *sœurs converses*, elles faisaient les mêmes actes de vêture et de profession, prononçaient les mêmes vœux que les moniales et portaient l'habit de religion. Dans les premiers temps, elles étaient habillées de couleur tannée, dit Hélyot. Elles appartenaient généralement à des familles pauvres, et comme elles étaient complétement illettrées, elles ne suivaient pas le chœur. Quand elles assistaient aux offices, elles occupaient des bancs placés au bas des stalles des religieuses de chœur. Ces converses s'occupaient exclusivement des ouvrages manuels, des travaux domestiques de la communauté; c'est pourquoi J. B. Thiers les appelle *sœurs servantes* ou *converses*. De même que les oblates, les sœurs converses devaient s'abstenir de tout service domestique auprès des religieuses professes. Le règlement de Port-Royal disait que les sœurs converses ne devaient pas être employées au service d'aucune des sœurs du chœur, pas même à l'infirmerie, de peur que les sœurs ne s'accoutumassent à exiger les services avec hauteur. Durand de Maillane rapporte que le pape Pie V avait publié une bulle pour défendre aux communautés de filles de recevoir des converses, et que plusieurs conciles avaient renouvelé cette défense. Mais on ne l'observa jamais. Toutes les abbayes eurent des converses, et nous en trouverons encore plusieurs au Pont-aux-Dames en 1790.

Jusqu'au seizième siècle les converses ne gardaient pas la clôture ; ce fut le pape Grégoire XIII qui les y soumit par une bulle du 30 décembre 1572. Néanmoins, il était admis en principe qu'elles pouvaient sortir, avec la permission de l'abbesse, pour les besoins de la communauté. Durand de Maillane ajoute : « Pourvu qu'elles soient âgées de quarante » ans, non point belles et qu'on ne les voie jamais » la nuit par les rues ou chemins. »

L'abbesse était donc juge de la beauté ou de la laideur de ses converses (1).

---

(1) Le Concile de Milan de l'an 1565 dit simplement que les sœurs converses âgées de 40 ans au moins pourront être autorisées à sortir pour les affaires de la maison. Dans ce cas elles devront voyager deux ensemble et ne jamais se séparer ; si elles ne peuvent rentrer au couvent le jour même, elles ne pourront loger que dans une maison où demeureront quelques honnêtes femmes et coucheront ensemble dans le même lit ; elles chasseront de leur esprit tout ce qu'elles auront vu et entendu au dehors ; elles ne porteront jamais de lettres en secret. Les délinquantes subiront la prison et même une peine plus sévère si l'abbesse le juge à propos.

Voir *Législation*.

Je ne sais si les oblates étaient nombreuses. Je pense que la donation de sa propre personne ne se pratiqua pas plus tard que le quatorzième siècle. Je pense aussi que nos religieuses ne commencèrent à recevoir des converses qu'à l'époque où l'on cessa d'avoir des oblates, et qu'elles n'eurent pas simultanément des oblates et des converses.

Enfin il y avait encore des femmes qui, moyennant une rente ou pension, étaient logées, nourries, entretenues dans les abbayes. Ces femmes laïques étaient appelées *familiares*, nom que l'on traduit par *pensionnaires*. Elles vivaient en pleine liberté et ne faisaient aucun travail domestique. J'ignore si l'abbaye du Pont-aux-Dames eut des pensionnaires de cette nature. Notre Cartulaire n'en fait pas mention. Le présent chapitre est déjà bien long, et

---

Le Concile de Milan fait une règle spéciale pour un cas exceptionnel ; car dans le couvent, il était expressément défendu aux religieuses de coucher ensemble.

Dom Gervaise s'exprime en ces termes : « Les fautes considé-
» rables étaient punies très-rigoureusement. Si quelqu'une était
» surprise dans un commerce de galanterie ; quand même il n'y
» aurait pas eu de suites éclatantes ; pourvu qu'on eut des
» preuves du fait; outre les peines canoniques qui sont une ou
» plusieurs années de prison, des jeûnes au pain et à l'eau et des
» disciplines dans le chapitre ; elle était déclarée inhabile à tous
» les offices de la maison..... On traitait de la même manière
» celles que l'on découvrait avec couché ensemble. Ordinaire-
» ment on les séparait et l'on en envoyait une demeurer ailleurs
» après avoir reçu la discipline dans le chapitre. Cet article était
» une des choses dont les visiteurs s'informaient avec le plus de
» soin dans le temps de leur visite. Rien ne leur était plus re-
» commandé par les chapitres généraux. La punition suivait de
» près sans miséricorde. »

Histoire de la Réforme de Citeaux, p. 38.

pourtant il serait incomplet si je ne faisais connaître les attributions du *visiteur*. Que le lecteur veuille donc bien me permettre encore deux ou trois pages.

J'ai dit que l'abbé de Citeaux devait, chaque année, visiter tous les monastères de sa filiation ou les faire visiter par un de ses délégués. Le visiteur avait pour mission de veiller à ce que l'uniformité régnât dans tous les monastères de l'ordre ; à ce que les règlements fussent exactement suivis, à ce qu'il ne s'introduisît aucun abus dans l'administration de la maison, ni dans la discipline, ni dans l'accomplissement des devoirs religieux ; à ce que les bâtiments conventuels fussent convenablement entretenus et décemment distribués ; à ce que le temporel de la communauté fut sagement administré. La coquetterie féminine se glisse partout. Si quelque religieuse avait apporté dans son costume une modification quelconque, le visiteur devait rappeler cette religieuse à l'observation du règlement ; et s'il avait constaté quelques graves abus, il en dressait une sorte de procès-verbal que l'on appelait CARTE DE VISITE ou de *visitation*, qu'il faisait apposer dans la salle du chapitre.

Je trouve dans les mémoires historiques et chronologiques sur Port-Royal-des-Champs quelques cartes de visitations ; le lecteur ne me saura pas mauvais gré d'en rapporter une dont la teneur fait bien connaître les usages, les habitudes intérieures d'un monastère de femmes.

« A l'honneur de Dieu notre créateur, de la glo-

» rieuse Vierge Marie et de toute la cour céleste.
» Nous Frère Jacques, abbé de Citeaux, accom-
» pagné de notre cher et vénérable confrère l'abbé
» des Vaux de Cernay, de notre autorité paternelle
» et de tout l'ordre, visitant notre dévot monastère
» de Port-Royal à nous sujet sans moyen, Avons
» trouvé plusieurs fautes nécessaires à corriger,
» pour la sureté des âmes des personnes régulières
» d'icelui et pour la plus grande observance de la
» vie monastique. A cause de quoi, ce jourd'hui date
» de ces présentes, avons ordonné les choses qui
» s'ensuivent, commandant icelles choses être inviola-
» blement gardées et observées par l'Abbesse et les
» religieuses dudit lieu en tant que chacune peut
» toucher. Considérant la charte de visitation de
» notre prédécesseur que Dieu absolve, en laquelle
» sont contenus plusieurs articles salutaires et néces-
» saires à observer et lesquels pour la plupart avons
» connu non avoir été observés, nous confirmons et
» innovons ladite charte; commandant bien expres-
» sement auxdites Abbesse et religieuses qu'elles
» l'observent de point en point, mieux qu'elles l'ont
» fait ci-devant, et pour ce que nous avons connu
» par expérience, qu'elles chantent très-mal les
» *heures de Notre-Dame*, patronne de notre ordre,
» nous les exhortons très-affectueusement, en en char-
» geant leurs consciences, qu'elles se perfortent
» mieux et plus à trait faire chanter le divin service,
» spécialement lesdites heures de Notre-Dame..... en
» répondant toutes de même accord ce qu'il y a à

» répondre, en faisant bonnes pauses entre deux
» versets et le demi-verset, en bien prononçant tous
» les mots et syllabes, mieux qu'elles n'ont fait en
» notre présence..... Et pour ce que par faute d'un
» horloge, le divin service et les personnes en sont
» souvent dérangés et travaillés, nous commandons
» à la dame Abbesse que dans le jour de la Nativité
» de Monsieur saint-Jean, elle pourvoye à son dit
» monastère d'un bon horloge qui jour et nuit désigne
» surement quelle heure il sera. *Item* les exhortons
» bien affectueusement qu'en démontrant le bon vou-
» loir quelles ont d'être les vraies épouses de Jésus-
» Christ, elles vivent selon l'état de religion en obser-
» vant les vœux d'icelle et les autres cérémonies qui
» plus amplement sont contenues en ladite charte et
» autres statuts dudit ordre. En signifiant à dame
» Abbesse que pour les inconvénients qui ont pu et
» pourront ci-après advenir, il nous déplaît de tout
» notre cœur qu'elle n'a vaqué à parfaire le dortoir
» et autres lieux réguliers comme lui était commandé
» par ladite charte; à cause de quoi ne pouvons
» bonnement mettre réformation ou clôture audit
» monastère selon qu'il est contenu es saints Canons
» et statuts de notre ordre et selon le désir du
» roi très-chrétien..... Nous commandons à ladite
» Abbesse, en vertu de sainte obédience que le
» plus tôt que possible lui sera, elle dispose tellement
» le dortoir que dans Pâques ou la Pentecôte au plus
» tard toutes les religieuses y couchent régulièrement;
» en lui défendant sous peine de suspension de tous

» sacrements de l'Eglise, que elle ne fasse quelques
» réparations hors dudit monastère ni dedans, sans
» licence de nous ou de notre commissaire, que préala-
» blement elle n'ait achevé le corps dudit dortoir.....
» Lui commandons que, pour quelque bon commen-
» cement de réformation, au plustôt qu'elle pourra, elle
» fasse faire le lieu de confession au lieu et par la ma-
» nière que nous lui avons dit et démontré, tellement
» que le confesseur soit en l'église hors de la cloison, et
» la pénitente sera en l'oratoire près de la secrétairerie,
» et que la fenêtre soit garnie d'un treillis bien épais
» devant lequel aura quelque toile cirée..... *Item*
» Commandons à ladite Abbesse quelle ne reçoive ou
» loge plus hommes quelconques en la chambre
» appelée *la chambre des hotes* joignant à la chambre
» où logent les religieuses. Pourquoi seroit expédient
» de faire quelque moyenne chambre..... et quelque
» lieu propre à faire l'aisance naturelle des religieuses
» sans que jamais à cette occasion ou autre, elles sor-
» tent dehors même de nuit et que incontinent après
» complies, elles montent toutes ensemble en leur
» chambre ou dortoir sans plus en descendre
» sans licence expresse de la présidente..... *Item*.
» Pour éviter l'énorme et exécrable vice de pro-
» priété, ordonnons et commandons en vertu de
» sainte obédience et sous peine d'excommunie-
» ment, laquelle dès maintenant nous proférons et
» sous peine de l'interdit des divins offices et de
» l'entrée de l'église à toutes et chacune des religieuses
» que, avant le jour de l'apparition de notre Seigneur

» prochainement venant, elles mettent et rendent au
» régime et aux mains de dame Abbesse, toutes les
» lettres de leurs rentes, si aucunes en ont par devers
» elles et tout tant qu'elles ont d'or et d'argent mon-
» noyé ou non monnoyé comme tasses, gobelets,
» cuillers, anneaux, verges (1) et épingliers, couver-
» tures ferrées d'argent, si aucunes en avaient, et
» autres telles choses, ensemble toutes leurs écuelles,
» plats, sallières, pelles (2), pots, nappes, serviettes,
» tranchoirs d'étain (3) ou de bois et semblables choses
» de ménage, tous leurs voiles comme chefs (4), bar-
» bettes (5) et autres ornements de tête et le surplus de
» deux robes, deux scapulaires, deux cotillons, si tant
» en ont, d'une paire de chausses et deux de souliers,
» voire le tout s'il plait à ladite Abbesse, sans espérer
» avoir jamais maniement desdites choses ou sem-
» blables, outre leur nécessité quotidienne et ordinaire,
» sans expresse licence de leur Abbesse ou de notre
» commissaire, laquelle licence ne se doit pas facile-
» ment bailler sans apparence de nécessité..... En se
» gardant soigneusement de l'exécrable vice de simonie,
» mêmement à la réception des novices et à leur pro-

(1) Verge veut dire bague. Ici le mot anneau signifie sceau, cachet.

(2) Ce qu'on appellerait aujourd'hui truelle ou cuiller a ragout.

(3) Plateau en argent ou en vermeil sur lequel on découpait les viandes.

(4) Coiffe.

(5) Mentonnière. Partie de la guimpe qui enveloppait le cou et le menton.

» fession, leur déclarons qu'il ne leur est licite rece-
» voir aucune chose en particulier à la nouvelle récep-
» tion ou à la profession desdites novices. Mais si les
» parents veulent faire quelqu'aumône au monastère,
» l'Abbesse la reçoive et en tienne compte comme il
» appartient. Et pour démontrer vraie union ensemble
» et non vivre en ce maudit vice de propriété, jamais
» ne devront user de cette mauvaise et damnable
» manière de parler : *mon manteau, ma robe, mon*
» *couteau* ; mais doivent dire de tout *notre* ou *votre*.

« *Item*. Commandons, en vertu de sainte obédience
» à dame Abbesse, qu'avant le jour de l'Assomption
» de Notre-Seigneur elle fasse étrécir les manches de
» toutes les robes de ses religieuses et aussi des
» siennes mêmes, depuis le coude en à bas, tellement
» qu'elles ne soient pas plus larges en bas qu'en haut
» et que désormais lesdites manches n'aient plus de
» trois doigts de replis.

» *Item*. Défendons à la dame Abbesse, en vertu
» de sainte obédience, que dorénavant elle ne sorte
» plus dudit monastère sans le conseil ou consente-
» ment de nous ou de notre commissaire. Lui dé-
» fendons aussi, sous les peines d'excommuniement
» et de déposition, qu'elle ne donne plus congé à
» aucune de ses religieuses, d'aller ou sortir hors
» dudit monastère sans l'expresse licence de nous ou
» de notre commissaire.

» *Item*. En suivant la sainte règle, défendons à
» toutes les religieuses, sous peine de discipline régu-
» lière, de privation de leur voile ou de prison,

» qu'elles n'envoient ou ne reçoivent aucunes lettres
» ni fassent faire aucun message sans le sçu et le
» bon plaisir de l'Abbesse, et ce seulement pour hon-
» nête et grande nécessité et que l'Abbesse voie et
» sache ce que sera esdites lettres.

» *Item*. Commandons à ladite Abbesse que soi-
» gneusement elle garde lesdites religieuses, de hanter
» et fréquenter si souvent en la cuisine étant dessous
» sa chambre.

» Quant au temporel dudit monastère, pour ce que
» par faute d'avoir fait les comptes, comme feu notre
» prédécesseur avait commandé à dame Abbesse,
» n'avons pu connaître entièrement l'état dudit mo-
» nastère ; ordonnons, et sous peine de dépossession,
» commandons à ladite Abbesse que, avant notre
» prochain chapitre général, elle nous fasse apparoir
» en écriture authentique et sous son scel et le scel du
» couvent, l'état moderne du monastère, à scavoir :
» ce qu'elles ont en or, en argent, en grains, en vins,
» en bétail et autres choses quelconques, et sembla-
» blement, si elles doivent quelque chose, à qui et
» combien, et si on leur doit, qui et combien. Sous
» semblables peines, lui commandons que, tous les
» ans, dorénavant elle fasse lesdits comptes, ainsi
» que bien est spécifié en la charte de visitation de
» notre dit prédécesseur, à laquelle ces présentes se-
» ront annexées.....

» Commandons aussi expressément à toutes les-
» dites religieuses et autres personnes régulières de la
» maison de céans qu'elles aient en honneur et révé-

» rence ladite Abbesse en lui obéissant dévotement
» comme à leur mère spirituelle. Semblablement
» s'aiment et honorent l'une l'autre en Dieu, en
» vivant en paix et concorde ensemble comme l'ordre
» de la charité le requiert, laquelle charité les dé-
» montrera être filles de Notre-Seigneur Jésus-Christ.
» Et afin qu'elles ne prétendent excusation d'igno-
» rance de cette notre dite charte de visitation, vou-
» lons et commandons icelle avec ses annexes être
» lue et exposée chacun an six fois en chapitre en la
» présence de tout le couvent, sous les peines d'ex-
» communiement. Défendant qu'elles ou aucunes
» d'elles ne présument lesdites chartres et annexes
» malicieusement, rompre, perdre, casser, aliéner,
» transporter ou faire transporter hors dudit monas-
» tère sans notre licence. Donné en notre dit monas-
» tère de P. R. sous l'appension de notre scel le
» 23ᵉ jour du mois de décembre de l'an 1504. »

Le visiteur, dont les fonctions s'exerçaient, dans l'intérieur du couvent, au milieu d'un troupeau de nonnes aussi crédules que confiantes, devait être choisi avec le plus grand discernement. Commissionné par le supérieur général, lorsque ce dernier ne faisait pas lui-même la visite, il devait être, comme le confesseur et le chapelain, irréprochable dans ses mœurs et suffisamment lettré. Le décret du chapitre général de 1258 défendait au visiteur, quel qu'il fût, de manger avec les religieuses à la même table. Aux termes de ce décret, celui qui aurait été convaincu d'avoir enfreint cette défense devait être mis au pain et à l'eau jusqu'au prochain chapitre, devant lequel il serait tenu de comparaître pour demander son pardon. Les chapitres généraux de 1294 et de 1295 avaient renouvelé les dispositions de celui de 1258.

VI

CORRUPTION DE L'ORDRE. — RELACHEMENT. — CALAMITÉS GÉNÉRALES. — GUERRES. — PILLAGE DE L'ABBAYE. — ABBESSES DU XVe SIÈCLE.

Nous avons vu que les premiers Cisterciens s'étaient soumis à l'observance rigoureuse de la règle de saint Benoît, qu'ils vivaient avec austérité, que la régularité même de leur conduite leur avait acquis une grande considération. Cette pureté de vie ne devait pas se maintenir longtemps.

L'auteur des mémoires historiques et chronologiques sur l'abbaye de Port-Royal-des-Champs fait cette réflexion : « Rarement la régularité se soutient-» elle sans altération au delà de cent ans. »

En effet, dès le commencement du XIVe siècle, l'ordre de Citeaux, « saccagé misérablement par les » vices et les dérèglements de tous genres, était de-» venu l'un des plus corrompus et des plus scanda-» leux, » vivant dans le relâchement le plus honteux et « violant toutes les loix de Dieu en faveur de la » sensualité.

» L'ordre de Citeaux, après s'être élevé dans une » perfection éminente, dit Lenain, après avoir été

» l'édification du monde, la gloire de la France,
» l'admiration des anges, après avoir persévéré avec
» une fidélité constante dans l'esprit et dans la ferveur
» de ses pères, perd peu à peu sa sainteté primitive
» et dégénère de la perfection de son origine à mesure
» qu'il s'éloigne du temps de son institution. »

Les grandes richesses que l'ordre avait acquises en peu de temps étaient la cause première et principale de ce relâchement. Les Abbés Cisterciens n'observaient plus l'abstinence de la chair, vivaient en grands seigneurs et menaient un grand train de maison. Le schisme et les guerres du XIVᵉ siècle eurent également une influence mauvaise sur la discipline monastique.

» A la faveur des guerres, dit Gervaise, les moines
» quittaient leurs monastères et se livraient aux dé-
» règlements les plus abominables. » Quelquefois les couvents, et particulièrement ceux de femmes, étaient envahis et pillés.

« L'établissement des pitances, dit encore Gervaise,
» acheva d'éteindre l'esprit de pénitence. Quelques
» personnes de piété, voyant la pauvre nourriture
» dont usaient les religieux et l'attribuant à l'indi-
» gence, laissèrent quelques fonds pour la soulager,
» à condition qu'on donnerait une meilleure nourri-
» ture aux religieux les jours de fêtes solennelles, où
« elles supposaient que les corps, affaiblis par la durée
» du chant et la longueur des offices, avaient besoin
» de plus de soulagement (1). »

(1) « Ces pitances devinrent si nombreuses et si abondantes

Les moines Cisterciens faisaient vœu de pauvreté individuelle ; mais ce vœu, tout à fait illusoire, n'imposait aucune privation, si la richesse collective de la communauté leur permettait de vivre dans l'abondance, dans le luxe et dans les plaisirs.

Le règlement de Port-Royal s'exprimait ainsi :
« Quand l'abbaye reçoit quelque somme dont elle
» n'a pas besoin, elle la fait distribuer aux pauvres,
» ainsi que tout ce qui reste du nécessaire, sans rien
» se réserver du superflu qu'on doit regarder comme
» des ordures dont la maison serait souillée. Les
» sœurs ne doivent rien demander à leurs parents ni
» pour elles-mêmes ni pour la maison, parce que, dit
» la règle, il ne servirait de rien d'être pauvre si l'on
» était riche par sa communauté. »

Dès cette époque, les hommes les plus sages reprochaient aux ordres monastiques leur cupidité, leur ambition, leur attachement aux biens temporels. Dans l'assemblée du chapitre général de l'an 1300, l'Abbé Juste flétrissait, en ces termes, l'ambition des Cisterciens :

« Les premiers religieux de Citeaux renoncèrent
» aux richesses, et nous, au contraire, nous les cher-
» chons ; ils embrassèrent la pauvreté et nous la
» fuyons. Certes, la pauvreté est si noble, qu'elle a
» été estimée un don de Dieu parmi les payens, et,

» qu'on put donner, trois fois par semaine, une pitance à chaque
» religieux. Ces pitances consistaient en une portion de poisson
» avec du pain blanc ». Dom Gervaise.

» au contraire, les richesses estimées une source et
» une occasion de toutes sortes de maux ; et un des
» nôtres a dit que ceux qui veulent devenir riches
» tombent dans les pièges et les tentations du diable.
» Ces pièges sont la cupidité avec laquelle ne peut
» subsister la charité, parce que la cupidité est la ra-
» cine de tous les maux, comme la charité l'est de
» tous les plus grands biens. Ceux donc qui veulent
» devenir riches perdent la charité sans laquelle nul
» ne peut être sauvé. C'est pourquoi Notre-Seigneur
» a dit : « Malheur à vous, qui êtes riches, parce que
» vous avez maintenant votre consolation. » Mal-
» heur donc à nous aussi, puisque nous avons,
» comme eux, notre consolation, savoir : les riches-
» ses, les dignités et les honneurs du monde..... »

Ce relâchement réclamait nécessairement une réforme, dont les rois de France et les papes s'occupèrent avec plus ou moins de succès. L'histoire de la réforme de Citeaux écrite par dom Gervaise n'est autre chose que le récit d'une lutte entre les Abbés Cisterciens d'une part, les rois de France et les papes d'autre part sur la question de savoir si les monastères de l'ordre se soumettraient ou ne se soumettraient pas à l'observance de la règle.

Les Abbesses, étant formellement exclues des chapitres généraux, ne prirent aucune part à cette lutte et n'en ressentirent les résultats qu'indirectement. Je n'ai donc pas à raconter l'histoire de cette réforme.

Le relâchement dont je viens de parler gagna les

communautés de femmes. Hélyot parle en ces termes de l'abbaye du Tart : « Les religieuses du Tart
» recevaient des visites fréquentes ; la solitude et
» l'oraison mentale étaient bannies de la maison ; on
» y dansait, on y jouait comme dans une maison
» séculière. Ces religieuses ne respiraient que le luxe,
» la vanité et les plaisirs. Elles ne voulurent plus
» recevoir dans leur maison que des filles nobles.
» Leurs robes et leurs scapulaires étaient de soie et
» les jupes de dessous de la plus belle étoffe qu'elles
» pouvaient avoir, avec des dentelles d'or et d'argent.
» Le voile qu'elles portaient ne les empêchait pas de
» se friser et de porter des pendants d'oreilles aussi
» bien que des colliers de perle, et leur guimpe, d'une
» toile empesée et fort claire ne cachait rien de leur
» gorge (1). »

Beaucoup d'autres couvents de femmes, loin d'être des écoles de chasteté, dit Gervaise, donnaient l'exemple du désordre et de la dissipation. Certaines Abbesses dépensaient pour leurs plaisirs les revenus de leur communauté. Quelques-unes même furent révoquées pour cause d'inconduite et de malversation. Mais aucun fait reprochable n'est à la charge de l'abbaye du Pont-aux-Dames.

Dans le cours des guerres, qui désolèrent la France depuis le règne de Philippe VI jusqu'à celui de Charles VII, notre abbaye fut envahie, pillée, saccagée ; l'église conventuelle fut dévastée, les religieuses ex-

---

(1) T. 6, p. 47.

pulsées, et, dans leur fuite, perdirent même quelques titres de propriété.

Ce ne fut que sous le règne de Louis XI que l'on put penser à réparer ces ruines ; les aumônes des dévotes personnes pourvurent aux frais de ces réparations. En 1478, Jean Rollin, cardinal-évêque d'Autun, accorda cent jours d'indulgence à ceux qui contribueraient au rétablissement de l'église du Pont-aux-Dames. Les fidèles accoururent en foule, donnèrent des sommes d'argent considérables et les bâtiments conventuels furent bientôt rétablis (1).

Les habitudes licencieuses que l'on avait contractées pendant le cours des guerres n'étaient pas encore complétement abandonnées lorsque Charles VIII monta sur le trône. L'un des premiers actes de ce roi fut de mettre sous sa protection spéciale les monastères Cisterciens situés à la campagne. « Comme certaines gens, de leur propre autorité, soit pour leur plaisir désordonné, soit sous ombre de ce qu'ils suivaient les armes, entraient souvent dans lesdits monastères, y logeaient et faisaient plusieurs grandes violences, dépens et outrages aux abbesses et religieuses, sans avoir égard à la maison de Dieu, franchises, priviléges et libertez octroyées à l'ordre de Citeaux ; et présumaient les dits gens de guerre entrer dans les monastères parce qu'ils n'étoient pas duement clos et fermez, y commettaient plusieurs maux à l'offense de Dieu, déshon-

---

(1) T. Duplessis.

neur de l'ordre et esclandre du peuple chrétien, et se vouloient excuser de leurs méfaits en disant que commettre péchez es lieux de religieuses n'était pas cas de mort, et que punition aucune ne devoit s'ensuivre pas plus que s'il s'agissait d'autres femmes; Charles VIII désirant l'augmentation et entretenement de l'Ordre, voulant le relever des peines, molestes, oppressions et exactions dont il étoit l'objet, défendit par ses lettres patentes données à Tours, le 8 mars 1483, à toutes manières de gens de quelque condition qu'ils fussent qu'ils n'entrassent es dits monastères sous quelque couleur ou affaire que ce fût, sinon de la licence des abbés et abbesses. Tous les officiers du roi, tous les lieutenants, maréchaux, capitaines de gens d'armes et de trait, baillis, prévots et tous autres justiciers étaient expressément requis de veiller à l'exécution des commandements de Charles VIII (1).

J'ai nommé plus haut les sept premières abbesses. Celles qui suivent sont :

Marie Ire, de Villers qui vivait en 1427.

Agnès IIe, de Puchot, dont le nom figure sur un titre de 1439.

Jeanne IIIe, Thébonde, qui était en charge en l'année 1445.

Aglantine Ire, de Montiette, nommée sur un titre de 1449.

---

(1) Ces lettres patentes sont rapportées par Dom Meschet *Priviléges de l'Ordre de Cîteaux*.

Tassine, Girard, en 1456.

Alardine, de Jasquières, dont le nom figure dans des actes de 1459 et de 1479.

*Aglantine II*ᵉ qui, selon les auteurs du *Gallia christiana,* aurait fait quelques acquisitions en 1488. Cette abbesse est donc la quatorzième et clôt le quinzième siècle.

T. Duplessis et le *Gallia christiana* sont d'accord sur les noms de ces abbesses, mais ne signalent aucun fait particulier dans le cours de leur administration.

Nous avons vu plus haut que l'église conventuelle du Pont, saccagée pendant la guerre des Anglais, avait été réparée avec le produit des quêtes autorisées par le cardinal Rollin. Cette réparation aurait eu lieu sous l'administration d'Alardine de Jasquières.

Vers le même temps, la prison conventuelle du Pont-aux-Dames reçut Huguette Du Hamel, abbesse de Port-Royal-des-Champs; voici dans quelles circonstances :

Chargé par le supérieur général de l'Ordre, de surveiller particulièrement l'abbesse de Port-Royal, dont la conduite était, depuis longtemps, l'objet des plus graves imputations, l'abbé de Chaalis avait dû faire arrêter Huguette, l'avait fait conduire nuitamment au Pont-aux-Dames, avait ordonné qu'elle fût mise en *prison fermée* et que personne ne lui parlât. Malgré la sévérité de cet ordre, la prisonnière était parvenue à s'évader, avait eu la prétention d'être réintégrée dans son abbaye, mais avait été déboutée de sa demande par le Parlement.

Les faits que je viens d'énoncer sont rapportés dans un livre nouvellement publié par M. Longnon, archiviste aux Archives nationales, sous le titre de : *François Villon*, d'après les documents inédits conservés aux Archives nationales.

Quant aux auteurs du *Gallia Christiana*, ils disent sommairement : que l'abbesse Huguette Du Hamel fut forcée d'abdiquer; qu'elle plaida devant le Parlement en 1478 pour recouvrer sa dignité abbatiale; que Jeanne II De La Fin lui succéda.

Voici la phrase qu'ils consacrent à Huguette Du Hamel :

« Abdicare coactam fuisse autumamus ; utpote
» quæ anno 1478 de dignitate abbatiali contendisse
» in curia parlamenti legitur. Johanna II De la Fin
» regere cæpit anno 1468. »

« *Gallia Christiana*, tome VII, col. 900-906. »

Le procès intenté par Huguette Du Hamel à Jeanne De La Fin, qui l'avait remplacée dans la dignité abbatiale, concerne particulièrement l'histoire de Port-Royal-des-Champs. Je n'ai donc pas à m'en occuper.

Mais l'incarcération de Huguette Du Hamel à l'abbaye du Pont-aux-Dames me fournit l'occasion de révéler des faits peu connus et qui touchent tout autant à l'histoire générale de l'administration en matière pénale qu'à notre histoire locale.

Le chapitre que l'on vient de lire était déjà livré à

l'impression, lorsque M. Vatel, dont je cite le travail un peu plus loin, page 306, me communiqua quelques notes qu'il avait recueillies sur l'histoire du Pont-aux-Dames. Dans le cours de la conversation que j'eus avec lui sur ce sujet, il me dit que l'emprisonnement de l'abbesse Huguette au couvent du Pont-aux-Dames et la pénitence forcée de madame Du Barry, dans la même abbaye, ne sauraient être considérés comme des actes isolés ; que cette abbaye servait habituellement de maison pénitentiaire.

Je n'avais trouvé nulle part l'énonciation d'un acte administratif qui fit allusion, même indirectement, au fait dont il s'agit.

Pour m'éclairer plus complètement sur cette matière, je me rendis à la préfecture de police où je trouvai, dans la personne de M. Labatte, archiviste, un guide aussi obligeant qu'instruit qui voulut bien me confirmer les faits dont je viens de faire mention.

M. Labatte me dit : que dans les diverses provinces de la France, il y avait un certain nombre d'abbayes qui servaient de maisons pénitentiaires où le gouvernement, sur lettres de cachet, faisait enfermer des femmes, à qui, pour quelque cause que ce fût, il voulait infliger une pénitence, et que l'abbaye du Pont-aux-Dames était au nombre de ces pénitenciers; que les Archives de la préfecture de police avaient possédé jusqu'en 1871 un certain nombre de dossiers concernant des femmes qui avaient été mises en pénitence au Pont-aux-Dames ; que ces dossiers avaient été détruits par l'incendie qui dévora la préfecture de police dans le cours de l'insurrection de 1871.

Je dis plus loin, page 351 « si l'abbé de Chaalis au
» quinzième siècle et le gouvernement de Louis XVI,
» en 1774, choisirent notre abbaye pour un lieu de
» pénitence, ce choix fut évidemment le résultat de
» la bonne réputation dont la communauté jouissait. »

Je maintiens cette phrase, car il est permis de supposer que les abbayes désignées par le gouvernement pour servir de pénitenciers étaient précisément celles où l'on suivait avec le plus d'exactitude les règlements de la vie monastique.

Enfin, je dois faire observer que les femmes enfermées correctionnellement dans les abbayes, n'étaient pas toutes soumises au même régime.

Madame Huguette Du Hamel fut réellement mise *en prison fermée*. Madame Du Barry était simplement internée; je veux dire que cette dernière jouissait de sa liberté dans l'intérieur du couvent, mais qu'elle n'avait pas la faculté d'en franchir la porte. Elle n'obtint cette permission que dans le mois qui précéda son départ.

VII

LE CONCILE DE TRENTE. — LES ABBESSES DU XVIe SIÈCLE

Nous avons vu plus haut que l'abbaye du Pont-aux-Dames était sous l'immédiation du pape ; qu'elle était exempte de la juridiction de l'Ordinaire ; qu'elle était en possession du droit d'élire ses abbesses.

Le concordat de 1516 n'avait apporté aucune modification à cet état de choses ; mais, par une bulle du mois de juillet 1519, Léon X avait conféré à François Ier le droit de nommer les abbesses (1).

De son côté, tout en conservant le droit de nomination, François Ier, par lettres patentes du 29 juillet 1542, avait confirmé tous les priviléges accordés par les papes à l'ordre de Citeaux, notamment le droit de visite appartenant à l'abbé général, droit en vertu duquel ce dernier, soit par lui-même, soit par ses délégués, visitait tous les monastères de l'ordre, proposait les réformes qu'il jugeait nécessaires, faisait lever les contributions qui s'employaient aux frais des chapitres généraux, etc., etc.

(1) Durand de Maillane, voir aussi dom Meschet.

Telle était la condition de l'ordre, lorsque le concile de Trente s'ouvrit le 13 décembre 1545. Il avait pour but : 1° de combattre l'hérésie ; 2° de rétablir la paix entre les princes chrétiens ; 3° de travailler à la réformation de la discipline ecclésiastique et des mœurs (1).

Dans le cours de sa vingt-cinquième et dernière session, le concile dressa, pour la réformation des communautés religieuses d'hommes et de femmes, un certain nombre de décrets que je vais analyser sommairement.

Le concile passe en revue tous les règlements des ordres monastiques ; il recommande expressément l'observation des trois vœux d'obéissance, de pauvreté, de chasteté ; enjoint aux visiteurs d'y tenir la main. Aucun régulier de l'un ou de l'autre sexe ne pourra donc rien posséder en propre ; mais tous les monastères d'hommes ou de femmes, à l'exception des religieux de saint François, des Capucins et des Frères Mineurs, pourront posséder des biens-fonds. Renouvelant la constitution *Periculoso* du pape Boniface VIII, le concile recommande à tous les évêques, sous la menace de la malédiction éternelle, de faire rétablir la clôture des religieuses aux lieux où elle se trouvait avoir été violée et de tenir la main à la conserver en entier dans les maisons où elle s'est maintenue. Il fait défense expresse à toutes personnes de quelque naissance, condition,

---

(1) Louis Ellis Dupin.

âge ou sexe que ce soit, d'entrer dans l'enclos d'aucun monastère sans la permission par écrit de l'évêque ou du supérieur, sous peine d'excommucation ; et d'autant que les monastères de religieuses qui sont établis hors des murs des villes et des bourgs sont souvent exposés, sans aucune défense ni sauvegarde, aux brigandages et aux insultes des méchants, le concile recommande aux évêques et autres supérieurs de faire venir ces monastères dans l'enceinte des villes.

Pour éviter les fraudes en matière d'élection, le concile ordonne très-étroitement que les abbesses soient élues par suffrages secrets, de manière que les noms des religieuses appelées à donner leurs voix ne soient jamais connus. Nulle ne pourra être élue abbesse ou officière à moins qu'elle n'ait 40 ans d'âge et 8 ans de profession. S'il ne s'en trouve pas avec ces qualités dans le même couvent, on en pourra prendre d'une autre maison du même ordre ; et si le supérieur qui préside à l'élection trouve encore en cela quelques inconvénients, on en pourra élire une entre celles de la même maison qui auront plus de 30 ans d'âge et 5 ans de profession avec une conduite sage et réglée. A l'égard de celui qui présidera à l'élection, il n'entrera pas dans la clôture du monastère, mais il prendra la voix de chacune devant la petite fenêtre de la grille.

Le concile décrète que tous les monastères soumis immédiatement au Saint-Siége seront gouvernés par les évêques comme délégués du pape. Nonobstant toutes choses contraires, il est recommandé aux évêques et autres supérieurs d'avertir les religieuses qu'elles aient à se confesser et recevoir la sainte Eucharistie, au moins tous les mois, afin que munies de cette sauvegarde salutaire, elles puissent surmonter courageusement toutes les attaques du démon. Outre le confesseur ordinaire, l'évêque ou le supérieur en présentera, deux ou trois fois par an, un autre extraordinaire pour entendre les confessions de toutes les religieuses.

Les réguliers ou séculiers, exerçant les fonctions curiales dans les monastères, seront soumis à la juridiction, visite et correction de l'évêque.

Le concile ne permet pas que l'on fasse profession avant seize ans accomplis; et l'on ne pourra faire profession qu'après une année de noviciat.

Toute obligation contractée par la novice plus de deux mois avant sa profession, pour telle œuvre pieuse que ce soit, ne sera valable que si l'évêque ou son vicaire général y donne son consentement; dans tous les cas, l'obligation sera caduque si la profession n'a pas lieu.

Avant la profession d'une novice, ses parents ne pourront donner au monastère, sous quelque prétexte que ce soit, aucune chose de leur bien, que ce qui sera nécessaire pour sa nourriture et son vêtement, de peur que sa volonté ne se trouve influencée par une donation faite au monastère.

Le concile décrète qu'une fille ne pourra faire profession à moins que l'évêque ou son vicaire général ou tout autre commis par eux et à leurs dépens, n'ait soigneusement examiné la volonté de la fille, si elle n'a point été contrainte ou séduite, et si elle sait bien ce qu'elle fait.

Le concile prononce anathème contre toute personnne ecclésiastique ou laïque qui, de quelque manière que ce soit, contraindrait une fille à prendre l'habit de quelque religion que ce soit. Il déclare sujets au même anathème ceux qui, sans juste sujet, mettraient empêchement au saint désir des filles ou autres femmes de prendre le voile ou de faire les vœux de religion.

Enfin le concile fixe à cinq ans le délai pendant lequel toute personne qui prétendrait être entrée par force ou par crainte en religion pourra demander la résiliation de ses vœux.

On sait que les décrets du concile de Trente contenaient diverses dispositions contraires au droit public de la France. Après avoir lu les quelques fragments que je viens de rapporter, on ne manquera pas de constater que la disposition par laquelle tous les monastères d'hommes et de femmes sont autorisés à posséder des biens fonds est absolument contraire à l'autorité du roi, lequel était souverain temporel dans son royaume.

En outre, la disposition qui reconnait aux religieuses le droit d'élire leurs abbesses au scrutin secret est contraire au droit de nomination que le roi tenait du pape Léon X, et devait donner lieu à certaines oppositions.

Enfin le concile, en conférant aux évêques, nonobstant toutes choses contraires, le droit de gouverner les monastères exempts, créait au profit des ordinaires des attributions nouvelles. Cette disposition devait être la source d'interminables conflits.

J'ai nommé les abbesses du quinzième siècle.

Aglantine II fut remplacée par *Marguerite Mignot*, native de Tournay, laquelle aurait été élue au mois de mars 1502 et serait la quinzième abbesse du Pont-aux-Dames (1). Elle était en charge en 1509, lorsque Messire Thibault Baillet, président, et Roger Barme, avocat du roi en la Cour du Parlement, vinrent procéder solennellement, en la maison épiscopale de Meaux, à la publication officielle de notre Coutume. Les religieuses, abbesse et couvent du Pont, ainsi que tous les supérieurs et supérieures des communautés religieuses d'hommes et de femmes, situées dans le ressort du bailliage, y furent convoqués. L'abbesse du Pont se fit représenter à cette cérémonie par Mᵉ Martin Lebel, procureur de l'abbaye.

En 1513, la même abbesse obtint de Louis XII des lettres de sauvegarde ou garde-gardienne qui, par privilége spécial, plaçaient l'abbaye du Pont, pour ses affaires temporelles, sous la juridiction du prévôt de Paris. Marguerite Mignot trépassa le 29 mars 1527, après avoir gouverné l'abbaye pendant 25 ou 26 ans ; elle fut inhumée dans l'église

---

(1) *Gallia Christiana.*

conventuelle du Pont, devant la grille du chœur d'en bas. Sur la dalle qui recouvrait sa tombe, on lisait encore, du temps de Janvier, l'inscription suivante :

« Cy gist dévote et religieuse personne sœur
» Marguerite Mignot, native de Tournay, professe
» et abbesse de céans, laquelle, après avoir grande-
» ment augmenté le bien tant spirituel que tem-
» porel de ceste église, par l'espace de vingt-six ans,
» trépassa le 29e jour de mars 1527. »

Marie IIe Glane, dont le nom figure sur un titre de 1529, remplaça Marguerite Mignot et ne paraît pas avoir exercé longtemps ses fonctions. Elle fut remplacée par :

Perrette Ire ou Pétronille Ornot, native de Dijon, qui mourut en 1551 et fut, selon l'usage, inhumée dans le chœur de l'église conventuelle. La pierre qui recouvrait sa tombe portait cette inscription :

« Cy gist dévote et religieuse personne dame de
» bonne mémoire sœur Perrette Ornot, natifve de
» Dijon, professe et abbesse de céans. Après avoir
» grandement augmenté tant le bien spirituel que
» temporel de ceste église par l'espace de 21 ans,
» elle trépassa le vingt-six aoust l'an 1551. »

Nonobstant le droit de nomination appartenant au roi, les religieuses du Pont, après la mort de Perrette Ornot, procédèrent encore à l'élection de leur abbesse et choisirent :

Perronnelle ou Pétronille IIe de Valangelier, qui

n'avait pas moins de 90 ans et mourut un mois après son élection.

Sans avoir égard à cette élection, le roi Henri II, après la mort de Perrette Ornot, avait nommé pour abbesse du Pont-aux-Dames *Isabelle de Chabannes*, religieuse de Poissy, qui reçut ses bulles de confirmation au mois de janvier 1552. Elle mourut le 18 août 1590.

Après sa mort, les religieuses, voulant maintenir leur ancien droit d'élection, s'empressèrent d'élire madame *Isabelle de Pommeuse*, qui ne vécut que onze jours. Elle était la vingtième abbesse du Pont-aux-Dames.

J'ignore si, dans le cours des guerres qui désolèrent la France au seizième siècle, l'abbaye du Pont-aux-Dames éprouva les mêmes peines, molestes et oppressions qu'elle avait éprouvées pendant la guerre des Anglais.

Dans ces temps de calamités, les monastères, situés à la campagne, avaient souvent à subir des actes de violence et de dévastation. Tous les livres d'histoire concernant les ordres monastiques constatent que dans certains couvents de femmes aussi bien que dans les couvents d'hommes, la guerre avait apporté des habitudes de licence et d'insubordination ; que de nouveaux usages s'étaient introduits; que la clôture n'était pas observée.

Aussitôt que la tranquillité fut rétablie, Henri IV s'occupa de réformer divers monastères de femmes de l'ordre de Citeaux dont les abbesses avaient tenu, pendant les guerres civiles, une conduite reprochable ; chargea les supérieurs de rémédier, par leurs visites, aux abus qui s'étaient introduits dans ces communautés; ordonna qu'on y fit garder étroitement la clôture, qu'on y fit rendre exactement les comptes du temporel, en un mot qu'on y fit toutes sortes de bons règlements.

« Informé que toutes personnes indifféremment entraient et fréquentaient ès-dits monastères de religieuses, particulièrement de l'ordre de Citeaux; que les abbesses et religieuses sortaient licencieusement de leurs monastères et clôtures régulières contre les saints décrets et statuts de l'ordre, délaissaient la simplicité de leur profession, portaient des habits dissolus et mondains, employaient les revenus de leurs abbayes en vanités et curiosités, abusaient même des pensions de leurs religieuses sans se soucier des aumônes et réparations, ni même d'entretenir le nombre compétent de religieuses, ni de les pourvoir de vivres et de véture suffisants, ni de secours en leurs maladies, se familiarisaient avec personnes séculières pour en tirer des commodités dont il était résulté de grands inconvénients au détriment de leurs vœux et profession, au grand scandale du peuple et singulièrement au préjudice de leurs parents dont aucuns avaient fait entendre des plaintes, exprimant le regret de voir leurs filles en tels monastères, réduites à ces désordres et déprédations, au grand dommage de la police spirituelle et temporelle.

« Se considérant comme protecteur de l'ordre de

Citeaux et conservateur de ses priviléges, Henri IV, par ses lettres patentes de 1599, enjoignit expressément à l'abbé de Clairvaux de visiter et réformer les monastères de son ordre, principalement les communautés de femmes ; de pourvoir au nombre compétent de religieuses, à leur nourriture et vêtement, à la réparation des monastères ; d'y corriger la vanité des habits et autres curiosités ; de réprimer les excès des abbesses et des religieuses ; d'exiger qu'elles vécussent selon leurs vœux en l'observance des commandements de Dieu et des statuts de l'ordre, qu'elles observassent la clôture, qu'elles ne sortissent jamais de leurs monastères et qu'elles n'y fissent entrer aucune personne de quelque qualité ou condition qu'elle fût, sans la permission de l'abbé.

« Enfin pour obvier aux abus qui se commettaient par l'entrée et fréquentation des gentilshommes ou autres personnes séculières ès-dits monastères, Henri IV défendit expressément à tous gentilshommes ou autres personnes de quelque qualité qu'elles fussent de ne plus entrer ès-dits monastères, ni de parler aux religieuses sous peine de 500 écus d'amende applicables à l'hôpital le plus voisin ; voulut que cette amende fût prononcée par les juges royaux, lesquels en adjugeraient un tiers au dénonciateur ; et pour que personne ne pût prétexter cause d'ignorance, ordonna que ses lettres patentes fussent placardées à la porte de chaque monastère. »

Si je rapporte ici les dispositions des lettres patentes de Henri IV, lesquelles ne concernent pas particulièrement notre abbaye du Pont-aux-Dames, c'est pour donner au lecteur une idée de la condition générale des monastères de femmes, à la fin du seizième siècle (1).

(1) Ces lettres patentes de Henri IV sont rapportées par Dom Meschet, *Priviléges*....

VIII

LE TEMPOREL DE L'ABBAYE AU XVIᵉ SIÈCLE.

Si l'on considère les enseignements qui doivent en résulter, au point de vue de l'histoire administrative et politique, les chapitres consacrés à l'énumération des biens temporels d'une communauté religieuse sont incontestablement les plus instructifs et les plus intéressants.

Je vais dresser ici l'état détaillé des biens appartenant à l'abbaye du Pont-aux-Dames au milieu du XVIᵉ siècle. J'en dresserai un nouvel inventaire à l'époque de sa suppression. Ces deux inventaires montreront la progression rapide de la richesse des établissements de main-morte.

Quand les documents dont je suis en possession ne m'auraient pas imposé cette manière de procéder, ce système est évidemment celui que j'aurais adopté; car, en suivant cette marche, je fractionne l'histoire de notre monastère en deux périodes à peu près égales.

Le cartulaire énonce les chartes des acquisitions faites par l'abbaye, soit à titre gratuit, soit à titre onéreux, depuis sa fondation jusqu'au XVᵉ siècle; mais ce document, qui n'embrasse qu'une période de

250 ans environ, est en outre incomplet; je ne saurais donc m'en servir pour dresser un état des biens dont il s'agit. A défaut du cartulaire, nous possédons un document précieux que le lecteur me saura gré de rapporter en entier.

En 1522, après avoir aliéné diverses parties de son domaine ordinaire pour subvenir aux frais de ses guerres malheureuses, pour obvier aux *damnées* entreprises de ses ennemis et pourvoir à la défense et *tuition* du royaume, François Ier eut recours à l'amortissement général des terres possédées par les gens de main morte. Il espérait tirer de cette opération une grande somme de deniers qui le mît en état de suspendre la *vendition* (1) totale de son domaine. A cette fin, et pour procéder au fait dudit amortissement, il députa dans les provinces plusieurs grands personnages et présidents des cours de justice. Mais, considérant que ces formalités d'amortissement général pourraient durer plus d'une année et que les besoins du trésor royal étaient de plus en plus pressants, François Ier prit le parti de transiger avec les gens de main morte des diocèses de Sens, Chartres, Orléans et Meaux moyennant la somme de 63,000 livres tournois payée comptant. Pour et à cause de laquelle somme furent amorties, par lettres patentes du mois de juillet 1522, toutes les terres et possessions ecclésiastiques situées dans les quatre diocèses dont il

---

(1) On comprend que je conserve autant que possible le style et les expressions mêmes des lettres patentes de François Ier.

s'agit. Cette somme de 63,000 livres fut ainsi répartie :

Le diocèse de Sens contribua pour 20,000 livres, celui de Chartres pour 24,000 livres, celui d'Orléans pour 12,000 livres et celui de Meaux pour 7,000 livres. Dans cette répartition, l'abbaye du Pont-aux-Dames fut taxée pour sa part et cotisation à la somme de 120 livres, qui fut versée le 6 septembre 1522 par frère Jean Desmoulin, religieux et procureur de l'abbaye (1), entre les mains du commissaire royal à Meaux.

En conséquence de cet amortissement, François Ier ordonna, par les mêmes lettres patentes, que chaque établissement religieux remettrait à la Chambre des comptes une déclaration détaillée spécifiquement, et par le menu, de tous les biens, terres et seigneuries qu'il possédait. En exécution de ces lettres patentes, l'abbaye du Pont-aux-Dames fit dresser la déclaration de son temporel.

Cette déclaration, remise au bailly de Meaux, qui, après l'avoir signée, la transmit à la Chambre des comptes, n'a pas été détruite. Ce document officiel existe à la Bibliothèque nationale. Je ne saurais mieux faire que de la rapporter ici sans en rien retrancher :

DÉCLARATION de tout le temporel de l'église et abbaye Nostre-Dame du Pont-aux-Dames de l'ordre de Cisteaux au diocèse de Meaulx-en-Brye.

(1) J'ai parlé plus haut des frères convers qui géraient les biens des abbayes de femmes.

Rentes ordinaires, terres, prez, bois, héritaiges et possessions depuis le temps de nostre fondation, qui fût l'an mil deux cent vingt-six, au mois d'avril, par, de bonne mémoire, Hugues de Chatillon, comte de Saint-Pol, jusques en l'année mil cinq cent vingt-deux.

PREMIÈREMENT

Item. Les religieuses, abbesse et couvent ont droit de prendre censive sur plusieurs héritaiges assis en divers lieux, en la chastellenie de Crécy et environs, dont elles n'ont jouissance de présent, que de la somme de trente-trois sols quatre deniers tournois, parce que les titres et papiers fonciers sont et ont été perdus, par fortune, en temps de guerre du temps passé. XXXIII s. IIII d.

Item. Sur la terre et seigneurie de Crécy, au roy, nostre sire, cinquante-quatre livres dix sols tournois de rente admortye et de fondation faicte par Hugues de Chatillon, comte de Saint-Pol, en l'an mil deux cent vingt-sept. LIIII l. X s.

Item. Sur le trésor du roy nostre sire, cinquante livres tournois de rente admortye, par deffunt et de bonne mémoire Jehan, roy de France, confirmant le don et aulmosne fait à ladite église par Philippe-le-Bel, que Dieu absolve, en l'an mil trois cent cinquante, au mois de novembre, pour ce, à la charge de deux messes par chaque sepmaine. L. l.

Item. Sur la terre et seigneurie de Dampierre, en Champaigne, quarante livres tournois de rente admortye, aulmosnée par le testament de feue dame Marguerite du Tour, femme de Monseigneur Gauchier de Chatillon, en l'an mil trois cent neuf. XL. l.

Item. Sur la terre et seigneurie de Montjay, dix livres de rente admortye, par Gauchier de Chatillon, comte de Saint-Pol, en l'an mil deux cent vingt-six, à charge de messes et oraisons. X l.

Item. Sur la terre et seigneurie de Maigny-le-Hongre, dix livres de rente admortye, par Guy de Chatillon, en l'an mil deux cent vingt-six, à charge de messe et service solennel par chascun an. X l.

Item. Sur une maison assise à Paris, rue Quincampoix, cinquante sols tournois de rente admortye, aulmosnée à l'église du Pont, à charge de dire, par lesdites religieuses un *Salve Regina* avec un *De Profundis*, par chascun lundy, qui est grand charge pour ce L. s.

Item. Sur une autre maison assise à Paris, rue de la Verrerie, cinquante sols de rente admortye. L s.

Item. Sur une maison assise à Paris, rue de la Tannerie, cent sols tournois de rente admortye, payable au jour saint Jean-Baptiste. C s.

Item. Sur une maison assise à Paris, rue de l'Hostel-Dieu-Saint-Gervais, quinze livres de rente admortye, par de bonne, mémoire, le roy Louis, en l'an mil deux cent soixante-et-onze. XV l.

Item. Pour le loyer d'une maison assise à Paris, rue des Billettes, où pend pour enseigne : *Les Trois Rois*, admortye quarante livres tournois de rente. XL l.

Item. La terre et seigneurie de Laval-les-Chastons-en-Brye, contenant en héritaiges, terres, prez, jardins et aisances, sept vingt-quatre arpents, baillée à cens et à rente à année, à plusieurs personnes qui ont fait quelques bâtiments pour eux loger, à charge de quatre sols pour chascun arpent, tant cens que rente chascun an, qui monte à vingt-huict livres dix-sept sols tournois. XXVIII l. XVII s.

Item. Pour les héritaiges, terres, prez, bois, cens et rentes assis à Nandy et environs, baillés à année pour huict livres tournois de rente au jour de saint Martin pour chascun an, montant desdits héritaiges, à cinquante-sept arpents, trois quartiers, quinze perches et quinze arpents de bois taillis avec les cens, rentes, champarts, justice moyenne et basse que tient et occupe à présent noble homme Charles de l'Hospital, à charge que dessus pour ce cens et rente. VIII l.

Item. Soixante-douze arpents de terre et prez, assis au lieu dit : *La Fresnoys*, près Marle-en-Brye, baillés à cens et rente à année, à plusieurs personnes parmy (1) quatre deniers tournois de cens chascun arpent, à quatre sols huict deniers tournois de rente l'arpent de terre et sept sols huict deniers l'arpent de pré ; le tout vingt livres tournois. XX

Item. Au lieu dit *Les Fresnoys*, près et attenant de la pièce devant dite une pièce de terre contenant quatre vingts arpents ou environ, appartenant de présent à Jehan Maugis, sur lequel héritaige a été aulmosnée à l'église du Pont cinquante-neuf sols six deniers tournois de rente, par deffunt Me Gille Palliart, pour raison d'une sienne fille, jadis religieuse en ladite abbaye du Pont, et pour estre aux prières d'icelle église, pour ce LIX s. VI d.

Item. Quarante arpens de terre, prez, jardins et héritaiges assis à Dainville, en plusieurs pièces, et sur une pièce il y a une maison, grange et estable ; le tout baillé à ferme à année, parmy vingt livres tournois de rente par chascun an, au jour saint Martin d'hiver ; lesquels héritaiges sont censives de plusieurs seigneurs et églises aux quels le fermier desdites religieuses est tenu payer et acquitter au nom d'icelles religieuses et à leur descharge. Venus à ladite église par aulmosne, pour ce XX l.

Item. Pour une maison assise à Meaulx, près le port au poisson,

---

(1) Moyennant.

aulmosnée à l'église du Pont, par monseigneur Gille de Rains (1), en son testament, confirmé par Jehan de Guine, vicomte de Meaulx, sire des Frétoys, en l'an mil trois cent dix-huict, baillé à ferme, à année, parmy soixante sols de rente, par chacun an LX s.

Item. Cent et dix arpens de terre et prez en une pièce, assis au terroir de Villeneuve-Saint-Denis et de la fondation de l'abbaye du Pont, aux charges de messes, prières et oraisons; lesquels héritaiges sont baillés à ferme d'argent à année, parmy seize livres dix sols, tant cens que rente par chascun an au jour de saint Martin, pour ce XVI l. X s

Item. Quatre vingts arpens de terre et prez, au lieu dit la *Chaussée de Cossigny*, aulmosnée à ladicte église du Pont, à tousjours à charge de messes et oraisons, lesquels héritaiges sont baillés à ferme d'argent, à année, parmy quatre deniers tournois de cens et vingt deniers tournois de rente par chascun arpent, montant à huict livres tournois par an, pour ce VIII l.

Item. Cinq quartiers de pré assis en la prairie de Laigny, près le *Pont des Garnisons* (2), baillés à ferme à année vingt-cinq sols tournois de rente. Venu à ladite église par aulmosne XXV s.

Item. Deux arpens de pré en une pièce, assis en la prairie de Chelles, baillés à ferme à année, vingt-cinq sols tournois de rente. En censive de l'abbaye de Chelles XXV s.

Item. Quarante deux arpens de terre en une pièce, assis au terroire de Neufmoutiers, baillés à ferme à année, dix livres tournois de cens et rente au jour de Saint-Martin par chascun an; et ce de la fondation de ladite abbaye du Pont, pour ce X l.

Item. Pour une maison, cour et jardin, assis à Crécy, *rue des Huilliers*, baillée à ferme à Mᵉ Bertrand Lepelletier, prévost dudit Crécy, quarante sols tournois de rente, au jour de saint Martin. XL s.

Item. Pour une autre maison assise audit Crécy, baillée à année parmy quinze sols tournois de rente au jour de saint Martin, pour ce XV s.

Item. A Voullangy-le-Haut, sur les cens et rentes dudit lieu, cinq sols tournois de rente par chascun an, au jour de saint Remy, par aulmosne à ladite église du Pont, par Hugues de Chastillon, comte de Saint-Pol, en mil deux cent quarante-six. V s.

Item. Pour une maison, cour et jardin, séant à Couilly, qui est

---

(1) Reims.

(2) On sait que la ville de Lagny était, autrefois, entourée de fossés remplis d'eau.

le lieu de la première fondation de l'abbaye du Pont, baillée à vie à Jehan Decaulx et sa femme six livres tournois de rente au jour saint Martin, par chascun an   VI l.

Item. Audit Couilly pour une maison, cour et jardin que tiennent les héritiers Nicolas Lesourd, vingt sols tournois de rente par chascun an, pour ce   XX s.

Item. Audit Couilly et attenant de la maison dessus dite, une autre maison que tiennent à présent les Brotons, deux sols six deniers de rente, pour ce en nostre censive   II s. VI d.

Item. Audit lieu de Couilly, pour une maison, cour et jardin, baillée à année à Thierry Dantan huict livres tournois de rente par chascun an, pour ce en nostre censive.   VIII l.

Item. Audit Couilly et attenant de la maison dessus dite, une maison, cour et jardin, que tient et occupe Robert Vinde, parmy deux sols six deniers tournois de rente, pour ce en nostre censive   II s. VI d.

Item. Audit Couilly, pour une maison, cour et jardin que tient André Boullanger, tenant à la maison des hoirs Nicolas Lesourd, parmy huict sols tournois de rente, pour ce en notre censive   VIII s.

Item. Pour la place du four banal assis à Couilly, appartenant à l'église du Pont, de sa fondation, baillée à année à Jacques Gauchier, parmy trente sols tournois de rente, pour ce en nostre censive   XXX s.

Item. Audit Couilly, pour une maison, cour et jardin assis et attenant à l'Hôtel-Dieu, tenant d'une part et d'autre aux hoirs Nicolas Lesourd, aboutissant à Jehan Decaulx à cause de l'église du Pont, et d'autre bout par devant sur la rue allant à l'Hôtel-Dieu, baillée à rente à année aux hoirs Etienne Caillot, parmy vingt-cinq sols tournois de rente par chascun an, pour ce en nostre censive   XXV s.

Item. Pour une autre maison assise audit Couilly, tenant aux hoirs Nicolas Lesourd, et d'autre part à Lhuillier, aboutissant par devant à la rue, et d'autre bout à plusieurs, que tient à présent Jehan Cocquart, parmy dix-sept sols six deniers tournois de rente par chascun an, pour ce en notre censive   XVII s. VI d.

Item. Sur une maison assise audit Couilly, près l'église, que tiennent Pierre Pignon, Jehan Jogant et Fiacre Roussel, parmy trente sols tournois de rente par chascun an, pour ce en nostre censive   XXX s.

Item. Sur une maison assise audit Couilly, tenant et aboutissant d'un bout à l'église du Pont, et d'autre à la grand rue de Couilly, cinquante sols tournois de rente par chascun an, pour ce en nostre censive   L s.

Item. Sur une maison, cour et jardin, assis audit Couilly, contenant cinq quartiers de terre ou environ, tenant à la *rue de la Porte de Meaulx*, et d'autre part aboutissant d'un bout aux fossés de la ville dudit Couilly, et d'autre bout sur la *ruelle de l'Aistre* allant au cimetière, baillée à année quatre livres tournois de rente par chascun an, pour ce en nostre censive   IV l.

Item. Une maison assise audit Couilly, près l'église dudit lieu, que tient et occupe la veuve Jehan Leclair, parmy quatre sols tournois de rente par chascun an, pour ce en notre censive   IV s.

Item. Pour un mollin à huile, assis sur la rivière de Morain, nommé le *Mollin de Talmer* (1), appartenant à l'église du Pont de nostre fondation, baillé à ferme à année à Jehan Decaulx, parmy vingt livres tournois de rente   XX l.

Item. Pour la disme du Martroy, assise en ladite abbaye du Pont et ladite ville de Couilly, baillée à ferme à année, quarante sols de rente   XL s.

Item. Pour un jardin contenant cinq quartiers ou environ, assis, à Saint-Germain, près le pont de Couilly, tenant d'une part à la rivière de Morain, et d'autre part au chemin allant au Mollin de Saint-Germain, aboutissant sur ledit pont de pierres, et d'autre bout aux pâtis et aisances dudit Mollin, baillé à année quatre livres tournois de rente.   IV l.

Item. Six livres tournois de rente assignées sur douze arpents de terre, assis au terroir de Boutigny, tenant au chemin allant du Pont-aux-Dames à Saint-Fiacre : et d'autre part aboutissant à plusieurs personnes, que tiennent et occupent les hoirs Piedde-loup, demeurant audit village, pour ce en la censive de l'église du Pont   VI l.

Item. Sur une maison assise à Couilly que tient et occupe Jehan Caillot, maçon, tenant à la grand rue allant à Saint-Germain, et d'autre part au cimetière dudit Couilly, aboutissant sur plusieurs, parmy la somme de vingt sols tournois de rente   XX s.

Item. Pour la pesche de la rivière de Morain, commençant au *Mollin d'Arnoult* et descendant le cours de la rivière jusques à la bouche de Marne, au dessoubs du village de Condé, qui est de la fondation de ladite église et abbaye du Pont, baillée à ferme à année, parmy vingt livres tournois par chascun an   XX l.

Item. Ladite église et abbaye du Pont a droit de prendre et percevoir, par chascun an, dix milliers de harengs blancs sur l'abbaye de Cercamp, au diocèse d'Amiens, rendus audit Pont-

---

(1) Le moulin de Talemer que l'on appelle aujourd'hui, par corruption, le moulin Talmé. Voir *Lettre historique sur Couilly*.

aux-Dames par les religieux de Cercamp, et ce par eschange de quantité de grains de rente que ladite église du Pont avait près de ladite abbaye de Cercamp. Et ce, fait par Hugues de Chastillon leur fondateur, pour le proffit des deux monastères. Dix mille harengs.

Item. Ladite église du Pont a droit de prendre, de grâce et aulmosne faite par le roy Philippe et Jehanne royne de France et de Navarre, la disme de leur despance de pain et vin aux estangs, es villes de Crécy, Crevecœur, Villeneuve-le-Comte, admortye en l'an mil deux cens nonante-neuf, au mois de juin, et n'en reçoivent aucune chose, nonobstant l'ordonnance du feu roy que Dieu absolve. Mémoire.

Somme. . . . . . . CCCCXXX l. VIII s. IV d.

DEUXIÈMEMENT

RECEPTES ORDINAIRES DE GRAINS DUBS A L'ÉGLISE DU PONT-AUX-DAMES PAR CHASCUN AN

Item. Pour une ferme appelée Couternois, assise en la paroisse de Jossigny, baillée par aulmosne à l'église du Pont, par Philippe Maultrompe, en l'an mil trois cent quarante et cinq, admortye par le roy Philippe en ladite année, à charge d'avoir reçu une fille religieuse en ladite abbaye et pour estre aux prières d'icelle à toujours, et sont de présent sept vingt arpens de terre, prez et jardins, ou environ, baillée à ferme de grain, à année, parmy sept muids de grains, les deux parts bled et le tiers avoyne, pour ce VII m.

Item. Pour une ferme nommée La Ruelle, assise en la paroisse de Bouleurs, qui consiste en soixante arpens de terre, prez et jardin ou environ, en plusieurs pièces mouvant de plusieurs seigneurs, en censive et rente, baillée à ferme de grain à année parmy cinq muids de grain, les deux parts bled, le tiers avoine, mesure de Crécy. V m.

Item. Sur la ferme des Célestins de Paris assiz à Paris cinq septiers, cinq boisseaux et les deux parts d'un boisseau de bled aulmosnés à l'Eglise du Pont par Monseigneur Pierre du Mail chevalier et par sa femme en l'an mil trois cent soixante et douze aux charges d'estre aux prières et oraisons de la dite Eglise du Pont à tousjours V s. V b. 2/3.

Item. Sur les mollins terre et seigneurie de Claye trois muids de bled moulture; et y avait dix muids par chascun an dont les sept sont perdus au moyen de prescription contre l'Eglise du

Pont, nonobstant qu'ils sont bien admortys par feu Gauthier de Chastillon en l'an mil deux cent vingt-six, à charge de deux chappelains de service à ladite Eglise. Pour ce par accident Bled. III m.

Item. Sur les mollins de Crécy au roy nostre sire appartenant, douze muids six setiers de bled moulture et de fondation par Hugues de Chastillon en l'an mil deux cent trente trois, confirmez et admortyz par Jehanne Royne de France et de Navarre femme du feu Roy Charles en l'an mil trois cent trente-six. Pour ce　　　　　　　　　　　　　　　　　　Bled. XII m. VI s.

Item. Pour la maison des vingt arpens trois quartiers de terre en une pièce assise au lieu dit *La Croix brisée* terroire d'Esbly, baillée à ferme à année parmy vingt septiers de grain, les deux parts bled et les tiers avoyne. Pour ce　　　Bled XIII s.
Avoyne VII s.

Item. Pour la disme de cent dix arpens de terre en une pièce séant à Villeneuve-Saint-Denis, partissant contre le curé du dit lieu, baillée à ferme à année parmy trois septiers de bled et deux septiers d'avoyne par chascun an. Pour ce Bled III s. Avoyne II s.

Item. Sur la grande disme de Bouleurs qui se baille par chascun an, à la chandelle, au plus offrant, à cause qu'y sont plusieurs qu'ils ont part à icelle disme et après les assignez payez il en peut demeurer pour l'Église du Pont, une année portant l'autre, environ douze muids de grains, les deux parts bled, le tiers avoyne. A la dite Église partie par aulmosne, partie par acquisition, pour ce admorty.　　　Bled VIII m. Avoyne IV m.

Item. Sur la disme de Saint-Martin-les-Crécy, l'Église du Pont a droit de prendre l'huictième partie et pareillement sur les dismes de Serbonne, Montaudier et Genevray, aulmosnée à la dite Église du Pont en partie, et partie par acquisition dès l'an mil deux cent quarante et par avant qui peullent valloir, une année portant l'autre, pour l'huictième de la dite Église, trois muids de grain ou environ qui est au plus qu'elle peult valloir. Pour ce　　　　　　　　　　　　　　　　　　Bled II m. Avoyne I m.

Item. Sur la disme des grains de Sancy l'Église du Pont a droit de prendre premièrement trois minots de bled avant tous autres. Et après le curé du dit Sancy prend trente septiers de grain qui peullent valloir, une année portant l'autre dix-huit septiers de grain ou environ. Pour ce　　　　　Bled I m. Avoyne VI s.

Item. Sur la grand disme de Fresne l'Église du Pont a droit de prendre la moitié par indivis, partissant contre le Trésorier de Saint-Faron de Meaulx après que le curé est payé de son gros (1).

---

(1) C'est ainsi que l'on appelait une certaine quantité de grains que le curé rececait des gros décimateurs de la paroisse.

Pour ce baillé à ferme et à année, parmy dix-huit septiers de bled froment et neuf septiers avoyne   Bled XVIII s. Avoyne IX s.

Item. Sur la petite disme de Saincte-Catherine assise à Dainville et terroires d'environ, l'Église du Pont a droit de prendre la moitié partissant avec les seigneur de Charny et chappelain de Sainte-Catherine, baillée à ferme à année parmy trois septiers de bled et trois septiers d'avoyne. Pour ce Bled III s. Avoyne III s.

Item. Pour la Moyson (1) de cinq arpens et demy de terre assis à Chalifer baillée à année, à ferme de grain parmy trois septiers de bled et ung septier d'avoyne par an. Pour ce   Bled III s. Avoyne I s.

Item. Pour la Moyson de douze arpens de terre assiz au *Rus des Fresnoys* terroire de Marle, baillée à année parmy quatre septiers de bled et deux septiers d'avoyne, à charge de payer par le fermier la censive au seigneur qui est de deux sols six deniers par an. Pour ce   Bled IV s. Avoyne II s.

Item. Pour la Moyson de deux arpens et demy de terre assis au terroire de Dainville, baillée à année parmy ung septier de bled et six boisseaux avoyne. Pour ce   Bled I s. Avoyne VI b.

Item. Pour la Moyson de huict arpens de terre assis au-dessus de Charny terroire de Quincy baillée à année parmy trois septiers de bled et deux septiers d'avoyne. Pour ce Bled III s. Avoyne II s.

Item. Nostre ferme de l'Hermitaige que nous tenons en nos mains, à raison que c'est le principal de nostre mesnaige et labours nonobstant que les mises excédant les receptes à cause des réparations ; mais la nourriture du bestail s'y prend en partie et n'y a aucuns prouffits n'estoit pour entretenir nos droicts d'usaige à la forest et aussy que ne devons payer dismes des terres admortyes labourées par nos mains et consiste en deux cens cinquante arpens de terres labourables ou environ et en prez quatre-vingts arpens ou environ, Aulsmosnez à ladite Église du Pont par Hugues de Chastillon en l'an mil deux cent vingt-six à la charge de deux services et *obiits* solempnels par chascun an et prières de ladite Église à tousjours perpétuellement. Pour ce ladite ferme pourroit bien valloir six muids de grain par chascun an ou environ, si elle estoit baillée à ferme, et non plus, à raison que le terroir est froid et ce n'estoit par force d'amende et fumiers lesdites terres et prez ne vallent rien ou peu de chose.

Item. La disme de Sainte-Catherine assise au terroire de Couilly et environs, aulmosnée à l'Église du Pont et admortye pour la moitié, partissant contre le seigneur de Chargny et le chappelain de la chappelle Sainte-Catherine à Saint-Etienne de Meaulx, Laquelle aulmosne a été faite par le Testament de Jehan de Laigny

(2) Bail, location, fermage.

à charge d'une messe de *Requiem* par chascune sepmaine à tousjours, Laquelle disme nous tenons en nos mains, et peult valloir par chascun an deux muids de bled et ung muid d'Avoyne. Pour ce   Bled II m. avoyne I m.

 Somme LIV muids de grain; dont XLI m. de bled et XIII m. d'avoyne.

TROISIÈMEMENT

TERRES LABOURABLES.

 Item. Une pièce de terre contenant trente-six arpens assis au terroir de Crécy, au lieu dit *La Grand Cousture,* tenant et aboutissant de toutes parts aux chemins royaux allant du Pont-aux-Dames audit Crécy, tant par hault que par bas, aulmosnée à ladite Église du Pont par feu, de bonne mémoire, le roy Philippe en l'an de grâce mil trois cent trente-six au mois de Janvier et confirmée par Jehanne royne de France et de Navarre en l'an mil trois cent quarante-deux et depuis admortye par le roy Charles en l'an mil trois cent quatrevingt, le dix-septième de Juillet. Pour ce   XXXVI a.

 Item. Quatre arpens de terre en une pièce assise au lieu dit la *Petite Cousture* tenant d'une part a Regnault Crestot, d'autre part à Étienne Thouvenot aboutissant par hault au chemin allant de Montbardin à Lachapelle et par bas au chemin allant du Pont-aux-Dames à Crécy. Pour ce   IV a.

 Itrm. Audit lieu *La Petite Cousture* deux arpens de terre en une pièce tenant à la pièce dessus dite, d'autres aux hoirs Guyot, aboutissant par bas à plusieurs. Pour ce   II a.

 Item. Dix arpens trois quartiers de terre en une pièce assise au lieu dit *La Petite Cousture* tenant aux terres de Fresne et aboutissant par haut sur les vignes dudit Fresne, par bas aux hoirs Camart et sur le chemin allant du Pont-aux-Dames à Crécy. Pour ce   X a. III q.

 Item. Audit lieu *la Petite Cousture* cinq arpens un quartier de terre en une pièce tenant au chemin allant du Petit Voulangy aux Vignes du Buisson et d'autre part à Jehan Gilles aboutissant par bas au chemin royal et par hault à la sente allant de Crécy aux Marests. Pour ce   V a. I q.

 Item. Audit lieu près la *Fontaine Magisse* trois arpens et demi de terre en une pièce tenant à Denys Gibert, d'autre part à Jacques Grandin, aboutissant au chemin royal, dont il convient avoir procès pour ce que nous n'en jouissons pas à présent. Pour ce   III a. II q.

Item. Huict sillons de terre à faire chanvre assis au *Marché de Crécy*, tenant à plusieurs, contenant ung arpent ou environ. De quoy ne jouissons pas à présent et convient en avoir procès. Pour ce I a.

Item. Au lieu dit le Petit Voullangy cinq arpens de terre en une pièce tenant à l'Église du Pont, aboutissant sur la rivière de Morain et d'autre bout au grand chemin allant du Pont-aux-Dames à Crécy. Pour ce V a.

Item. Près et attenant de la pièce dessus dicte un arpent de terre tenant à Adam Troucher, aboutissant sur Grandin et aultres. Pour ce I a.

Somme en terres labourables que les dites Religieuses tiennent en leurs mains et font labourer par leurs serviteurs et chevaulx pour ayder à leur vivre et entretenements, soixante huict arpens et demi, le tout admorty assavoir : l'article contenant trente-six arpens admorty par le roy Charles, et tous les aultres en suivant par Hugues de Chastillon comte de Saint-Pol, en l'an de l'incarnation de Notre Seigneur mil deux cent quarante-six.

Lesquelles terres peuvent valloir par chascun an six boisseaux de grain par chascun arpent, les deux parts bled et le tiers avoyne qui font quatre muids trois septiers trois boisseaux de grain. Pour ce IV m. III s. III b.

QUATRIÈMEMENT

PREZ.

Item. Une pièce de pré assise au lieu dit *La Noue* tenant à la rivière de Morain et d'autre part au chemin allant de Crécy à Paris, aboutissant sur l'Église du Pont, d'autre bout sur le curé de Coüilly, aulmosnée par Hugues de Chastillon comte de Saint-Pol en l'an mil deux cent vingt-huict. Pour ce X a.

Item. Six arpens de pré en une pièce assise au lieu dit *Le Pré aux Aigneaulx* tenant à la rivière de Morain et d'aultre part au chemin allant de Crécy à Paris aboutissant sur l'Église du Pont et d'aultre bout sur plusieurs, aulmosnée par Hugues de Chastillon. Pour ce VI a.

Item. Trois quartiers de pré en une pièce assise au lieu dit *Chantereine* près la *Fontaine Saint-Georges*, terroire de Couilly, tenant d'une part à l'Église du Pont, d'autre part à plusieurs, aboutissant d'un bout sur la rivière de Morain, d'aultre bout sur le *Chemin des Voyeulx*, aulmosnée par ledit Hugues de Chastillon. Pour ce III q.

Item. Quatorze arpens de pré en deux pièces assises en la prairie et isle de Condé, tenant à plusieurs, aboutissant sur la rivière de Morain, aulmosnée à l'Église du Pont par Hugues de Chastillon. Pour ce XIV a.

Item. Au lieu dit le Petit Voullangy terroir de Crécy trois quartiers de pré en une pièce tenant et aboutissant d'un bout aux prez du roy et d'autre bout sur le chemin allant de Crécy à Paris, aulmosnés par Hugues de Chastillon. Pour ce III q.

Item. Au lieu dit *Les Marets* terroire de Couilly cinq arpens de pré en une pièce tenant aux prez des Marets, d'autre part sur la rivière de Morain, aboutissant sur lesdits Marets, d'autre bout sur les hoirs Jacques de Pyennes, aulmosnées par Hugues de Chastillon. Pour ce V a.

SOMME en prez XXXVI arpens et demi estimez valloir par chascun an XXXVI livres tournois.

CINQUIÈMEMENT

VIGNES.

Item. Au lieu dit *Jhérosme* terroir de Couilly un arpent et demi quartier de vigne en une pièce admortye à l'Église du Pont tenant aux hoirs Jehan Mongrolle et d'autre part aux hoirs de Lucas Fontaine, aboutissant sur le chemin allant du Pont-aux-Dames à Crécy. Pour ce un arpent et demi quartier.

Item. Au lieu dit *Pierre Agust* terroir des *Marets* demi arpent de vigne en une pièce admortye à ladite Église du Pont tenant d'une part à Denys Fournier, d'autre part aux affrontailles de plusieurs, aboutissant au chemin des Marets. Pour ce Demy a.

Item. Au terroir de Saint-Germain trois quartiers de vigne en une pièce tenant au chemin allant de Saint-Germain à Coutevroult, admortys et aulmosnés à ladite Église par Hugues de Chastillon. Pour ce . III q.

Item. Ung arpent et demi sept perches de vigne en une pièce assise au terroir de Saint-Germaiu, tenant à plusieurs, aboutissant sur le chemin qui conduit dudit Saint-Germain à Coutevroult, aulmosné à ladite Église par ledit Fondateur de Chastillon et autres ses hoirs. Pour ce un arpent et demi sept perches.

Item. Au terroir de Crécy et environs en plusieurs pièces six arpents et demi et vingt-deux perches et demie admortyes par deffunt le roy Charles en l'an mil quatre cent et quatre à charge de prières et oraisons et de la diminution de trois queues de vin par chascun an, comme appert par ledit amortissement. Pour ce baillées lesdites vignes à ferme de cens et rente à année. Pour ce six arpents et demi et vingt-deux perhes et demye.

SOMME en vignes, X arpens LXVII perches qui peullent valloir XXXVIII muids de vin ou environ.

SIXIÈMEMENT

BOIS

Item. Une pièce de bois taillis nommée les *Trois cents* (1) *arpens* séant et attenant d'une part à la fotêt de Crécy, et d'autre part à l'église du Pont, aboutissant en poincte par bas à ladite forest et par hault aux bois du Vivier et terres de plusieurs, aulmosnés à ladicte église, par Hugues de Chastillon, fondateur d'icelle abbaye avec usaige pour chauffage et paccage en ladicte forest de Crécy, pour ce   Bois, CCC arpens.

Une autre pièce de boys, assise près la pièce dessus dicte, et nommée la *Pasture aux Bœufs*, contenant vingt-cinq arpens ou environ, tenant d'une part au chemin royal allant de Villeneuve-le-Comte à Villiers. d'autre part à l'église du Pont, aboutissant d'un bout sur ledit chemin, d'autre bout sur ladicte église, pour ce   XXV arpens.

Item. Une aultre pièce de boys, près du lieu dessus dit, contenant cent arpens ou environ, tenant au chemin royal allant de Villeneuve-le-Comte à Villiers, d'autre part à » l'église du Pont et aux boys du Vivier, aboutissant sur ladicte église, d'autre bout sur les terres du Vivier et autres, pour ce   C arpens.

Item. Une autre pièce de bois taillis, nommée le *Boys des Jarroys* (2), assis et attenant des boys de Vally (3), près de l'Hermitaige, contenant six vingt douze arpens ou environ, tenant d'une part aux terres de Villeneuve-le-Comte, et d'autre part aux boys de Vally, aboutissant sur le chemin allant de Villeneuve au Rainvillers (4), et d'autre bout sur le chemin de Paris, pour ce   VI^{xx} XII arpens.

Item. Une pièce de boys taillis, nommée la forest de Dammartin, autrement dit les *Boys de l'Ortye* (5), assis près ledit Dammartin-en-Brye, contenant huict vingt arpens ou environ, tenant d'une part à la forest de Crécy, et d'autre aux terres labourables de l'Ortye, aboutissant par bas à ladicte forest et par hault aux terres et prez de l'Ortye, pour ce   VIII^{xx} arpens.

Item. Une autre pièce de bois taillis, assise au lieu dit *Lestan-*

---

(1) Sur l'origine probable du nom des *Trois Cents* arpents. Voir la charte de fondation de l'abbaye. Cette charte, avec traduction et notes, est la première pièce de l'analyse du Cartulaire.

(2) Voir la charte de fondation.

(3) Ce nom a disparu.

(4) Romainvilliers.

(5) Ces bois existent encore. Il existe aussi dans la forêt de Crécy une route dite route de l'Ortye.

çon (1), près La Poincte, contenant quatre vingt-dix arpens ou environ, tenant aux boys de la Royne et, d'autre part, aux boys de Saint-Denis et aultres, aboutissant sur les terres et prez de La Poincte, appartenant à ladite église, et d'autre bout sur les terres de plusieurs personnes, pour ce IIII^{xx} X arpens.

Item. Une aultre pièce de boys taillis, assise entre Marles, Rozoy et Fontenay-en-Brye, nommée le *Boys des Fresnoys* (2), qui contenait antiennement quartorze vingt arpens en une pièce et à raison du procez qu'il y a esté contre ladicte église, y a heu grand partie couppez et essartez par les adverses partyes de ladicte église, il y a longtemps; et y peult avoir encore de présent deux cens arpens en taillis ou environ, admortys par Charles roy de France, pour ce II^c arpens.

> Somme mille sept arpens, le tout bien admorty; esquels boys y a plusieurs grandes plantes, là où il n'y a aucun boys et ny en pourrait venir pour plants ou aultrement, à cause du fond de la terre qui est de nulle ou petite valeur en divers lieux, comme sablons, pierres et marquages (3) et peullent valloir tous les boys dessus dits, une année portant l'aultre, deux cens livres tournoiz.

Tel est l'état des biens que l'Abbaye possédait en 1522.

Si je fais la récapitulation des revenus que ces biens produisaient soit en deniers, soit en nature, je trouve les résultats suivants :

REVENUS EN DENIERS.

Les cens et rentes en deniers compris sous l'article premier s'élèvent à quatre cent trente et une livres, huit sous, quatre deniers. . . . . 431 l. 8 s. 4 d.

Le revenu des prez compris sous l'article 4e, est estimé 36 livres, ci. . . . . 36 l.

Le revenu du bois compris sous l'article 6e est estimé deux cents livres. . . . . . 200 l.

En tout. . . . . . 667 l. 8 s. 4.

---

(1) Le nom de *Lestançon* ou *Lastençon* qui, dans certaines chartes, est écrit *La Tençon*, a complétement disparu.

(2) Des renseignements qui m'ont été fournis, il résulte que le bois des Fresnoys ferait aujourd'hui partie du domaine de Lumigny.

(3) Marécages.

REVENUS EN NATURE.

Les rentes en grains comprises sous l'article 2ᵉ, produisent 54 (1) muids, dont 41 muids de blé et 13 muids d'avoine, ci. . . . . .   54 m.

Les terres labourables comprises dans l'article 3ᵉ et que les religieuses faisaient valoir par leur propres mains produisent 4 muids, trois setiers, trois boisseaax, ci. . . . .   4 m. 3 s. 3 b

Total des revenus en grains : 58 muids, 3 setiers, 3 boisseaux. . . . .   58 m. 3 s. 3 b.

Enfin les vignes que les religieuses faisaient également valoir par leurs propres mains, et qui sont comprises sous l'article 5ᵉ, produisent 38 muids de vin, ci, ...   38 m.

En 1547, Henri II, qui venait de succéder à son père, et qui, comme lui, se trouvait sous le coup de grands embarras financiers, eut également recours à l'amortissement général des biens de main-morte.

En exécution des ordres du roi, l'abbaye du Pont-aux-Dames dut fournir la déclaration des biens qu'elle avait acquis depuis le dernier amortissement général, c'est-à-dire dans une période de vingt-cinq années.

Cette déclaration nous a été conservée, mais elle ne comprend pas moins de 243 articles formant 35 pages de grand papier, je ne saurais la rapporter ici dans son entier.

Malgré l'intérêt qui pourrait s'attacher à ce document, en raison des renseignements qu'il nous fournit sur la topographie locale, sur le morcellement

---

(1) Le total est en réalité de 53 m. 9 s. 11 b. 2|3. Mais je crois devoir procéder par nombres ronds. Des nombres fractionnaires seraient trop encombrants.

de la propriété, sur les noms des habitants, je dois me borner à le résumer le plus succinctement possible, en observant scrupuleusement l'ordre des paragraphes.

En voici l'analyse :

Terres labourables au territoire de Couilly et environs.

Cinquante-quatre arpents de terres labourables en 75 pièces. « Et sont les dites terres labourées par les serviteurs des reli- « gieuses abbesse et couvent du Pont-aux-Dames, leurs chevaux « et harnois et peuvent valoir par chacun an six boisseaux de « grain par arpent; les deux parts bled, le tiers avoine qui sont « deux muids et demi deux septiers et demi de grain. »

Pour ce   21 septiers, 5 boisseaux et demi de bled.
           10 septiers, 6 boisseaux et demi d'avoine.

Prez au territoire de Couilly.

Dix-huit arpents dix-huit perches de prez en 20 pièces. Ces prez sont estimés valoir vingt sous tournois l'arpent par chacun an qui font dix-huit livres quatre sous.

Pour ce   18 liv. 4 s.

Vignes aux territoires de Couilly, Coutevroult, Villiers et environs.

Quinze arpents quinze perches et demie de vigne en 19 pièces; qui peuvent valoir, une année portant l'autre, quarante muids de vin ou environ.

Pour ce   40 muids de vin.

Terres labourables à Bouleurs et environs.

Quarante et un arpents trois quartiers deux perches de terre en 50 pièces qui sont baillées à la ferme de la Ruelle aux rentes de grain.

Pour ce   Nihil.

Prez à Bouleurs.

Douze arpents soixante-quatorze perches et demie en six pièces prisés vingt sous tournois l'arpent; qui sont baillés à la ferme de la Ruelle ci-devant dite.
    Pour ce   Nihil

Terres labourables à Coutevroult, Dainville et environs.

Vingt-six arpents, quatre-vingt-quatre perches et demie en 9 pièces, qui sont baillés à ferme à 4 boisseaux de grain par arpent; les deux parts bled, le tiers avoine.
    Qui font   8 septiers 7 boisseaux et demi de bled.
                       4 septiers 3 boisseaux et demi d'avoine.

Terres labourables à Villeneuve-le-Comte, à l'Hermitage, à Tigeaux et environs.

Vingt-deux arpents et demi en 17 pièces, estimés valoir 4 boisseaux de grain par arpent.
    Qui font   7 septiers 5 boisseaux et demi de bled.
                       3 septiers 6 boisseaux et demi d'avoine.

Prez à Villeneuve-le-Comte, à l'Hermitage, à Crécy et environs.

Vingt-trois arpents, soixante-dix perches de pré en 14 pièces, estimés valoir 20 sous tournois l'arpent par chacun an.
    Pour ce   23 livres.

Terres et Prez, à La Pointe, terroir de Villeneuve-le-Comte.

Cent cinquante-cinq arpents, soixante-dix perches de terre et prez en 14 pièces, situés à la Pointe, terroir de Villeneuve-le-Comte.

Toutes les quelles pièces de terre et pré, disent les Religieuses, sont de petite valeur, à raison des terres qui sont sablons et aussi pour ce que les bêtes sauvages de la forêt de Crécy appartenan au roy y font grands dégâts aux grains provenant sur lesdites terres, et n'y a fermier qui y sut profiter, et est baillé à ferme d'argent, moyennant 50 livres tournois par chacun an. En raison de quoi lesdites Religieuses sont tenues d'entretenir les bâtiments payer les cens et rentes au Roi et autres à qui ils sont dus. Le tout montant à 7 livres 11 sous 7 deniers tournois par chacun an. Par ainsi les religieuses n'y ont pas grand profit.

   Pour ce   50 livres.

Donation Delaunoy.

 Aux termes d'un acte passé devant Jean Prévost, notaire royal à à Crécy, le 29 mars 1545, Jean Delaunoy et Jeanne Giroust, sa femme, demeurant aux Prez Mystoudun, paroisse de Coutevroult, mus de dévotion, avaient baillé à l'abbaye du Pont-aux-Dames, à la charge du traitement de leurs personnes, saines ou malades, prises et reçues en l'Abbaye leur vie durant, et encore sous quelques autres conditions exprimées audit contrat, notamment à la condition qu'ils seraient aux prières de l'Eglise du Pont, à toujours, divers biens immeubles situés à Coutevroult, Saint-Germain-les-Couilly, Romainvillers, etc., savoir :

 1. Une maison assise au lieu dit les Prez Mystoudun, près l'Hermitage, paroisse de Coutevroult, consistant en trois travées en appentis, trois travées de grange, étables et autres bâtiments, avec quatre arpents vingt perches de terre environ.

 2. Trente huit arpents, soixante-sept perches et demie de terre labourable en plusieurs pièces, situées à Coutevroult, Romainvillers, Saint-Germain et autres lieux.

 Le tout produisant environ six boisseaux de grain par arpent, qui montent à deux muids et trois boisseaux environ par chacun an, les deux parts blé, le tiers avoine, mesure de Crécy.

   Pour ce   194 boisseaux de blé.
           97 boisseaux d'avoine.

 3. Un arpent, quinze perches de vigne en trois pièces, situées à Coutevroult, produisant, une année portant l'autre, cinq muids de vin.

   Pour ce   5 muids de vin.

 4. Six livres dix sous de rente, au capital de 120 livres, assignés sur deux travées et huit pieds de maisons avec un jardin attenant, le tout contenant en fonds de terre un demi-arpent ou environ, assis à Coutevroult, en la censive du seigneur de La Tillaye, la dite rente due par un nommé Jean Fournier et payable au jour de Saint-Martin d'hiver.

   Pour ce   6 l. 10 s. tz de rente rachetable.

5. Soixante-dix sous tournois de rente, au capital de 70 livres tournois, dus par Mathieu Delaunoy, à cause de deux travées de maison à lui baillées par Jean Delaunoy à cette charge ; ladite maison assise au lieu dit Les Prez Mystoudun, en la censive du seigneur de Saint-Germain.

  Pour ce   3 l. 10 s. tz. de rente rachetable.

En raison des charges qui leur sont imposées, les Religieuses déclarent que le profit temporel des biens provenant de la donation Delaunoy n'est pas grand, mais à grosse charge.

Rentes acquises de par aulmosne.

Item. Une maison, cour et jardin assis à Couilly, contenant trois travées et en fonds de terre six perches ou environ, tenant aux hoirs Nicolas Lesourd et d'autre part à Jehan Mollin, aboutissant à la Grande Rue du dit Couilly et d'autre bout à la rue du Jarre, de laquelle maison feu Barthélemy Becquet en a baillé la moitié à l'Eglise du Pont, en son testament, à charge de deux messes par chacun an, et l'autre moitié, les dites Religieuses, Abbesse et couvent l'ont acheptée ; mouvant de sainte Catherine à pur cens, pour ce est baillée à loyer de six livres tournois par chascun an

  Pour ce   VI l. tz.

Item. Sur une maison assise à Rus, paroisse de Couilly, que tiennent et occupent les hoirs Denys Dantan, tenant et aboutissant des deux bouts à Antoine Mahu, quarante sous tournois de rente à toujours, mouvant de sainte Catherine.

  Pour ce   XL s. tz.

Item. Audit Rus, sur une maison, cour et jardin, contenant cinq quartiers d'héritage, que tient et occupe Georges Duprez, tenant aux hoirs Jean Mongrolle, d'autre part aux hoirs Georges Mongrolle et autres, tenant d'un bout au chemin des Voyeulx, d'autre bout à la sente allant de Rus à Couilly, mouvant de sainte Catherine, cent sous de rente à toujours.

  Pour ce   V l.

Item. Sur une maison, cour et jardin, audit Rus, tenant à Pierre Quétier et d'autre part à la rue allant à Meaux, aboutissant d'un bout sur les hoirs Nicolas Fermont, d'autre bout sur ladite rue, mouvant de sainte Catherine. Pour ce cent sous tournois de rente par chacun an, que doibt Pierre Paillart, qui tient ledit logis à cette charge.

  Pour ce   V l. tz.

Item. Une maison, cour et jardin, assis au marché de Crécy, près la porte de Meaux, tenant à la rue qui va à la grosse Tour, et d'autre part à Simon Tribou, aboutissant d'un bout à ladite rue, d'autre bout aux hoirs Robert Gilles, mouvant du roy notre sire à douze deniers tournois par chascun an ; et vault de loyer par an dix livres tournois.

Pour ce : X l. tz.

Item. Une thuillerie, assise au terroir et paroisse de Tigeaux, avec quatre arpents et demi de terre, tenant à la dite thuillerie, aulmosnés à l'Eglise du Pont par feu Pierre Bricet, tenant aux hoirs Guillaume de Troyes, et d'autre part au chemin de Paris, mouvant de l'Abbaye de Faremoutiers, à cens et rente de cinq sous tournois par chacun an ; et vault dix livres tournois de rente à l'Eglise du Pont, à charge par les dites Religieuses d'entretenir la halle de ladite thuillerie.

Pour ce : X l. tz.

Somme trente-huit livres tournois de rente, tant par acquets que par aulmosne, à charge de cens et rentes, prières et oraisons. XXXVIII tz.

A ces biens de natures diverses, que je viens d'énumérer, il convient d'ajouter encore quelques droits lucratifs dont l'Abbaye du Pont était en possession et qui ne figurent pas sur les déclarations du temporel, par la raison qu'ils n'étaient pas sujets à l'amortissement.

Ces droits sont au nombre de six :

L'Abbaye avait le droit de prendre son chauffage dans la forêt de Crécy. Mémoire.

Les autres droits dont elle jouissait étaient les suivants :

Le droit de pacage, paisson ou glandée dans ladite forêt de Crécy. Mémoire.

Le droit de propriété du Rû de Champigny, à partir de son entrée dans l'enclos du couvent jusqu'à la rivière du Morin. Mémoire.

Le droit de rivière, c'est-à-dire le droit de pêche et le droit de justice en et sur la rivière du Morin, depuis le moulin d'Arnould jusqu'au moulin de Liary. Mémoire.

Le droit de four et de pressoir banaux. Mémoire.

Le droit de franche mouture, c'est-à-dire le droit de faire moudre son grain gratuitement aux moulins domaniaux. Mémoire.

Si, après avoir fait le relevé des revenus divers que je viens d'énoncer, on les réunit aux produits des biens qui composent la déclaration de 1522, on trouve que les revenus de l'Abbaye, en y comprenant, pour le chiffre de leur évaluation, les sommes qui ne sont considérées que comme éventuelles et approximatives, se composent, en 1547, des éléments suivants :

Revenus en argent.

Les revenus en argent s'élèvent en totalité, à la somme de huit cent six livres douze sous quatre deniers. 806 l. 12 s. 4 d.

Revenus en blé.

Les revenus en blé s'élèvent à la quantité de 45 muids 5 setiers et 8 boisseaux et demi.
Le muid de blé contenait 12 setiers, le setier 12 boisseaux, le boisseau correspondait à peu près à 13 litres.
Or, à la mesure de Paris, la quantité dont il s'agit représentait 6,548 boisseaux et demi, soit 85,130 litres. Mais comme la capacité des mesures du même nom, n'était pas uniforme dans toutes les paroisses, on ne saurait réduire, que par à peu près, les anciennes mesures en mesures nouvelles.
J'évaluerai donc les revenus en blé à la quantité de 6,500 boisseaux environ, soit 84,500 litres environ.

Revenus en avoine.

Les revenus en avoine s'élèvent à la quantité de 15 muids, 2 setiers, 8 boisseaux et demi.
Le muid d'avoine contenait 24 setiers et le setier 12 boisseaux.
Procédant de la même manière que ci-dessus, on trouve que la quantité de 15 muids 2 setiers 8 boisseaux et demi, représenterait 4,352 boisseaux et demi, à la mesure de Paris.
J'évaluerai donc, en nombre ronds, les revenus en avoine à la quantité de 4,306 boisseaux environ, soit 55,900 litres environ.

Revenus en vin.

Sur 26 arpents 97 perches et demie de vignes, situées à Couilly, Saint-Germain, Villiers-sur-Morin, Crécy, Coutevroult, les Religieuses récoltaient 83 muids de vin.
Le muid de Paris se composait de 2 feuillettes; la feuillette de

2 quartauts, le quartaut de 9 setiers ; le setier de 8 pintes. La capacité du muid représente 268 litres.

Or, à la mesure de Paris, 83 muids de vin représentaient la quantité de 22,244 litres.

Harengs.

Enfin les moines de Circamp devaient aux Religieuses du Pont, une rente nouvelle de dix mille harengs qui devaient être rendus sans frais au Pont-aux-Dames.

Nous connaissons l'état détaillé des biens et revenus de l'Abbaye au milieu du XVIe siècle.

Voici le budget de ses dépenses à la même époque :

Mises ordinaires pour les Religieuses, Abbesse et Couvent du Pont-aux-Dames par chacun an, comme il s'en suit :

Item. L'Eglise et Abbaye du Pont-aux-Dames, doibt par chacun an, en cens, rentes et dixmes de grain et de vin à plusieurs personnes et en divers lieux, tant au roy nostre sire que à autres seigneurs, jusques à la somme de quinze livres tounois ou environ, en argent seulement, sans y comprendre les dixmes de grain et de vin.

  Pour ce :   XV l. tz.

Item. Pour le décime ordinaire par chascun an, vingt livres tournois, combien que la taxe desdites religieuses, de toute antienneté, ne fut que de douze livres tournois par an. Nonobstant elles sont mises de présent à la taxe de 1516.

  Pour ce :   XX l. tz.

Item. Pour la despance et mises de procès qu'il convient avoir journellement en deffendant les droictz de ladite Eglise en divers lieux cent livres tournois pour le moins, par chascun an et par aucune année, plus de deux cents livres, comme il appert par leurs comptes ordinaires.

  Pour ce :   C l. tz.

Item. En mises et despanses pour voyages qu'il convient faire journellement par les procureurs, receveurs, solliciteurs et serviteurs desdites religieuses, Abbesse et Couvent du Pont en plusieurs lieux tant à Paris que autres villes et à plusieurs personnes en demandant et en deffendant, cent livres tournois pour le moins par chascun an.

  Pour ce :   C l. tz.

Item. Pour le traictement et nourriture desdites religieuses abbesse et couvent, leurs chappelains, religieux, prestres qui disent les messes ordinaires, les sœurs converses, serviteurs et chambrières, domestiques faisant les labours et mesnaiges; despance en chair par chascun an deux cents livres pour le moins; sans en ce comprendre la chair de volailles qu'il convient bailler aux hotes et aux pauvres, qui se peut prendre sur le mesnaige et la nourriture de ladite abbaye.

  Pour ce :   IIC l. tz.

Item. Pour achapt de poisson pour les religieuses, abbesse et couvent et pour la provision de ladite abbaye tant pour le temps des advents que pour le temps de caresme, cent livres tournois pour le moins.

  Pour ce :   C l. tz.

Item. Pour achapt de sel par chascun an pour la provision de ladite abbaye, tant pour saller les grosses chairs que pourceaulx et autres choses nécessaires, quarante livres tournois pour le moins.

  Pour ce :   LX l. tz.

Item. Pour achapt d'œufs, beurre et fromage, sans en ce comprendre ce qui procède de leur mesnaige tant de l'abbaye que de leur ferme de l'Hermitage qu'elles tiennent en leurs mains à cause de la nourriture du bestail qui les aide beaucoup à vivre, trois cents livres tournois pour le moins et par aucune année plus de quatre cents livres tournois.

  Pour ce :   IIIIC l. tz.

Item. En médecines et apothicaireries pour lesdites religieuses, abbesse et couvent, qui sont grand nombre, cent livres tournois par chascun an et par aucune année beaucoup plus.

  Pour ce :   C l. tz.

Item. Pour l'entretenement et vestiaire desdites religieuses, abbesse et couvent, religieux, prestres et sœurs converses, tant en drap comme en linge et chaussures, trois cents livres tournois par chascun an, et par aucune année plus de quatre cents livres.

  Pour ce :   IIIC l. tz.

Item. Pour achapt de vin, à cause que leurs vignes ne sauroient fournir à la despance de ladite abbaye, une année portant l'autre cent livres pour le moins.

  Pour ce :   C l. tz.

Item. Pour faire coupper les boys et fagots pour la provision de ladite abbaye, quarante livres pour le moins, par chascun an.

  Pour ce :   X l. tz.

Item. Pour le sallaire des serviteurs et chambrières tant en ladite abbaye que en leur ferme de l'Hermitage et pour gens à journée en temps de vendange et moisson, trois cents livres tournois pour le moins.
Pour ce :   IIIC l. tz.

Item. Pour façons de vignes qui sont à présent vingt arpents ou environ que lesdites religieuses abbesse et couvent font labourer, deux cents livres tournois par chascun an.
Pour ce :   IIC l. tz.

Item. Pour les réparations et entretenement des édiffices tant en ladite abbaye que en leurs fermes qu'il convient faire par chascun an, quatre cents livres tournois pour le moins.
Pour ce :   IIIIC l. tz.

Somme deux mille trois cent quinze livres tournois par chascun an.
Pour ce :   IIMIIIICXV l. tz.

Nous avons vu que la plus grande partie des revenus de l'Abbaye consistait en denrées ; que ses revenus en argent ne s'élevaient qu'à 806 livres 12 s. 4 d. environ. Or, le budget de ses dépenses s'élevant à 2,315 livres, il était indispensable que, pour équilibrer ses recettes avec ses dépenses, elle vendît des denrées jusqu'à concurrence de 1,508 livres 7 s. 4 d. ou qu'elle eût quelques autres ressources non comprises dans les états qui viennent de passer sous nos yeux.

Quelle était donc la quantité de grains que les religieuses pouvaient vendre, après avoir conservé tout l'approvisionnement de l'Abbaye ?

S'il n'est pas difficile de fixer la quantité de blé nécessaire à l'alimentation annuelle des personnes, la quantité d'avoine nécessaire à la nourriture des chevaux, la quantité de blé ou d'avoine nécessaire à l'ensemencement des terres, les autres éléments d'évaluation font complétement défaut. C'est pourquoi je ne chercherai pas à supputer le nombre des boisseaux de blé que l'Abbaye pouvait vendre après avoir prélevé la quantité nécessaire à l'approvisionnement de la maison, ni le nombre des litres d'avoine dont elle pouvait disposer après avoir prélevé la quantité qu'elle devait affecter à la nourriture de ses chevaux de culture.

Au milieu du XVIe siècle, le nombre des religieuses de chœur était de 25. Ce nombre est le seul qui nous soit connu. J'ignore celui des sœurs converses et celui des gens de service ; j'ignore le nombre des hôtes que l'Abbaye recevait, la quantité de pain qu'elle distribuait en aumônes et qu'elle fournissait probablement aux ouvriers supplémentaires qu'elle employait au temps des vendanges et de la moisson. Toutes ces quantités nous seraient-elles connues, l'évaluation dont il s'agit serait encore impossible, par la raison que les mesures variaient de paroisse à paroisse, et que, sous les mêmes dénominations, elles avaient des capacités différentes.

Ce qui est certain, c'est que les religieuses du Pont-aux-Dames, après avoir prélevé les quantités de grains nécessaires à la consommation de leur maison, pouvaient en vendre jusqu'à concurrence d'une somme assez importante ; qu'elles avaient un revenu suffisant et que leur temporel ne cessa de s'accroître dans des proportions considérables.

On sait que le cours des grains, à cette époque, était très-variable. Suivant les tableaux dressés par

Leber, on pourrait fixer le prix moyen du blé à 3 livres le setier, celui de l'avoine à 2 livres.

De l'état des dépenses que j'ai transcrit ci-dessus, il résulte que les religieuses achetaient du poisson pour le temps du carême et des avents. Je suppose donc que la redevance de 10,000 harengs due par les moines de Cercamp se convertissait en argent. Ces 10,000 harengs, à raison de 23 sous le cent, auraient produit 124 livres.

Le même état des dépenses prouve aussi que non-seulement les religieuses consommaient tout le vin qu'elles récoltaient; mais que le produit de leur récolte était insuffisant; elles en achetaient encore une certaine quantité.

On croirait difficilement qu'une abbaye de femmes, même en comprenant ses confesseurs, frères convers et gens de service, pût consommer une si grande quantité de vin. Il faut considérer que l'on en distribuait vraisemblablement aux nombreux ouvriers que l'on employait pour les vendanges et la moisson. En outre, on recevait fréquemment à l'Abbaye des hôtes à qui l'on donnait la nourriture et le logement.

Dans ses *Etudes sur l'agriculture en Normandie*, M. Léopold Delisle constate en ces termes que les monastères consommaient une énorme quantité de vin : « Par les détails dans lesquels nous venons
» d'entrer, on a vu avec quel empressement les cou-
» vents acquiéraient des pièces de vigne dans les
» terroirs les plus renommés.

» Cela s'explique par les énormes quantités de
» vin qu'on dépensait pour le service de l'autel et
» pour les besoins des religieux, de leurs gens et
» des étrangers. En 1337, on calculait à l'abbaye
» de Saint-Ouen qu'on consommait dans cette mai-
» son 368 tonneaux de vin par an (1). »

Aux revenus ordinaires que je viens d'énumérer, il faut ajouter : 1° quelques produits éventuels qui seront énoncés plus loin; 2° les sommes que l'Abbaye recevait de certaines personnes pieuses par donation ou par legs pour fondation de messes ou d'anniversaires; 3° les dots que les nouvelles religieuses apportaient (2).

Encore bien que l'histoire de l'agriculture soit

---

(1) *Etudes sur la condition de la classe agricole et l'état de l'agriculture en Normandie au moyen âge*, par Léopold Delisle, Evreux 1851. M. Delisle est aujourd'hui membre de l'Institut, administrateur général de la Bibliothèque Nationale.

(2) Les pensions constituées aux Religieuses du Pont-aux-Dames sont très-modiques. J'ai sous les yeux les constitutions faites le 28 janvier 1775, au profit de Marie-Catherine-Victoire Laudumiey, et le 18 mai 1788 au profit de Marie-Antoinette-Marguerite Bourgeois.

La première consiste en 240 livres de rente et pension viagère dont les arrérages seront touchés par la dame abbesse, et 60 livres de rente et petite pension viagère dont les arrérages seront également touchés par ladite dame abbesse, mais pour être par elle remis à ladite demoiselle Laudumiey et être par elle employés à ses menus besoins et nécessités, suivant les usages de l'Abbaye.

L'autre constitution consiste dans l'usufruit de deux rentes, l'une de 75 livres et l'autre de 36 livres.

La demoiselle Laudumiey était fille de François Laudumiey, greffier des présentations criminelles au parlement de Paris.

étrangère à notre sujet, le lecteur ne manquera pas de remarquer, au cours de ce chapitre, que le produit des terres et des vignes était de beaucoup inférieur à ce qu'il est aujourd'hui.

IX

MADAME CLAUDE DE BEAUVILLIERS DE SAINT-AIGNAN, ABBESSE. — LES ÉTATS GÉNÉRAUX DE 1614. — AGRANDISSEMENT CONSIDÉRABLE DU MONASTÈRE ET DE SON ENCLOS. — LETTRES-PATENTES DE LOUIS XIII. — ENQUÊTE. — ARRÊTS DU PARLEMENT. — NOMS DES RELIGIEUSES.

J'ai nommé nos vingt premières abbesses. La vingt-unième est Mme Claude de Beauvilliers de Saint-Aignan. Elle était professe de Montmartre, quand Henri IV lui conféra le brevet d'abbesse du Pont-aux-Dames en 1590. Ce fut Jean de Vieupont, évêque de Meaux, qui la bénit dans l'église conventuelle le 4 avril 1615. Elle accomplissait ce jour-là sa 42e année, étant née le 4 avril 1573.

A partir de cette époque, toutes les abbesses sont nommées par le roi. Le droit royal n'est pas contesté.

L'abbaye du Pont-aux-Dames, dit T. Duplessis, « a eu des abbesses d'une famille et d'un rang » distingué, surtout depuis le concordat. » En effet, nous ne verrons plus figurer sur le catalogue de nos abbesses que des femmes issues de familles nobles.

Nous remarquerons en même temps que, dans l'ordre de Cîteaux, les religieuses conservent leurs noms de famille, à la différence de quelques autres ordres dans lesquels la religieuse perdait sa personnalité et prenait un nom de religion.

Mme de Beauvilliers, dont l'administration ne dura pas moins de 36 ans, vit la fin du xvie siècle et les 26 premières années du xviie. Cette Abbesse, dit encore T. Duplessis, « cloîtra ses religieuses qui ne » l'étaient plus depuis longtemps, ou pour mieux » dire elle ne fit qu'ajouter des grilles à la clôture » qu'elles observaient d'ailleurs fort régulièrement. » Elle agrandit considérablement le monastère. Son administration inaugure pour ainsi dire une phase nouvelle dans l'histoire de l'Abbaye.

Avant de faire connaître cet agrandissement, je relaterai quelques faits généraux qui concernent directement les matières monastiques.

Le cahier des Etats généraux de 1614, que François Miron remit entre les mains de Louis XIII, contenait les vœux suivants :

« Que l'article troisième de l'ordonnance d'Or-
» léans concernant l'élection des abbesses et prieures
» de trois ans en trois ans soit gardé et observé.

» Que les archevêques, évêques et chefs d'ordre
» visitent de trois ans en trois ans toutes les mai-
» sons religieuses de leur juridiction gratuitement.

» Que toutes exemptions de la juridiction ordi-
» naire des évêques soient révoquées.

» Que les articles 20 de l'ordonnance d'Orléans,

» 25, 26, 30 de celle de Blois soient gardés et exé-
» cutés ; que les monastères de filles soient clos et
» fermés ; que les juges et substituts des procureurs
» généraux soient autorisés d'y tenir la main.

» Que les religieuses moniales qui ne sont qu'au
» nombre de six ès prieurés situés aux champs
» soient transférées à leurs chefs d'ordre ou dans les
» grandes villes.

» Que doresnavant nulles communautés ecclé-
» siastiques et gens de main-morte ne puissent ac-
» quérir d'immeubles, si ce n'est pour accroître
» l'enclos des maisons où ils demeurent, avec con-
» naissance de cause, toutefois, duement vérifiée par
» les parlements, et où il leur serait donné ou légué
» aucun immeuble et fonds de terre, soient tenus
» dans l'an à vuider leurs mains, excepté les admi-
» nistrateurs d'hôpitaux, maisons-Dieu et lépro-
» series.

» Que nuls ne puissent, à l'avenir, être distraits
» de leur juridiction et ressort ordinaire par les
» églises cathédrales, collégiales ou autres commu-
» nautés, nonobstant tous priviléges, évocations,
» attributions générales des causes et committimus
» qui doivent être révoqués à cette fin.

» Que tous religieux et religieuses qui, depuis
» les troubles, s'étaient fait pourvoir d'hôpitaux
» et maladreries fussent tenus de se retirer en leurs

» monastères, nonobstant tous arrêts du Grand
» Conseil, accords et transactions (1). »

Quoique ces vœux n'eussent jamais été convertis en lois, je crois pouvoir affirmer qu'ils ne furent pas sans influence, et que, pendant de longues années, ils eurent pour effet de ralentir les acquisitions des établissements de main-morte. Ces vœux font connaître l'opinion publique du temps. Dès cette époque les députés de la nation estimaient que les richesses des monastères présentaient de sérieux dangers.

Dans le même temps, le gouvernement poursuivait avec ardeur la réforme de Citeaux ; et les Cisterciens conservaient encore assez de crédit pour obtenir de Louis XIII des lettres-patentes qui confirmaient les priviléges de l'ordre. Je dois ajouter que ces lettres-patentes, en date du mois de mai 1620, furent suivies d'autres lettres en date du mois d'avril 1621 ayant pour but d'ordonner l'exécution des règlements dressés par le chapitre général de 1618 pour parvenir à la réforme de l'ordre.

Les lettres-patentes de 1621 s'exprimaient en ces termes : « Et pour le regard des moniales, lesdits
» pères et abbés nous auraient aussi fait remontrer
» que les principaux abus étaient arrivés par l'in-
» dévotion et libertinage des abbesses, la plupart

---

(1) Récit très-exact de ce qui s'est fait et passé en l'assemblée générale des Etats à Paris, depuis le 27 octobre 1614, jusqu'au 23 février 1615, par Florimond Rapine. Paris 1651 in-4'.

» desquelles avaient été nommées avant l'âge requis
» pour la profession et sans aucune capacité de
» gouvernement... A ces causes disons, statuons et
» ordonnons... Et pour les monastères de reli-
» gieuses, déclarons qu'à l'avenir nous n'entendons
» nommer aucune abbesse ou prieure qui ne soit
» d'âge compétent, professe et instruite en l'obser-
» vance religieuse, et que celles qui auront été
» pourvues à notre nomination ne pourront prendre
» possession qu'au préalable elles n'aient fait ser-
» ment entre les mains desdits supérieurs ou leurs
» commis et députez d'observer les règlements et
» constitutions dudit ordre, spécialement la clôture
» régulière et tout ce qui aurait été par eux ordonné
» pour la réforme d'icelui (1). »

Je m'empresse de déclarer que ces lettres-patentes, conçues en termes généraux, n'avaient pas en vue les religieuses du Pont-aux-Dames.

Enfin, le pape Grégoire XV, en 1622, commet le cardinal de La Rochefoucauld à l'effet de visiter et réformer tous les monastères et lieux réguliers des ordres de Saint-Benoît, Saint-Augustin, Cîteaux et Cluny, tant au chef qu'aux membres, quelque nom qu'ils puissent porter, même les exempts et ceux qui sont médiatement ou immédiatement soumis au Saint-Siége (2).

Dom Gervaise ajoute que le cardinal ne trouva

(1) Ces lettres-patentes sont rapportées par Don Meschet. *Priviléges.*
(2) Dom Gervaise, page 100.

aucune résistance dans les ordres de Saint-Benoît, de Prémontré, de Saint-Augustin, mais que la réforme de « Cîteaux donna plus de peine à ce pieux
» cardinal que toutes les autres ensemble, sans qu'il
» ait eu la consolation de pouvoir réussir après
» plusieurs années de sueurs, de fatigues, de tra-
» vaux incroyables ; tant il trouva d'opiniâtreté, de
» mauvaise foi et d'attachement au libertinage dans
» les premiers abbés de cet ordre et dans leurs re-
» ligieux. »

Tous ces faits sont étrangers à notre abbaye. Mais je devais les relater sommairement, pour faire connaître la situation morale de l'ordre et l'état de l'opinion à cette époque.

Je reviens à mon sujet.

Aucun règlement ne fixait le nombre des religieuses qui devaient composer une communauté. Mais il était d'usage à peu près constant que les fondations fussent faites pour 25 personnes.

Jusqu'au règne de Henri IV, la communauté du Pont-aux-Dames n'avait pas dépassé ce nombre. Quand les guerres qui, depuis si longtemps, désolaient la France furent terminées ; quand la paix fut rétablie, les couvents prirent une grande extension ; on y vint en foule, et la communauté du Pont devint si nombreuse qu'elle fut dans l'impossibilité de loger toutes ses religieuses.

J'ai dit que le cloître, dont l'entrée donnait dans la cour intérieure, bordait le chemin du moulin banal. De l'autre côté de ce chemin, il existait quelques maisons manables appartenant à des habitants de Rus ; l'abbaye les acheta pour y loger un certain nombre de religieuses. Puis, au delà de ces maisons, elle acquit de plusieurs propriétaires, et par des actes séparés, une quantité de terrains faisant partie du champ des *Allois* et formant ensemble une contenance d'environ six arpents.

Devenues propriétaires de ces terrains, les religieuses se proposaient de demander au roi la permission de les réunir à l'enclos du couvent et de déplacer le chemin du moulin.

Les contrats d'acquisition passés entre l'Abbesse acquérant pour la communauté d'une part, et les vendeurs d'autre part, étaient dressés dans la forme ordinaire par le notaire de Couilly, qui venait à la grille du couvent recevoir la signature de l'Abbesse.

Au nombre des propriétés que le monastère acquérait à cette époque, se trouvait une pièce de terre située dans la censive et justice du chapitre de Meaux. Les chanoines se désistèrent donc de tous leurs droits sur cette pièce et consentirent que l'abbaye la possédât en main-morte, à la charge par elle de payer : 1° auxdits chanoines, à titre d'indemnité, la somme de 200 livres tournois ; 2° à la mairie de Ségy, 5 sous de cens annuel le jour de Saint-Remy ; 3° à la mairie du chapitre, 5 sous de rente le jour de Saint-Martin. En outre, ils se réservèren tous leurs droits seigneuriaux sur la nouvelle ruet que les religieuses se proposaient d'ouvrir et dont je vais parler.

Le traité passé entre les chanoines et l'abbaye, contenant des stipulations qui grevaient cette dernière de charges perpétuelles, fut fait au nom de toutes les nobles et révérendes dames religieuses professes, savoir : illustre et révérende Dame Madame Claude de Beauvilliers, abbesse, — sœurs Marie Charpentier, prieure, — Marie Lescuyer, — Etiennette Matarel, — Claude Yvonne, — Marguerite Ameril, — Pierrette Largentier, — Catherine Adam, — Catherine Giguette, — Catherine Desmurs, — Anne Vallier, — Claire Nau, — Françoise de Vassault, — Marie Tardieu, — Geneviève de Vassault, — Jehanne Parent, — Françoise de Gessé, — Marie Allar, — Françoise de Montgarny, — Charlotte de Montaulieu, — Gabrielle Ollivier, — Marguerite Dolle, — Jacqueline Gibbes, — Angélique de La Joutz, — Marguerite Goulas.

Dans le traité que je viens d'énoncer et dans chacun des contrats d'acquisition passés dans le même but, il est expressément déclaré que le terrain dont il s'agit est acquis par l'abbaye pour être enfermé dans son nouvel enclos. Je ne doute pas que cette déclaration ne soit insérée dans ces actes pour satisfaire aux vœux des Etats généraux de 1614.

Ces acquisitions faites, les religieuses présentèrent une supplique au Roi, à l'effet d'obtenir la permission d'enfermer dans l'enclos du couvent tous les terrrains qu'elles venaient d'acquérir et même el chemin du moulin, en tant qu'il longeait le mur de l'abbaye, à la charge toutefois d'en établir un autre de même largeur dans un lieu commode.

Louis XIII leur octroya les lettres-patentes dont voici la copie :

« Louis, par la grâce de Dieu, roi de France et de Navarre. A
» tous présents et à venir, salut. Nos chères et bien-aimées les dé-
» votes Religieuses, abbesse et couvent de Notre-Dame-du-Pont,
» de l'ordre de Cîteaux, au diocèse de Meaux, nous ont fait dire et
» remontrer que ledit monastère étant en quelque estime de piété
» et dévotion ; elles auraient été contraintes de recevoir en iceluy
» grand nombre de filles, bien au-dessus de l'ancienne fondation,
» en sorte qu'elles sont aujourd'hui soixante et plus, sans com-
» prendre plusieurs filles séculières qui sont avec elles à intention
» de prendre le voile et être religieuses quand elles seront en
» aage, ce qui les a obligées de rechercher aux environs du mo-
» nastère les moyens d'accroître leur logement, et pour cet effet,
» ont achepté trois petites maisons des nommés Jean Rossignol,
» Mathieu Mongrolle, Marie Decaux, Denis Ducharne et autres,
» sises à côté de leur monastère, lesquelles, avec leurs apparte-
» nances et dépendances, ne contiennent qu'environ six arpents
» de terre, le tout en roture et à charge de cens envers les doyen
» et chanoines du chapitre de Meaux, mais redoutant qu'elles
» pourraient être troublées en la jouissance des dits héritages s'il
» ne leur est pourvu de nos lettres d'admortissement et pour ce
» aussy qu'il y a une rue ou chemin le long des murs de ladite
» Abbaye descendant à un moulin, lequel leur est nécessaire pour
» pouvoir enclore en leur clôture les dites maisons et se pouvoir
» loger dans la clôture où elles sont sans doute obligées par leur
» règle. Elles nous ont aussy très-humblement supplié de leur
» vouloir permettre de prendre ledit chemin à la charge d'en don-
» ner un autre de mesme largeur et estendue en lieu aussy com-
» mode et sur le tout leur octroyer nos lettres nécessaires. Scavoir
» faisons qu'ayant ladite Abbaye et monastère du Pont en singu-
» lière recommandation pour le bon ordre et discipline qui est
» entre les Religieuses et inclinant à leur supplication et requeste.
» Pour ces considérations et autres à ce nous mouvant, de notre
» grâce spécial, plaine puissance et autorité royale. Avons à
» icelles Religieuses, abbesse et couvent et à celles qui leur suc-
» céderont à l'avenir, admorty et admortyssons par ces présentes,
» les dites maisons et terres qui en dépendent avec leurs apparte-

» nances contenant le tout six arpents de terre environ, nonobs-
» tant que le tout soit cy plus particulièrement spécifié et déclaré
» par tenants et aboutissants. Voulons et nous plaict qu'il leur
» soit permis de les tenir et posséder en jouir et user plainement
» et paisiblement à toujours, sans les pouvoir contraindre à vui-
» der leurs mains pour quelque cause que ce soit, ou puisse être.
» Imposant sur ce silence à tous ceux qui les vouldroient empes-
» cher, à la charge de payer audit chapitre ou autres ce qu'il
» appartiendra et dont les dits héritages sont tenus en censive
» l'indemnité qui en peut être due. Et à cette fin, avons aussy
» permis auxdites Religieuses, abbesse et couvent de prendre ledit
» chemin et rue descendant audit moulin le long des murs de
» la dite Abbaye pour iceluy enclore en leur closture à la charge
» toutefois d'en donner un autre de mesme largeur et estendue en
» lieu aussy commode et non autrement. S'y donnons en mande-
» ment à nos amis et féaulx conseillers, les gens tenant nos cours
» de Parlement et Chambre des comptes à Paris, bailly de Meaux
» ou son lieutenant, à tous nos autres officiers qu'il appartiendra,
» qu'appelé le substitut de nostre procureur général audit Meaux,
» les présentes ils facent enregistrer et du contenu en icelles jouyr
» et user les dites Religieuses, abbesse et couvent du Pont plaine-
» ment, paisiblement et perpétuellement, Ostant et faisant cesser
« tout trouble et empeschement à ce contraire. Car tel est nostre
« plaisir et afin que ce soit chose ferme et stable à toujours,
» nous avons fait mettre nostre scel à ces présentes, sauf en aultre
» chose, nostre droict et l'aultruy en toutes. Donné à Fontaine-
» bleau au mois d'avril, l'an de grâce mil six cent vingt-un de
» nostre règne le onzième. Louis (1). »

Sur le vu de ces lettres, le Parlement rendit l'arrêt suivant :

« Vu par la Cour les lettres patentes du roy données à Fon-
» tainebleau au mois d'août dernier, signées par le roy et scellées
» du grand sceau de cire verte, obtenues par les Religieuses, ab-
» besse et couvent de Notre-Dame-du-Pont, ordre de Cisteaux au
» diocèse de Meaux, par lesquelles et pour les causes y contenues
» ledit seigneur admortist les maisons et terres y mentionnées
» par elles acquises de Jean Rossignol et autres et leur permet de
» les tenir et posséder et jouir et user plainement et paisiblement
» et à toujours, sans qu'elles puissent être contrariées en quelque

(1) Archives de Melun. H. 658.

» sorte que ce soit, à la charge de payer les cens dubs aux cha-
» noines et chapitre de Meaux, et à cette fin permet aux dites Re-
» ligieuses de prendre le chemin descendant le long des murs de
» ladite Abbaye pour iceluy enclore en leur clôture à la charge
» toutefois d'en donner un autre de mesme largeur et étendue en
» lieu aussy commode et comme plus au long, contiennent les
» dites lettres. Requeste présentée à ladite Cour par les dites Re-
» ligieuses, abbesse et couvent, afin de vérification d'icelles. La
» dite Cour avant procéder à la vérification des dites lettres, a
» ordonné et ordonne qu'elles seront communiquées au président
» ou lieutenant général du bailliage et siège présidial de Meaux,
» pour donner avis sur la commodité ou incommodités que peut
» apporter le don de la dite rue et en quel lieu commode il s'en
» peut faire un autre. A cette fin, les dites maisons et lieux
» seront vus et visités en la présence du substitut du procureur
» général audit lieu, les marguilliers de la paroisse dudit Pont
» ou quatre habitants des plus anciens de ladite paroisse et vil-
» lage appelés, pour le tout rapporté et communiqué au procu-
» reur général du Roy, être ordonné..... Fait au parlement le dix-
» neuvième juin mil six cent vingt-un... »

En exécution de cet arrêt, messire Guillaume Fremyn, président au bailliage de Meaux, assisté du procureur du roi, vint sur les lieux mêmes le 5 juillet, à l'effet de procéder à l'enquête touchant la commodité ou l'incommodité qui pouvait résulter du déplacement du chemin. Les habitants, entendus par le commissaire enquêteur, ne firent aucune objection. Quant au chemin, il fut constaté que sa largeur était de vingt pieds dans le haut et de dix-huit seulement dans le bas. Me Guillaume Fremyn dressa procès-verbal de ses opérations, pour être par la Cour statué ce qu'il appartiendrait.

Sur les conclusions du procureur général, le Par-

(1) Archives de Melun. H. 638.

lement rendit, le 21 du même mois, l'arrêt d'enregistrement dont la teneur suit :

« Vu par la Cour les lettres-patentes du roy données à Fontai-
» nebleau, au mois d'avril dernier signées par le roy en son con-
» seil et scellées sur lay de soie rouge et vert du grand scel de
» cire verte, par lesquelles ledit seigneur admortit trois petites
» maisons acquises par les Religieuses, abbesse et couvent Notre-
» Dame-du-Pont, des nommés Jean Rossignol, Mathieu Mon-
» grolle, Marie Decaux, Denis Ducharne et autres, sciturez à costé
» de leur monastère, lesquelles maisons, terres qui en dépendent
» et leurs circonstances, contenant le tout six arpents ou environ,
» comme aussy permet aux dites Religieuses de prendre le che-
» min et rue descendant au moulin le long des murs de l'Abbaye
» pour iceluy enclore en leur cloture, à la charge d'en donner un
» autre de mesme largeur et estendue en lieu aussy commode et
» non autrement, Arrêt du dix-neuvième juin aussi dernier par
» lequel a été ordonné que les dites lettres seront communiquées
» au lieutenant général du bailliage et siége présidial de Meaux
» pour donner avis sur la commodité que pourrait apporter le
» don de ladite rue et en quel lieu commode s'en pourroit faire
» un autre, les marguilliers ou quatre des habitants les plus
» anciens de la paroisse appelés, le procès-verbal fait par M. Guil-
» laume Fremyn, président au siége présidial de Meaux, en exé-
» cution du dit arrêt, le cinquième juillet dernier, conclusions du
» procureur général du roy; tout considéré, la Cour a ordonné et
» ordonne que lesdites lettres seront enregistrées au registre
» d'icelles, ouï le procureur général du roy, pour jouir par les
» impétrantes de l'effet et contenu en icelles, à la charge de payer
» aux doyen, chanoines et chapitre de Meaux ou autres qu'il ap-
» partiendra et dont les héritages sont tenus en censive, l'indem-
» nité qui en peut estre due et que ladite rue nouvelle aura tant
» haut que bas partout également vingt pieds de largeur suivant
» l'avis et toisé qui en a esté fait, contenu au procès-verbal du
» cinquiesme juillet (audience du mercredi 21 juillet 1621) (1).

Le chemin du moulin, sur une longueur de soixante-douze toises, les maisons et les terres nouvellement acquises, furent donc réunis à l'enclos du couvent.

(1) Archives de Melun. H. 658.

Pour les enclore, l'Abbesse fit construire des murs de hauteur *compétente,* qui existent encore aujourd'hui. Le long de ces murs, un nouveau chemin fut établi ; c'est celui que l'on appelle chemin du Petit-Pont. Un grand colombier à pied fut élevé non loin du cloître, partie sur l'emplacement de l'ancien chemin supprimé. Enfin, les bâtiments de l'Abbaye furent augmentés de telle sorte qu'ils pussent loger non-seulement toutes les Religieuses, mais encore des pensionnaires et des locataires.

Par suite de ce nouvel état de choses, le monastère se trouva plus conforme qu'il ne l'avait été jusqu'alors aux règlements monastiques, lesquels ne permettaient pas qu'un cloître eût des vues sur un chemin public.

Madame de Beauvilliers mourut le 20 janvier 1626, à l'âge de cinquante-trois ans. Quoiqu'elle eût été nommée Abbesse à l'âge de dix-sept ans, on peut dire que son administration fut pour l'Abbaye le commencement d'une ère de grande prospérité.

Elle fut enterrée dans le chœur de l'église conventuelle. Sa tombe, adossée à la muraille, portait en lettres d'or l'inscription suivante : « Cy gist sœur
» Claude de Beauvilliers de Saint-Aignan, Abbesse
» de ce lieu, où, pendant trente-cinq ans, elle a réduit
» tout son travail à la gloire de Dieu, à l'honneur de
» son Ordre et au bien particulier de sa maison, rele-
» vant ce monastère caduc et demoly de toutes parts,
» établissant la discipline en sa première forme et
» instruisant de paroles et d'exemples un grand

» nombre de filles qu'elle a reçues à profession. Elle
» deceda le 20 janvier 1626, aagée de cinquante-trois
» ans. Priez Dieu pour son âme. »

Avant de passer au chapitre suivant, je crois devoir rappeler en passant que c'est à partir des dernières années de l'administration de madame de Beauvilliers que le hameau de Rus perdit son nom et prit définitivement celui de l'Abbaye. A partir de cette époque, il n'est plus connu que sous le nom du Pont-aux-Dames. Le nom de Rus disparaît complétement.

X

MADAME DE BARADAT, ABBESSE. — LE CÉRÉMONIAL DE L'ABBAYE. — VÊTURES. — PROFESSIONS. — INHUMATIONS. — NOMS DES RELIGIEUSES.

A madame de Beauvilliers succéda madame de Baradat, laquelle était alors professe à l'abbaye d'Avenay. Elle était issue d'une famille champenoise originaire de Navarre (1). Quoiqu'elle n'eût alors que vingt-six ans, elle se recommandait non-seulement par une parfaite religiosité, par une austère piété, mais encore par une grande aptitude aux affaires. Ce fut cette aptitude même qui détermina Louis XIII à lui confier l'administration de l'Abbaye du Pont, dont elle prit possession le 6 juin 1626.

L'impulsion donnée par la précédente Abbesse à l'accroissement du monastère fut suivie par madame de Baradat, et, sous son administration, l'Abbaye du Pont-aux-Dames fut notablement augmentée.

La considération dont notre Abbaye jouissait à Rome fut encore affermie par la nomination de cette nouvelle Abbesse. Aussi, le pape Urbain VIII lui fit

---

(1) Voir le Nobiliaire de Champagne.

remettre, en 1638, un Cérémonial qu'il avait fait dresser à l'instar et ressemblance de celui du Sacré-Collége, pour marquer à madame de Baradat le haut degré d'estime que sa bonne conduite et sa parfaite religiosité méritaient.

Ce Cérémonial, ou manière de recevoir les visites et donner les audiences, a pour but de régler le genre de réception que l'Abbaye devra faire à tout personnage qui viendra la visiter. Tous les cas sont prévus. Un programme spécial est dressé pour la réception de chaque arrivant. On voit figurer là tous les rois et reines de l'Europe, l'empereur, le pape, les cardinaux, les ambassadeurs, le connétable, les généraux, les abbés de tous les Ordres, &c., &c. Chacun est accablé jusqu'à satiété des adjectifs superlatifs d'illustrissime, d'éminentissime, de révérendissime. Le cérémonial est différent selon le rang que chacun occupe dans la hiérarchie civile, militaire, ecclésiastique. Il est dit par quelles officières chaque hôte sera reçu, comment il sera conduit à l'église, quelles prières on y récitera; si l'Abbesse et les Religieuses lui feront des révérences plus ou moins nombreuses, plus ou moins profondes, ou simplement un salut à la monachale; à quels hôtes, en quelle saison, en quelle forme on pourra se permettre d'offrir des rafraîchissements ou des confitures; comment les fauteuils devront être disposés quand l'Abbesse donnera audience à tel ou tel hôte; en quels termes elle exprimera la satisfaction qu'elle ressent de la visite de son hôte; en quels termes elle devra le complimenter, lui promettre les prières de la Communauté et lui souhaiter un bon voyage; de quelle manière on devra quitter son hôte quand ce dernier prendra congé de la Communauté.

Par suite d'une distinction subtile, on considère que l'abbé de Cîteaux, dans l'exercice de ses fonctions abbatiales, peut se présenter avec trois caractères différents : 1° comme frère de génération spirituelle; 2° comme père de direction; 3° comme pasteur de juridiction et de conduite.

Il visite en qualité de frère quand l'Abbesse a besoin de ses entretiens de confiance et lui demande quelques conseils spirituels.

Il visite en qualité de père lorsque, certaines mésintelligences s'étant élevées entre les Religieuses, l'Abbesse a recours à son expérience pour rétablir la concorde. Dans cette circonstance, l'abbé général, de concert avec l'Abbesse, doit faire appeler les Religieuses coupables, leur donner des avertissements évangéliques et les consoler charitablement de leurs immodérations.

Enfin, il visite en qualité de pasteur quand il est appelé à régler les affaires temporelles de la Communauté.

En conséquence, l'abbé général fait trois sortes de visites, et chacune est l'objet d'un cérémonial particulier.

La lecture fastidieuse de ce cérémonial donne une triste idée des gens qui consacraient un énorme volume in-folio à des programmes dont les détails tombent dans le ridicule et la puérilité.

De même que le Sacré-Collége se composait de soixante-dix cardinaux, l'Abbaye du Pont-aux-Dames devra se composer de soixante-dix Religieuses, lesquelles seront divisées en trois ordres ou groupes, savoir :

Les dames mères discrètes, au nombre de six, dont l'office sera d'assister l'Abbesse en toutes les grandes cérémonies et fonctions abbatiales;

Les dames mères, au nombre de cinquante, dont l'office est d'assister à toutes les actions conventuelles ;

Les dames sœurs, au nombre de quatorze, dont le ministère est de servir l'Abbesse dans toutes les cérémonies publiques, et principalement aux vêtures, professions et enterrements.

Plusieurs officières, auxquelles le Cérémonial donne des titres pompeux et dont il détermine les fonctions, concourent, sous l'Abbesse, au gouvernement spirituel et temporel de la Communauté. Ce sont :

La révérende grande-prieure, laquelle a la charge de soulager son abbesse en tout ce qui concerne l'intérieur du cloître.

La vénérable sous-prieure, qui doit avoir le soin de visiter souvent tous les lieux réguliers, pour voir s'ils sont bien entretenus.

La grande auscultatrice (dont le nom vient du mot latin *auscultare,* écouter), qui doit avoir l'intendance des parloirs, à la réserve de celui de l'Abbesse; veiller à ce qu'ils soient garnis de siéges, de meubles, de tableaux de dévotion. **A défaut de l'Abbesse,** c'est elle qui recevra les parents des dames religieuses et toutes les autres personnes dont la visite ne sera pas reçue au palais abbatial. Elle devra répondre de la sûreté des grilles

La grande hospitalière, qui doit avoir soin des logements des hôtes.

La grande maîtresse des cérémonies, qui doit avoir le soin général de toutes les cérémonies conventuelles.

La vice-chancelière, qui doit avoir le soin des chartes, papiers, livres et titres concernant les affaires temporelles de la Communauté; garder les actes conventuels, les inventaires, les contrats des dots et des fermes, le registre des professions et celui des sépultures.

Enfin, on donnait le nom de suffragantes aux six Religieuses qui devaient assister l'Abbesse quand elle officiait pastoralement.

Le logis de l'Abbésse, séparé du logement commun des Religieuses, avait le nom de Palais-Abbatial.

Sans compter les officières que je viens de nommer, un certain nombre de Religieuses étaient affectées particulièrement au service de l'Abbesse. On les nommait officières claustrales du palais abbatial.

Ces officières étaient :

La maîtresse du palais abbatial,

L'auditrice,

La maîtresse de chambre,

L'auscultatrice du palais abbatial,

La chapelaine,

La sacristaine,

L'hospitalière du palais abbatial,

La secrétaire,

Deux dames d'honneur,

Des filles de service selon le besoin.

Les officiers de tous rangs, ministres, chambellans et autres, qui composent la cour d'un grand monarque, ne sont pas plus nombreux et ne portent pas de titres plus pompeux que nos officières monastiques. Mais ce cérémonial avait été rédigé à Rome, où les titres étaient plus nombreux et plus pompeux que partout ailleurs. Je crois pouvoir affirmer qu'il ne fut jamais mis en pratique au Pont-aux-Dames. Dans aucun acte on ne voit nos Religieuses se parer des titres que je viens d'énoncer. La seule officière qui figure après l'Abbesse est la prieure.

En 1638, la Communauté du Pont-aux-Dames se composait, y compris l'Abbesse, de trente-neuf Religieuses professes, savoir (1) :

Sœur Catherine de Baradat, abbesse.

Révérende mère madame sœur Anne Valier, prieure claustrale.

DAMES MÈRES DISCRÈTES.

Vénérable mère discrète madame sœur Lesquier, chef de l'ordre des discrètes et grande auscultatrice.

---

(1) Toute cette nomenclature est copiée mot à mot sur le Cérémonial manuscrit.

Vénérable mère discrète madame sœur Catherine de Nesles, tourière et première suffragante.

Vénérable mère discrète madame sœur Elisabeth de Péricar, sous-prieure, chantre, deuxième suffragante.

Vénérable mère discrète madame sœur Geneviève de Vassault, maîtresse des novices.

Vénérable mère discrète madame sœur Louise de Chessy, dépositaire.

Vénérable mère discrète madame sœur Jeanne Parent, custode des meubles.

DAMES MÈRES.

Vénérable dame la mère Charlotte de Montaubert, infirmière, chef de l'ordre des mères et grande hospitalière.

Vénérable dame la mère sœur Marguerite Dolé, secrétaire, troisième suffragante.

Vénérable dame la mère sœur Jacqueline Gibert, portière, quatrième suffragante.

Vénérable dame la mère sœur Angélique Delafont, gouvernante du séminaire (1).

Vénérable dame la mère sœur Michelle Goulas, celerière.

Vénérable dame la mère sœur Angélique Barantin, sous-chantre.

---

(1) Par séminaire, on entend sans doute le lieu où l'on faisait les instructions aux novices.

Vénérable dame la mère sœur Jeanne Lecointhe, grenetière.

Vénérable dame la mère sœur Marguerite Mallier, sous-dépositaire.

Vénérable dame la mère sœur Marguerite de Flexelles.

Vénérable dame la mère sœur Agnès Larcher.

Vénérable dame la mère sœur Anne Letelière, sous-portière.

Vénérable dame la mère sœur Suzanne de Bagneaux, sous-maîtresse des novices.

Vénérable dame la mère sœur Charlotte de Castille, sous-mère de la Communauté.

Vénérable dame la mère sœur Charlotte de Flexelles, sous-gouvernante du séminaire.

Vénérable dame la mère sœur Elisabeth Viole, sous-sacristaine.

Vénérable dame la mère sœur Anne de Castille, sous-infirmière.

Vénérable dame la mère sœur Louise de Persan, sous-celerière.

Vénérable dame la mère sœur Marie de Bragelonne.

Vénérable dame la mère sœur Madeleine Le Coigneux.

Vénérable dame la mère sœur Claude Mallier.

Vénérable dame la mère sœur Elisabeth de Castille.

DAMES SŒURS.

Vénérable dame sœur Denise de Baradat, chef de

l'ordre des sœurs et grande-maîtresse des cérémonies.

Vénérable dame sœur Françoise de Lucé, cinquième suffragante.

Vénérable dame sœur Anne Le Coigneux, sixième suffragante.

Vénérable dame sœur Angélique de Castille, première dame des cérémonies.

Vénérable dame sœur Denise de Vitry.

Vénérable dame sœur Marguerite Viole.

Vénérable dame sœur Claude de Bragelonne.

Vénérable dame sœur Jeanne Mallier.

Vénérable dame sœur Geneviève Targer.

Vénérable dame sœur Madeleine Deslandes.

Trente-et-un voiles restaient donc vacants et devaient être remplis ultérieurement, selon les règlements de l'Abbaye. En effet, quelques-uns furent remplis plus tard, mais la Communauté ne dépassa jamais le nombre de cinquante religieuses de chœur.

Vers le milieu du XVIII° siècle, ce nombre commence à diminuer sensiblement. Il se trouvait réduit à vingt-cinq en 1790 (1).

J'ai fait connaître en grande partie les attributions de l'Abbesse, les occupations des Religieuses et leur costume. Je n'ajouterai que peu de mots à ce que j'ai déjà dit.

(1) A partir de la mort de Louis XIV, l'esprit religieux se refroidit sensiblement; les prises de voile deviennent rares. Presque toutes les Religieuses qui se trouvaient à l'Abbaye en 1790 étaient vieilles.

L'Abbesse jouissait de l'autorité spirituelle et temporelle la plus étendue. Elle avait sous ses ordres l'intendant et tous les gens de service. Elle était en relations directes avec les gens d'affaires, notaires, procureurs ou autres. Tous les actes de l'administration temporelle étaient dressés en son nom et signés par elle. C'était elle, en présence de quelques religieuses professes, qui recevait, au parloir, l'hommage des vassaux de l'Abbaye. Mais elle rendait hommage, par procureur, aux seigneurs des fiefs dans le ressort desquels l'Abbaye possédait des biens.

A partir de l'époque où nous sommes arrivés, les Religieuses sont vouées exclusivement à la vie monastique. Elles ne se livrent plus aux travaux manuels de la culture : les terres qu'elles font valoir à Couilly sont cultivées par leurs serviteurs domestiques.

Quoiqu'elles eussent l'administration de l'hôtel-Dieu, elles ne s'en occupaient pas en personne : elles en faisaient faire le service par des laïques.

Les occupations quotidiennes des Religieuses avaient la régularité méthodique d'une horloge.

On se levait à cinq heures en été, à six heures en hiver. On disait en commun les prières du matin. A neuf heures, on assistait à la messe basse. A onze heures, on se rendait au réfectoire. A l'extrémité de cette salle était la chaire où chaque Religieuse, à son tour, faisait la lecture à haute voix, pendant le repas. A trois heures, les vêpres suivies de laudes, de none et de complies. A six heures, seconde réfection. Il était permis de prendre quelques aliments entre les réfections; mais on ne devait user de cette permission qu'en cas de besoin réel, avec une extrême modération. On se rendait au dortoir à huit heures, et l'on se relevait pour assister à l'office de la nuit. Sauf le cas de maladie duement constatée, on ne pouvait se dispenser d'assister aux offices.

Le temps que l'on ne passait pas à l'église, au réfectoire, au dortoir, on le passait à la salle des ouvrages, que l'on appelait salle de communauté, où l'on se livrait à divers travaux de couture, de tricot, de broderie, &c. Certaines heures étaient aussi réservées pour la promenade dans l'enclos du couvent et pour la réception des visites au parloir.

L'uniformité de cette existence était quelquefois interrompue par la visite de quelque personnage officiel, du supérieur général de l'Ordre, de l'évêque diocésain ou autres. Je dois mentionner aussi les prises de voile et les professions. Ces cérémonies étaient de véritables fêtes pour les Religieuses. Quant aux installations et bénédictions d'Abbesse, elles étaient extrêmement rares.

Toute communauté religieuse se recrutait elle-même en la forme élective.

J'ai dit que la jeune postulante devait être admise par les Religieuses dont elle allait devenir la compagne, et que la profession monastique résultait de trois actes solennels : 1° la vêture, prise de voile ou prise d'habit; 2° l'examen; 3° la profession.

Je dois m'arrêter un instant sur chacun de ces actes.

Le jour de la vêture arrivé, la jeune Religieuse, vêtue d'une robe nuptiale et conduite au chœur par un de ses proches parents, père, frère, oncle ou autre, contractait son mariage spirituel avec Jésus-Christ. Agenouillée sur un carreau de velours et tenant un cierge à la main. Elle adorait son divin époux. L'officiant qui la consacrait prononçait sur elle ces paroles sacramentelles : *Desponso te Jesu Christo filio summi Principis qui te illesam custodiat.* Je te marie à Jésus-Christ, fils du souverain Prince qui te veuille préserver du mal. — Puis l'Abbesse, assistée de ses officières, lui donnait l'habit, la couvrait du voile et lui mettait sur la tête la couronne symbolique.

Ainsi revêtue de ses habits de religion, elle se relevait, et, conduite par une officière, elle allait à chacune de ses nouvelles compagnes donner le baiser de concorde et d'union.

La cérémonie terminée, la Religieuse était ramenée au parloir par toute la Communauté et prenait congé de ses parents. A partir de ce moment, elle était religieuse novice, c'est-à-dire qu'elle n'était pas encore morte au monde, qu'elle était encore apte à contracter les actes de la vie civile et pouvait renoncer à la vie religieuse.

Quand l'année d'épreuve ou de probation était accomplie, si la jeune Religieuse était en état d'être admise à la profession, l'Abbesse en donnait avis à l'évêque, afin qu'il voulût bien examiner la novice ou la faire examiner par un de ses vicaires.

Après l'examen, s'il était constaté que la novice était bien et duement instruite, qu'elle agissait en pleine liberté, qu'elle ne subissait aucune violence ni contrainte, elle était admise à faire profession.

La cérémonie de la profession se passait également au chœur, où la novice était amenée par les officières. Mais, si la prise de voile simulait un mariage spirituel et mystique, la profession simulait un office mortuaire. La Religieuse, la main étendue sur le livre de la règle, et s'adressant à l'Abbesse, prononçait les vœux solennels de religion en ces termes : « Je...,
» sœur N..., promets à Dieu, à la très-heureuse et
» toujours vierge Marie, à tous les saints, et à vous,
» madame l'Abbesse, de vivre sous la règle qui nous
» a été donnée, tout le temps de ma vie, en obéis-
» sance, sans propre, en chasteté, et même en clôture,
» ainsi qu'il est ordonné par cette règle. » Après l'émission de ses vœux, la Religieuse était morte au monde, c'est-à-dire morte civilement, absolument incapable de faire aucun acte valable.

Quand la mort naturelle arrivait, la Religieuse était enterrée dans le cimetière du couvent. Le corps de la défunte, revêtu de tous ses habits réguliers et de son voile, était porté au chœur, étendu sur une estrade qui figurait un lit de douleurs. L'office des morts terminé, la Communauté disait le *De Profundis,* jetait l'eau bénite sur le corps; puis, toutes les Religieuses, en commençant par l'Abbesse, lui donnaient le baiser de paix, et la défunte était portée au cimetière.

Le costume des Religieuses, que j'ai décrit plus haut, avait subi peu de modifications. A l'époque où nous sommes arrivés, il se compose de deux robes, savoir : la robe de cérémonie, que l'on appelle la grande cuculle blanche, et la robe des jours ordinaires, que l'on appelle la robe scapulaire, à laquelle était adhérent le scapulaire de serge noire en forme de chasuble.

J'ai pensé que tous ces détails ne seraient pas déplacés ici, et qu'ils donneraient une idée de la vie monastique.

Madame de Baradat mourut le 29 septembre 1651, à l'âge de cinquante-et-un ans, après un abbatialat (1) de vingt-cinq ans, et fut enterrée dans le chœur de l'église conventuelle. Son tombeau, semblable à celui de madame de Beauvilliers, portait l'inscription suivante : « Cy gist dévote et religieuse personne sœur
» Catherine de Baradat, abbesse de ce lieu, qui,
» durant l'espace de vingt-cinq ans et quatre mois, a
» réduit tous ses soins pour l'augmentation du bien
» spirituel et temporel de sa Communauté, qu'elle a
» gouvernée avec une tendresse maternelle. Elle avait
» une grande compassion des pauvres, qu'elle a
» secourus par une providence admirable jusqu'à la
» fin de sa vie, qui fut le 5 octobre 1651, aagée de
» cinquante-et-un ans. *Anima ejus requiescat in*
» *pace.* »

---

(1) Je regrettais que ce mot, qui me paraît à peu près indispensable, ne se trouvât dans aucun dictionnaire; j'ai été heureux de le rencontrer dans le Cérémonial manuscrit.

Janvier, qui rapporte cette épitaphe, ajoute : « Il y a une épitaphe à sa louange, gravée en lettres d'or sur marbre noir, et apposée sur le pilier de l'église, proche de sa tombe. »

L'éloge de madame de Baradat, par le P. Noël, cordelier, a été imprimé à Paris en 1654, sous le titre de : *La parfaite Abbesse*, petit in-12 de 64 pages.

XI

MESDAMES MARIE-ANNE DE LORRAINE, HENRIETTE DE LORRAINE, MADELEINE DE LA TRÉMOILLE, CALLIOPE DE LA TRÉMOILLE, ABBESSES. — LES PENSIONNAIRES. — SUPPRESSION DE L'HOTEL-DIEU DE COUILLY.

Après la mort de madame de Baradat, le brevet d'Abbesse fut conféré à madame Anne-Marie de Lorraine, alors professe à l'abbaye de Montmartre, et qui prit possession de son nouvel office le 3 janvier 1652. Elle était accompagnée de madame Henriette de Lorraine, sa sœur, qui demeura toujours avec elle et lui succéda.

Madame Anne-Marie de Lorraine ne devait pas jouir longtemps de son office. L'année même de son installation, forcée par la guerre de chercher, avec ses Religieuses, un asile à Paris, elle y tomba malade le 28 juillet et mourut le 5 août, assistée dans ses derniers moments par frère Cosme de Saint-Michel, feuillant.

Avant d'expirer, elle avait instamment prié ses filles de faire conduire son corps à son Abbaye, et de le faire déposer provisoirement au couvent des Feuillants, en attendant qu'on pût sortir de Paris en toute sécurité. Elle voulut aussi qu'on fît savoir à monsieur de Cîteaux qu'elle avait toujours vécu et qu'elle mourait dans son obéissance. Enfin, elle exprima le désir qu'on ne fît pas, pour ses obsèques, plus de cérémonie que pour une simple religieuse; qu'on ne lui fît point d'oraison funèbre, ni de tombeau somptueux, ni d'épitaphe (1).

Pendant le peu de mois qu'elle avait exercé les fonctions d'Abbesse, madame Marie-Anne de Lorraine avait donné l'exemple de l'humilité la plus austère, se contentant d'une cellule dans le dortoir des Religieuses, mangeant au réfectoire avec ses filles, faisant elle-même son lit et balayant sa cellule comme une simple converse (2).

Avant de venir à Montmartre, elle avait été coadjutrice à Remiremont; mais elle était trop attachée à la règle de saint Benoît pour demeurer longtemps dans un monastère où les Religieuses, « conservant » des intelligences avec le monde, avaient encore des » desseins légitimes pour le siècle, et n'étaient pas si » absolument épouses de Jésus-Christ, qu'elles renon- » çassent au pouvoir d'être quelque jour les épouses » des hommes (3). »

Les dernières volontés de madame Anne-Marie de Lorraine ne furent pas fidèlement exécutées.

Le 6 août 1653, le frère Cosme de Saint-Michel

---

(1) Mémoires de Janvier.
(2) Oraison funèbre d'Anne-Marie de Lorraine, par dom Cosme de Saint-Michel, feuillant — Paris, 1653.
(3) *Idem.*

vint prononcer, dans l'église conventuelle du Pont-aux-Dames, l'oraison funèbre de la défunte Abbesse, et la Communauté lui fit élever dans le chœur, où son corps avait été inhumé, un monument funèbre en marbre blanc, sur lequel elle était représentée dans l'attitude d'une Religieuse agenouillée au pied d'une croix qu'elle tenait embrassée.

Sur une plaque en marbre noir était gravée cette épitaphe :

« Cy gist madame Anne-Marie de Lorraine, qui
» quitta le monde et chercha le ciel dès son enfance.
» Son sang illustre l'approcha du throne des Roys, et
» sa vertu de celuy de Dieu; elle fut un an coadju-
» trice de Remiremont, cinq ans simple religieuse à
» Montmartre, sept mois abbesse du Pont, aymée,
» admirée, regrettée par tous. Elle décéda le
» 5 aoust 1652, aagée de vingt-trois ans. *Anima ejus*
» *requiescat in pace.* »

Cette Abbesse fut remplacée dans ses fonctions par madame Henriette de Lorraine, sa sœur, qui devait les exercer un peu moins de trois ans. En effet, nommée le 14 août 1652, elle quitta le Pont-aux-Dames le 1ᵉʳ mai 1655, pour aller prendre possession des mêmes fonctions à l'Abbaye de Jouarre. Janvier dit « qu'elle avait gouverné l'Abbaye du Pont avec
» grande prudence et douceur. »

Ces deux dernières Abbesses étaient filles de Claude de Lorraine, duc de Chevreuse, grand chambellan et rand fauconnier de France, lequel était fils de Henri de Lorraine, duc de Guise, qui fut assassiné aux Etats de Blois.

Madame Henriette de Lorraine fut remplacée par madame Madeleine de La Trémoille, qui était alors Religieuse professe au couvent de Sainte-Croix, à Poitiers. Elle prit possession le 5 août suivant, et ne fut bénite qu'en 1672, par M. de Ligny, évêque de Meaux. Elle mourut le 16 novembre 1679, et fut inhumée dans le chœur de l'église conventuelle.

Madame Calliope de La Trémoille, qui était professe en l'Abbaye même du Pont-aux-Dames, lui succéda. Nommée le 17 novembre 1679, elle fut mise en possession par Henri Mondollot, prêtre, chanoine, official de l'Eglise de Meaux, qui fulmina ses bulles, et, le mardi 6 mai 1681, fut bénite en l'église conventuelle par frère Jean Petit, supérieur général de l'Ordre, assisté de quatre moines faisant fonctions de diacres et de sous-diacres. Le P. de La Trémoille, jésuite, frère de l'Abbesse, faisait fonctions de maître des cérémonies.

Le curé Janvier, qui assistait à cette cérémonie, en a consigné le souvenir dans ses mémoires.

Quand la messe fut commencée, l'Abbesse, avec sa porte-crosse, entra dans l'église. A sa suite venaient madame Marie de La Vieuville, Abbesse de Notre-Dame de Meaux, avec sa porte-crosse et trois Religieuses ; puis madame de Belebat, Religieuse professe du Pont-aux-Dames, qui venait de recevoir le brevet d'Abbesse, et qui, en vertu de son nouvel office, portait également une crosse (1).

Les dalles du chœur étaient couvertes de tapis, et devant l'autel avaient été préparés trois prie-Dieu garnis de leurs carreaux à franges d'argent. Mme de la Trémoille alla s'agenouiller sur celui du milieu, qui était de velours rouge. Les deux autres abbesses, l'une à sa droite, l'autre à sa gauche, sur les autres carreaux qui étaient en velours violet.

Quand elle eut reçu la bénédiction, Mme de La Trémoille se prosterna, s'étendit de toute la longueur de son corps, la face contre terre et demeura dans cette attitude tout le temps que l'Abbé chanta les litanies. Puis s'étant relevée, elle alla à l'offrande précédée de deux petites pensionnaires qui portaient chacune un flambeau aux armes de l'Abbesse, offrit deux pains sur lesquels étaient également figurées ses armes et reçut la communion des mains de Monsieur de Citeaux, Mmes de La Vieuville et de Belebat tenant la nappe. Après quoi l'on chanta le TE DEUM, et la messe achevée, les abbesses, précédées de leurs crosses et de leurs gens, se retirèrent processionnellement.

On a vu figurer dans la cérémonie dont je viens de parler deux jeunes pensionnaires. Ces jeunes filles n'ont rien de commun avec les *familiares* ou *pensionnaires* du XIIIe siècle dont j'ai parlé plus haut.

---

(1) Ici, Janvier commet évidemment une erreur de nom; car ni dans l'ouvrage de T. Duplessis, ni dans le *Gallia Christiana*, on ne trouve le nom de madame de Belebat.

Le concile de Milan de 1565 avait autorisé les communautés religieuses de femmes à prendre, moyennant une certaine rétribution, des jeunes filles qui, sous le nom de *pensionnaires*, venaient recevoir au couvent une éducation pieuse. Les pensionnaires devaient être reçues capitulairement par la communauté tout entière et ne pouvaient être admises avant 10 ans ni après 15 ans. Elles devaient être vêtues avec la plus grande simplicité, ne porter jamais ni bijoux ni robes de soie, mais des vêtements entièrement blancs ou de couleur très-foncée.

Une fois admises au couvent, les pensionnaires devaient être soumises à la clôture comme les religieuses, et ne pouvaient voir leurs parents qu'au parloir. Elles ne devaient avoir aucune fréquentation avec les religieuses, excepté dans l'église, aux heures des offices. On devait leur affecter un dortoir, un réfectoire particuliers où leurs surveillantes seules étaient admises.

Sortie du couvent, la pensionnaire ne pouvait plus y revenir pour voir ses anciennes compagnes ; on craignait l'influence mondaine que sa conversation aurait pu avoir sur l'esprit de ces dernières. Et si, pendant la durée de son pensionnat, une jeune fille exprimait l'intention d'entrer en religion, le concile voulait que l'on commençât par la renvoyer chez ses parents et qu'elle y restât au moins un mois, afin que l'évêque l'examinât après ce laps de temps et pût constater que sa volonté était entièrement libre.

Telles étaient les dispositions du concile de Milan en ce qui concernait les pensionnaires. J'ignore si ces dispositions étaient fidèlement suivies.

En 1691, les religieuses du Pont-aux-Dames firent, avec le seigneur de Condé-Sainte-Libiaire, une transaction par laquelle, pour entretenir la paix et la concorde entre les parties en cause, elles éteignirent un procès qui durait depuis huit ans.

Un exposé sommaire de ce procès pourra donner une idée des formes judiciaires de ce temps-là.

Le sieur Claude Porcher avait acquis du sieur Léandre de Vaudetar, en 1680, la terre et seigneurie de Condé, dans laquelle se trouvait comprise, avec les droits de haute, moyenne et basse justice, la rivière du Morin, depuis le moulin de Liary jusqu'à la Marne. Dans l'aveu et dénombrement de sa terre, le seigneur de Condé avait fait figurer le droit de bac et de passage sur la rivière.

Les religieuses ayant eu connaissance de ce fait, formèrent immédiatement opposition au dénombrement dont il s'agit, demandant qu'il fût fait distraction dudit droit de bac, lequel, disaient-elles, n'appartenait qu'à l'abbaye.

Arrêts préparatoires de la chambre des requêtes ordonnant, avant faire droit, que les dames religieuses communiqueraient leurs titres.

Sur ces entrefaites, deux enfants du meunier du moulin de Liary étant tombés dans la rivière et s'étant noyés, ce dernier avait enlevé leurs corps sans autorité de justice, et les religieuses, agissant en vertu du droit de rivière qu'elles prétendaient exercer en cet endroit, avaient fait informer par leur procureur fiscal et instruire par leur prévôt contre le meunier de Liary. De son côté, le sieur Claude Porcher avait fait informer par le procureur fiscal et par le juge de la terre de Condé sur la même infraction. Il s'agissait de savoir dans le ressort de quelle justice était le lieu où les corps des deux enfants noyés avaient été trouvés et de quel seigneur le meunier de Liary était justiciable.

Chacune des parties en cause prétendait avoir le droit de rivière dans la partie du Morin qui s'étend depuis Liary jusqu'à la Marne. Le sieur Porcher demandait en outre : que l'abbaye fût tenue de mettre en main laïque quatre-vingts perches de pré en deux pièces qu'elle avait acquises dans la prairie de Liary, en la censive de Condé, et pour lesquelles elle n'avait point payé l'indemnité ni fourni l'*homme vivant et mourant*.

Enfin, après un grand nombre d'arrêts avant faire droit, les parties considérant que ce procès pourrait encore durer bien longtemps et leur occasionner des frais considérables, prirent le parti de transiger et d'assouvir leurs différends.

Les religieuses se désistèrent purement et simplement de leur opposition et consentirent à ce que le sieur Porcher jouît du droit de haute, moyenne et basse justice, et aussi du droit de bac et de passage sur la rivière du Morin à partir du moulin de Liary jusqu'à la Marne.

Il fut convenu que proche l'écluse de Liary, sur chaque rive du Morin on planterait une borne en pierre de taille ; que sur la face de chaque borne regardant du côté de l'Orient serait gravée une crosse avec ces mots : *Abbaye du Pont-aux-Dames*, et sur la face regardant vers l'occident le mot : *Condé*.

Quant aux 80 perches de pré l'Abbaye les vendit et délaissa au sieur Porcher qui, de son côté, paya comptant aux religieuses, en louis d'or, louis d'argent et autre monnaie, la somme de 3,000 livres que les dites dames promirent d'employer au paiement de la taxe en liquidation des droits d'amortissement et de nouveaux acquîts imposés à l'abbaye par la déclaration du mois de juillet 1689.

Promirent en outre les dites dames, pour la sûreté du sieur Porcher, de déclarer dans les quittances qui leur seraient délivrées par le Trésor royal, que le paiement de leur taxe provenait des 3,000 francs payés par le dit sieur Porcher.

Il résultait de cette transaction que le meunier de Liary était justiciable du seigneur de Condé,

Le traité dont il s'agit, rédigé par M. Louis-Gilles Rémon, notaire au Châtelet de Paris, fut signé le 2 mai 1691, au grand parloir de l'abbaye, par toutes les religieuses professes.

---

(1) L'expédition de cet acte m'a été communiquée par M. Cruchet, notaire à Couilly.

En présence de :

Jacques Fildesoye, sieur de la Rivière, intendant et procureur fiscal de l'abbaye (1), demeurant en l'enclos d'icelle.

Hubert Thierriet, notaire royal à Quincy, prévôt de l'abbaye.

Étienne Rossignol, lieutenant de Quincy et procureur fiscal de Condé (2).

Au mois de mai 1691, la communauté du Pont-aux-Dames se composait de 43 religieuses professes de chœur, savoir : Haute et puissante dame Madame Calliope de la Trémoille, abbesse. — Sœur Catherine de Mainville, prieure. — Sœur Agnès Larcher. — Sœur Élisabeth Violle. — Sœur Denise de Vitry. — Sœur Marie de Monsure. — Sœur Anne de Mainville. — Sœur Marthe Le Bigot de Gastinar. — Sœur Catherine Grandjan. — Sœur Henriette de Fourcy. — Sœur Agnès de Bousmar. — Sœur Anne Costelle. — Sœur Madelaine Lescuyer. — Sœur Marie Portail. — Sœur Anne Rousseau. — Sœur Élisabeth Lescuyer. — Sœur Marie Blanchet. — Sœur Louise Renault de Duchy. — Sœur Marguerite de Vray. —

---

(1) J'ai dit plus haut que Jacques Fildesoye, qui joignait à ses fonctions d'intendant l'office de procureur fiscal de la rivière du Morin, se faisait nommer dans les actes : Monsieur de la Rivière.

(2) Chacun des bas officiers de justice que l'on voit figurer ici, cumule deux fonctions diverses. L'un d'eux exerce celles de juge à Quincy et de procureur fiscal à Condé.

En ce qui concerne les mœurs judiciaires de l'ancien temps, je ne saurais mieux faire que d'engager le lecteur à lire le traité de l'Abus des justices de village, par le jurisconsulte Loyseau.

Sœur Marie de Marsollier. — Sœur Élisabeth Chastelain. — Sœur Marie-Anne Levasseur. — Sœur Madeleine Chastelain. — Sœur Françoise Lefèvre d'Ormesson. — Sœur Marguerite Graffart. — Sœur Marguerite de Gomer de Lusancy. — Sœur Claude Le Vergeur. — Sœur Barbe Enocq. — Sœur Henriette de Fourcy. — Sœur Anne de La Grange-Trianon. — Sœur Catherine Leprestre. — Sœur Madelaine de Fourcy. — Sœur Elisabeth Maillet. — Sœur Françoise Lemaistre. — Sœur Marie Leroy. — Sœur Marie-Anne Sevin. — Sœur Charlotte de Fouilleuse Flavacourt. — Sœur Marie-Françoise de Goujon de Thuisy. — Sœur Renée Quatresols de Marolles. — Sœur Madelaine de Pillois. — Sœur Marguerite Hannier. — Sœur Marguerite de Troy. — Sœur Élisabeth Énocq.

Par acte privé donné sous son seing manuel et celui de son secrétaire, le 16 du même mois, en son collège Saint-Bernard, à Paris, frère Jean Petit, abbé général de Citeaux, approuva, confirma la dite transaction et déclara l'avoir pour agréable, voulant qu'elle sortit son plein et entier effet.

On sait que notre abbaye, fondée au Pont-Notre-Dame, avait occupé, treize ans, les bâtiments de l'Hôtel-Dieu; qu'elle avait été transférée au hameau de Rus et que, depuis sa translation, elle avait conservé l'administration dudit Hôtel-Dieu.

Par des édits de 1672 et 1675, Louis XIV avait attribué l'administration perpétuelle des établissements hospitaliers à l'ordre de Notre-Dame du Mont-Carmel et de Saint-Lazare.

En vertu de ces édits les commandeurs et chevaliers de l'ordre se mirent en mesure de revendiquer l'administration de notre Hôtel-Dieu. Un membre de l'ordre vint donc à Couilly à l'effet de prendre des renseignements sur la manière dont les religieuses s'acquittaient du soin de leur gestion.

Cet enquêteur officieux constata que « l'Hotel-Dieu « était en ruine et complétement hors d'état de rece- « voir aucune personne du lieu ni même de loger un « passant. »

Deux habitants de Couilly lui dirent en outre « que jamais les revenus de cette maison n'avaient « été employés à exercer l'hospitalité ; que c'étaient les « dames religieuses du Pont-aux-Dames qui jouis- « saient de ces revenus.

Quelques-uns allèrent jusqu'à dire que les dites dames avaient fait démolir une partie des bâtiments de l'Hôtel-Dieu et que « les matériaux provenant de « cette démolition avaient été par elles employés à la « construction d'un cabaret situé au Pont-aux- « Dames, vis-à-vis de l'abbaye, auquel pendait pour « enseigne un cerf, et que l'on appelait communément « l'hôtellerie du Grand-Cerf. »

Armé de ces renseignements, sur l'exactitude ou l'inexactitude desquels je ne saurais émettre une opinion, mais que l'arrêt dont je vais énoncer le dispositif ne considéra pas comme l'expression impartiale de la vérité, l'ordre du Mont-Carmel et de

Saint-Lazare assigna les religieuses à comparaître devant la cour de parlement pour se voir condamnées à délaisser l'administration dudit hôtel Dieu.

La cause, dévolue à la chambre du Trésor, vint à l'audience du 6 septembre 1689.

Les religieuses produisirent tous leurs titres : charte de fondation et autres; déclarèrent que l'hôtel Dieu se composait de deux travées de bâtiments nouvellement reconstruites; que cette maison, à laquelle aucun bien de quelque nature que ce fût n'avait été aumôné depuis plus de cent ans, était fort pauvre; que son revenu, dont elles firent le détail, ne dépassait pas 21 liv. 4 s.; que, nonobstant la modicité de ces ressources, tous les passants indigents étaient logés audit hôtel Dieu, lequel était suffisamment pourvu de lits, de couvertures et de draps.

Le procureur général, prenant la parole, posa des conclusions tendant à ce que les religieuses fussent condamnées à se désister et départir, au profit des commandeurs et chevaliers de l'ordre; à rendre et restituer tous les biens appartenant audit hôtel Dieu; à mettre les lieux en bon état de toutes réparations; apporter et remettre au greffe de la chambre tous les titres, papiers et enseignements concernant l'hôtel Dieu; à déclarer, par serment, que par fraudes ou autrement elles n'en retenaient aucun. Il conclut enfin à ce que les commandeurs et chevaliers fussent chargés de faire dire et célébrer le service divin suivant les fondations en la manière accoutumée.

Contrairement aux conclusions du procureur général, la chambre, considérant que les demandeurs n'élevaient aucune prétention sur les biens aumônés à l'abbaye par sa charte de fondation, mais se bornaient à revendiquer l'administration dudit hôtel Dieu, maintint et garda les religieuses en la possession et jouissance de la *maison Dieu* du Pont-de-Couilly, etc... (1).

Six ans plus tard, sur les avis du sieur évêque de Meaux et du sieur Phélippeaux, conseiller d'Etat, intendant et commissaire départi en la généralité de Paris, relativement à l'emploi qu'il y aurait à faire au profit des pauvres, de tous les biens et revenus appartenant aux maladeries, hôpitaux et autres lieux pieux situés dans le diocèse de Meaux;

Ouï le rapport du sieur de Harlay, conseiller d'Etat; Un arrêt du conseil du 26 mars 1695 unit à l'hôpital de Crécy les biens et revenus de l'hôpital de Villeneuve-le-Comte et de la *maladerie* de Couilly; pour être lesdits revenus employés à la nourriture et entretien des pauvres dudit hôpital de Crécy, à la charge de satisfaire aux prières et services de fondation dont lesdits hôpital et maladerie pouvaient être tenus, et aussi à la charge de recevoir les pauvres de Villeneuve-le-Comte et de

---

(1) Archives nationales, K. 192.
On remarquera que les arrêts dont je rapporte les dispositions se servent des mots : Maisons-Dieu et maladerie.

Couilly, à proportion des revenus desdits hôpital et maladerie. En conséquence, il fut ordonné par le même arrêt que tous les titres et papiers concernant les biens et revenus desdits établissements, lesquels titres pourraient se trouver entre les mains des personnes préposées par le sieur intendant, même en celles des chevaliers de l'ordre du Mont-Carmel et de Saint-Lazare, de leurs agents ou fermiers, seraient délivrés aux administrateurs de l'hôpital de Crécy (1).

Il est à peu près certain que les dernières dispositions de l'arrêt du conseil du 26 mars 1695 ne furent pas exécutées. On ne trouve dans les archives hospitalières de Crécy aucun titre concernant les biens de l'hôtel Dieu de Couilly.

Sur ce sujet, le plumitif de l'audience du 6 septembre 1689 nous fournit les renseignements suivants :

L'hôtel Dieu consistait en une maison couverte en tuiles assise proche le pont de Couilly. Il ne possédait que les biens ci-après, savoir :

Attenant audit hôtel Dieu, un jardin de la contenance de 2 arpents, donné à bail moyennant 9 livres tournois de loyer annuel.

Un arpent de pré assis à Condé-Sainte-Libiaire, lieu dit les Aulnes, donné à bail moyennant 27 sous tournois.

Trois arpents de pré assis en l'île de Condé.

(1) Archives nationales, K. 192.

Une pièce de pré vers le pont d'Esbly, donné à bail moyennant 60 sous tournois et demi cent de foin valant, une année portant l'autre, 15 sous tournois seulement, à cause du peu de valeur du foin de cette prairie.

Trois arpents de vigne assis au lieu dit Courcelles, donnés à l'hôtel Dieu par maître Jean Cyrot, chanoine de Meaux.

Un jardin de la contenance d'un demi arpent, situé à Couilly.

Deux petites pièces de terre, situées à Couilly.

Un petit jardin à poirée, baillé à rente moyennant 26 sous tournois par an.

Cent sous de rente assis sur plusieurs pièces de terre, jardins et autres héritages; ladite rente donnée à l'hôtel Dieu par maître Jean Porrey, chanoine de Meaux en 1517.

Tels auraient été les biens de notre hôtel Dieu; lesquels n'auraient jamais été augmentés depuis 1517 et n'auraient produit que 21 livres 4 sous de revenu.

XII

MADAME FRANÇOISE D'ORMESSON, ABBESSE. — SA BÉNÉDICTION PAR BOSSUET. — LE FRÈRE EDME PERROT, SUPÉRIEUR GÉNÉRAL DE L'ORDRE. — MADAME DE BOURLAMAQUE, ABBESSE. — SA PRISE DE POSSESSION.

Mme Calliope de la Trémoille, qui s'était démise volontairement de ses fonctions après les avoir exercées pendandant 21 ans, fut remplacée par Mme Françoise Lefèvre d'Ormesson, religieuse professe en l'abbaye même du Pont-aux-Dames. Cette dernière, nommée le 20 août 1700, prit possession le 12 avril de l'année suivante.

Elle fut bénite le 27 septembre 1701, en l'église conventuelle du Pont par Jacques-Bénigne Bossuet, évêque de Meaux, qui, ce jour-là, célébra la messe de saint Bernard.

L'abbé Ledieu nous a conservé, dans ses mémoires, le souvenir de cette cérémonie, à laquelle il prit part comme prêtre assistant.

Ce jour-là, 27 septembre 1701, aussitôt que les cloches du couvent eurent sonné la messe, toute la communauté se rendit processionnellement à l'église. Les religieuses de chœur, marchant deux à deux, entrèrent les premières et prirent possession de leurs stalles. Mme Calliope de la Trémoille, abbesse démissionnaire, venait la première. Après les religieuses professes de chœur venaient les novices, les sœurs converses, tous les employés et gens de service de la maison; enfin, un grand nombre d'habitants que l'église pouvait à peine contenir.

Quand chacun fut à sa place, le cortége épiscopal que précédait le bedeau du couvent fit son entrée.

Mgr l'évêque de Meaux marchait en tête ; il était suivi de son porte-crosse, de tous ses officiers ordinaires et des gens de sa maison.

Enfin, Mme l'Abbesse entra dans l'église; Mme de Lusancy (1), religieuse professe, portait la crosse abbatiale en qualité de chapelaine.

Deux autres religieuses professes marchaient aux côtés de l'Abbesse, savoir : à droite, Mme Henriette de Fourcy, portant la règle de Saint-Benoît; à gauche, Mme Madeleine de Fourcy, portant la cédule de la profession d'obéissance. Derrière l'Abbesse et faisant office de matrones venaient Mme De Feydeau du Plessis, douairière, et Mme de Quincy, également douairière.

Puis les parents de Mme d'Ormesson, lesquels prirent possession des places qui leur avaient été réservées, savoir : M. Antoine d'Ormesson, intendant d'Auvergne, avec Madame sa femme et leurs

---

(1) Gomer de Lusancy.

enfants, M. d'Ormesson d'Amboile, M. l'abbé Claude d'Ormesson, grand-vicaire de Beauvais, M. le procureur général d'Aguesseau et Madame sa femme, M. de Fourcy, conseiller au parlement et seigneur de Chessy avec sa femme et leurs enfants, enfin quelques seigneurs du voisinage, tels que M. et Mme de Quincy.

Monsieur de Meaux (1) officia pontificalement, assisté des abbés Bossuet, Phélippeaux, de Gomer et Ledieu ; les deux confesseurs du couvent faisaient fonctions de diacres. Les curés du voisinage qui s'étaient rendus à la cérémonie portaient les offrandes et les flambeaux.

L'office terminé, l'évêque s'approcha de Madame l'Abbesse, lui fit prêter le serment d'obéissance au pape Clément XI, à l'Eglise romaine et à ses supérieurs, sans spécifier ni l'évêque de Meaux ni l'abbé de Citeaux. Puis il lui donna la bénédiction. En lui remettant la règle de Saint-Benoit, il lui fit une courte allocution sur l'excellence de cette règle, sur les devoirs des abbés et abbesses, et termina par l'éloge de la famille d'Ormesson.

Après la cérémonie, M. d'Ormesson, l'intendant, réunit, dans un grand dîner qu'il avait fait préparer à ses frais, tous ses parents et amis présents, Monsieur de Meaux et tous les officiers de ce dernier.

Le dîner terminé, chacun ayant pris congé de

(1) A cette époque, il était d'usage de donner aux évêques le nom de leur diocèse.

Madame l'Abbesse, regagna son carrosse et quitta le Pont-aux-Dames (1).

Le carrosse de l'évêque reprit le chemin de Germigny, résidence d'été des évêques de Meaux, d'où Bossuet était venu la veille pour coucher à l'abbaye. Il était accompagné des abbés Phélippeaux et Ledieu.

On sait que l'abbé de Citeaux, soit par lui-même, soit par un de ses délégués, visitait assez fréquemment les monastères de son ordre. En ce temps-là, les moyens de locomotion n'étaient pas ce qu'ils sont aujourd'hui. Ces tournées de visitation, qui s'étendaient très-loin, exigeaient beaucoup de temps. La visite ne durait pas moins d'un jour. Le visiteur couchait au monastère ; il en partait le lendemain ou le surlendemain et se rendait successivement dans chaque abbaye de la région qu'il avait à parcourir.

Le 7 février 1722, frère Edme Perrot, abbé général de Citeaux, accompagné de Nicolas de Réque-

---

(1) Les familles d'Ormesson, de Fourcy, d'Aguesseau, de Feydeau, étaient alliées par mariage.

M. Antoine d'Ormesson qui figure à la cérémonie était frère de l'Abbesse.

L'abbé Claude d'Ormesson était également frère de l'Abbesse.

M. d'Ormesson d'Amboile, qui était fils de défunt André d'Ormesson, frère de l'Abbesse, était, par conséquent, neveu de cette dernière.

Le procureur général d'Aguesseau, qui avait épousé Anne d'Ormesson, fille d'André d'Ormesson, était neveu de l'Abbesse, par alliance.

Pour plus de détails, voir les dictionnaires généalogiques et particulièrement celui de La Chesnaye-des-Bois.

leyne, son secrétaire, vint visiter l'abbaye du Pont-aux-Dames.

Dom Perrot, qui n'avait pas moins de 82 ans, était alors dans la 10ᵉ année de sa prélature abbatiale. C'était, dit Gervaise, un homme d'une grande régularité, un véritable religieux, d'une humilité profonde, ennemi du faste et de la grandeur mondaine. Il avait quitté le carrosse et tous les équipages dont les abbés de Citeaux avaient coutume de se servir, persuadé que sa dignité de général se relevait mieux par la pratique des vertus chrétiennes et religieuses que par toutes les marques de vanité inconnues aux premiers abbés de l'ordre.

Mais comme il était obligé, par les devoirs de sa charge, de visiter les maisons Cisterciennes; et qu'il ne pouvait plus aller à cheval à cause de son grand âge, il avait pris une voiture que l'on appelait litière et qui était plus modeste qu'un carrosse à six chevaux. Les sommes qu'il aurait employées en objets de luxe, en équipages et en bonne chère, il les employait en aumônes et œuvres pies.

Le frère Edme Perrot, qui ne favorisait pas moins la Réforme que dom Nicolas Larcher, son prédécesseur, l'avait favorisée, avait toujours près de lui, dans la maison de Cîteaux, quelques religieux réformés qu'il employait dans la direction des moniales, même de celles qui n'avaient pas embrassé la Réforme. Aussi, dom Perrot, au rapport de dom Gervaise, n'avait-il pas hésité à déposer quelques Abbesses qui, sous le vain prétexte qu'elles n'avaient pas embrassé la Réforme, vivaient licencieusement et ruinaient leurs maisons.

Quand l'Abbé de Cîteaux arrivait à l'Abbaye, sa visite étant annoncée, un des confesseurs du couvent devait, suivant le cérémonial, aller le recevoir au delà de la porte extérieure de l'Abbaye, le conduire à l'église, où l'autre confesseur devait lui présenter une cuculle blanche et l'en revêtir, après que le religieux de son service lui aurait ôté sa cuculle noire de voyage. Quand il avait adoré le Saint-Sacrement et fini ses prières, l'Abbesse, sans crosse et suivie de toutes ses religieuses, arrivait au chœur et recevait la bénédiction de son supérieur, lequel, après cette cérémonie, était conduit à son logement par le clergé du couvent et le maître-d'hôtel de l'Abbesse. Après avoir pris un certain temps de repos, l'Abbé se rendait au parloir, donnait son audience et se livrait à l'examen des affaires sur lesquelles il avait à statuer.

Ce jour-là, madame d'Ormesson avait à traiter avec l'Abbé général quelques affaires temporelles ; elle avait à lui donner connaissance de deux actes de libéralité faits au profit de l'Abbaye, et que je désignerai par les noms de : Donation Fildesoye et fondation Mutel.

Aux termes d'un acte passé devant le notaire de Couilly le 14 mai 1717, Jacques Fildesoye avait fait donation universelle de ses biens à l'Abbaye, dont il avait été l'intendant pendant de longues années.

Cette donation, qui, suivant la déclaration du donateur, pouvait monter à la somme totale de 5,000 livres, comprenait quelques biens immeubles situés au Pont-aux-Dames et quelques rentes. Elle avait été acceptée par les Abbesse et Religieuses, à qui le sieur Fildesoye avait imposé l'obligation de payer à ses héritiers une somme de 150 livres, et, en outre, la charge de dire et célébrer, à perpétuité, deux messes par semaine pour le repos de l'âme du donateur (1).

Or, une des rentes comprises en la donation ayant été diminuée des deux tiers, par suite de la réduction des rentes tant générales que particulières, madame d'Ormesson avait informé monsieur de Cîteaux de cette réduction. Dom Claude Quinquet, prieur de Saint-Lazare et proviseur du collége Saint-Bernard, chargé par son supérieur d'examiner mûrement la donation Fildesoye, avait déclaré que les fonds n'étaient plus suffisants pour exécuter les conditions de la donation.

En conséquence, madame l'Abbesse demandait qu'il plût à monsieur de Cîteaux de décharger les Reli-

---

(1) Le sieur Fildesoye, pour motiver sa donation, déclare que depuis plus de soixante ans qu'il est attaché à l'abbaye il n'a cessé de recevoir des marques de bienveillance de la part des Religieuses; qu'il n'a que des parents très-éloignés auxquels il a d'ailleurs fait des dons manuels, quand ils ont eu besoin de ses secours. Il confirme, en tant que de besoin, une donation qu'il avait déjà faite à l'abbaye conjointement avec sa défunte épouse, le 16 janvier 1704.

Les seuls parents successibles de Jacques Fildesoye étaient deux cousins demeurant : l'un à Coutevroult, l'autre à Montguillon, à qui l'Abbesse fit délivrance de leur legs le 15 novembre 1719.

gieuses d'une partie des obligations qui leur étaient imposées par le donateur.

Obtempérant au désir de l'Abbesse, dom Perrot rendit ce jour même, 7 juillet 1722, sous son seing manuel et celui de son secrétaire, une ordonnance par laquelle il déchargeait les dames Abbesse et Religieuses de l'acquit des deux messes par semaine, et consentait que, suivant les bonnes intentions desdites dames, il fût célébré deux messes par chaque année, à perpétuité, dans l'église du couvent, et qu'il fût satisfait aux aumônes dont elles avaient été chargées par la piété du donateur.

Sans discuter la question de savoir si, l'objet de la donation se trouvant réduit dans une certaine proportion par suite de force majeure, les Religieuses étaient fondées à se faire exonérer dans la même proportion des charges qui leur incombaient, ces charges ne fussent-elles simplement que des prières, j'aurais approuvé qu'elles eussent exécuté complétement les conditions du traité.

Quant à la donation Mutel, on n'y pouvait rien objecter. En voici l'énoncé :

Aux termes d'un acte sous signatures privées, fait double, au parloir de l'Abbaye, le 28 janvier 1722, entre les dames Abbesse, Prieure et Religieuses d'une part ; Abraham Mutel et Geneviève Des Rots, sa femme, demeurant tous deux à l'Abbaye en qualité de commensaux (1), d'autre part : Les Religieuses

(1) Locataires qui étaient nourris à l'abbaye.

avaient accepté le don d'une somme de 1,000 livres qui leur avait été délivrée par lesdits Mutel et Des Rots, à la charge de faire célébrer dans l'église de l'Abbaye, tous les ans, à perpétuité, deux services des morts : l'un pour le repos des âmes des défunts père et mère dudit Abraham Mutel, l'autre pour les défunts père et mère de Geneviève Des Rots.

Telles étaient les deux affaires dont madame l'Abbesse avait à donner connaissance au Supérieur de l'Ordre.

Lorsque, ses audiences terminées, monsieur de Cîteaux quittait l'Abbaye, l'Abbesse, suivie de toutes ses Religieuses, prenait congé de lui au parloir, lui demandait sa bénédiction pour elle-même et pour ses filles, puis les confesseurs et le chapelain le reconduisaient avec le même cérémonial qu'ils avaient observé à son arrivée.

Maître Abraham Mutel étant décédé dans le cours de l'année suivante, Geneviève des Rots, sa veuve, sollicitée par les mouvements d'une tendre piété, et se confiant dans les miséricordes de Dieu par le secours des prières de la communauté du Pont-aux-Dames (1), fonda, pour le repos de l'âme de son défunt mari et de la sienne, après son décès, une messe basse, qui serait célébrée tous les dimanches, à perpétuité, dans l'église de l'abbaye, où était la sépulture desdits Mutel et des Rots.

A cet effet et comme condition de cette nouvelle

---

(1) Ce sont les termes mêmes de la donation.

fondation, Geneviève des Rots, ratifiant en tant que de besoin l'acte du 21 janvier 1722, paya la somme 1,500 livres aux dames Abbesse et religieuses, lesquelles, pour constater l'usage qu'elles avaient fait des sommes provenant de ces deux fondations, déclarèrent les avoir employées au remboursement en partie d'une rente de 800 livres, qui constituait le prix moyennant lequel elles avaient acquis la ferme des Caves, par contrat passé devant M⁰ Demontcrif, notaire à Crécy, le 25 juillet 1719.

La fondation dont il s'agit, résultant d'un acte sous signatures privées, fait double au parloir de l'abbaye, en la forme accoutumée, le 15 août 1723, fut confirmée par ordonnance de frère Edme Perrot, rendue à Dijon, en la maison du Petit-Citeaux, le 23 septembre de la même année.

A cette époque, la communauté du Pont-aux-Dames se composait de 44 religieuses professes de chœur, savoir : Madame Françoise Lefèvre d'Ormesson, abbesse. — Sœur Henriette de Fourcy, prieure. — Sœur Anne Cotelle. — Sœur Anne Rousseau. — Sœur Louise de Duchy. — Sœur Marie de Marsollier. — Sœur Barbe Énocq. — Sœur Anne de la Grange-Trianon. — Sœur Marie Leroy. — Sœur Renée Quatresols de Marolles. — Sœur Madeleine de Pillois. — Sœur Françoise Lemaistre. — Sœur Élisabeth Énocq. — Sœur Marguerite de Troy. — Sœur Marie-Anne Lepreste. — Sœur Angélique Le Poy. — Sœur Marguerite Maillet. — Sœur Marie de Troy. — Sœur Fare Charpentier. — Sœur Rose

Lefebure de la Barre. — Sœur Élisabeth Chastelain. — Sœur Catherine-Isidore de Bourlamaque. — Sœur Françoise Lefebure de la Barre. — Sœur Marie-Félicité Lefebure de la Barre. — Sœur Marie-Charlotte de Renty. — Sœur Michelle Lesclop. — Sœur Marguerite Lefebure de la Barre. — Sœur Jeanne-Marguerite Leroy. — Sœur Catherine de Bourlamaque. — Sœur Catherine Saulnier. — Sœur Agathe de Louviers. — Sœur Louise Labbé. — Sœur Marie Porter. — Sœur Catherine de Reilhac. — Sœur Marie-Anne-Thérèse Esprit. — Sœur Marie-Madeleine Garnier. — Sœur Jeanne Lefebure de la Barre. — Sœur Marie-Henriette de Lyon. — Sœur Rose-Émilie de Lossendière. — Sœur Charlotte de Montigny. — Sœur Louise-Anne de Fourcy. — Sœur Marie de Bourlamaque. — Sœur Marguerite Hannier. — Sœur Marguerite de Gomer-de-Lusancy.

Au mois d'octobre 1726, madame d'Ormesson, devenue infirme, donna sa démission et fut remplacée par madame Catherine-Isidore Burlamacchi, religieuse professe, en l'abbaye même du Pont-aux-Dames.

Cette nouvelle Abbesse, dont on a francisé le nom en celui de Bourlamaque, était d'origine italienne et descendait d'une famille noble de Lucques. Au dix-septième siècle, Francisco Burlamacchi, chef d'une branche de cette famille, était venu s'établir en France, et, par mariage, avait acquis les seigneuries de Coutevroult et du Vivier, en l'élection de Meaux.

Francisco Burlamacchi ou Bourlamaque avait laissé

deux enfants, savoir : Jean-François de Bourlamaque, reçu page de la grande écurie du roi en 1693, et Catherine-Isidore de Bourlamaque, qui se fit religieuse en l'abbaye du Pont-aux-Dames (1).

Recommandée au choix du roi par madame d'Ormesson, la nouvelle Abbesse fut nommée au mois de novembre 1726, reçut ses bulles le 17 janvier 1727, et fut mise en possession le 21 du même mois.

J'ai essayé de décrire, au commencement de ce chapitre, la cérémonie de la bénédiction d'une Abbesse. J'essayerai de donner une idée de la cérémonie d'installation ou prise de possession. On remarquera peut-être que dans le cours de mon récit j'aurais dû logiquement commencer par la cérémonie d'installation et finir par la bénédiction; mais je suis forcé de me conformer aux documents que je possède et d'énoncer dans leur ordre chronologique les faits dont je puis avoir connaissance.

Le 18 janvier 1727, madame de Bourlamaque adressa la lettre suivante à l'official de Meaux :

A Monsieur l'Official de Meaux, commissaire en cette partie.

« Suplie humblement sœur Caterine-Isidore de Bourlamaque
» religieuse professe de l'abbaye royale du Pont-aux-Dames,
» ordre de Cisteaux, diocèse de Meaux, disant qu'elle a obtenu
» des Bulles de Notre Saint père le Pape Benoist treize, à pré-
» sent séant, datées du quatrième des nones du mois de décembre

---

(1) Dictionnaire de La Chesnaye-des-Bois.
Sur l'obituaire de Port-Royal des Champs, à la date du mois de janvier 1732 ; On voit mentionné le décès d'un abbé de Bourlamaque.

» dernier, à vous Monsieur adressantes en forme de commission,
» pour être pourvue de la dignité d'abbesse du Pont-aux-Dames
» et mise en possession.

  » Ce considéré Monsieur aparoissant des dites bulles bien et
» dûment vérifiées, Il vous plaise en les fulminant et exécutant
» luy accorder vos lettres de provisions et la mettre en possession
» suivant le pouvoir à vous donné par notre saint père le Pape,
» sous offre de satisfaire aux dites bulles, et de faire ce qu'il
» conviendra, et ferez bien. »

« Sr Catherine Isidore de Bourlamaque. »

Vu la requête ci-dessus à lui communiquée par l'official, le promoteur (1) autorisa ce dernier à procéder à la fulmination des bulles ainsi qu'à l'installation de la nouvelle abbesse laquelle en faisant la profession de foi ordonnée par les bulles prêterait le serment en la forme prescrite.

Le 21 janvier 1727, Me Nicolas-Hardouin Bailly, chanoine, official de l'Eglise de Meaux, assisté de Me Jean-Chalmot, notaire apostolique résidant en la ville de Meaux et de Me Guillaume Maciet, notaire royal résidant en la même ville, ce dernier faisant fonctions de secrétaire de l'official, vint procéder à l'installation de l'abbesse.

Conduits par les tourières au grand parloir de la communauté, l'official et les deux notaires y trouvèrent plusieurs notables personnages que l'official avait convoqués pour servir de témoins. Sur l'ordre dudit official, les cloches furent sonnées et les religieuses descendirent à la salle du chapitre. Aussitôt

---

(1) Ecclésiastique qui, dans une officialité, remplissait les fonctions de ministère public.

qu'elles y furent réunies, il y entra, à son tour, avec les deux notaires et les témoins, fit lire par Mᵉ Maciet les lettres de provision ainsi que les bulles ; et, cette lecture terminée, ayant donné, en français, une courte explication de ces pièces, déclara que Révérende Dame sœur Catherine-Isidore de Bourlamaque, avec le consentement unanime de la communauté, était admise et reçue pour abbesse du Pont-aux-Dames. Aussitôt les religieuses entonnèrent l'hymne *Veni Creator* pour implorer le secours du Saint-Esprit, et leur chant terminé, se rendirent processionnellement à l'église, suivies de tous les témoins et assistants. Pendant qu'elles rendaient grâces à Dieu d'avoir pourvu le couvent d'une si digne et si pieuse abbesse, l'official mit madame de Bourlamaque en possession personnelle, corporelle et réelle du monastère et de tous les lieux claustraux ; la conduisit au réfectoire, au dortoir, à la salle du chapitre. Puis l'ayant ramenée à l'Eglise, la conduisit au pied du grand autel. Là madame l'abbesse étendant la main sur les évangiles, prêta solennellement les serments d'usage et lut à haute voix la formule de la profession de foi et celle du serment de fidélité au Saint-Siége apostolique de Rome. Quand elle eut fini sa lecture, l'official lui jeta l'eau bénite et la conduisit à sa chaire abbatiale.

Alors les religieuses chantèrent le *Te Deum* au son de l'orgue et des cloches ; puis, suivant l'ordre de leurs qualités et de leur réception, défilèrent devant l'abbesse et, chacune à son tour, lui promit obéissance.

Enfin l'official, après avoir dit les prières d'usage et donné l'absolution, publia et notifia à haute voix, en français, les lettres de provision et les bulles, afin que personne ne puisse prétendre les avoir ignorées.

Quand l'official eut fini de parler, madame l'abbesse demanda qu'il voulut bien lui donner acte de la prise de possession. Aucune opposition ne s'étant produite, Mᵉ Nicolas Hardouin Bailly dressa de toutes les formalités que je viens d'énoncer un procès-verbal en deux originaux, l'un pour Mᵉ Guillaume Maciet, l'autre Mᵉ Jean Chalmot.

Lecture faite dudit procès-verbal, l'abbesse et les religieuses signèrent successivement chacun des originaux.

Puis les témoins signèrent à leur tour, savoir :

Jean-François de Bourlamaque, chevalier de Saint-Louis, seigneur du Vivier, capitaine au régiment Dauphin, frère de madame l'abbesse.

Louis-François de Fontenu, docteur en théologie, membre de l'Académie royale des Sciences, oncle de l'abbesse.

Pierre de Margeret, chevalier, seigneur de Pontault, mestre des camps et armées du Roi, capitaine ua régiment des gardes-françaises (1).

---

(1) Dans le régiment des gardes-françaises, chaque compagnie était commandée par un capitaine, deux lieutenants, deux sous-lieutenants, et deux enseignes.

Les capitaines avaient rang de colonel, etc., etc.

Pierre de Margeret, chevalier des ordres de Saint-Lazare et de Saint-Louis, lieutenant dans le même régiment.

François de Margeret, lieutenant de vaisseau.

Pierre Sevin de Quincy, chevalier, seigneur du Plessis ; ces quatre derniers cousins de ladite dame abbesse.

Alexandre-Nicolas Lemaistre, prêtre docteur en théologie, chanoine et trésorier de l'Eglise de Meaux.

Denis Delalot, prêtre, curé de Couilly.

Nicolas David, prêtre, curé de Villiers-sur-Morin.

Jean-François Lemaire, prêtre, curé de Coutevroult.

Et frère Claude Taisant, prêtre religieux profès de l'ordre de Citeaux.

Enfin l'official et les deux notaires signèrent à leur tour et prirent congé de l'abbesse, ainsi que tous les témoins.

Sous l'administration de Mme de Bourlamaque, je trouve un grand nombre d'actes tels que contrats d'acquisition et baux, mais aucun fait important à signaler.

---

(1) Les procès-verbal d'installation, bulles, formules du serment et de la profession de foi d'où sont tirés les détails qui précèdent m'ont été communiqués par M. Lemaire, archiviste du département de Seine-et-Marne.

XIII

MADAME DE FONTENILLE 29ᵉ ET DERNIÈRE ABBESSE. — RECONSTRUCTION DU MONASTÈRE. — LE TEMPOREL DE L'ABBAYE EN 1768. — ÉVALUATION DE LA TERRE ET SEIGNEURIE DE CRÉCY. — LE DERNIER SEIGNEUR.

En 1752 madame de Bourlamaque fut remplacée par madame Gabrielle de la Roche de Fontenille, laquelle était âgée de 38 ans.

Madame de Fontenille était la 29ᵉ et devait être la dernière abbesse. Après un abbatialat de 38 ans, elle devait assister à la suppression des ordres monastiques. Dérision du sort; nous allons voir la nouvelle abbesse employer les premières années de son administration, non pas seulement à réparer, mais à reconstruire de fond en comble la maison du Pont-aux-Dames, qui moins d'un quart de siècle après cette réédification devait être complétement détruite.

Dans le cours des années 1622 et suivantes, les bâtiments de l'abbaye avaient été notablement augmentés; mais le cloître, qui servait de logement aux Religieuses, n'avait jamais reçu de réparations depuis le treizième siècle. Aussi, lorsque madame de Fontenille devint Abbesse, ce bâtiment, étayé de toutes parts depuis longtemps, était dans un tel état de vétusté, que les religieuses craignaient d'être écrasées sous les ruines. Les fermes de l'abbaye étaient également en mauvais état et réclamaient des réparations considérables.

Madame de Fontenille avait dû pourvoir au plus pressé ; faire faire les grosses réparations les plus urgentes ; construire les granges, écuries et colombiers indispensables. Puis, elle avait obtenu du Conseil d'État l'autorisation de faire abattre sur les terres de l'abbaye une certaine quantité d'arbres épars dont la vente avait produit une douzaine de mille livres environ. Cette somme, jointe aux économies réalisées sur les revenus de l'abbaye, avait servi à payer les frais des constructions et réparations dont il s'agit.

Sur ces entrefaites, une partie d'un des deux bâtiments claustraux s'écroula. Il fallut donc, immédiatement et d'urgence, s'occuper de sa reconstruction. Ces travaux allaient entraîner de grands frais, auxquels madame de Fontenille dût faire face. Elle s'adressa donc aux personnages qui pouvaient lui venir en aide. Elle fit remettre une supplique à M. de Souvigny, intendant de la généralité de Paris ; présenta requête à M. Du Vaucel, grand-maître des eaux et forêts, pour obtenir l'autorisation de procéder à certaines coupes de bois ; fit part de ses embarras financiers au cardinal de Luynes, archevêque de Sens, ainsi qu'à l'archevêque de Cambrai et sollicita leurs secours.

M. de Souvigny, après avoir fait constater par son

subdélégué, l'état des bâtiments en question, vint lui-même au Pont-aux-Dames à l'effet d'apprécier l'importance des réparations à faire. M. Daviler, architecte de la maîtrise, commissionné par M. Du Vaucel, se rendit au Pont-aux-Dames pour, examen fait des lieux, dresser le devis des travaux; lesquels furent évalués par lui à la somme de 40,000 livres. En outre, M. Daviler constata dans son rapport que le grand dortoir sous lequel se trouvaient la salle de la communauté, la salle du chapitre, l'apothicairerie, etc., était en si mauvais état que, malgré les étais par lesquels il était soutenu, il ne pourrait durer plus de deux ans.

Il existait à cette époque, dans le sein du Conseil d'État, une commission qui, sous le nom de : « *Bureau pour le soulagement des maisons et communautés de filles religieuses dans tout le royaume,* » avait pour mission de distribuer les secours accordés annuellement à ces établisssements.

Madame de Fontenille avait obtenu de cette commission un secours de douze mille livres payables en six annuités.

En outre, le grand-maître des eaux et forêts avait autorisé, dans le quart de réserve des bois de l'Abbaye, la coupe de vingt-sept arpents de taillis qui se trouvaient en âge, et dont la vente, opérée par les soins de messieurs les officiers de la maîtrise de Crécy, avait produit, déduction faite de tous frais, une somme de quatorze mille cinq cents livres.

Mais ces ressources étaient d'autant plus insuffisantes que les prévisions de l'architecte Daviler se trouvaient considérablement dépassées.

En effet, les réparations, évaluées par lui à quarante mille livres, s'étaient élevées à cinquante-cinq mille. Les frais à faire dans les fermes, évalués de douze à quinze mille livres, devaient s'élever beaucoup plus haut; car, des sept fermes que l'Abbaye possédait, on avait été forcé d'en raser trois, dont la reconstruction devait coûter trente mille livres.

Dans ces conjonctures, l'Abbesse, évaluant à plus de cent mille livres les dépenses qu'elle aurait à supporter, crut devoir mettre sous les yeux du contrôleur général un état de la situation financière de l'Abbaye, et lui demanda des secours. A cet effet, elle écrivit à monsieur Boullogne la lettre dont voici la copie :

« Monseigneur,

» La facheuse situation où me jete un bâtiment de plus de
» six cent ans qui périt et fond de toutes parts et sous les ruines
» duquel ma communauté et moi courons journellement risque
» d'être écrasées m'oblige d'avoir recours à votre grandeur et de
» la suplier de vouloir bien regarder avec des yeux de bonté et
» de protection une maison que j'ose dire le mériter non seule-
» ment par sa ferveur à remplir exactement ces devoirs spirituels
» mais aussi par son atention continuelle sur le temporel pou-
» vant vous certifier Monseigneur que depuis six ans que le Roy
» m'a honorée de la condhuite de cette abbaye je ne me suis
» apliquée qua acquitter et faire honneur à toutes les debtes que
» j'avais eu le malheur dy trouver à faire réparer solidement et
» même réédifier dans nos fermes qui avaient esté extrêmement
» négligées tous les bâtiments qui ce sont trouvés en avoir besoin
» et enfin a metre un ordre des plus clair et des plus net dans

» toutes nos afaires je commences donc à jouir un peu tranquile-
» ment du fruit de mes soins; quant tout-à-coup par un évène-
» ment que toute la prudence humaine ne pouvait parer je me
» trouveres dans l'état le plus triste si je ne metois toute ma
» confience et toute mon esperance dans vos bontés. Ce mémoire
» que j'ai l'honneur de vous envoyer cy-joint vous faira con-
» noitre au vray Monseigneur l'étendue de nos besoins et que
» pour les cent vint sinq à trente mil livres dont nous avons
» besoin tant pour le restant à payer du bâtiment déjà écroulé et
» que l'on rebàtit actuellement que pour le rétablissement de
» celui qui est prêt à fondre et qu'il est absolument nécessaire
» d'abatre incessamment si l'on veut prévenir et éviter la destruc-
» tion totale de la communauté nous n'avons d'autres ressources
» que celles que vous voudrez bien nous accorder.

» J'ai l'honneur d'être avec un très-profond respect, Monsei-
» gneur,

» Votre très-humble et
» très-obéissante servante

» S^r DE FONTENILLES, abbesse
» du Pont

» Au Pont-aux-Dames

» Ce 19 janvier 1758 » (1).

Les secours n'arrivaient pas selon les désirs de l'Abbesse. Cette dernière, dans le cours du mois de décembre de la même année, invoque de nouveau la protection du ministre des finances, lui fait remettre un nouvel état de sa situation et lui adresse la lettre suivante :

« Monseigneur,

» Je viens daprendre à l'instant le retour de vôtre eminence à
» Paris si jen aves été informée plus tôt jaures eu l'honneur de
» lui témoigner avec empressement ma joye de son heureux

---

(1) Archives nationales. O. 656.

» retour je me trouve flatée d'être à même de pouvoir l'en
» assurer en profitant de la permission quelle ma donnée de lui
» envoyer un mémoire de l'état des revenus et des charges de
» cete maison. Votre Éminence vera par la lecture de cet état si
» elle veut bien avoir la bonté d'y jeter un coup d'œil que l'Ab-
» baye du Pont-aux-Dames est sufisamment dotée pour nêtre
» jamais à charge ni à la Commission ni à l'Etat je me trouve
» dans un tems malheureux ou les batimens croulent tous à la
» fois et me jetent dans une dépence indispensable de plus de
» cent mil livres comme j'ai eu l'honneur de l'exposer à votre
» éminence l'année dernière dans le mémoire que jai eu celui de
» lui envoyer il m'est absolument impossible de prelever sur nos
» revenus une somme si considérable ni même de l'emprunter
» sans ruiner l'abbaye dans la réponce que votre Éminence eut
» la bonté de me faire dans ce tems elle me parut touchée de
» mon État et disposée à macorder le cecours que javes la con-
» fience de lui demander si je lui en justifiois le besoin et la
» necessité Monseigneur leveque de Meaux et Mr du Vaucel sont
» en état de justifier de la caducité de nos batiments ainsi que le
» sieur Daviler, architecte de la maitrise qui en a fait le devis et
» estime les reconstructions plus de cent millivres. létat que jai
» lhonneur denvoyer à votre Éminence est la preuve de limpos-
» sibilité de faire cette dépense sur les revenus de l'abbaye qui
» ne peuvent sufire qua ces charges ordinaires dans ces circons-
» tances à qui auraisje recours Monseigneur qua votre Éminence
» je le faits avec dautant plus de confiance que cest la première
» et la seule grace que je lui demande pour une ancienne
» abbaye qui après ce cecours sera en état de subsister par elle-
» même.

» Jai l'honneur dêtre avec un profond respect Monseigneur

» de votre Éminence la très-humble
» et très-obéissante servante

» S^r DE FONTENILLES abbesse

» Au Pont-aux-Dames
» Ce 10 décembre 1755 (1). »

Les faits que je viens d'exposer se rapportent aux années 1757 et 1758.

(1) Archiv. nation., 0.656.

Que se passa-t-il dans le cours des dix années suivantes?

Les documents qui concernent cette époque sont très-incomplets. Il en résulte néanmoins que de nouveaux écroulements se produisirent à l'Abbaye, et que l'Abbesse eut encore besoin de sommes assez importantes. C'étaient probablement les bâtiments condamnés en 1757 par l'architecte Daviler qui s'étaient écroulés.

Dans cette circonstance, l'Abbesse dut s'adresser encore au contrôleur général. Une lettre qu'elle lui écrivit au mois de janvier 1768 était ainsi conçue :

« Monseigneur,

» Les bontés dont votre Éminence m'a honorée me donnent la
» confiance d'y recourir de nouveau pour avoir l'honneur de lui
» présenter un mémoire qui prouvera à votre Éminence la né-
» cessité présente et indispensable où je me trouve de rebatir les
» lieux clostraux de ma maison dont une partie vient d'écrouler,
» le reste étant dans un danger évident. Ma maison est très-bien
» rantée les bâtiments faits elle ne peut jamais être à charge à
» l'État, je viens de rebâtir mes fermes à neuf et fait faire une
» réparation très-considérable à l'Église. Il ne m'est pas possible
» sur les revenus de la maison de continuer les ouvrages néces-
« saires, cy votre Éminence n'a la bonté de me secourir dans un
» besoin aussi urgent, je la suplie de m'accorder sa protection et
» d'être persuadée du profond respect avec lequel j'ai l'honneur
» d'être

» Monseigneur,
                » de votre Éminence
              » la très humble et très obéissante servante
            » Sr Defontenilles, abbesse du Pont-aux-Dames.

» Au Pont-aux-Dames proche Meaux
» en Brie. Ce 17 janvier 1768. »

(1) Archives nationales. O. 656.

Avant de transmettre cette lettre au bureau de la commission pour le soulagement des maisons religieuses de filles, le ministre écrivit en marge :

« Il faut rechercher dans les archives si elles ont envoyé un
» état, Si elles n'en ont pas envoyé leur en demander un con-
» forme au modèle qu'on leur enverra; leur indiquer le commis-
» saire dans le département duquel est leur maison; mander à
» madame l'abbesse de m'envoyer son état double et la lettre
» qu'elle enverra au commissaire dans la même enveloppe avec
» l'état fait double à mon adresse. »

Tandis que l'Abbesse adressait au ministre la lettre qu'on vient de lire, la Communauté toute entière présentait à la commission une requête collective, dans laquelle les Religieuses rappelaient à MM. les Commissaires qu'en l'année 1758 ils avaient eu la bonté de gratifier l'Abbaye d'une somme de douze mille livres payable en six annuités; les suppliaient de vouloir bien leur accorder encore un pareil secours, payable également en six annuités; déclaraient que depuis six à sept ans elles avaient dépensé plus de quatre-vingt-dix mille livres, et qu'elles en devaient encore trente mille; tout en vivant avec la plus stricte économie, il leur serait impossible, disaient-elles, de ménager une aussi forte somme; elles sollicitaient donc, avec les plus grandes instances, les secours de la commission, et promettaient de ne plus jamais, à l'avenir, importuner MM. les commissaires; car la maison du Pont-aux-Dames était assez bien rentée pour subvenir à tous ses besoins, une fois que ces grands travaux seraient exécutés et payés.

Enfin, pour satisfaire à la demande du contrôleur général, les Religieuses envoyèrent à la commission l'état de leur temporel et le devis des travaux qu'il s'agissait d'exécuter.

Ce devis, dressé par les sieurs Delavost et Anthoine, tous deux charpentiers à Meaux, constatait que le pignon du dortoir dit le *Dortoir jaune*, donnant sur le jardin et faisant face au midi, était dans un tel état de dégradation qu'il était urgent de le démolir jusque dans ses fondations; qu'il était également indispensable de faire le ravalement du bâtiment des Archives, lequel était voisin du cloître. Ce devis, dont je ne crois pas devoir énoncer les détails, s'élevait au total à la somme de vingt-trois mille cent vingt-six livres.

Quant à l'état du temporel, que je vais rapporter en entier, non-seulement il fait connaître la progression des revenus de l'Abbaye depuis l'an 1547 jusqu'en 1768, mais il donne encore une idée de la manière de vivre des Religieuses.

ETAT exact des revenus de l'Abbaye du Pont-aux-Dames et des charges de l'Abbaye en 1768

REVENUS

ARTICLE PREMIER

Bois

La totalité des bois est de 760 arpents 70 perches, dont le quart de réserve est de 188 arpents 51 perches. Il ne reste donc pour mettre en coupe ordinaire que 572 arpents 19 perches. Les quels ne se coupent qu'à l'âge de 35 ans et en 35 coupes égales, ce qui ne fait pour chacune coupe que 16 arpents 25 perches, qui ne produisent au plus, déduction faite des façons et charriage, qu'un revenu annuel de   3,000 l. » s. » d.

La dite abbaye a annuellement à prendre dans la forêt de Crécy 60 cordes de bois qui ne sont appréciées, année commune, avec l'adjudicataire des bois de la forêt, qu'à la somme de   750 » »

ART. 2.

Revenus en grains de la dite Abbaye tant sur les moulins du domaine de Crécy que des rentes, dixmes et fermes qui lûi appartiennent.

Ce revenu est de 40 muids un septier 3 boisseaux de blé, de cinq muids sept septiers orge, de deux muids quatre septiers 4 boisseaux seigle, et de six muids d'avoine, tous les quels grains se consomment entièrement dans la dite abbaye et seront ici appréciés au revenu annuel de   5,248 06 »

ART. 3.
Franc salé.

La dite abbaye a aussi annuellement à prendre sur le grenier à sel de Meaux 12 minots de sel qui, déduction faite du prix du marchand et des droits à payer, valent   492 06 »

ART. 4.

Concernant les fermes, dixmes, moulin, pressoirs et autres biens affermés en argent.

Ces différents objets font ensemble, suivant les baux actuellement courant, un revenu annuel de six mille six cent deux livres, ci,   6,602 » » »

ART. 5.

Rentes en deniers tant foncières que constituées sur différents particuliers.

Ces différentes parties de rentes, depuis 420 livres, qui est la plus forte, jusqu'à 6 sols, montent ensemble en total à treize cent quatre-vingt-cinq livres cinq sols, ci,   1,385 05 »

ART. 9 ET DERNIER.

Rentes que la dite abbaye du Pont a à prendre sur l'hôtel de ville et autres revenus du Roy.

Les rentes que la dite abbaye a annuellement à prendre sur l'hôtel de ville et autres revenus du roy montent en total, suivant 17 contrats, à une somme de 3,417 livres 16 sols 6 deniers, ci,   2,417 16 6

Sur le domaine de Crécy, 54 livres 10 sols, ci,   54 10 »

Et sur le trésor royal, par charte du Roi Philippe, en 1281, à la somme de 50 livres, ci,   50 »» »

Somme totale du revenu,   21,000 l. 03 s. 6 d.

CHARGES RÉELLES DE L'ABBAYE

CHARGES FONCIÈRES

La dîme de Sainte-Catherine est annuellement tenue envers le chapelain de Sainte-Catherine, en l'Église cathédrale de Meaux, de la somme de   200 l. »» s.

La dîme de Bouleurs est tenue chaque année de ce qui suit, savoir : envers le curé dudit lieu, de 20 septiers de blé, de 13 septiers d'avoine et de deux muids de vin, estimés ensemble   250 04

Envers le curé de La Chapelle, près Crécy, de   37 10

Envers les curé et chanoines de Crécy, de 8 septiers de blé et de 4 septiers d'avoine, appréciés ensemble à   80 »»

Envers l'hôtel-Dieu de Meaux, de 4 septiers de blé et de 2 septiers d'avoine, appréciés ensemble à   40 08

Et envers l'hôpital général de Meaux, d'un muid de blé et de six septiers de seigle, estimés ensemble   142 »»

Le huitième des dîmes de Saint-Martin tenu envers le curé du dit lieu, de 14 livres pour partie de sa portion congrue   14 »»

Il est dû au titulaire de la chapelle Saint-Éloy, sise en l'Église de Meaux, 21 septiers de blé et 18 septiers d'avoine, estimés   235 »»

Les bois de l'Abbaye et autres biens doivent cens et rentes	13	19
Et par abonnement et transaction, et depuis suivant un bail à loyer, l'Abbaye doit chaque année au seigneur de Quincy et de Charny, pour le quart de la dîme de Sainte-Catherine, la somme de	150	»»

ENTRETIEN DES BATIMENTS

L'entretien annuel de la maison, Église, cloître et clôture de l'Abbaye, tous les bâtiments fort anciens et très-caduques, monte, année commune, au moins à la somme de	1,200	»»
Les grosses réparations des dits lieux montent au moins, année commune, à	600	»»
Les deux tiers de l'entretien et grosses réparations du cancel de l'Église de Bouleurs, dont la dite Abbaye possède les deux tiers des grosses dixmes, montant à	200	»»
Les contributions et les grosses réparations aux quelles l'Abbaye est tenue aux églises des dix paroisses dans lesquelles sont situés ses biens montent au moins, année commune, à	300	»»
Et pour l'entretien et grosses réparations des sept fermes, deux pressoirs à vin, moulin et hôtellerie, le tout ancien et mauvais, montent au moins à	2,000	»»

CHARGES ANNUELLES ET INDISPENSABLES.

Les décimes et impositions du clergé sont annuellement de	1,700	»
Les aumônes tant en pain, vêtements, qu'en argent, montent annuellement à plus de mille livres, mais ne seront employées ici que pour 600 livres, ci,	600	»
Les prédicateurs de l'Avent et du Carême et autres jours de grandes fêtes y compris les confesseurs extraordinaires	500	»
Les droits des officiers des eaux et forêts de Crécy pour les marques des bois et récolements	320	»
Les fossés et rigoles dans les bois montent année commune à une dépense de	100	»

L'entretien de la sacristie, compris la bougie pour le service de l'église, monte année commune à	500	»
Les trois religieux Bernardins desservant ont chacun 100 livres d'honoraires pour leur vesture	300	»
Les appointements d'un homme d'affaires à Paris	200	»
Les appointements de celui qui demeure à l'abbaye	200	»
Les honoraires du médecin sont de	120	»
Les appointements du chirurgien	150	»
Les gages d'un messager à Paris	100	»
Les gages et habillement d'un garde-bois	320	»
L'entretien et les frais de l'apothicairerie montent au moins, année commune, à la somme de	600	»

Total des charges : 11,173 l. 1 s.

Le revenu monte à la somme de 21,000 l. 3 s. 6 d.
Et les charges à celle de 11,173 1 »

Partant, il ne reste net à l'abbaye que la somme de 9,827 l. 2 s. 6 d.

Sur les 9,827 livres 2 sols 6 deniers, à laquelle somme se trouve réduit le revenu net de l'abbaye, il faut nourrir, entretenir et habiller trente-deux dames de chœur et vingt sœurs converses, nourrir les trois religieux desservants et un homme d'affaires et nourrir et donner des gages à plus de vingt domestiques absolument indispensables pour le service du dedans et du dehors de la maison comme tourière, sacristin, un laquais pour le service du dehors, un portier, un charretier, un garçon de basse-cour, une ménagère pour la basse-cour, une sous-ménagère, un cribleur, un menuisier à l'année, un maçon et son manœuvre aussi à l'année, un boucher pourvoyeur, un berger, un boulanger, un garçon boulanger, un maître jardinier, deux garçons jardiniers, etc., etc.

Telles étaient la situation financière et la composition du personnel de l'abbaye en 1768.

J'ignore le résultat des sollicitations dont je viens de parler. Toujours est-il que tous les bâtiments de l'abbaye furent entièrement réédifiés ou réparés et je crois pouvoir affirmer que la communauté, pour payer les travaux, eut d'autres ressources que ses économies ordinaires.

Si l'on s'en forme une idée par le devis dont j'ai parlé plus haut ; celui des bâtiments claustraux qui fut reconstruit en 1768 était d'un agréable aspect. Il était élevé d'un étage sur le rez-de-chaussée. Sa longueur était de 18 toises ; les encoignures en belle pierre de taille ; entre les fenêtres, pilastres en briques, faisant légèrement saillie ; volets peints en petit gris ; entablement en briques.

On s'étonnera sans doute qu'une communauté qui possédait une quantité de biens considérable demandât des secours au gouvernement et qu'elle en obtint.

C'est que les établissements de main-morte assimilés à des mineurs et considérés comme simples dépositaires de leur temporel, n'avaient pas le droit d'aliéner leurs biens, sans la permission du roi.

On trouvera plus loin l'énumération des bâtiments qui composaient l'abbaye. J'ai dit qu'il me serait impossible d'en faire une description méthodique, d'en indiquer exactement l'emplacement, les dimensions et la distribution. L'ensemble de ces constructions couvrant une étendue de terrain assez considérable formait une sorte de village.

Le curé Janvier qui était venu à l'abbaye en 1681 pour assister à la bénédiction de madame de La Trémoille considère cette maison comme un séjour des plus agréables. Il constate que le cloître, l'infirmerie, le chapitre, le réfectoire, les dortoirs sont très-beaux. Il vante particulièrement les jardins, les espaliers, les eaux vives, les fontaines, les lavoirs, et termine en disant que : « Quiconque a vu le Pont-aux-Dames a vu un très-agréable lieu. »

S'il eut été donné à Janvier de visiter l'abbaye quatre-vingt-dix ans plus tard, après que tous les anciens bâtiments eurent été reconstruits, il aurait exprimé son impression en termes plus flatteurs encore. Indépendamment de l'église et des cloîtres, l'abbaye comprenait des logements pour ses employés et pour les hôtes, un pressoir, (1) une boucherie, des granges, écuries, remises et tous les bâtiments qu'exige l'exploitation d'une certaine quantité de terres.

Sans compter le jardin potager, le verger, le parc avec ses grands arbres, ses taillis et charmilles, l'enclos du couvent comprenait plusieurs jardins particuliers tels que : le jardin de l'abbesse, le jardin des moines, le jardin de la fontaine, situé près

---

(1) Madame Gabrielle de Rochechouart, abbesse de Fontevrault, ne permettait pas que les couvents de son ordre eussent des pressoirs et des boucheries dans leur enclos. L'article 50 du règlement qu'elle publia le 2 juin 1687 était ainsi conçu :

« C'est faire des fautes contre la clôture et contre la bienséance, » de faire le vin, d'avoir des pressoirs et des boucheries dans » l'intérieur des monastères. Nous défendons ce désordre, lequel » heureusement ne peut être reproché qu'à un petit nombre de » nos maisons. »

Rapporté par M. Pierre Clément.

la fontaine Saint-Eloi ; un autre que l'on désignait sous le nom de jardin des canaux, etc.

Des documents qui nous sont parvenus, il résulte que la communauté du Pont-aux-Dames suivait la mitigation ; cela veut dire qu'elle ne se soumettait pas à l'observance étroite et rigoureuse de la règle ; mais qu'elle admettait les adoucissements autorisés ou tolérés par les papes et par les supérieurs de l'ordre. La nourriture des religieuses était abondante et variée. Sauf le temps du Carême, on ne faisait point abstinence de viande. On recevait des visites. Contrairement aux anciens usages, les religieuses ne faisaient point difficulté d'être marraines.

Le 14 février 1706, un enfant de François Guerin, maître en chirurgie, demeurant au Pont-aux-Dames reçoit le baptême dans l'Eglise de Couilly. Le parrain est maître Denis Delalot, curé de la paroisse ; la marraine madame Françoise Lefebvre d'Ormesson, abbesse du Pont-aux-Dames, représentée par une habitante de Couilly.

En vertu de permissions spéciales accordées par l'évêque diocésain, on procède quelquefois à des baptêmes et même à des mariages, soit au parloir, soit dans l'église du couvent.

Le 11 mars 1706, un enfant de François Jouvenon, maître en chirurgie, demeurant à Couilly, est baptisé dans l'église du couvent. Le parrain est le fils de messire Michel Saulnier, conseiller du roi, seigneur de Condé-Sainte-Libiaire, président en la Cour des Aides de Paris.

Le 3 avril 1718, un autre enfant du même François Jouvenon est également baptisé dans l'église conventuelle.

Le 9 avril 1722, en présence et du consentement de maître Denis Delalot, curé de la paroisse, messire Jean Henrion, aumônier du roi, se trouvant en visite au Pont-aux-Dames, confère le baptême, dans le parloir du couvent, à l'enfant de Charles Hubert, intendant des religieuses. Le parrain est le fils de messire Alexandre Boula, seigneur de Quincy ; la marraine, mademoiselle Anne Louise Du Tillet, fille de M. le président Du Tillet ; ladite demoiselle pensionnaire à l'abbaye.

Le 22 mars 1787, est célébré dans l'église de l'abbaye le mariage de Jean-François-Louis Aucher, procureur au grenier à sel de Lagny, avec demoiselle Marie-Renée David, mineure émancipée, demeurant à l'abbaye. Au nombre des témoins qui assistent au mariage, on voit figurer mesdames Gabrielle De la Roche-Fontenille, abbesse, Charlotte-Joséphine De la Roche-Fontenille, coadjutrice, Marie-Anne Pépin, religieuse, cousine de l'époux et Jacques Philippe-Nicolas Brulon de Vallemont, agent des affaires de l'abbaye.

Louis XV mourut le 10 mai 1774.

Deux ou trois jours après cet évènement, un carrosse à six chevaux qui venait du côté de Paris et que suivait un autre carrosse plus modeste, traversa Couilly, poursuivit sa route jusqu'au Pont-aux-Dames où les deux carrosses s'arrêtèrent devant la porte même de l'abbaye.

De la première voiture, on vit descendre une femme jeune et belle qui paraissait profondément abattue et dont les joues étaient mouillées de larmes. Reçue par les tourières, cette jeune femme fut conduite au logement qu'elle devait occuper.

De la seconde voiture descendit un personnage vêtu d'un costume sombre, sans aucun signe extérieur qui pût faire connaître sa qualité. Conduit au parloir, il eut avec madame De Fontenille un entretien de quelques instants ; puis regagna son carrosse et les deux voitures reprirent le chemin de Paris.

Or, cet homme au costume sombre était un des principaux agents de M. De Sartine et la jeune femme éplorée qu'il avait reçu la mission d'amener au Pont-aux-Dames n'était autre que Jeanne Gomart de Vaubernier (1), comtesse Du Barry, dernière maî-

---

(1) C'est ainsi que l'ancienne maîtresse de Louis XV est dénommée par tous ses biographes, lesquels se fondent sur un acte de baptême conçu dans les termes suivants :

Extrait des registres de baptême de la paroisse de Vaucouleurs, diocèse de Toul, pour l'année 1746.

« Jeanne, fille de Jean-Jacques Gomard de Vaubernier, et
« d'Anne Bécu, dite Quantigny, est née le 19 août 1746 et a été
« baptisé le même jour, a eu pour parrain Joseph Demange et
« pour marraine Jeanne de Birabin, qui ont signé avec moi... »

Le fragment qui concerne madame Dubarry était complétement terminé et livré à l'impression, lorsque M. Lemaire, archiviste de Seine-et-Marne, me communique un acte de baptême duquel il résulterait que la Dubarry serait née le 19 août 1743 ; qu'elle serait fille naturelle d'Anne Bécu ; qu'elle ne devrait pas être

tresse de Louis XV. Elle avait alors 28 ans.

L'habitation qui fut mise à sa disposition consistait en deux corps de logis, situés à gauche de la

dénommée Jeanne Gomart de Vaubernier, mais simplement Jeanne Bécu.

L'acte que me communique M. Lemaire est ainsi concu :

> Extrait des registres des actes de l'Etat civil de la ville de Vaucouleurs pour l'année 1743.

« Jeanne, fille naturelle d'Anne Bécu, dite Quantiny, est née le
« dix-neuvième août mil sept cents quarante-trois, a été baptisée
« le même jour, a eu pour parein Joseph Demange et pour ma-
« reine Jeanne Birabin qui ont signé avec moi. » Pour extrait conforme. . . . . . .

Vaucouleurs, le 4 septembre 1877, — Le maire (Signé : Jenin).

Il est accompagné de la lettre d'envoi dont voici la copie :

> « *Vaucouleurs, le 5 septembre 1877.*

Monsieur le Sous-Préfet,

« J'ai l'honneur de vous adresser l'extrait de baptême de Jeanne
« Bécu... J'ai en vain compulsé les registres de 1743 à 1747 inclus,
« je n'ai pas trouvé d'acte de mariage de Jean-Jacques Gomard
« avec Anne Bécu, ni d'acte de baptême de Jeanne, fille des sus-
« nommés, du 17 mars 1746. D'ailleurs Anne Bécu n'était pas
« encore mariée en 1747, car elle mettait au monde, le 14 février
« 1747, un autre enfant naturel baptisé le même jour du nom de
« Claude...

De l'acte de baptême du 19 août 1743 et de la lettre d'envoi qui l'accompagne, il résulterait donc : 1° Qu'Anne Bécu n'aurait pas été mariée à l'époque de la naissance de Jeanne ; 2° Que les véritables noms de la Dubarry seraient Jeanne Bécu ; 3° Que le sieur de Vaubernier n'aurait été qu'un prête-nom ; 4° Que l'acte du 19 août 1746 serait une pièce falsifiée ; 5° Que cette falsification aurait eu pour but de donner à Jeanne un état civil régulier, en vue de son mariage avec le comte Dubarry.

Bien que je ne m'occupe de l'ancienne favorite de Louis XV que d'une façon tout à fait incidente, j'ai cru devoir rapporter ici les pièces qu'on vient de lire. Pour plus de détails, on pourra consulter un article publié par M. Levoy, ancien bibliothécaire de Versailles, dans les mémoires de la Société des lettres et arts de Seine-et-Oise. Tome 5, année 1859.

porte d'entrée de l'abbaye et formant la séparation entre les deux cours. C'est à ces deux corps de logis qu'à partir de cette époque, on donna le nom de *Pavillons Du Barry*.

Convaincu, mais à tort, que la courtisane royale était dépositaire des secrets d'Etat les plus importants, Louis XVI, le lendemain même de la mort du feu roi avait ordonné au duc de la Vrillière d'envoyer à la Du Barry, une lettre de cachet pour lui enjoindre de se rendre, sur-le-champ, dans un couvent de province. Le ministre avait désigné l'abbaye du Pont-aux-Dames comme lieu de pénitence ; et, par une lettre datée de Choisy, le 13 mai, Louis XVI avait approuvé ce choix.

Madame Campan dit que : « Cette mesure était » plus de nécessité que de rigueur. Quelque temps » de retraite forcée était indispensable pour lui faire » perdre le fil des affaires. » Certains documents historiques prouvent que madame Campan se trompe et que la retraite de madame Du Barry fut une sorte d'emprisonnement assez rigoureux.

Sa pénitence dura onze mois, et, pendant les dix premiers, elle n'eut pas la permission de franchir les portes du couvent. Louis XVI avait voulu qu'elle ne vît personne. Ses parents mêmes n'obtinrent donc que très-difficilement la permission de la voir. Dans cette circonstance, Louis XVI paraît avoir déployé plus de rigueur que son caractère n'en comportait ordinairement ; c'est qu'il éprouvait pour la Du Barry un sentiment d'aversion que partageaient Marie-Antoinette et les courtisans du nouveau roi.

Les débauches, les scandales éhontés qui avaient souillé la fin du dernier règne avaient excité la haine et le mépris publics contre Louis XV et contre la femme qui avait pris une si grande part aux désordres de ce roi. Aussi fit-on courir dans Paris, le lendemain même de la mort de ce dernier, l'oraison funèbre que voici :

> Louis a fini sa carrière
> Et rempli son triste destin.
> Fuyez voleur, fuyez catin (1).
> Vous avez perdu votre père.

Quelques jours plus tard, la complainte suivante intitulée : *Les Cinq Ponts*, courait les rues de Paris :

> Les *Ponts* ont fait époque dans ma vie.
> Dit l'Ange en pleurs dans sa cellule en Brie.
> Fille d'un moine et de Manon Giroux
> J'ai pris naissance au sein du *Pont-aux-Choux*.
> A peine a lui l'aurore de mes charmes
> Que le *Pont-Neuf* vit mes premières armes (2).
> Au *Pont-au-Change* à plaisir je fêtais
> Le tiers, le quart, soit noble, soit bourgeois,

(1) Le mot catin s'applique à la Dubarry, le mot voleur s'applique à son beau-frère. Louis XVI, en parlant de ce dernier, dans la lettre que j'ai citée plus haut, s'exprime en ces termes : « Il faut redoubler de zèle contre ce fripon qui trafiquait de sa belle-sœur et la volait en même temps. N'est-ce pas le comble de l'indignité et du scandale que le trafic des vices d'une pareille femme par des gens comme ces Dubarry et leurs entours. »
(Lettres et documents inédits publiés par M. Feuillet de Conches).

(2) On sait que le Pont-Neuf était à cette époque le lieu de Paris le plus fréquenté par les filles de mauvaise vie. Ces vers supposent qu'elle offrait ses charmes aux passants. Mais la vérité est qu'elle ne descendit jamais si bas. Elle avait débuté dans un milieu que l'on appellerait aujourd'hui le Demi-Monde.

L'art libertin de rallumer les flammes
Au *Pont-Royal* me mit le sceptre en main,
Un si haut fait me loge au *Pont-aux-Dames*,
Où j'ai bien peur de finir mon destin.

Si la juste sévérité de Louis XVI et l'animosité du public poursuivaient l'ancienne maîtresse de Louis XV, il n'est pas moins certain que « même dans sa disgrâce et dans son exil, » elle conserva des amis sincères et dévoués au nombre desquels on doit compter le duc des Deux-Ponts qui, dit-on, lui avait offert un asile dans ses Etats. Au milieu des débauches et de la dissipation, elle avait donc certaines qualités du cœur et de l'esprit qui la faisaient aimer. Marie-Antoinette, parlant de la comtesse Du Barry, dans une lettre qu'elle adresse à sa mère le 7 décembre 1771, s'exprime en ces termes : « Au » fond, ce n'est pas une méchante femme, c'est » plutôt une bonne personne et l'on m'a dit qu'elle » fait beaucoup de bien à de pauvres gens.... »

Tel serait donc le caractère de la Du Barry : de la gaité, de l'enjouement, de l'esprit et bon cœur.

Quel genre de vie madame Du Barry mena-t-elle au Pont-aux-Dames ? Il n'existe à ma connaissance aucun écrit de cette époque qui puisse éclairer cette question, qui puisse nous faire connaître en détail ses habitudes et l'emploi de son temps.

Dans un livre moderne, je relève la phrase suivante : « Au Pont-aux-Dames, pendant dix-huit « mois madame Du Barry vécut de la vie d'une » Madeleine pénitente, mais d'une Madeleine qui

» a, dans le désert, 200,000 livres de rente, des
» femmes de chambre, des cuisiniers, des officiers
» et un architecte (1) ».

Cette phrase qui fait honneur à l'esprit de son auteur, contient néanmoins deux erreurs.

Et d'abord madame Du Barry ne resta pas plus de onze mois au Pont-aux-Dames. Elle dut arriver à l'abbaye le 12 ou le 13 mai 1774 et la quitter dans le cours de la première quinzaine du mois d'avril 1775. En outre, c'est à tort que notre auteur fait figurer un architecte au nombre des gens de la comtesse. Cette erreur s'explique sans doute par le nom de *Pavillons Du Barry* que les habitants du pays donnèrent par la suite aux deux corps de bâtiment que la courtisane avait occupés. Quelques personnes ont pu conclure de ce nom que madame Du Barry avait fait construire les deux corps de bâtiment dont il s'agit et que, pour cette construction, elle avait dû nécessairement se servir d'un architecte.

Sauf ces deux méprises, la phrase que j'ai citée plus haut est l'expression de la vérité.

Il est certain que madame Du Barry jouissait d'une grande fortune, qu'elle avait un grand train de maison, un nombreux domestique, des femmes de chambre, des laquais, des officiers. En ce qui concerne son train de maison, ce que j'avance est

---

(1) Nouvelles à la main sur la comtesse Du Barry trouvées dans les papiers du comte de. . . . ., revues et augmentées par Emile Cantrel. Paris, Plon, 1861.

prouvé par un acte de baptême inscrit sur les registres de la paroisse de Couilly et dont je crois devoir rapporter ici la copie :

« L'an 1774, le 22 novembre, je, curé soussigné,
» ai suppléé les cérémonies du baptême à Charles
» Romain, né le 13 du présent mois, fils de
» Antoine Lenoir, laboureur en cette paroisse, et
» de Thérèse Bonnet, son épouse ; lequel avait été
» ondoyé avec la permission de monsieur le grand
» vicaire le 17 du présent mois. Le parrain pour
» les cérémonies a été sieur Nicolas Tranchant,
» officier chez madame la comtesse Du Barry ; la
» marraine dame Thérèse Lamaux, veuve Lejeune,
» bourgeoise de Paris ; tous deux de cette paroisse,
» qui ont signé avec nous. »

Cet acte est, à ma connaissance, la seule trace, le seul souvenir matériel du séjour de madame Du Barry dans la paroisse de Couilly.

Madame de Fontenille, qui passait pour être extrêmement rigide, dut, sans aucun doute, éprouver une vive répulsion pour l'ancienne maîtresse de Louis XV. Mais l'opinion commune est que la pécheresse se conduisit avec toute la décence que comportait le lieu de son exil ; qu'elle acquit bien vite la sympathie des religieuses ; qu'elle contracta même parmi elles des amitiés sincères ; et que, longtemps après avoir quitté le monastère, elle revint faire visite à ses anciennes amies. On conçoit facilement que Jeanne Vaubernier ait exercé sur les religieuses l'empire que la beauté, la grâce féminine et l'enjouement joints à la bonté du cœur ne manquent jamais d'exercer même sur les personnes les plus sévères et les plus austères.

Au mois d'avril 1775, madame Du Barry obtint la permission de quitter l'abbaye. Sa punition était levée. Mais comme le séjour des environs de Paris et de Versailles lui était encore interdit, elle fit l'acquisition du petit domaine de Saint-Vrain, près d'Arpajon (1).

Dans ma Lettre historique sur Couilly, j'ai dressé la liste des anciens seigneurs de notre châtellenie. J'ai dit que Louis XV, en 1762, avait cédé, par échange, la terre et seigneurie de Crécy au comte d'Eu; que, par suite de cet échange, il avait été procédé à l'évaluation de ladite terre et seigneurie; que cette opération, commencée le 7 septembre

(1) Dans le cours des explorations auxquelles je me livrais, à l'effet de recueillir les documents qui pourraient se rattacher au séjour de Madame Du Barry chez les Religieuses du Pont-aux-Dames; je fis la rencontre d'un chercheur infatigable qui suivait exactement et dans le même but les mêmes chemins que moi. Ce chercheur était M. Vatel, avocat à la cour d'appel de Paris; lequel, après avoir fait un livre plein d'intérêt sur Charlotte Corday, termine en ce moment une biographie de Madame Du Barry.

Avec une obligeance dont je ne saurais trop le remercier, M. Vatel voulut bien me communiquer son manuscrit. J'y puisai certains renseignements dont je fis mon profit. Mais l'honnêteté me faisant un devoir de respecter la virginité de son travail, je lui laisse la primeur de quelques détails qu'on trouvera dans son livre.

Je dois aussi des remerciements à MM. Pierre Margry, archiviste de la Marine, et Lemaire, archiviste de Seine-et-Marne, qui m'ont également fourni quelques renseignements oraux dont j'ai profité.

1762, n'avait été terminée qu'en 1784 et que le comte d'Eu étant mort, au cours de cette procédure, avait eu pour successeur Louis-Jean-Marie de Bourbon, duc de Penthièvre, son cousin germain, sous l'administration duquel l'évaluation dont il s'agit fut continuée.

L'abbaye du Pont-aux-Dames, qui se trouvait comprise dans la mouvance de la seigneurie de Crécy, ne dut pas rester étrangère à cette opération. Je ne saurais donc me dispenser d'en dire quelques mots.

Six membres de la chambre des Comptes avaient été commis pour mener à fin l'opération dont il s'agit. Ils avaient mission de procéder à la visite, reconnaissance et estimation de tous les domaines, de tous les biens quelconques, de tous les droits dépendant de la seigneurie de Crécy, ensemble à l'estimation de ses revenus tant fixes que casuels, à la prisée et estimation tant en fonds qu'en revenus annuels des terres, prés, vignes, châteaux, maisons, fermes, granges, écuries, pressoirs, fours, hangars, étangs, chaussées, digues, vannes, bondes et déchargeoirs, moulins, portes à bateaux, jardins; droits de geôle, minage (1), bouage (2), étalonnage (3), péage, tabellionnage (4); droits de banalité de fours, de pressoirs

---

(1) Impôt que l'on payait au seigneur quand on vendait du blé à la mine.

(2) *Boagium* ou *bovagium*, mot formé de *Bos*. Impôt payé au seigneur par les roturiers à raison des bêtes à cornes qu'ils possédaient. On l'appelait cornage dans quelques pays.

(3) Rétribution que les taverniers payaient au seigneur qui étalonnait leurs mesures.

(4) Le droit d'instituer des tabellions.

ou de moulins; droits de marché, de poids et de mesures; droits de râcle, de pêcherie, etc., etc. Lesquelles estimations et prisées devaient être faites par experts, convenus entre le procureur général du roi d'une part, et le fondé de procuration du seigneur de Crécy d'autre part.

Et si dans le cours de cette opération il s'élevait quelques questions litigieuses, MM. les conseillers commissaires avaient qualité pour les trancher définitivement.

Ces derniers, par une ordonnance du 17 mai 1763, avaient délégué l'un d'eux (1), à l'effet de se transporter sur les lieux, de recueillir tous les éléments de l'évaluation et d'en dresser procès-verbal.

Aux termes de cette ordonnance, il était enjoint : à tous fermiers et régisseurs ; à tous greffiers, notaires et tabellions; à tous vassaux et particuliers ecclésiastiques et laïques, communautés séculières et régulières possédant des biens dans la mouvance de ladite seigneurie; à tous officiers du bailliage ; à tous curés, syndics, collecteurs et habitants des paroisses, lieux et hameaux, de fournir au conseiller commissaire délégué tous les titres, pièces, indications et renseignements nécessaires.

Il était en outre ordonné à tous particuliers ecclésiastiques et laïques, corps et communautés séculiers et réguliers prétendant droit de fief, aumône, censive, directe, redevances ou autres droits quelcon-

(1) Le commissaire délégué était M. Antoine-Pierre de la Mouche.

ques, à quelque titre que ce fut, sur ladite terre et seigneurie, de produire leurs titres dans le délai de deux mois, sous peine d'être déchus de leurs droits. Enfin pour que personne n'en put prétendre cause d'ignorance; il était dit que l'ordonnance des conseillers commissaires serait lue et publiée au prône ou à l'issue des messes paroissiales et affichée à la porte des églises, dans les places et carrefours des villes, bourgs et villages circonvoisins.

Hugues de Châtillon avait donné jadis à l'abbaye : le droit de prendre annuellement en la forêt de Crécy la quantité de bois nécessaire au chauffage des religieuses; le droit d'avoir un four banal à Couilly; le droit d'établir un pont sur la rivière du Morin, près du moulin d'Arnould, le droit de rivière à partir du dit moulin d'Arnould jusqu'à celui de Liary.

Le couvent avait donc son prévôt et son procureur fiscal pour l'exercice de sa haute moyenne et basse justice, sur la rivière dans les limites ci-dessus indiquées ; mais sa justice ne s'étendait pas au delà.

Aussitôt que le procès verbal d'évaluation fut ouvert, les religieuses produisirent leurs titres et demandèrent que leurs droits de chauffage et de banalité fussent reconnus ; que leur droit d'avoir un pont sur la rivière du Morin fut consacré.

En ce qui concernait le droit de justice ; elles élevèrent la prétention de faire constater qu'elles possédaient noblement, et qu'elles avaient droit de haute moyenne et basse justice, non-seulement sur une partie de la rivière, mais encore dans tout l'enclos du couvent et sur toutes les terres provenant des libéralités de leur fondateur.

Mᵉ Duparc leur procureur vint consigner, sur le procès-verbal d'évaluation, un dire où les prétentions des religieuses étaient longuement énumérées.

Il exposa que Hugues de Châtillon, n'ayant retenu aucun droit de seigneurie sur les biens par lui donnés à l'abbaye, cette dernière possédait noblement; qu'elle avait le droit de jouir de tous les avantages de la nobilité, spécialement du droit de haute moyenne et basse justice; en conséquence il requérait qu'il plût à MM. les commissaires, maintenir et garder les Abbesse et religieuses dans la possession et jouissance noble de tous les biens à elle aumônés par son fondateur.

Quant aux droits de banalité et autres, ils ne pouvaient faire l'objet d'une contestation sérieuse. Mᵉ Duparc déclarait d'ailleurs : que les habitants de Couilly convoqués en corps de communauté le 28 octobre 1630 avaient reconnu que, de tout temps, ils avaient pressuré leurs marcs aux pressoirs banaux de l'abbaye; que par un acte du 15 décembre 1686, les mêmes habitants avaient également reconnu que la banalité des fours avait été convertie en banalité de deux pressoirs, situés l'un à Couilly, l'autre dans la cour intérieure de l'abbaye.

Mᵉ Deboischevalier, procureur du duc de Penthièvre, répondait en droit : que Hugues de Châtillon n'avait pas retenu la foi sur les biens aumônés; que la foi étant l'essence du fief, il n'y avait pas fief sans la rétention de la foi. Il soutenait en conséquence que les biens aumônés par Hugues de Châtillon n'étaient pas fiefs, mais une simple aumône roturière.

Il exposait en fait que les religieuses n'avaient jamais exercé ni même réclamé le droit de justice; qu'elles n'avaient jamais joui noblement; qu'elles n'avaient jamais fourni *homme vivant et mourant*; ce qui était vrai.

Néanmoins, le procureur général posa des conclusions en faveur de l'abbaye, et le 15 septembre 1784 les conseillers commissaires rendirent un arrêt qui donnait gain de cause aux religieuses, les maintenait dans le droit de possession noble de tous les biens à elles concédés par Hugues de Châtillon; les maintenait dans les droits de chasse, de pêche et de justice; leur adjugeait toutes leurs autres conclusions; ordonnait que dans l'état des fiefs mouvant de la châtellenie de Crécy, celui appartenant à l'abbaye serait compris comme amorti, affranchi de toutes charges et redevances, avec droits de haute moyenne et basse justice ressortissant à celle de la chatellenie. Or, ce droit de justice dans lequel l'arrêt la *maintenait*, l'Abbaye ne l'avait jamais exercé.

Etant donnés les principes élémentaires des institutes féodales; étant données les chartes de 1226 et de 1239; l'arrêt du 15 septembre 1784 n'était pas plus soutenable en droit qu'il ne l'était en fait.

Que conclure de cela ? Que la contestation dont j'ai fait l'exposé n'était que simulée; que les commissaires, en rendant leur arrêt, se conformaient aux intentions expresses du duc de Penthièvre, dont la dévotion était excessive, et qui saisissait avec empressement l'occasion de favoriser un établissement religieux.

Mais l'Abbaye ne devait pas jouir longtemps de sa conquête. Le moment approchait où les justices féodales, les ordres monastiques et toutes les institutions anciennes allaient être abolis.

———

XIV

LE TEMPOREL DE L'ABBAYE EN 1789

On a vu plus haut en quoi consistaient les biens de l'Abbaye vers le milieu du seizième siècle, et quel était l'état de ses revenus en 1768.

Dans le cours de la période de 220 ans environ, comprise entre ces deux époques, les revenus dont il s'agit ont augmenté de 18,000 livres. Dans le cours des vingt années qui précèdent la Révolution, ils augmentèrent de 30,000. En 1789, ils s'élèvent à plus de 50,000. Plus on voit approcher le terme de son existence et l'événement qui doit lui ravir ses richesses, plus il semble que l'Abbaye fasse d'efforts pour les augmenter.

Si l'on rapproche les baux de 1740 à 1750 de ceux qui furent passés de 1780 à 1789, on voit que dans l'espace d'une cinquantaine d'années le prix des locations a généralement triplé. J'en donnerai quelques exemples.

Jusqu'au seizième siècle, le prix des locations consiste ordinairement en denrées. Aux seizième et dix-septième siècles il consiste, pour une certaine portion, en argent et pour le surplus en denrées. A partir du dix-huitième siècle, le numéraire en circulation est plus abondant, le prix des baux consiste, presqu'entièrement, en argent.

On connaît le total des revenus dont l'Abbaye jouissait en 1768. Le lecteur ne me saura pas mauvais gré de rapporter ici l'état détaillé des biens mobiliers et immobiliers qu'elle possédait sous l'administration de la dernière abbesse.

J'ai essayé de faire connaître la vie de couvent, les occupations spirituelles des religieuses. Les renseignements que fournissent les tableaux des biens, des revenus et des dépenses de la communauté nous initieront à l'administration temporelle d'une abbaye.

Les occupations d'un proviseur et d'un économe de collége étaient moins étendues que celles d'une Abbesse. En ce qui concernait le ménage de la communauté, chacune des sœurs converses avait ses attributions déterminées; de même que chaque officière avait les siennes en ce qui concernait le spirituel. Tout se faisait avec une discipline parfaite. Mais l'Abbesse exerçait la haute surveillance sur toutes les branches du service. Indépendamment de ses devoirs religieux et des soins multiples de son administration, l'Abbesse avait des conférences avec ses gens d'affaires, quand les circonstances l'exigeaient; recevait les visites des personnages officiels ou autres : abbés, archevêques, évêques, etc., etc.

L'intendant gérait toutes les affaires du couvent mais il n'agissait aussi que sous les ordres et sous la direction de l'Abbesse. Cette administration embrassait mille objets divers : veiller à l'entretien des religieuses, leur fournir les étoffes et toutes les choses nécessaires à leur habillement ; pourvoir à l'approvisionnement de la maison ; acheter les animaux de boucherie ; faire empoissonner les pièces d'eau ; faire exécuter tous les travaux de la culture ; surveiller tous les gens de service, ménagères, femmes de basse-cour, bergers, laboureurs, etc., etc. ; veiller à l'entretien de tous les bâtiments ; renouveler les baux ; soutenir fréquemment des procès ; entretenir des correspondances avec les notaires, procureurs et autres gens d'affaires que l'Abbaye employait ; opérer la recette des revenus ; procéder aux adjudications des coupes de bois ; faire l'emploi des sommes non dépensées ; telles étaient en abrégé les occupations de l'intendant. Le greffe d'un bailliage, l'étude d'un notaire, le cabinet d'un procureur ne renfermait pas plus de titres et de papiers de tous genres que n'en contenait le chartrier d'une abbaye : contrats d'acquisition, dossiers de procédure, échanges, baux emphytéotiques, baux à court terme, baux à rente foncière, titres-nouvels, etc., etc.

L'état des biens que l'Abbaye possédait au dix-huitième siècle est venu jusqu'à nous sous la forme d'un énorme registre in-folio de 376 feuillets qui se trouve aux archives départementales de Melun et qui se divise en 11 parties, savoir : 1° Bois ; — 2° chauffage ; — 3. grains à prendre sur le domaine de Crécy ; — 4° franc-salé ; — 5° dimes tant en grains qu'en argent ; — 6° fermes au nombre de sept ; — 7° loyers en argent de terres, etc. ; — 8° rentes en grains au nombre de deux ; 9° détail des biens, vignes et autres héritages que l'Abbaye fait valoir par ses mains ; — 10° rentes sur les aides et gabelles, etc. ; — 11° rentes sur particuliers.

Le tableau que je vais rapporter est le relevé de ce registre. Comme les baux anciens y sont seuls énoncés, j'ai fait tout mon possible pour me procurer ceux qui furent passés dans le cours des dernières années. Ces divers baux fourniront au lecteur le moyen de suivre la progression du prix des locations.

Quelques-uns des biens immobiliers qui figurent dans la déclaration de 1547 ne se retrouvent plus dans le tableau dont il s'agit. Ces propriétés devenues, pour la plupart, onéreuses, avaient été aliénées avec la permission du roi.

ETAT des Biens, des Revenus et des Charges de l'Abbaye en 1789

Bois.

Suivant le mesurage et les plans figurés du sieur Toupet, arpenteur royal des eaux et forêts de la maîtrise de Crécy, ainsi que d'après le procès-verbal de division de MM. les officiers de ladite maîtrise du mois de juin 1754, l'abbaye du Pont-aux-Dames possédait 753 arpents 41 perches 15 pieds.

Chauffage.

L'abbaye avait droit de prendre annuellement dans la forêt de Crécy, suivant l'état des chauffages arrêté à Saint-Germain-en-Laye, le 2 décembre 1773, la quantité de 60 cordes de bois.

Grains à prendre sur le domaine de Crécy.

L'abbaye avait droit de prendre sur le domaine de Crécy la quantité de 8 muids 8 setiers 2 boisseaux et 2/3 de boisseau de blé, 4 muids 4 setiers 1 boisseau et 1/3 de boisseau d'orge. Le dernier titre confirmatif de ce droit était un mandement de la Chambre des comptes du 1er décembre 1376.

Franc-Salé.

L'abbaye avait le droit de prendre sur le grenier à sel de Meaux, douze minots de sel accordés par le roi, confirmés par arrêts du Conseil d'État du 29 août 1719, en payant seulement le prix marchand fixé à 7 livres par chaque minot et le droit des officiers.

Dimes tant en grains qu'en argent.

1º GRANDE DIME DE STE-CATHERINE. L'abbaye faisait valoir par ses mains la grande dime de Sainte Catherine, autrement dite LA PETITE GRANGE qui se percevait sur partie des terroires de Couilly et de Bouleurs tant sur le vin que sur le blé et les autres grains, savoir : Sur le vin à raison du 21ᵐᵉ ; Sur le blé et sur les autres grains a raison du 13ᶜᵐᵉ.

AUTRE DIME DE STE-CATHERINE anciennement dite Dime du CHAPITRE assise aux terroires de Villiers, Coutevroult et environs. Baillée à ferme par bail du 27 août 1747 moyennant 50 livres et deux chapons. Bail du 26 janvier 1784 moyennant 86 livres.

PETITE DIME DE STE-CATHERINE dite du CHAPITRE qui se percevait sur quelques terres assises à Montbarbin. Baillée à ferme par bail du 26 janvier 1784 moyennant 12 livres.

GRANDE DIME DE BOULEURS qui se percevait sur les grains. Affermée par bail du 9 mai 1754 moyennant dix muids de grains dont deux tiers de blé et un tiers d'avoine, mesure de Crécy.

AUTRE DIME DE BOULEURS, qui se percevait sur le vin. Affermée par bail du 26 décembre 1751 moyennant quatorze demi-queues de vin, jauge Orléans.

DIME DE MONTAUDIER, paroisse de BOULEURS. Donnée

à ferme moyennant cinq setiers de blé et cinq setiers d'avoine.

Dime de Champmartin sise à **Montpichet** paroisse de Bouleurs. Anciennement affermée moyennant 38 livres. Bail du 16 décembre 1787 moyennant 54 livres.

Dime de la Jonchère, paroisse de Bussy-Saint-Georges. Donnée à ferme par bail du 10 mars 1755 moyennant 75 livres. Bail du 20 janvier 1786 moyennant 200 livres et six paires de poulets gras, vifs et en plumes.

Dime de Serbonne, Montaudier, Genevray ; Savoir : Le huitième de la Dîme en Vin de Serbonne. Le huitième de la dîme en vin de Montaudier. Le huitième de la dîme de toute nature dite dîme de Genevray, à percevoir sur les grains, le vin et autres choses. Lesdites dîmes étant de l'ancien domaine de l'abbaye.

Anciennement affermées moyennant 57 boisseaux de blé et 23 boisseaux et demi d'avoine. Bail du 9 juin 1785 moyennant 240 boisseaux d'avoine mesure de Crécy.

Dime Verte de Serbonne consistant dans le huitième de la dîme en grains de Serbonne ou Dîme Verte seulement, appartenant à l'Abbaye de son ancien domaine. Donnée à ferme par bail du 18 juin 1785 moyennant 2 setiers d'avoine et 4 setiers de blé froment, sain, sec, loyal et marchand, mesure de Crécy, rendus es greniers de l'Abbaye.

Dime du Chanvre à prendre et percevoir dans les lieux et endroits du terroire de Couilly, Quincy et Pont-aux-Dames où l'Abbaye a droit de la lever. Donnée à ferme par bail du 1er juillet 1787, moyennant 10 livres de bon chanvre bien façonné propre à être filé.

Fermes.

Ferme du Pont-aux-Dames, provenant de l'ancien domaine de l'Abbaye. Contenance en terres labourables, prés, vignes et luzernes 250 arpents environ, dans lesquels se trouvaient compris les 110 arpents de terres et prés dépendant cidevant de la Ferme des Caves réunie à celle du Pont-aux-Dames depuis 1719. Donnée à ferme, par bail du 18 février 1746 moyennant 900 livres en deniers, 6 muids de blé, 400 gerbées, 3 journées de charriage.

Si je n'ai pas cru devoir rechercher les baux suivants, c'est que les Religieuses, en 1783, pour tirer de leur ferme du Pont-aux-Dames le plus de revenu possible, prirent le parti de la louer en détail, ainsi que je le dirai plus loin (1).

Ferme de Montbarbin, dite Ferme de Vanteuil, contenant 273 arpents et demi quartier. Donnée à ferme par bail du 5 mai 1773 moyennant 1300 livres en deniers et 6 muids de blé froment sain, sec, net, bon, loyal et marchand, mesure de Crécy, rendus franchement es greniers de l'Abbaye.

Bail du 23 décembre 1781 moyennant 2400 livres et 6 muids de blé froment. Bail du 27 mars 1788 qui devait commencer par les jachères de 1792, moyennant 3,000 livres en deniers, 6 muids de blé et 100 boisseaux d'avoine.

Ferme de Bouleurs, contenant 100 arpents. Affermée par bail du 1er mars 1749 moyennant 450 livres en deniers, 12 fromages, 3 journées de charriage.

Bail du 30 décembre 1776 moyennant 1200 livres en deniers, 12 fromages, 200 gerbées du poids de 15 à 18 livres rendues es greniers de l'Abbaye. Bail du 31 décembre 1784 moyennant 1220 livres en deniers, 12 fromages bons, gras et de regain et 3 journées de charriage. — Bail du 27 mars 1788 qui devait commencer le jour de Saint-Martin d'hiver de l'année 1792 moyennant 1200 livres en deniers 800 bottes de paille du poids de 11 à 12 livres, 12 fromages, 2 douzaines de pigeonneaux et 8 chapons.

Le 27 mars 1788 le même cultivateur s'était rendu locataire des fermes de Montbarbin et de Bouleurs.

Ferme des Bouleaux située à Dainville, paroisse de Villiers-sur-Morin, contenant 59 arpents 69 perches. Affermée par bail du 9 décembre 1746 moyennant 150 livres en deniers, 15 setiers de blé, 6 fromages, 3 journées de charriage. — Bail du 6 janvier 1788 moyennant 710 livres en deniers, 15 setiers de blé froment mesure de Crécy, 6 fromages de regain, bons gras et de saison.

Ferme de Couternois, paroisse de Jossigny, dépendant de l'ancien domaine de l'abbaye. Contenance 133 arpents 23 per-

---

(1) Les bâtiments de la ferme du Pont-aux-Dames étaient situés sur le bord de la grande route, vis-à-vis de l'abbaye et formaient l'encoignure du chemin de Saint-Fiacre du côté du nord. L'hotellerie du Grand-Cerf formant l'autre encoignure.

ches. Bail du 11 décembre 1752, moyennant 6 muids de blé, 12 fromages, 6 chapons, 3 journées de charriage.

Bail du 14 décembre 1777, moyennant 6 muids de blé, froment, sain, sec, net, bon, loyal et marchand, bien vanné et criblé, mesure de Crécy, à 5 sous par setier près du prix du meilleur du marché de Crécy, rendus francs de voiture es greniers de l'abbaye, et en outre moyennant 700 livres en deniers, une douzaine de fromages gras et de regain, six chapons gras vifs et en plumes et un cochon de lait.

Bail du 12 août 1786, au même prix, sauf 250 gerbées avec les 4 au cent du poids de 20 à 22 livres que l'on ajoute à l'ancien fermage.

FERME DE VILLENEUVE-LE-COMTE, appelée LE PETIT-PONT, provenant de l'ancien domaine de l'abbaye, consistant en 140 arpents 54 perches 5/12 de terres labourables et prés, en 62 pièces, suivant le dernier arpentage fait par Hubert Thierret, arpenteur royal à Quincy. Affermée par bail du 27 février 1744, moyennant 500 livres en deniers, 12 fromages, 6 chapons, 3 journées de charriage.

Bail du 8 novembre 1766, moyennant 800 livres en deniers, 12 fromages, 6 chapons, 3 journées de charriage pour amener au Pont-aux-Dames le bois de chauffage de l'abbaye.

Je n'ai pas trouvé les derniers baux de cette ferme.

FERME DE L'HERMITAGE, paroisse de Villeneuve-le-Comte. Provenant de l'ancien domaine de l'abbaye, contenant, d'après un arpentage fait le 21 juillet 1755, la quantité de 301 arpents 18 perches, savoir : Terres labourables, 168 a. 11 p.; prés, 55 a. 89 p.; pâtures, 34 a. 48 p.; lisières, 33 a. 81 p.; fossés, cour et bâtiments, 8 a. 12 p.; le chemin des Vendanges, 77 perches.

Bail du 30 décembre 1748, moyennant 900 livres en deniers, 12 fromages, 6 douzaines de pigeonneaux, 3 journées de charriage.

Bail du 30 avril 1773, moyennant 2,500 livres, 6 chapons, 6 douzaines de pigeonneaux, 2 douzaines de bons fromages.

Bail du 11 juin 1777, moyennant 3,700 livres, 2 douzaines de fromages, 6 douzaines de pigeonneaux, 6 chapons, 1 cochon de lait, 400 gerbées.

Loyers particuliers en argent.

LE MOULIN TALEMER, appelé communément par corruption le Moulin Talmé, ou simplement le Moulin de Couilly, avec toutes ses dépendances, savoir :

Une île contenant environ un demi-quartier.

Un quartier environ de pré en deux pièces faisant les deux extrêmités d'une île dont le surplus appartient à MM. les Religieux de Saint-Germain-des-Prez, située vis-à-vis ledit moulin Talemer, entre la grande rivière et le brasset du moulin desdits Religieux.

2 arpents 68 perches de pré faisant partie de 4 arpents situés proche ledit moulin, tenant au chemin des Voyeulx, au chemin le long de la rivière et au pré de l'hôtel-Dieu.

1 arpent environ de pré appelé le Pré de l'hôtel-Dieu, tenant à la pièce ci-dessus, au chemin le long de la rivière et à la rue de l'Abreuvoir.

20 perches de pré situées lieu dit les Allois.

125 perches de terre situées lieu dit Courcelle.

Bail du 20 mars 1749, moyennant 260 livres et 2 chapons.

Bail du 15 juillet 1775, moyennant 528 livres et 2 chapons.

Bail du 16 avril 1785, qui comprend le grand pressoir banal à vin, moyennant un loyer annuel de 672 livres, 6 chapons gras et 10 paires de poulets.

Dans le prix du fermage, le loyer du pressoir figure pour 72 livres.

HÔTELLERIE DU PONT-AUX-DAMES, où pendait pour enseigne : *Le Grand Cerf*, consistant en une maison avec toutes ses dépendances, sise au Pont-aux-Dames, vis-à-vis l'entrée de l'abbaye, le tout étant de l'ancien domaine de l'abbaye; avec une pièce de pré contenant environ 2 arpents, située terroir de Couilly, lieu dit Marolles.

Bail du 27 mars 1784, moyennant 000 livres de loyer annuel. Nouveau bail du 22 mars 1786, moyennant 260 livres.

UN CORPS DE LOGIS faisant partie des bâtiments de la cour extérieure de l'abbaye et consistant en un corps de logis composé de plusieurs chambres et cabinets au premier étage, avec office, lieux d'aisances et bûcher au rez-de-chaussée. Loué pour deux années, par bail du 1er juillet 1787, à M. Robert de La Rochette, écuyer, demeurant ordinairement à Paris, rue des Vieux-Augustins, paroisse Saint-Eustache, moyennant 300 livres de loyer annuel.

PRESSOIR BANAL à Couilly. Affermé par bail sous signatures privées du 9 juillet 1737, moyennant 60 livres.

Bail notarié du 15 juillet 1775, moyennant 72 livres.

On a vu plus haut, qu'à partir de 1785, le pressoir banal avait été compris dans le bail du moulin Talemer.

DROIT DE ROUISSAGE à prendre sur tous les particuliers qui mettent rouir leur chanvre dans la rivière du Morin aux endroits qui appartenaient à l'abbaye et tel qu'elle en avait joui jusqu'alors. Affermé par bail du 20 décembre 1777, moyennant 12 livres de loyer annuel, pour, par le locataire, jouir et faire la perception dudit droit en tous fruits et profits selon les anciens usages que ce dernier a dit bien connaître.

Jusqu'au dix-septième siècle, les habitants de Champigny, de Bougaudens et du Pont-aux-Dames avaient fait rouir leur chanvre dans le rû de Champigny, au-dessus de l'enclos des Religieuses. Madame de Beauvilliers avait protesté contre l'exercice de ce droit, et ces mêmes habitants, pour éviter un procès, avaient renoncé formellement au rouissage dans le rû. Par cette renonciation, en date du mois de juillet 1624, ils s'étaient même soumis à tous dépens, dommages et intérêts, en cas de violation de leur engagement.

DROIT DE PÊCHE en la rivière du Morin « dans la racle qui » s'étend à partir de la porte à bateaux du moulin de Quintejoie » et du Moulin-Neuf jusqu'à la borne plantée près la porte à ba- » teaux du moulin de Liary. » Loué, par bail du 19 juin 1775, à Philippe Boivin, meunier, demeurant au moulin de Quintejoie, François Touroux, meunier, demeurant au Moulin-Neuf, Marie-Anne Fayot, veuve Boivin, meunière, demeurant au moulin de Liary, moyennant 33 livres, à la charge par les preneurs de se conformer à l'ordonnance du mois d'août 1669 sur l'usage de la pêche.

SEIZE arpents 87 perches de pré, situés en la prairie d'Esbly, que l'on appelle aussi l'Ile de Condé. Loués par bail du 20 novembre 1747, moyennant 59 livres.

Bail du 14 mai 1785, moyennant 144 livres et 16 poulets.

VINGT arpents 75 perches de terre, situés à COUPEVRAY. Affermés, par bail du 6 mars 1743, moyennant 150 livres.

Bail du 28 mai 1784, moyennant 324 livres.

SIX arpents de terre, à MONTRY, en plusieurs pièces, provenant de l'ancien domaine de l'abbaye. Affermés, par bail du 15 mars 1746, moyennant 36 livres.

Bail du 6 novembre 1785, moyennant 130 livres.

QUARANTE-SEPT perches de terre, situées à QUINCY. Louées, par bail du 16 juin 1747, moyennant 3 livres.

Je n'ai pas trouvé les derniers baux de cette pièce de terre.

PETIT ARRIÈRE-FIEF DE LA ROCHE, assis en la paroisse de Coutevroult, lieu dit Sous le Bois du Clos, consistant en maison, cour et jardin, avec trois arpents et demi de terre environ. Aux termes d'une transaction passée le 1er avril 1789 entre M. François-Ignace, marquis de Fontenu, brigadier des armées du roi, ancien capitaine de grenadiers au régiment des gardes-françaises, chevalier de l'ordre royal et militaire de Saint-Louis, seigneur du Vivier, Coutevroult, La Tillaye, Les Grivaux et autres lieux, d'une part, et les Dames Abbesse, Prieure et Religieuses du Pont-aux-Dames, d'autre part; il avait été stipulé que l'abbaye tiendrait, à l'avenir, noblement et féodalement la propriété ci-dessus désignée, sous le nom de fief de la Roche mouvant de la justice du Vivier, à la charge de la foi et hommage et de l'homme vivant et mourant, suivant la coutume de Meaux.

Je n'ai pas trouvé le bail de ce petit domaine.

UN PRÉ, appelé le Pré du Pont de Couilly, de la contenance de 3 arpents 8 perches, assis près le pont dudit lieu, en la paroisse de Saint-Germain. Tenant d'un côté à la rivière du Morin, d'autre côté au chemin qui conduit au moulin de Saint-Germain, d'un bout au brasset venant dudit moulin, d'autre bout au pont de Couilly.

Bail du 8 novembre 1783, moyennant 77 livres de loyer.

UN JARDIN POTAGER, de la contenance de 5 perches, fermé de haies, situé proche le Pont-aux Dames, entre le rû de Champigny et le chemin dudit Champigny.

Bail du 8 novembre 1783, moyennant 24 sous de loyer.

SEPT arpents 24 perches 3/4 de terre labourable en une pièce, sise à Villeneuve-le-Comte, au-dessous du bois de Grain, et CINQ arpents 64 perches, sis au même territoire, proche le bois des Sages; lesdites pièces de terre détachées de la ferme de Villeneuve-le-Comte.

Bail du 7 juillet 1784, moyennant. . . . .

UNE GRANGE de quatre travées faisant partie des bâtiments de la cour extérieure de l'abbaye. Louée par bail du 17 août 1784, moyennant 75 livres de loyer annuel.

QUATRE-VINGT-QUATRE perches de terre, ci-devant en vigne, sis au terroir de Couilly, lieu dit Courcelles. Loués par bail du 30 octobre 1784, moyennant 20 livres 3 sous de loyer.

DEUX arpents de terre labourable, sis à Couilly, lieu dit le Chêne. Loués, par bail du 21 janvier 1786, moyennant 30 livres de loyer.

UN DEMI arpent de terre labourable, ci-devant en vigne, sis à Couilly, lieu dit Courcelles. Loué, par bail du 12 novembre 1788, moyennant 15 livres de loyer (1).

---

(1) Tous les baux que j'énonce dans le cours de ce chapitre ont été dressés, à l'exception d'un seul, par le notaire de Couilly. J'en ai dû la communication à M. Cruchet, titulaire actuel de l'office de notaire à cette résidence. M. Barassé, notaire à Crécy, a bien voulu me donner communication de celui qui, par exception, avait été dressé par Mᵉ Gervais, son prédécesseur médiat.

Rentes en grains.

Moulins de Claye et Souilly. L'Abbaye avait droit de prendre annuellement, le jour de Saint-Martin d'hiver, sur les moulins de Claye et Souilly, 13 setiers de blé, 13 setiers de seigle et 9 setiers d'orge.

Moulin de Germigny-l'Evêque. L'Abbaye avait droit de prendre annuellement, le jour de Saint-Martin d'hiver, sur le moulin de Germigny-l'Evêque, un muid de seigle.

Détail des biens que l'Abbaye faisait valoir par ses mains.

On connaît la quantité des terres labourables, des prés et des vignes que les Religieuses faisaient valoir par leurs propres mains au milieu du seizième siècle.

En 1789, elles en faisaient valoir une quantité beaucoup moins considérable. Les terres que l'Abbaye ne cultivait plus n'avaient pas été aliénées, mais étaient entrées dans la composition de la ferme du Pont-aux-Dames, créée dans le cours du dix-septième siècle.

Les terres que l'Abbaye faisait valoir elle-même en 1789 consistaient en :

Cinq arpents de vignes en plusieurs pièces et vingt arpents de terres labourables et prés en plusieurs pièces, assis au terroir de Couilly.

Six quartiers de bois-taillis également assis au terroir de Couilly, proche Martigny.

Deux petites îles en la rivière du Morin, proche le moulin d'Arnould. Lesdites îles plantées en saussaie et contenant ensemble vingt perches environ.

Il faut aussi comprendre dans l'énumération des biens que l'Abbaye faisait valoir les bois qu'elle possédait dans la forêt de Crécy, sur les territoires de Mortcerf et de Villeneuve-le-Comte.

Enfin, l'Abbaye exerçait elle-même son droit de pêche dans les deux racles comprises entre le moulin d'Arnould et celui de Quintejoie. Elle jouissait du droit de haute, moyenne et basse justice en et sur la rivière, à partir dudit moulin d'Arnould jusqu'à Liary, du droit de franche mouture aux moulins domaniaux, et du droit de pacage en la forêt de Crécy.

Rentes sur les aides et gabelles et autres.

A la fin de l'année 1789, l'Abbaye possédait en rentes sur les aides et gabelles, sur les tailles et autres, un revenu de 3,417 livres 14 sous 6 deniers, résultant d'un grand nombre de contrats dont l'énumération fastidieuse serait trop longue et n'offrirait aucun intérêt.

Ces contrats avaient été passés devant des notaires de Paris, savoir : quatorze en 1714, un en 1716, un en 1722, le dernier en 1764. Les autres rentes étaient de création ancienne.

Les rentes résultant des contrats passés en 1714 et 1716 avaient été acquises au taux de 4 o/o, et, le 13 août 1720, toutes ces rentes avaient été réduites de trois huitièmes.

En 1722, le taux de l'intérêt n'était que de 2 1/2 pour cent. Dans le nombre des rentes dont il s'agit, on en trouve une de 81 livres 8 sous 6 deniers, acquise au denier 40, en vertu d'un contrat passé le 30 mai de cette année.

En 1764, l'intérêt de l'argent était de 5 pour cent. Le dernier contrat, consistant en une rente perpétuelle de 450 livres à prendre sur l'hôtel-de-ville de Paris et autres revenus du roi, avait été passé par madame de Fontenille, en 1764, au capital de 9,000 livres.

Sur le tableau des revenus dont il s'agit, on voit figurer :

Une rente de 240 livres sur les Etats du Languedoc. Cette rente, qui était originairement de 300 livres, avait subi une réduction de 60 livres en 1766.

Une rente de 50 livres sur le domaine de Paris, accordée aux Religieuses du Pont-aux-Dames par Philippe-le-Hardi, en vertu d'une charte datée du château de l'Hermitage au mois de juin 1181, confirmée par le roi Jean en 1350.

Une rente de 54 livres 10 sous à prendre sur le domaine de Crécy, confirmée par lettres patentes de Charles V du 29 novembre 1377, qui ordonne au Receveur de Meaux de la payer aux Religieuses, Abbesse et couvent du Pont-aux-Dames.

Rentes sur particuliers.

Ces rentes avaient des origines diverses et variaient dans leur quotité, depuis 420 livres jusqu'à 6 sous.

Dans le cours des seizième, dix-septième et dix-huitième siècle, les Religieuses avaient acquis à Couilly et dans les paroisses voisines une quantité considérable d'immeubles, tels que maisons, clos, jardins, vignes, terres labourables. Quelques-unes de ces acquisitions avaient été réunies aux fermes de l'Abbaye ; d'autres avaient été baillées à rente foncière non rachetable. Ces rentes foncières formaient la plus grande quantité des revenus dont il s'agit.

Un certain nombre de ces rentes s'étaient éteintes dans le cours des dernières années. En 1789, elles étaient encore au nombre de 95 environ. Mais, par suite du décès des premiers débiteurs, certaines rentes avaient été partagées ou restaient indivises ; l'Abbaye avait donc, de ce chef, plus de cent débiteurs. Ces rentes réunies formaient un total de 1,090 livres 2 sous 4 deniers. Dans leur nombre on voit figurer :

Une rente de 420 livres due par les moines de Cercamp, pour tenir lieu des 10,000 harengs dont j'ai parlé plus haut; rente confirmée par arrêt contradictoire du Conseil d'Etat du 18 juin 1687.

Une rente de 100 livres due par le seigneur de Nandy, aux termes d'un bail emphytéotique du 7 novembre 1728.

Une rente de 10 livres due par le seigneur de Condé-Sainte-Libiaire.

Une rente de 10 livres due par le seigneur de Bellevue, paroisse de Tigeaux.

Une rente perpétuelle de 10 livres à prendre sur la baronnie de Montgé, en vertu d'une charte de 1226, confirmée par plusieurs titres postérieurs et en dernier lieu par un titre nouvel du 10 avril 1770.

Une rente de 40 sous due par le seigneur de la terre d'Armainvilliers, à laquelle le domaine de Tournan avait été réuni.

Etc. etc.

Charges de l'Abbaye.

Sur la grande dîme de Sainte-Catherine, l'Abbaye payait au titulaire de la chapelle Sainte-Catherine, sise dans l'église cathédrale de Meaux, la somme de 200 livres.

Sur les moulins de Claye et Souilly, l'Abbaye avait donné et délégué à l'hôpital général de Meaux un muid de blé à recevoir annuellement des locataires ; et sur le moulin de Germigny, six setiers de blé.

Sur la grande dîme de Bouleurs, elle payait :

Au curé de Bouleurs, 20 setiers de blé et 20 setiers d'avoine.

Au chapelain de la chapelle Saint-Eloi, sise dans l'église cathédrale de Meaux, 21 setiers de blé et 18 setiers d'avoine.

Aux curé et chanoines de Crécy, 8 setiers de blé et 4 setiers d'avoine.

A l'hôtel-Dieu de Meaux, 4 setiers de blé et 2 setiers d'avoine.

On a vu qu'une grande partie des revenus de l'Abbaye consistait en denrées, en droits casuels seigneuriaux. On trouvera dans le chapitre suivant l'évaluation de ces différents revenus.

Mais avant de clore le présent chapitre, il n'est pas sans intérêt de récapituler les biens immobiliers que l'Abbaye possédait.

Si l'on additionne les contenances de tous ces biens, tels que bois, fermes, prés, vignes, îles, etc., on trouve que l'Abbaye du Pont-aux-Dames possédait la quantité de 2,118 arpents 36 perches, dans laquelle l'enclos du couvent était compris pour 18 arpents 92 perches.

J'ai dit que les Religieuses, en 1783, pour tirer de leur ferme du Pont-aux-Dames le plus de revenu possible, avaient loué cette ferme en détail. Jean-Christophe Cholin, cultivateur au Pont-aux-Dames, eut les bâtiments de la ferme avec 28 arpents 71 perches de terre et pré, moyennant un loyer annuel de 694 livres 14 sous en deniers, 4 setiers et 2 boisseaux de blé froment, mesure de Crécy.

Le surplus des terres et prés fut partagé entre cinquante-et-un locataires. Je ne crois pas devoir énoncer tous ces baux, l'énumération en serait trop longue et trop fastidieuse. Je dirai seulement que toutes ces locations réunies produisent un revenu total de 4,575 livres 5 sous en deniers, 3 muids 6 setiers 9 boisseaux de blé, et 300 bottes de paille.

Pour la conservation du gibier, l'Abbesse a soin de faire insérer dans chaque bail une clause ainsi conçue :

« Il a été convenu que le preneur ne pourrait faire
» faucher lesdits héritages sans en prévenir, deux
» jours à l'avance, le garde de madite dame Abbesse,
» pour voir s'il ne se trouveroit point de nids de
» perdrix ; et s'il s'en trouvoit, ledit preneur sera tenu
» de laisser une roze sans être fauchée, autour du nid,
» et sans pouvoir causer aucun tort audit nid ; à
» peine d'être poursuivi suivant la rigueur des ordon-
» nances sur le fait des chasses. »

Cette clause est le dernier vestige des anciens usages.

Tous ces baux devaient expirer en 1792 ; et, le 4 décembre 1789, on voit deux locataires renouveler les leurs avec augmentation de prix.

XV

LA RÉVOLUTION. — SUPPRESSION DES ORDRES MONAS-
TIQUES. — INVENTAIRE DES BIENS DE L'ABBAYE. —
VENTE DES BIENS NATIONAUX. — LES DERNIÈRES
RELIGIEUSES.

Nous sommes en 1789.

L'Abbaye touche au terme de son existence et va bientôt disparaître.

Les événements généraux et presque contemporains dont il me reste à parler appartiennent à l'histoire de la Révolution française, et sont d'ailleurs tellement connus que je dois me borner à les énumérer sommairement.

. Les Etats généraux convoqués à Versailles par Louis XVI se sont formés en assemblée nationale constituante. Les députés qui la composent ont fait serment de rédiger une constitution nouvelle et, faisant table rase des institutions de l'ancien régime, d'édifier sur de nouveaux fondements l'organisation administrative et sociale de la France.

Les vices, les abus que l'opinion publique reprochait le plus amèrement aux institutions anciennes étaient assurément ceux qui résultaient de l'existence des établissements de main-morte, c'est-à-dire des communautés religieuses. Aussi les premières mesures de la grande réforme entreprise par l'assemblée nationale sont dirigées contre les couvents.

Par un premier décret, l'émission des vœux monastiques est provisoirement suspendue. Par un décret suivant, ces vœux solennels sont définitivement abolis. Les communautés religieuses elles-mêmes sont supprimées. Un décret met à la disposition de la nation tous les biens des établissements de main-morte. Les directoires des districts devront procéder à l'inventaire de ces biens que l'administration des domaines fera vendre ultérieurement suivant les besoins de l'Etat.

Quoique les établissements ecclésiastiques, assimilés à des mineurs, à des usufruitiers, eussent toujours été considérés comme simples dépositaires des biens temporels qu'ils possédaient, mais qu'ils étaient absolument incapables d'aliéner sans la permission expresse du roi, l'Assemblée nationale ne consacra pas moins du sept séances à la question de savoir s'il était opportun que l'Etat se mit en possession des biens ecclésiastiques.

Le 10 octobre 1789, l'évêque d'Autun avait fait à l'Assemblée la motion suivante :

« La nation peut : 1° s'approprier les biens des communautés
» religieuses à supprimer, en assurant la subsistance des indi-
» vidus qui les composent; 2° s'emparer des bénéfices sans fonc-
» tions; 3° réduire dans une proportion quelconque les revenus

» actuels des titulaires en se chargeant des obligations dont ces
» biens ont été chargés dans le principe. »

La discussion ainsi provoquée avait été continuée dans les séances des 13, 23, 24, 30, 31 octobre, et s'était terminée le 2 novembre.

Le 4 août 1790, trois membres du Directoire du district de Meaux, arrivèrent au Pont-aux-Dames, à l'effet de procéder à l'inventaire des biens de l'abbaye. Introduits au parloir, ils y trouvèrent les officières de la communauté qui leur communiquèrent tous les titres et leur fournirent tous les renseignements nécessaires en pareille circonstance. Madame de Fontenille, abbesse, empêchée par son grand âge d'assister à cette opération n'y figura pas.

Les représentants du Directoire du district dressèrent, dans les termes suivants, l'intitulé de leur procès-verbal :

« L'an mil sept cent quatre-vingt-dix le quatre août, en vertu
» de la délibération du Directoire du district de Meaux, du vingt-
» neuf juillet dernier et pour satisfaire au décret de l'Assemblée
» nationale des quatorze et vingt avril dernier, sanctionné par le
» Roi le vingt-deux du même mois; Nous Jean-François-Louis
» Aucher, l'un des administrateurs du dit Directoire autorisé par
» la délibération du dit jour vingt-neuf juillet, accompagné de
» Claude-Denis-Martin Lhoste, procureur syndic du dit dis-
» trict (1), de Jacques-René Javary, secrétaire du dit district,
» Nous sommes transportés à l'abbaye royale (2) du Pont-aux-
» Dames, ordre de Citeaux, diocèse de Meaux, paroisse de
» Couilly, où étant, il a été, à la requête du dit sieur Procureur

(1) Nommé plus tard juge au tribunal de Meaux.
(2) Cet adjectif n'a pas de signification. Il en a d'autant moins que notre abbaye n'était pas de fondation royale.

» syndic procédé à l'inventaire des titres et papiers dépendant de
» la dite abbaye, en présence de Madame Charlotte-Joséphine La
» Roche de Fontenille, coadjuctrice de la dite abbaye, représen-
» tant madame Gabrielle La Roche de Fontenille, abbesse de la
» dite abbaye (1), de madame Henriette de Courcelles, prieure et
» de dame Madeleine-Thérèse Pironneau, sacristine et bibliothé-
» caire, lesquelles ont promis de nous représenter tous les titres
» et papiers, de nous donner tous les renseignements dont elles
» ont connaissance sur tous les objets concernant les biens et
» revenus de la dite abbaye ; et ont les dites dames coadjutrice,
» prieure et sacristine, signé avec nous..... »

Puis successivement conduits par les officières dans différents bâtiments du monastère, ils firent la constatation de tous les titres ou objets mobiliers qui s'y trouvaient, savoir :

Dans le chartrier. Ils se trouvèrent en présence d'une immense quantité de titres et papiers méthodiquement classés sous 135 liasses et formant un ensemble de 2000 pièces environ, dont l'énumération ne comprend pas moins de dix rôles de minute sur grand papier. Ces 2000 pièces sont titres d'acquisition, amortissements, baux et autres titres quelconques concernant le temporel de l'Abbaye depuis l'an 1226 jusqu'en 1788. (2).

(1) A cause de son grand âge, Mme de Fontenille avait une coadjutrice depuis l'année 1786. Cette coadjutrice était nièce de l'abbesse.

(2) Ces titres qui nous permettraient de suivre pas à pas l'accroissement du temporel de l'abbaye et nous feraient connaître l'origine de tous ses biens, sont presque tous détruits. Les quelques épaves qui nous en restent, et qui sont conservés aux archives de Melun, forment à peine la quinzième partie des pièces que contenait le chartrier des Religieuses.

Le registre terrier en 2 vol. in-f°, le registre des dépenses en 1 vol. in-f°, sont également détruits.

Poursuivant le cours de leur opération, les envoyés du District inventorièrent les objets ci-après :

Dans l'Eglise. Un aigle en cuivre servant de lutrin. — Cinq cloches y compris celle du réfectoire. — Huit chandelliers argentés. — Dix autres chandelliers grands et petits, trois croix et deux lampes en cuivre. — Dix-huit grands tableaux.
Dans la Sacristie.
Quatre calices, trois paires de burettes avec leurs bassins, le tout en vermeil.
Deux autres calices, deux autres paires de burettes avec leurs bassins, une croix pour la procession, un encensoir avec sa navette, un ostensoir; un bénitier avec son goupillon, le tout en argent.
Quinze parements de grand autel, vingt-six parements de petit autel, dix ornements complets, vingt-trois chasubles, cinquante-deux nappes d'autel grandes et petites, soixante-seize aubes garnies et non garnies, vingt-un surplis, dix douzaines d'aubes, neuf douzaines de lavabo, seize douzaines de purificatoires, cinq douzaines de corporaux.
Dans les chambres des hotes. Dix-huit lits garnis tant pour maîtres que pour domestiques, et plusieurs tentures tant en tapisserie qu'en papier et toile.
A l'infirmerie.
Quinze lits garnis et deux tentures en tapisserie et en toile peinte, dix-huit paires de drap, douze douzaines de serviettes, une douzaine de nappes, deux douzaines de couverts d'argent, deux cuillers à ragout, une cuiller à soupe.
Dans la Bibliothèque.
Deux mille huit cent soixante-quatre volumes, savoir : 150 in-f°, 648 in-4°, 1572 in-8°, 124 in-12, et 370 brochés.

Lorsque l'inventaire des objets mobiliers et des papiers fut terminé, les coadjutrice, prieure et sacristine interpellées par MM. les commissaires du district déclarèrent :

Que les biens dont l'Abbaye faisait l'exploitation par elle-même, y compris la dîme en grains de Couilly, et la dîme en vin seulement de Bouleurs formait un revenu de 12,7351.»» »»

Que les biens affermés suivant les baux produisaient la somme de   21,750 l. 17 s. 6 d.
Que l'Abbaye possédait en rentes sur l'hôtel-
de-ville et autres, la somme de   4,327 14 6
Que les rentes foncières dues à l'Abbaye par
différents particuliers produisaient annuellement   1,090 2 4
Que les rentes en grains pouvaient produire
un revenu annuel de   9,667 5 »»
Et que les droits casuels seigneuriaux pouvaient être évalués annuellement à la somme
de   1,500 »» »»

Total des revenus : Cinquante-un mille soi-
xante-dix livres, dix-neuf sous, quatre deniers.   51,070 l. 19 s. 4 d.

Elles déclarèrent en outre :

Qu'elles avaient en leurs mains, tant en deniers qu'en denrées
et qu'il leur était dû par divers particuliers la
somme de   27,697 l. 16 s. 11 d.
Qu'il existait sur les propriétés de l'Abbaye,
deux cents arbres, essence d'ormes, en état
d'être exploités et qui, sur le pied de 27 l.
10 s. pièce, représentaient une valeur de   5,500 »» »»

Enfin, lesdites dames coadjutrice, prieure et sacristine déclarèrent que l'Abbaye devait à différents
particuliers la somme totale de 29,667 livres 11 sous
9 deniers, savoir :

1. Au sieur Brulon, agent de l'Abbaye, par arrêté de compte du
28 mai 1789, contrôlé le 9 novembre suivant,
la somme de (1)   12,000 »» »»
2. Audit sieur Brulon pour intérêts, aux termes dudit arrêté de compte, échus le 28 mai
1790.   600 »» »»

---

(1) Sous le nom modeste d'agent on désigne ici l'Intendant. La somme de
12,000 livres qui lui est due est le montant des avances qu'il avait faites à l'abbaye.

3. Audit sieur Brulon, pour traitement échu le 1er janvier 1790. — 600 » » » »

4. Au sieur Berson, procureur à Meaux, pour frais de procédure. — 157 19 9

5. Au sieur Scribe, boucher, domestique pour gages échus le 17 décembre 1789. — 76 » » » »

6. Au sieur Marchand, sacristain, pour gages échus le 27 décembre 1789. — 3 » » » »

Au sieur Thiercelin, portier, tonnelier et sommellier, pour gages échus le 13 avril 1790. — 160 » « » »

Au sieur Touron, maçon domestique, pour gages échus le 4 décembre 1789. — 102 » » » »

Au sieur Pachot, manœuvre domestique, pour gages échus le 11 décembre 1789. — 28 » » » »

Au sieur Gaucher, ci-devant charretier, pour gages échus le 23 mars 1790. — 150 » » » »

Au sieur Thiercelin jeune, garçon de cour, pour gages échus le 1er avril 1790. — 34 » » » » »

Au sieur Tripet, laquais, pour gages échus le 19 avril 1790. — 48 » » » »

Au sieur Gagey, messager à Couilly, pour gages échus le 15 janvier 1790. — 83 6 8

A la femme Thiercelin, tourière, pour gages échus le 8 janvier 1790. — 54 » » » »

Au sieur Petit-Mutel, marchand de draps, pour fournitures. — 93 5 6

A la femme Bocage, messagère, pour gages échus le 11 février 1790. — 111 » » » »

A la fille de Basse-Cour, dite Marie Bise, pour gages échus le 27 mars 1790. — 24 » » » »

Au sieur Godard de Saponay, marchand de fer à Meaux, pour fournitures. — 357 6 6

Au sieur Flamant, menuisier domestique, pour gages échus le 7 janvier 1790. — 141 13 4

Au sieur Scribe, boucher à Crécy, pour fourniture de viande de bœuf jusqu'au 1er mai 1790. — 1,726 2 6

Au sieur Pulvinet, épicier droguiste à Paris, pour fourniture d'épiceries et drogues en 1789. — 891 14 6

Au sieur Rocher, feudiste de M. de Penthièvre à Crécy, pour réception d'aveux, plans, voyages et déboursés. — 900 » » » »

Au sieur Lange, épicier à Paris, pour fournitures d'épiceries pendant l'année 1789. — 210 » » » »

Aux sieurs Ricard frères, négociants en Provence, pour provisions de Carême.	440	» »	» »
Au sieur Berthin, procureur à La Chapelle, pour procédures non jugées contre le curé de Villeneuve-le-Comte.	407	» »	» »
A la dame Lefèvre, marchande de fer à Crécy, pour fournitures faites en 1789 et années précédentes.	608	18	» »
Au sieur Marniesse, maréchal à Couilly, pour ouvrages et fournitures de son état.	460	13	» »
Au sieur Jean Bocage, meunier au Pont-aux-Dames, pour reste de battage de grain en 1789.	78	» »	» »
Au sieur Louis Lesage, charron à Couilly, pour reste d'ouvrages en 1789.	79	» »	» »
Au sieur Jean Lefranc, plâtrier à Voisins, paroisse de Quincy, pour fournitures de plâtre en 1789.	801	» »	» »
Au sieur Leduc, serrurier à Couilly, pour reste d'ouvrages en 1789.	43	16	» »
Au sieur Delavot, charpentier à Meaux, pour ouvrages en 1789.	280	» »	« »
Au sieur Houbé, tuilier à Voulangis, paroisse de Saint-Martin, pour reste de fournitures en 1789.	327	» »	» »
Au sieur Baudoin, taillandier à Couilly, pour ouvrages et fournitures en 1789.	38	18	» »
Au sieur Barigny, couvreur à Meaux, pour ouvrages et fournitures en 1789.	244	» »	» »
Au sieur Malabert, terrassier à Villeneuve-le-Comte, pour ouvrages et fournitures en 1789.	617	8	» »
Au sieur Desécoutes, négociant à Coulommiers, pour reste de provisions de poisson en 1789.	420	» »	» »
Au sieur Lambert, chapelain de Sainte-Catherine, pour arrérages de rente.	600	» »	» »
Au sieur Michel Degruel, charron à Libernon pour ouvrages.	100	» »	» »
Aux collecteurs de Villiers-sur-Morin et de Dammartin pour le reste des impositions des six derniers mois de 1789.	200	» »	» »
Au receveur des décimes du diocèse de Meaux, pour arrérages de décimes.	3,800	» »	» »
Aux collecteurs de la contribution patriotique, terme d'avril 1790.	1,494	5	» »

Au notaire de Couilly pour trois cent cinq
déclarations, à cinq sous chacune   76 5 »»

Total des dettes de l'Abbaye : 29,660 livres
11 sous 9 deniers.   29,667 l. 11 s. 09.

Lesdites dames coadjutrice, prieure et sacristine, après avoir certifié sincères et véritables les déclarations ci-dessus apposèrent leurs signatures au bas de l'inventaire.

Avant de clore leur procès-verbal MM. Aucher, Lhoste et Javary dressèrent l'état nominatif des Religieuses et des Sœurs converses, en indiquant les prénoms et l'âge de chacune d'elles ainsi qu'il suit :

RELIGIEUSES DE CHŒUR

Gabrielle de La Roche de Fontenille, abbesse,	76 ans.
Charlotte-Joséphine de La Roche de Fontenille, coadjutrice,	44
Henriette-Catherine de Courcelles, prieure,	67
Madeleine-Thérèse Pironneau, sacristine,	60
Marie-Élisabeth Bruneteaux, sous-prieure,	76
Marie-Louise-Françoise Louvel de Villarceaux, secrétaire,	62
Marie-Félicité Leroux, infirmière,	42
Françoise Fournier de La Burgère, dépositaire,	41
Louise-Élisabeth-Clotilde de Courtille,	86
Louise Gentil,	85
Thérèse Choart,	73
Marie-Louise-Marguerite de Gréaulme,	71
Marie-Anne de Brossin,	70
Adélaïde Choart,	64
Pétronille Choart,	64
Marie-Françoise Esmangart-Dariocher,	57
Marie-Anne Pépin,	47
Marie-Geneviève Amiot,	47
Joséphine-Victoire Chaillaut,	38
Marie-Catherine-Victoire Laudumiey,	37

Marguerite-Joséphine-Adélaïde Prévost de la Croix,	38
Marie de Tessière.	31
Marie-Anne-Françoise Lecomte,	29
Marie-Antoinette-Marguerite Bourgeois,	29
Marie-Éléonore Prévost Dehaucourt,	23

SŒURS CONVERSES

Marie Couturier,	83 ans.
Louise Lemaire,	71
Marie-Anne Michaut,	70
Perrette-Marie Parvy,	64
Marie-Anne Raimond,	64
Marguerite Caillot,	61
Marguerite Buquet,	58
Marguerite Raimond,	59
Marie-Françoise Mayette,	52
Geneviève-Marguerite Simonnet,	51
Françoise Buquet,	49
Anne Boulfroy,	47
Catherine-Marie Lebouc,	43
Marie-Jeanne Cottin,	39
Marie-Anne Lecomte,	39
Marie-Louise Dutilloy,	35
Marie-Félix Regnard,	33
Marie-Catherine Lebobe,	»»

Ce fait, et ne se trouvant plus rien à constater, déclarer ou comprendre en l'inventaire. Lorsque tous les titres et papiers inventoriés eurent été laissés en la possession des coadjutrice, prieure et sacristine qui s'étaient chargées de les représenter quand et à qui il appartiendrait; MM. Aucher, Lhoste et Javary se retirèrent après avoir vaqué depuis 9 heures du matin jusqu'à 5 heures du soir, sans autre interruption que celle nécessaire pour le repas (1).

(1) Archives départementales.

De l'inventaire du 4 août 1790, il résulte que : sans compter les produits de leur immense enclos, les religieuses jouissaient d'un revenu de 51070 livres 19 sous 4 deniers.

Si, vers 1768, quand l'Abbaye comprenait 52 religieuses, ainsi qu'on l'a vu plus haut, la dépense annuelle de la communauté s'élevait à la somme totale de 21,100 livres 3 sous 6 deniers savoir : pour la nourriture et l'entretien de tout le personnel de la maison, 9,827 livres 2 sous 6 deniers, et pour les charges annuelles indispensables 11,173 livres 1 sou ; nous devons supposer que, dans le cours des dernières années, la même somme suffisait à tous les besoins, quand la communauté se trouvait réduite à 43 personnes et quand tous les bâtiments du couvent et des fermes, entièrement reconstruits, devaient exiger peu de frais d'entretien.

L'Abbaye ne réalisait donc pas moins d'une trentaine de mille francs d'économies annuelles. Ce chiffre peut donner une idée des richesses que notre monastère aurait accumulées si l'événement qui supprima les établissements de main-morte avait été retardé d'un siècle ou seulement d'un demi-siècle.

On objectera peut-être que le prix des objets de consommation s'élevant peu à peu, suivant la progression de l'augmentation des revenus, il serait conforme aux probabilités d'élever le budget des dépenses, pour l'époque dont il s'agit, jusqu'à 24 ou 25 mille livres, ce qui serait un maximum extrême.

Dans cette hypothèse, les économies annuelles

s'élèveraient encore à 25 ou 26 mille livres. Il faudrait aussi considérer que depuis les premières années du xviiie siècle le nombre des religieuses allait en diminuant, tandis que les revenus allaient en augmentant; que les économies étaient immédiatement employées en acquisition de rentes ou d'immeubles et contribuaient successivement à l'augmentation des revenus.

Les religieuses ne quittèrent pas leur maison immédiatement après l'inventaire; elles y restèrent jusqu'au mois de septembre 1792.

Madame Gabrielle de Fontenille étant morte ou s'étant démise de ses fonctions peu de temps après le 4 août 1790 fut remplacée par madame Charlotte-Joséphine de Fontenille, sa nièce.

Une procuration notariée que j'ai sous les yeux et qui porte la date du mois d'octobre 1792 ne laisse aucun doute à cet égard. A la signature qu'elle appose au pied de cet acte, madame Charlotte-Joséphine de Fontenille ajoute ces mots : « *nommée abbesse.* »

Par quelle autorité fut-elle nommée? Je l'ignore. Il est peu probable qu'elle ait été nommée par Louis XVI. Il est peu probable qu'elle ait reçu ses bulles. Peut-être fut-elle instituée par le directoire du district de Meaux, en qualité d'abbesse, pour administrer provisoirement les affaires de l'abbaye

Ce fut elle qui paya la contribution patriotique pour les années 1790 et 1791. Les quittances qui lui furent données sous les dates des 11 et 14 avril 1791 la qualifiaient abbesse (1).

De la dernière de ces quittances il résulte que la somme à laquelle l'abbaye du Pont-aux-Dames avait été taxée dans la contribution patriotique pour l'année 1791 s'élevait à 4,484 l. 6 s. (2).

Le 13 septembre 1792, madame Charlotte-Joséphine de Fontenille rendit ses comptes aux administrateurs du district de Meaux qui lui donnèrent décharge (3).

A partir de ce moment les religieuses abandonnèrent leur maison et se dispersèrent. Les unes se retirèrent dans leurs familles. D'autres qui n'avaient pas de parents chez qui, dans ces circonstances, elles pussent trouver un asile, restèrent à Couilly, à Saint-Germain, à Condé, espérant que bientôt un nouvel état de choses les remettrait en possession de leur abbaye; plusieurs se fixèrent à Crécy.

Au mois de février 1793, elles adressèrent au directoire du district de Meaux une réclamation collective. Voici dans quelles circonstances :

Lorsqu'elles avaient quitté le Pont-aux-Dames, il existait dans les greniers de l'abbaye soixante-quinze setiers de blé destinés à l'alimentation de la maison (4).

Les administrateurs du district avaient fait enlever

1) Pièces communiquées par M. Boquet-Liancourt.
(2) Idem.
(3) Idem.
(4) Idem,

ce blé et l'avaient fait vendre. Les ci-devant religieuses, dont quelques-unes étaient dans le dénuement, envoyèrent leur procuration au citoyen de Vernon (1), alors juge de paix à Meaux, à l'effet de réclamer en leur nom auprès du directoire du district le prix des 75 setiers de blé dont il s'agit. J'ignore le dénouement de cette affaire (2).

En l'an III de la République qui répond à l'année 1795, l'abbaye fut mise à la disposition des entrepreneurs des transports militaires, lesquels établirent dans les bâtiments et dans l'enclos du couvent un dépôt de chevaux et de matériel d'artillerie.

Le certificat que je rapporte ci-après et dont l'original se trouve aux archives départementales, fournit la preuve de ce fait :

« Je soussigné, préposé des entrepreneurs géné-
» raux des chevaux d'artillerie et transports militai-
» res, certifie et atteste que le citoyen Etienne Habit,
» concierge au Pont-aux-Dames, n'a point reçu de
» solde, depuis le 9 courant, époque à laquelle le
» magasin établi au ci-devant dépôt des transports
» militaires au Pont-aux-Dames a été supprimé et
» auquel jour le citoyen Habit est demeuré sans
» emploi au compte des transports militaires. »

Fait à Meaux, au bureau des transports militaires, le 28 messidor an III.

A. BERTHE.

(1) Nommé plus tard président du tribunal de Meaux.
(2) Pièces communiquées par M. Boquet-Liancourt.

Enfin, en exécution de la loi du 28 ventôse an IV, la ci-devant abbaye comprenant tous les bâtiments conventuels et autres, l'église, les jardins, parc, cour, basse-cour et toutes ses dépendances, fut mise en vente comme bien national par les administrateurs du directoire du département de Seine-et-Marne en un seul lot. Aucun habitant de Couilly ne se trouvant en état d'acquérir une propriété de cette importance, ce fut un habitant de Crécy qui s'en rendit acquéreur par acte du 7 fructidor an IV, moyennant la somme de 40,936 l. 6 s., sur estimation et règlement d'experts.

J'ai dit qu'il me serait impossible de dresser un plan géométrique de notre monastère. Avant de clore ce chapitre, je vais rapporter le procès-verbal dressé le 17 thermidor an IV par les experts chargés de procéder à l'estimation de ce domaine national. A défaut de description, le lecteur y trouvera l'énumération de tous les bâtiments qui composaient l'abbaye.

Les biens nationaux n'étaient pas vendus par adjudication, mais par soumission personnelle. Celui qui désirait acquérir un immeuble que le gouvernement mettait en vente se rendait au directoire du département et, par un acte dressé dans la forme administrative, *déclarait se soumettre d'acquérir de la République, conformément à la loi du* (1) . . . . . . l'immeuble. . . . . .

(1-2) Ce sont les termes mêmes de la soumission.
Pièces communiquées par M. Dubois, de Meaux.

Requérait l'administration de lui en *passer contrat de vente sur le prix de l'estimation qui en serait faite conformément à la loi* (1).

Nommait un expert pour procéder avec celui nommé par l'administration à l'estimation de l'immeuble.

S'obligeait à payer le prix de la vente sous l'hypothèque spéciale et privilégiée de l'immeuble en question et généralement de tous ses biens, meubles et immeubles présents et à venir.

En déduction duquel prix le soumissionnaire consignait entre les mains du receveur des domaines nationaux une somme qui ne devait pas être inférieure au quart du prix présumé de l'immeuble.

Quant à l'estimation, la loi voulait qu'elle fut faite en revenu et en capital sur le prix de 1790, savoir :

Au denier 18 pour les bâtiments, cours et jardins en dépendant, au denier 22 pour les biens ruraux.

Le 17 thermidor an IV, les deux experts nommés, l'un par l'administration, l'autre par le soumissionnaire se rendirent au Pont-aux-Dames et procédèrent à l'estimation de l'abbaye (2).

Ces bâtiments abandonnés depuis quatre ans, occupés pendant un certain temps par l'entreprise des transports militaires, étaient dans un état de délabrement complet.

---

(1) Ce sont les termes mêmes de la soumission.
Pièces communiquées par M. Dubois, de Meaux.
(2) Archiv. départementales.

Les experts constatèrent que la ci-devant abbaye comprenait 18 arpents, 92 perches, entièrement clos de murs, savoir :

En bâtiments, un arpent quarante-trois perches.	1 a. 43 p.
En cours, deux arpents trente-neuf perches.	2 39
En jardins potagers, onze arpents.	11 »»
En taillis et charmilles, quatre arpents, dix perches.	4 10

Puis, ils procédèrent à l'estimation de la valeur locative de tous ces bâtiments, en ayant égard à la superficie, à la hauteur, à la distribution de chacun d'eux, de la manière suivante :

1. La maison du portier élevée d'un rez-de-chaussée, premier étage et grenier au-dessus, estimée quarante-cinq livres, ci	45 »» »
2. Quatre travées de bâtiment renfermant un bucher et l'emplacement d'un pressoir, estimées	120 »» »
3. Une grange de cinq travées, susceptible de beaucoup de réparations, principalenent dans la couverture, estimée	60 »» »
4. Le logement de l'intendant, à hauteur du premier étage, éclairé sur l'avant-cour, composé de trois pièces et deux cabinets, avec grenier au-dessus, estimé	70 »» »
5. Un autre corps de bâtiment élevé d'un rez-de-chaussée, premier étage et chambre lambrissée au-dessus, lequel corps de bâtiment servait ci-devant de logement des garçons. En mauvais état et la plus grande partie des baies sans fermetures ; estimé	30 »» »

BASSE-COUR

6. Une bergerie de quatre travées, un colombier avec laiterie au-dessous, estimés	40 »» »
7. Deux bâtiments en appentis renfermant dix toits à porcs, le tout en mauvais état, estimé	20 »» »

8. Une grange de quatre travées ayant face sur la rue, estimée — 40 »»

9. En retour de la dite grange, un autre bâtiment servant ci-devant à la ménagère, composé d'un rez-de-chaussée et d'un premier étage, estimé, vu son dépérissement général, — 25 »» »

10. Un autre corps de bâtiment tenant au précédent, et dans lequel sont deux écuries, chambres de charretiers et greniers au-dessus. Ledit bâtiment exigeant beaucoup de réparations, estimé — 30 »» »

11. Un autre corps de bâtiment ayant sa cour particulière et faisant face à la rue, élevé d'un rez-de-chaussée, avec cave au-dessous; premier étage composé d'une antichambre, de quatre chambres et de trois cabinets, chambres lambrissées et grenier au-dessus, estimé — 125 »» »

12. Dans la cour d'entrée à gauche, un autre corps de bâtiment joignant l'église, appelé le bâtiment des Moines, élevé d'un rez-de-chaussée, premier étage et grenier au-dessus. Le tout dans le plus mauvais état, sans portes ni croisées; la plupart des cheminées démolies, estimé — 50 »» »

13. Un bâtiment en retour composé de deux pièces, servant ci-devant de menuiserie, avec une pièce au premier étage, estimé — 15 »» »

14. Un autre bâtiment à la suite servant de bûcher, estimé — 30 »» »

15. Un autre bâtiment de six travées servant ci-devant de cellier et grenier à foin; lequel est dans un état général de dégradation, estimé — 75 »» »

16. La ci-devant église conventuelle de 140 pieds de long sur 58 de large, d'une hauteur proportionnée, voûte en ogive; toutes les croisées sans vitraux et les fermetures sans portes, estimée — 150 »» »

17. Dans l'intérieur des jardins, le long du rû, un bâtiment servant ci-devant de boucherie, avec grenier au-dessus et une petite écurie à la suite, estimé — 20 »» »

18. Deux lavoirs, dont l'un en bon état et l'autre entièrement détruit, estimés ensemble — 15 »» »

19. Deux pavillons d'avant-corps occupés ci-devant par la condamnée Du Barry, séparés l'un de l'autre par la porte d'entrée, élevés sur

rez-de-chaussée d'un premier étage avec chambres lambrissées au-dessus ; celui de droite servant au logement des portières. Les deux pavillons, estimés ensemble, eu égard à leur dégradation, ... 40 »» »

BATIMENT ABBATIAL

20. Ledit bâtiment composé d'un rez-de-chaussée, d'un entresol et d'un étage avec chambres lambrissées au-dessus, est complétement inhabitable, à défaut de portes, de croisées, de cheminées et même de plancher, estimé .... 50 »» »

21. Dans la cour conventuelle à gauche, un corps de bâtiment régnant sur la longueur de la dite cour, élevé sur cave, d'un rez-de-chaussée, d'un étage, avec chambres lambrissées au-dessus; ledit bâtiment contenant la boulangerie et aussi le logement des pensionnaires et des institutrices, estimé .... 160 »» »

22. Un autre corps de bâtiment dont le rez-de-chaussée servait ci-devant de sacristie, de chapitre, de salle de communauté, d'apothicairerie; premier étage servant de dortoir; grenier au-dessus régnant sur toute la longueur dudit bâtiment, estimé .... 180 »» »

23. Un corps de bâtiment en mauvais état, attenant au précédent et servant de dortoirs, estimé .... 160 »» »

24. Dans la cour d'entrée, en face de la principale porte conventuelle et régnant sur toute la longueur de la dite cour, un autre corps de bâtiment en mauvais état, sans portes ni croisées. Le rez-de-chaussée servant de bûcher; le premier étage distribué en plusieurs appartements, estimé .... 100 »» »

25. En retour du précédent, un corps de bâtiment en mauvais état et presque inhabitable. Le rez-de-chaussée dudit bâtiment servant d'infirmerie, de cuisine, de garde-manger, d'office, de lavoir et accessoires; le premier étage servant de logement pour les pensionnaires, estimé .... 60 »» »

Produit estimatif des bâtiments. 1,710 »» »

La dite somme de 1710 livres multipliée par 18, donne pour valeur foncière la somme de trente mille sept cent quatre-vingts livres, ci. 30,780 »» »

Jardins potagers, canaux, allées, onze arpents à 25 livres, valeur annuelle, donnent la somme de 4,950 »» »

Taillis et charmilles de différents bosquets, bois blanc et accrus de différents âges, estimés en fonds et superficie, à raison de 300 livres l'arpent, la somme de. 1,230 »» »

Cours, 2 arpents, 39 perches, à raison de 15 livres l'arpent, qui, multipliés par 18, donnent, pour la valeur foncière, la somme de 645 6 »

Arbres existant dans le jardin et dans la cour, savoir : 342 ormes de différents âges ; 31 tilleuls ; 3c marronniers, estimés ensemble 3,331 »» »

Total de l'estimation de l'Abbaye : Quarante mille neuf cent trente-six livres six sols, ci. 40,936 6 »

Telle est la description des bâtiments, cours, jardins et parc, dont se composait l'abbaye du Pont-aux-Dames à l'époque de sa suppression.

L'église et tous les autres bâtiments furent successivement démolis (1). Dans le cours de l'an V, de l'an VI et suivants ; l'immeuble dont il s'agit, revendu par lots de grandeur inégale, passa des mains du premier acquéreur en celles de plusieurs autres propriétaires (2). Mais toutes ces mutations sont étrangères à mon sujet. L'histoire de l'abbaye finit le 7 fructidor an IV.

(1) La démolition de l'église commença le 18 frimaire an V.
(2) Tous les biens qui avaient appartenu à l'abbaye furent aussi vendus à la même époque.

CONCLUSION

Le témoin qui dépose devant un tribunal fait serment de dire toute la vérité, rien que la vérité. L'impartialité est un devoir impérieux que l'honneur ne permet pas d'enfreindre. En outre, des intérêts considérables dépendent souvent de la déposition de ce témoin.

Mais celui qui, sous la forme d'un livre, n'exhume que des souvenirs du passé, ne fait figurer dans ses récits que des personnes descendues depuis longtemps dans la tombe et s'arrête avant le commencement du siècle présent, celui-là ne saurait compromettre aucun intérêt appréciable. Quoi qu'il en soit, le soin de sa propre dignité ne lui commande pas moins une inflexible impartialité. Aussi je n'ai cherché que le vrai.

Si, dans le cours de mes recherches, j'avais rencontré quelques actes d'inconduite à la charge des Religieuses du Pont-aux-Dames; si quelque fait de malversation m'avait été révélé; si j'avais vu quelqu'une de nos Abbesses gaspiller les revenus de la

Communauté et les employer à ses plaisirs, la vérité m'aurait fait un devoir de divulguer ces faits ; je ne me serais pas affranchi de ce devoir. Avec la même sincérité que j'aurais fait connaître le mal, je dois déclarer que je n'ai trouvé nulle part la trace d'un scandale.

T. Duplessis, parlant de l'Abbaye du Pont-aux-Dames, s'exprime en ces termes : « La principale » gloire de cette maison consiste moins dans cet éclat » temporel que dans la grande régularité qui y a tou-» jours été observée, et dans cet esprit de ferveur et » de piété qui n'y a encore souffert aucun affoiblisse-» ment depuis sa première institution. »

Ce témoignage me paraît être l'expression de la vérité. Il est d'ailleurs conforme à celui qui résulte : 1º des lettres patentes de Louis XIII du mois d'avril 1621 ; 2º du Cérémonial manuscrit, lequel se plaît à reconnaître la bonne conduite et la religiosité de la Communauté du Pont-aux-Dames.

Janvier, de son côté, tout en éprouvant contre nos Religieuses un mouvement de mauvaise humeur, reconnaît qu'elles étaient bonnes ménagères. Voici dans quelles circonstances :

Le 6 mai 1681, le curé Janvier étant venu de Meaux au Pont-aux-Dames, pour assister à la bénédiction de Madame de La Trémoille, espérait que les Religieuses, après la cérémonie, ne manqueraient pas de lui offrir quelques rafraîchissements, à lui ainsi qu'aux autres assistants ; mais il fut complétement déçu. Aussi nous fait-il, en ses mémoires, la

confidence de sa mauvaise humeur : « Les Reli-
» gieuses, dit-il, furent si villaines qu'elles ne me
» donnèrent pas un verre d'eau. » Il ajoute un peu
plus loin : « Je dirai que ces Religieuses sont très-
» propres et bonnes ménagères, car elles ne donnè-
» rent rien à personne. »

Si l'abbé de Chaalis au xvi° siècle, et le gouvernement de Louis XVI en 1774, choisirent notre Abbaye
pour un lieu de pénitence, ce choix fut évidemment
le résultat de la bonne réputation dont la Communauté jouissait.

Enfin, l'accroissement considérable des biens de
cette maison prouve que nos Abbesses furent des
femmes très-entendues aux affaires et bonnes administratrices.

Tel est le jugement qui me paraît résulter des documents que j'ai compulsés et que j'énonce.

Mais, après avoir rendu pleine justice aux femmes
dont la vie s'est passée dans cette maison, après
leur avoir décerné ce certificat de probité, de bonne
conduite et de bonnes mœurs, si je considère les institutions monastiques en général, je n'hésite pas à
déclarer que, sous tous les rapports, à quelque point
de vue que l'on se place, les couvents présentaient de
grands inconvénients, engendraient les plus grands
abus; qu'ils étaient absolument incompatibles avec
un état de choses qui, supprimant tous les priviléges,
abolissant l'esclavage, proclamait l'égalité de tous les
citoyens devant la loi, l'égalité de tous les biens
devant le rôle du percepteur.

J'essaierai d'énumérer en peu de mots ces inconvénients et ces abus.

En ces matières, les livres écrits sous l'empire d'une opinion préconçue ne sauraient être pris pour guides. C'est dans la législation même, c'est dans le préambule des édits, c'est dans les recueils de jurisprudence qu'il faut chercher la vérité. C'est pourquoi j'ai cru devoir placer au commencement de ce petit livre un tableau sommaire de la législation des deux derniers siècles, en ce qui concerne les établissements monastiques.

On a vu que dès le commencement du xviie siècle les communautés religieuses portaient ombrage aux représentants de la Nation; que les États généraux de 1614 avaient exprimé le vœu que, dorénavant, nulles communautés ecclésiastiques et gens de main-morte ne pussent acquérir d'immeubles que pour accroître leur enclos. Le gouvernement de Louis XIII, celui de Louis XIV et celui de Louis XV avaient, à diverses reprises, expressément défendu la fondation d'aucun établissement religieux sans la permission du roi.

En effet, au point de vue de l'organisation financière, en ce qui concernait la répartition de l'impôt, les établissements de main-morte étaient éminemment nuisibles à l'État, à l'intérêt public. Les bâtiments conventuels avec leurs enclos, parcs, jardins et dépendances étaient exempts d'impôts. Les terres que les couvents faisaient valoir en étaient également exemptes. De sorte que la taille, se répartissant sur un plus petit nombre de contribuables, était d'autant plus lourde qu'elle tombait précisément sur ceux qui pouvaient le moins la supporter.

« En outre les gens de main-morte acquérant tou-
» jours et n'aliénant jamais, le public en souffrait, dit
» Fleury; car il est utile qu'il y ait toujours beaucoup
» de biens dans le commerce. Il était même à craindre,
» dit encore Fleury, que ces établissements se rendis-
» sent, à la fin, propriétaires de tous les immeubles
» ou de la plus grande partie (1). »

Enfin, les biens d'église devenus inaliénables ne produisaient plus aucun droit de mutation.

Les établissements religieux étaient encore onéreux à l'Etat, en ce que le Trésor public était souvent forcé de leur venir en aide pour l'entretien de leurs bâtiments. La commission pour le soulagement des communautés religieuses était accablée de demandes aussi nombreuses que pressantes.

La finance d'amortissement, la taxe des nouveaux acquets, les décimes ne compensaient pas le préjudice que les priviléges des gens de main-morte causaient au Trésor public.

Si les couvents causaient un préjudice à l'Etat, ils étaient également préjudiciables aux familles. On re-

(1) Les établissements de main-morte dissimulaient, autant que possible, le chiffre de leurs revenus. Aussi, les livres que l'on pourrait consulter ne fournissent, à cet égard, que des évaluations dérisoires.

Les almanachs royaux fixent à 12,000 livres les revenus de notre abbaye. Piganiol de la Force lui attribue la même somme de 12,000 livres. Le Dictionnaire d'Expilly, un peu moins inexact, dit que : « cette abbaye jouit d'au moins 15,000 livres de rente. »

prochait à ces établissements d'être trop attachés aux biens temporels. On les accusait d'exercer un grande influence sur leur entourage, sur leurs novices, sur les personnes dévotes; de provoquer des legs et des donations à leur profit. Sur ce sujet, le curé J.-B. Thiers fait les réflexions suivantes :

« Les religieuses ont fait vœu de pauvreté et de
» désappropriation. Elles n'ont rien à donner et n'ont
» pas à faire de testament. Cela n'empêche pas
» qu'elle ne fassent, assez souvent, faire des testa-
» ments en leur faveur, soit par leurs novices, soit
» par leurs pensionnaires, soit par les autres per-
» sonnes qui se retirent chez elles. Comme ils sont,
» presque toujours, suspects de suggestion ou de
» subornation, et qu'ainsi l'intérêt en est le principal
» motif, elles feroient bien mieux, à mon avis, si
» elles ne les sollicitaient point et si elles ne s'en mê-
» loient en aucune manière; d'autant qu'elles écarte-
» raient par là la pensée qu'on a souvent dans le
» monde et qu'on a souvent avec raison qu'elles sont
» trop attachées aux biens de la terre » (1).

Les biens donnés aux couvents étaient donc détournés de leur destination naturelle et légale. Les parents des donateurs en étaient frustrés.

Au point de vue de la police, les communautés religieuses pouvaient encore encourir des reproches. Le couvent formant, pour ainsi dire, une petite paroisse dans la grande, avait ses cimetières et son

(1) J.-B. Thiers, pages 428-429.

obituaire particuliers. Un décès arrivait-il dans l'enceinte du monastère, le clergé de la maison procédait à l'inhumation, dont mention était faite sur le registre du couvent. On comprend les dangers qui pouvaient résulter de ces inhumations à huis-clos, dangers d'autant plus grands que bien souvent l'enterrement avait lieu le jour même du décès (1).

De toutes les servitudes personnelles, celle qui résultait des vœux monastiques était assurément la plus dure, car l'affranchissement n'existait pas pour elle. La mort civile était la conséquence immédiate de l'émission des vœux, et cette mort anticipée n'avait point de limites. La demande en nullité des vœux présentait d'autant plus de difficultés que le réclamant avait pour adversaires non-seulement la communauté à laquelle il appartenait, mais encore tous ceux à qui sa rentrée dans le monde aurait porté préjudice. A partir de l'émission des vœux, on n'était donc plus qu'une chose appartenant au couvent.

Enfin, on reprochait aux religieuses leur inutilité.

(1) Dans son *Institution au Droit ecclésiastique*, Fleury dit que : « l'on ne doit enterrer qu'après un espace raisonnable après la « mort, en sorte qu'il n'y ait aucun lieu d'en douter ». Il ajoute en note : « On observe communément un espace de 24 heures, à » moins que le défunt ne soit mort de quelque maladie conta- » gieuse qui oblige d'accélérer l'inhumation ». Les actes d'inhumation inscrits sur les registres de la paroisse de Couilly prouvent que l'inhumation avait lieu ordinairement le jour même de la mort et qu'elle n'était remise au lendemain que dans le cas où le décès avait eu lieu le soir. Dans la plupart des actes d'inhumation, il est dit que le défunt est décédé *cejourd'hui, ce matin*, dans le cours de la *nuit précédente*. Quelquefois il est dit qu'il est décédé *hier*.

Si, dans la société, chacun selon son sexe, son aptitude, son intelligence et sa force, doit apporter au fonds commun une part de travail quelconque; il est certain que la religieuse cloîtrée qui se désintéressait complétement de tous les événements extérieurs, qui passait tout son temps en méditation, en prières, en pratiques de dévotion, qui était exempte de toutes les charges sociales, de tous les devoirs d'épouse et de mère, était absolument inutile à la société.

Telles sont, en abrégé, les réflexions que devra suggérer l'étude de la législation ancienne en ce qui concerne les communautés religieuses.

ANALYSE DU CARTULAIRE

DE

L'ABBAYE DE PONT-AUX-DAMES

1

Avril 1226
L

Charte de la fondacion de céans et pour lez fours de Cueilly. 10 v°

Ego Hugo de Castellione quondam filius Sancti Pauli comitis Notum facio presentibus et futuris quod Ego de voluntate et assensu venerabilis patris Petri Dei gratia Meldensis episcopi, fundavi abbatiam quamdam monialium de ordine Cisterciensi in domo Dei de Ponte Colliaci, quæ abbatia modo vocatur Pons Beatæ Mariæ. Et debent ibi esse abbatissa et conventus de ordine Cisterciensi et ad earumdum sustentationem ego dedi furna ejusdem villæ de assensu hominum ejusdem villæ. Ita quod nullus laïcus poterit qui sit manens in villa de Colliaco coquere ad alia furna nisi ad furna monialium; nec poterit aliquis habere furna in eadem villa nisi dictæ moniales. Ita quod burgenses ejusdem villæ ad eadem furna coquent ad vicesimum panem, Talemerarii vero coquent sextarium pro tribus denariatis panis quas furnerius voluerit accipere. Item dedi centum arpenta nemoris : septuaginta duo apud Jarriori et vigenti octo apud Lubetum et usuarium in foresta mea sicut homines mei habent et accipiunt et octo arpenta prati in insula de Condeto et aquam liberam a molendino de Talemer usque ad molendinum de Quintejoies et granchiam de Heremita versus Villam Novam et ducenta arpenta terræ arabilis. Ego vero dictas elemosinas concessi et promisi fide data in manu ejusdem episcopi quod non veniam contra eas. Immo teneor eas garantire per ejusdem fidei dationem. Item quitavi dictam domum cum omni porprisia et elemosinas supra dictas ab omni jure et justicia. Ita tamen quod non poterunt abbatissa et conventus advocare aliam potestatem secularem nisi me vel dominum de Creciaco si quem voluerint advocare. Quod ut ratum et firmum permaneat imperpetuum presentes litteras sigillo meo feci roborari. Actum anno domini millesimo ducentesimo vicesimo sexto mense aprili.

TRADUCTION

Je Hugues de Châtillon, jadis fils du comte de Saint-Paul, fais savoir à tous présents et à venir que, par la volonté et l'assentiment du vénérable père Pierre, par la grâce de Dieu évêque de Meaux, j'ai fondé, dans l'hôtel-Dieu du Pont-de-Couilly, une abbaye de Moniales de l'ordre de Cîteaux, que l'on appelle le Pont-Notre-Dame. Il doit y avoir là une abbesse et un couvent de l'ordre de Cîteaux, pour la sustentation desquels, avec le consentement des habitants de Couilly, j'ai donné les fours de cette ville ; de sorte qu'aucun laïque habitant de Couilly ne pourra cuire ailleurs qu'aux fours des Moniales. Les bourgeois cuiront au vingtième pain ; mais les Talemeliers cuiront un sextier pour trois deniers de pain (1). *Item* j'ai donné cent arpents de bois, savoir : soixante-douze situés à Jarrois et vingt-huit à Lubeton (2); l'usage dans ma forêt de la même manière que mes hommes en

---

(1) Toutes les énonciations ci-dessus se trouvent rapportées dans ma *Lettre historique* sur Couilly.

(2) Lieu dit Jarrois. Lieu dit Lubeton.
D'une charte du mois d'août 1228, il résulte que Hugues de Châtillon aurait donné aux Religieuses du Pont trois cents arpents de bois situés à Lubeton. Il est permis de supposer que dans cette donation se trouvaient compris les 28 arpents dont il s'agit dans la charte de fondation, et que la contenance totale du bois de Lubeton était de 300 arpents. Or, le nom de Lubeton a complètement disparu ; en outre, il existe dans la forêt un bois dit le bois des Trois-Cents. Il est donc probable que ce bois n'est autre que celui qu'on appelait autrefois Lubeton. Dans l'exploitation de la forêt, les marchands de bois et les régisseurs auront pris l'habitude de désigner ce canton par sa contenance, et peu à peu le nom de Trois-Cents se sera substitué à celui de Lubeton, dont l'usage se sera perdu.

Quant à la dénomination de Jarrois, elle est probablement le nom primitif du bois que l'on appelle aujourd'hui le Jarriel. Sur l'étymologie de ce nom, je hasarderai les réflexions suivantes :
Du Cange nous apprend que dans la langue latine du moyen âge le mot *Jarro* était le nom d'une espèce de chêne (*species quercus*), et que le mot *Jarrion*, en langue vulgaire, voulait dire *Jante*. Il existait sur le territoire de Couilly un lieu dit l'*Orme Jarrois*, dont il est souvent parlé dans nos chartes. Or, l'espèce de chêne dont parle

jouissent; huit arpents de pré dans l'île de Condé; le droit de rivière à partir du moulin de Talemer (1) jusqu'au moulin de Quintejoie, et la grange de l'Hermitage, près de Villeneuve (2), avec deux cents arpents de terres labourables. J'ai donné tous ces biens en franche aumône et j'ai promis sous la foi du serment, entre les mains dudit Evêque, de ne jamais revenir sur cette donation; je me suis même obligé, par le même serment, à toute garantie. *Item* j'ai renoncé à tous droits quelconques (3) sur ladite maison, sur tout son pourpris et sur tous les biens compris dans la présente donation; mais si l'abbesse et le couvent jugeaient à propos d'appeler un gardeur, ils ne pourront appeler que moi ou le seigneur de Crécy. Pour que ce soit chose ferme et stable à toujours, et pour donner plus de force à ces présentes lettres, je les ai fait revêtir de mon sceau. Fait l'an du Seigneur mil deux cent vingt-six, au mois d'avril.

2

Avril 1226
L

Charte de la fondacion de céans.

16 R°

Charte par laquelle Pierre, évêque de Meaux, confirme la fondation de l'abbaye, à la condition que les abbesses en seront bénies par les évêques de Meaux et leur seront soumises.

Du Cange serait donc un orme jarrois, c'est-à-dire un orme tortillard, dont le bois, aussi dur que celui du chêne, sert précisément à faire des jantes et des moyeux. Le bois de Jarrois aurait donc pris son nom de cette essence d'arbres qui dominait en ce lieu. De même à Couilly le lieu dit l'Orme Jarrois aurait dû son nom à cette espèce d'orme.

(1) Sur l'origine du mot Talemer, voir *Lettre historique* sur Couilly.

(2) Villeneuve-le-Comte.

(3) Les mots *Quitavi ab omni jure et justicia*, ne sont pas sans présenter une certaine obscurité. En droit, Hugues de Châtillon, en donnant les biens dont il s'agit en franche aumône, sans retenir la foi, laquelle est constitutive du fief, les arrotura. L'abbaye possédait donc roturièrement. En fait, l'abbaye, qui devait connaître mieux que personne l'étendue des droits résultant de sa charte de fondation, n'a jamais exercé le droit de justice. Il est donc absolument impossible d'admettre que Hugues de Châtillon ait eu la pensée de conférer un droit de justice. Sauf meilleur avis, je crois que ces mots *Quitavi ab omni jure et justicia* signifient que Hugues de Châtillon, renonçant à sa juridiction seigneuriale en ce qui concerne les religieuses, leur laisse la faculté de soumettre leurs causes à telle justice qu'elles voudront, c'est pourquoi je traduis ces mots par : *J'ai renoncé à tous droits quelconques*. Mais comme il porte une affection particulière à l'abbaye, comme il lui fait donation de biens considérables dont il garantit la propriété, il déclare qu'il prendra le fait et cause des religieuses dans le cas où quelqu'un viendrait à les troubler dans leur possession; il veut donc, le cas échéant, qu'elles le prennent pour *gardeur*, lui ou ses successeurs.

3

Avril 1226 — L — *Charte de deux sextiers et mine de blé sur la disme de Sancy.* — 111 V°

Devant Pierre, évêque de Meaux. Mathilde de Cuisy donne en franche aumône à l'abbaye, savoir : un setier de blé à prendre sur sa dîme de Sancy, sa vie durant; et trois mines de blé à percevoir à perpétuité sur la même dîme, à partir de son décès.

4

Avril 1226 — L — *Item charte des diz deux sextiers et mine de blé sur la dite disme de Sancy.* — 111 V°

Devant Pierre, évêque de Meaux. Approbation de la donation ci-dessus par Thomas de Sancy, seigneur du fief dans la mouvance duquel ladite dîme était située.

5

Avril 1226 — L — *Carta de sexaginta modiis Vini.* — 36 R°

Charte par laquelle Hugues de Châtillon donne à l'abbaye soixante muids de vin à prendre sur les vignes de Crécy, etc., etc.

6

Avril 1226 — L — *Charte de dix muis de blé sur les moulins de Claye, et de dix livres sur la terre de Montjay.* — 132 V°

Par cette charte, Guy de Châtillon, frère aîné de Hugues de Châtillon, pour le remède de son âme, des âmes de son père, de sa chère épouse, de ses aïeux et de ses héritiers, fonde deux chapelles dans la nouvelle abbaye fondée par son frère ; et pour l'entretien de ces deux chapelles, assigne dix muids de blé à percevoir sur les moulins de Claye, et dix livres provinoises à percevoir annuellement sur les revenus de la terre de Montjay (Montgé).

7

Mai 1226
[L

Charte sans titre par laquelle Thibault de l'Isle donne en franche aumône, à l'abbaye, un demi-muid de blé à prendre annuellement sur sa ferme de Lesches.

8

Sept. 1226
L

Carta de escambio quod fecerunt pariter abbas et conventus Sancti Germani Pariensis. 60 V

Par cette charte, Eudes, abbé de Saint-Germain-des-Prez-lès-Paris, et tout le couvent dudit lieu, cèdent à Hugues de Châtillon, à titre d'échange et pour l'accroissement de la nouvelle abbaye que ce dernier vient de fonder, vingt-huit deniers de chef cens sur un jardin et des chenevières situées près du pont de Couilly, à la condition qu'il ne sera élevé dans ces jardins et chenevières, ni par Hugues de Châtillon, ni par les religieuses, aucune construction capable de nuire aux moulins appartenant aux moines de Saint-Germain-des-Prez.

9

Nov. 1226
L

Carta de Aqua. 46 V

Par cette charte, Hugues de Châtillon rappelle que, pour le remède de son âme et des âmes de ses parents, il a donné en perpétuelle aumône, aux Moniales du Pont-Notre-Dame, toute l'eau comprise entre le moulin de Talemer et le moulin de Quintejoie, avec le droit de justice; et confirme cette donation.

10

Mars 1226
L

Charte d'ung muy de blé à Bouleure et à Montaudier. 137 R°

Devant Hugues de Châtillon comparaît Gilon de Sainte-Céline, clerc de Meaux, lequel donne à l'abbaye, en perpétuelle aumône, un muid de blé à prendre sur sa dîme dite Dîme de Boulleurs et de Montaudier ; et lui vend, moyennant soixante-huit livres provinoises anciennes et douze livres provinoises nouvelles, tout ce qu'il possédait ou pouvait posséder dans ladite dîme. Hugues de Châtillon, en qualité de seigneur du fief, approuve et ratifie la donation.

11

Mar
1226

Item charte de mesme dessus dit.

137 R°

Pardevant Pierre, évêque de Meaux, Gilon de Sainte-Céline confirme la charte ci-dessus. Picoart de la Chapelle, écuyer, en ce qui le concerne, et Etienne Bociaus, en qualité de seigneur du fief, approuvent et ratifient lesdites donation et vente.

12

Sept.
229
L

Item de ce mesme dessus dit.

137 R°

Devant Pierre, évêque de Meaux, Etienne Bociaus et Héloïse, sa femme, renoncent aux droits qu'ils pouvaient avoir sur la dîme de Bouleurs.

13

1227
L

Charte de l'achat de la disme de Bouleure, d'ung muis et de XI solidis.

56 R°

Devant Hugues de Châtillon, Raoul et Hersande, son épouse, vendent aux Moniales du Pont-Notre-Dame un muid de blé sur la dîme de Bouleurs et de Montaudier, et onze sous de cens sur la terre de Crécy. Cette vente est approuvée : 1° par Reine, dame de Maupertuis, de qui Raoul tenait en fief ce muid de blé et ces onze sous de cens ; 2° par Pierre Pichoarz de la Chapelle, à qui ce fief devait revenir après le décès de ladite dame ; 3° par Etienne Bocel, prévôt de Crécy, de qui Pichoarz (1) tenait la moitié dudit fief. Enfin, Hugues de Châtillon, en qualité de seigneur, approuve et ratifie ladite vente.

14

1228
L

Charte de deux muis de blé prins sur la disme de Bouleure.

56 V°

Adèle, abbesse de Fontevrault, avec le consentement de Mabde,

---

(1) L'écuyer que l'on nomme ici Pichoarz est le même que l'on nomme Picoart dans la charte du mois de mars 1226.

prieure, et d'Etienne, prieur dudit monastère, et aussi avec le consentement de la prieure et du couvent de Collinances, cède à l'abbaye du Pont-Notre-Dame deux muids de blé à percevoir sur la dîme de Bouleurs; lesquels deux muids de blé avaient été aumônés à l'église de Collinances par Jean de Sainte-Céline et Gilon, son fils, mais dont Hugues de Châtillon n'avait pas agréé la donation. Par la même charte, ledit Hugues de Châtillon donne en franche aumône, à l'église de Collinances, quarante livres provinoises pour acheter un revenu.

15

Sept. 1228 L

Charte de la quittance de la disme de Bouleure. 57 R°

Devant Pierre, évêque de Meaux, Gilon, Philippe et Marie, enfants de Jean de Sainte-Céline, approuvent la charte ci-dessus.

16

Juin 1227 L

Carta de XX libris quas magister Robertus percipit in censivis de Cuilly quæ ad nos debent reverti. 61 R°

Hugues de Châtillon, fondateur de l'église des Moniales du Pont-Notre-Dame, déclare qu'il a donné auxdites Moniales vingt livres provinoises à prendre annuellement dans les censives de Couilly, à la condition que son très-affectionné M° Robert Charpentier, demeurant au Pont-Notre-Dame, aura la jouissance desdites vingt livres sa vie durant.

17

Nov. 1227 L

Carta de augmento aquæ. 46 V°

Par cette charte, qui est le complément de celle du mois de novembre 1226, Hugues de Châtillon donne à l'abbaye le droit de rivière ou droit de pêche (*piscaria*), jusqu'au moulin de Liary.

18

Janv. 1226 L

Charte de la restauration des cens du chapitre de Meaux qu'ils avoient en la vieille abbaye. 121 V°

Hugues de Châtillon asseoit sur la maison de Renaud Lebègue

les cens que le Chapitre de Meaux avait sur les bâtiments occupés par la nouvelle abbaye. Ces cens étaient de deux deniers et une obole.

19

Janv. 1227
L

Carta de elemosina Bocelli super decimam de Bouleure.

106 V°

Par cette charte, Etienne Bocel, prévôt de Crécy, avec le consentement d'Helvyde, sa très-chère épouse, et pour le repos de leurs âmes, donne en franche aumône, à l'abbaye, deux muids et demi de grains à percevoir sur la dîme de Bouleurs, qu'ils tenaient en fief de noble homme Hugues de Châtillon.

20

Janv. 1227
L

Charte de deux muis et demi de blé à Bouleure.

66 V°

Par cette charte, Hugues de Châtillon approuve et confirme la charte précédente.

21

Sept. 1228
L

Item charte de ce mesme dessus dit.

106 R°

Pierre, évêque de Meaux, déclare avoir pris connaissance des deux chartes ci-dessus et en rend témoignage.

22

Août 1228
L

Carta de pace facta inter nos et vresbyterum de Cuilleio.

69 V°

Toutes les dispositions de cette charte sont énoncées dans le chapitre premier de la notice historique.

23

Août 1228
L

Carta de usuario animalium nostrorum in nemoribus.

100 R°

Par cette charte, Hugues de Châtillon, pour le remède de son âme et des âmes de ses parents, donne aux religieuses du Pont-Notre-Dame le droit de faire paître leurs animaux dans tous les bois et forêts situés en la châtellenie de Crécy.

24

Août 1228 — *Carta de usuario animalium in nemoribus.* — 121 R°

L Pierre, évêque de Meaux, fait savoir à tous ceux qu'il appartiendra la concession ci-dessus et en rend témoignage.

25

Août 1228 — *Charte de IIIC arpens de bois séans à Lubeton.* — 116 R°

L Par cette charte, Hugues de Châtillon donne à l'abbaye trois cents arpents de bois, fonds et superficie, assis en la forêt de Crécy, près Lubeton, et deux mille livres provinoises sur les ventes de la forêt, payables quatre ans après son décès.

26

Août 1228 — *Item charte de IIIC arpens de bois séans à Lubeton.* — 114 R°

L Pierre, évêque de Meaux, fait savoir à tous ceux qu'il appartiendra la donation ci-dessus et en rend témoignage.

27

1228 — *Charte de la vigne de Larez et de la terre des Alloy.* — 4 V°

L

Devant Pierre, évêque de Meaux, Richolde, épouse de Thierry de Couilly, donne en franche aumône, à l'abbaye, toutes les propriétés qu'elle avait acquises avec ledit Thierry, mais s'en réserve l'usufruit sa vie durant. Ces diverses propriétés sont énumérées dans la charte...

28

Nov. 1228 — *Charte de la quittance de l'usage des bois de séans.* — 116 R°

Pierre, évêque de Meaux, fait savoir que les habitants des paroisses de Villeneuve-le-Comte, de Crécy, Saint-Germain, Bouleurs, Villiers, La Chapelle, Dammartin, Moressard (1), Coulommes et Bailly, ont renoncé volontairement et à toujours à l'usage qu'ils avaient dans trois cents arpents de bois assis en la forêt de messire Hugues de Châtillon, proche le bois que l'on appelle Lubeton, lesquels trois cents arpents de bois ont été donnés par ledit sire de Châtillon à l'abbaye du Pont-Notre-Dame.

29

1228
Le Jour
de la saint
Luc, évangéliste.

L

Carta de elemosina domini comitis.

98 R°

Par cette charte, Hugues de Chatillon approuve et confirme toutes les donations qu'il a faites à l'abbaye depuis sa fondation et les rappelle.... c'est à savoir : « Tout le pourpris de l'abbaye
« s'étendant jusqu'au moulin de Talemer et se trouvant compris
« entre la rivière et le chemin qui de l'abbaye conduit audit
« moulin.... » Hugues de Chatillon énumère les biens qu'il a donnés par la charte de fondation et par quelques chartes postérieures ci-dessus énoncées. Et il ajoute : « A Villeneuve-le-Comte
« le four et la maison dans laquelle est situé ledit four, étant
« stipulé que dans ladite paroisse, personne à l'exception des
« moniales de l'abbaye n'aura le droit de faire un four et que les
« boulangers ou autres habitants donneront un pain sur vingt-
« quatre auxdites moniales ou à leur mandataire.... » Enfin il approuve et confirme toutes les acquisitions que les religieuses ont pu faire jusqu'au temps présent dans ses fiefs et dans ses censives.

30

1228
Le jour de
saint Luc
evangiliste.

L

Carta de majore substantia domus

59 V.

Par cette charte, Pierre, évêque de Meaux, fait savoir que noble homme messire Hugues de Chatillon, comte de Saint-Paul, ayant comparu devant lui, a ratifié, confirmé et approuvé toutes les donations par lui faites à l'abbaye avant qu'il ne fût comte de Saint-Paul, et depuis qu'il porte ce titre.

31

Janv.
1229

L

Charte du Molin du Pré

70 R.

Robert de Villeneuve, prévôt de Crécy, et Luce, son épouse,

(1) Aujourd'hui Mortcerf.

comparaissent devant Pierre, évêque de Meaux, et donnent en franche aumône à l'abbaye tout ce qu'ils avaient dans le moulin du Pré (Pré-mol) et la dîme de leurs terres.

32

Janv. 1229
L

Charte de Xl solz de rente à Ferrolles. 4 R.

Devant Pierre, évêque de Meaux, Etienne Valens et Hodéarde, sa femme, donnent à l'abbaye tout ce dont ils peuvent disposer (1).

33

Janv. 1229
L

Carta de quittatione decimæ de Cuilleïo. 58 V°

Devant Pierre, évêque de Meaux, Aveline de Rus et Henri son fils donnent à l'abbaye la dîme qu'ils possédaient à Couilly, deux maisons également situées à Couilly avec 16 deniers de cens, deux sous provinois de cens sur leur fief, le tout mouvant de l'évêque de Meaux, et deux arpents de terre, situés à Couilly, ne relevant pas dudit évêque; lequel, en ce qui le concerne, approuve la donation dont il s'agit.

34

Fév. 1229
L

Carta Fratrum Hospitalariorum de quitatione decimæ de Bolloria 92 R°

Hugues de Chatillon donne aux Frères Hospitaliers de Jérusalem trente arpents de bois, près de Guérard, à proximité de la grange du prieuré de La Celle. De leur côté, les Frères Hospitaliers donnent à Hugues tout ce qu'ils possédaient dans la dîme de Bouleurs et Montaudier, laquelle était mouvante dudit Hugues.

35

Juill. 1230
L

La quittance de la disme de Boulleure. 91 V°

Le prieur des Frères Hospitaliers de Jérusalem, avec le consentement de ses frères, cède à l'évêque de Meaux tout ce qu'ils possédaient dans la dîme de Bouleurs et de Montaudier, afin que ce dernier en fasse don à telle église qu'il voudra.

(1) Quotité disponible.

36

Août.
1230
L

Carta Fratrum Hospitalariorum de quitatione decimæ de Boulleure.

91 R.

Hugues de Chatillon expose que les Frères Hospitaliers de Jérusalem possédant, sans son consentement, la dîme de Bouleurs et de Montaudier, assise dans sa mouvance, l'avaient cédée à l'évêque de Meaux pour que ce dernier en fît don à telle église qu'il voudrait, Hugues approuve cette cession et autorise l'évêque à disposer de cette dîme au profit de telle église qu'il voudra.

37

Janv.
1230
L

Carta testimonii domini Meldensis episcopi de quitatione decimæ de Bolloria à Fratribus Hospitalariis.

91 V.

L'évêque de Meaux accorde à l'abbaye du Pont-Notre-Dame la dîme dont il est parlé ci-dessus.

38

1230
L

Molignon.

22 R.

Pierre de Cornillon, chevalier, en qualité de seigneur du fief dans la mouvance duquel est assis l'objet dont il s'agit approuve et confirme la donation faite à l'abbaye par Robert de Moulignon et Matilde, son épouse, de deux setiers de blé.

39

Avril
1231
L

Carta de majore substantia domus.

15 R.

Hugues de Chatillon, avec l'assentiment de Marie, fille de Gauthier, seigneur d'Avesne et comte de Blois, sa chère épouse, approuve et confirme tous les dons qu'il a faits à l'abbaye avant qu'il ne fût comte de Saint-Paul, et depuis qu'il l'est devenu; il rappelle toutes ces donations, approuve et confirme toutes les acquisitions que les religieuses ont pu faire dans ses fiefs et dans ses censives. Hugues et Marie apposent leurs sceaux à cette charte.

40

Avril 1231 L — *Charte de la fondacion de céans, des appartenances de l'Ermitage des Dismes de Bouleur et de Mont-taudier.* — 11 R.

Par cette charte, Thibaut, comte palatin de Champagne et de Brie, seigneur suzerain du sire de Crécy, approuve et confirme la fondation de l'abbaye et toutes les donations que Hugues de Châtillon a faites à ladite abbaye jusqu'au temps présent.

41

An 1231 L — Charte sans titre par laquelle Jean de la Voute, clerc, ayant comparu devant Hugues de Chatillon, a donné en perpétuelle aumône à l'abbaye un grand nombre de pièces de terre, de pré, de vigne, etc., désignées en ladite charte.

42

Sept. 1231 L — *Carta de compromissionne super decima de Bolloria.* — 138 R.

Par cette charte, Hugues de Chatillon déclare que, pour régler la contestation qui existe entre lui d'une part et les chanoines de La Chapelle d'autre part, au sujet de la dîme de Bouleurs, il s'en rapportera à la décision des honnêtes et discrètes personnes l'abbé de Sainte-Marie de Chaâge et Jean, prévot de Montjai (Montgé).

43

Nov. 1231 L — *Charte de la disme de Vin de Bouleure.* — 138 R.

Comme il y avait contestation entre les chanoines de La Chapelle d'une part, Hugues de Chatillon et l'abbaye du Pont d'autre part : les chanoines prétendant percevoir à Bouleurs la moitié de la dîme du vin, tant sur les nouvelles que sur les anciennes vignes; Hugues et les religieuses prétendant au contraire que l'abbaye devait percevoir la dîme du vin de la même façon qu'elle percevait la dîme du blé, Hugues de Chatillon déclare, par la présente charte, qu'il est intervenu entre les parties une composition aux termes de laquelle l'abbaye percevra la dîme du vin, non seulement sur les anciennes et les nouvelles vignes, mais encore sur celle qui seront plantées par la suite, de la même façon qu'elle perçoit la dîme du blé; et que les chanoines commenceront par percevoir deux muids de vin. Il est dit que les parties placeront dans la grange dîmeresse des batteurs pour battre le blé et qu'elles surveilleront leurs messiers, leurs pressureurs et leurs batteurs.

44

Nov. 1231
L

Charte de l'acort fait entre nous et les chanoines de La Chapelle. 138 V.

Par cette charte, Pierre, évêque de Meaux, publie la transaction ci-dessus, la confirme et la revêt de son sceau.

45

Avril 1232
L

Charte des biens séans à Champ Faulcon. 186 V.

Devant Hugues de Chatillon, Jean Leroy de Crécy, avec l'assentiment d'Ade, son épouse, donne en perpétuelle aumône à l'abbaye, toutes les vignes qu'ils possèdent au Champfaucon. Hugues de Chatillon, en qualité de seigneur du fief, approuve et confirme la donation...

46

Avril 1232
L

Charte de la Vigne séant sur le Froit Monceau. 47 R.

Hugues de Chatillon donne en perpétuelle aumône à l'abbaye un arpent de vigne, séant sur le froid Monceau, et qu'il tient de damoiselle Pétronille.

47

Juin 1232
L

Charte de X muis de Vin à Guérard. 35 V.

Devant Hugues de Chatillon et Marie, son épouse, Jean de Rheims et Agnès, son épouse, reconnaissent avoir donné en perpétuelle aumône à l'abbaye dix muids de vin à percevoir sur les vignes de Guérard, savoir : cinq muids à partir du décès du premier mourant d'eux, et les cinq autres muids à partir du décès du dernier mourant. Ces dix muids appartenaient aux donateurs comme les ayant reçus de Hugues de Chatillon, lequel en qualité de seigneur du fief approuve et confirme la donation.

48

Juin 1232
L

Charte d'un arpent de terre et vigne séant à Volengis-le-Petit. 107 V.

Devant Hugues de Chatillon et Marie, son épouse, Fromentin et Adeline, son épouse, donnent en perpétuelle aumône à l'abbaye : 1° Un arpent de terre et vigne, attenant à leur maison du Petit-Voulangis et acheté par eux des enfants de Godefroy du Buisson ; 2° Un demi arpent, au même lieu, appartenant en propre à Adeline comme lui ayant été donné en mariage. La donation de ce demi arpent est approuvée par Garnier, Etienne et Jean, frères d'Adeline ; 3° Le tiers de deux arpents, appartenant en propre à Fromentin, etc., etc., Hugues de Chatillon, en qualité de seigneur du fief, approuve et confirme.

49

Juil. 1232
L

Charte de ce mesme passée devant l'Evesque. 108 R.

Devant l'évesque de Meaux, Fromentin et Adeline renouvellent la donation ci-dessus.

50

Déc. 1232
L

Charte de la vigne de Larrez, la terre des Allois et les prez de l'Isle de Condé que donnèrent feu Thierri et sa femme que Dieu absoille (1). 86 R.

Devant Pierre, évêque de Meaux, Thierri de Couilly et sa femme reconnaissent avoir donné en perpétuelle aumône à l'abbaye, toutes les possessions qu'ils avaient acquises, savoir : la vigne de Larrez, la terre des Allois, et les prés de l'île de Condé ; l'usufruit laissé aux donateurs leur vie durant.

51

Janv. 1233
L

Carta quittæ molendinorum Arnulphi... 34 R.

Devant Hugues de Chatillon et Marie, son épouse, Gui du Port, donne à sa fille Elisabeth tout ce qu'il tenait du sire de Crécy et tout ce qu'il avait en propre dans la propriété du moulin d'Arnould, dans une île et dans douze deniers de cens assis sur une friche proche ledit moulin. Au même instant et avec le consentement du sire de Crécy, Elisabeth donne le tout en perpétuelle aumône à l'abbaye....

(1) Que Dieu absolve.

52

1233
L
Item Carta de quittantia molendinorum Arnulphi.   34 V.

Devant Pierre, évêque de Meaux, Eudes Lebœuf des Iles reconnaît avoir vendu à l'abbayer pour soixante livres provinoises et un muid de blé tout ce qu'il avait dans la propriété du moulin d'Arnould, situé à Rus, dans douze deniers de cens assis proche ledit moulin et dans une île également proche ledit moulin. Agnès, épouse d'Eudes, approuve et confirme cette vente; jurant de ne jamais rien réclamer pour raison de sa dot ni pour quelque cause que ce soit.

53

Janv.
1233
L
Item Carta de quittantiæ molendinorum Arnulphi.   35 R.

Devant Mᵉ Adam, chanoine et official de Meaux, Hugues d'Oysi reconnaît avoir vendu à l'abbaye, moyennant 28 livres provinoises, un muid et pleine mine de blé qu'il percevait annuellement sur le moulin d'Arnould ; Girard de Couilly reconnaît également avoir vendu à l'abbaye quatre setiérs et pleine mine de blé à percevoir annuellement sur ledit moulin. Aalyde, épouse de Hugues et Emengarde, épouse de Girard, approuvent lesdites ventes et promettent de ne jamais y contrevenir, sous aucun prétexte que ce soit, même pour raison de leur dot.

54

Mars
1233
L
Charte des héritages de Vau Courtoy.   64 V.

Devant Pierre, évêque de Meaux, Jean Lemoine, chevalier, et son épouse donnent en perpétuelle aumône à l'abbaye tout ce qu'ils possèdent à Vaucourtois, Thomas de Sancy, de qui les donateurs tenaient lesdits biens et Pierre de Cornillon, chevalier, de qui Thomas de Sancy les avait tenus, approuvent cette donation.

55

Mars
1233
L
Charte de la disme de Sancy.   106 V.

Devant Pierre, évêque de Meaux, dame Elisabeth, épouse de Jean Lemoine, chevalier, avec le consentement de ce dernier, vend au Chapitre de Meaux et à l'abbaye du Pont-Notre-Dame, tous les droits qu'elle avait sur l'ancienne dîme de Sancy, sur une grange dîmeresse, sur une maison et sur un pré. Thomas de Sancy, chevalier, en qualité de seigneur du fief, approuve la vente, renonçant à tous les droits de féodalité et de justice qu'il pouvait avoir sur les objets vendus.

56

Item Charte de la disme de Sancy. 107 R°

Juin 1234
L

Devant Pierre, évêque de Meaux, Matilde, fille de Jean Lemoine et d'Elisabeth, ci-dessus nommés, et Gilbert, son mari, approuvent et confirment la vente ci-dessus.

57

Charte de XX arpens de terre ou terrouer de Cueilly. 86 V°

En la fête de saint Pierre ès-liens 1234
L

Devant Pierre, évêque de Meaux, Ferry de Valenton, chevalier, vend à Me Robert du Pont-Notre-Dame, moyennant cent livres provinoises, vingt arpens de terre labourable et pré, sis à Couilly, Isabelle, épouse de Ferry, approuve la vente. Ferry et Isabelle donnent quittance du prix.

58

Carta admortizationis unius peciæ terræ sitæ es Allois de Coulliaco. 124 V°

Août 1234
Le lendemain de la s. Etienne
L

Le doyen du Chapitre de Meaux expose : que les religieuses du Pont-Notre-Dame possèdent une pièce de terre de la contenance de cinq quartiers environ, sise à Couilly, lieu dit *les Allois* dans la censive de Ségy, appartenant audit Chapitre et mouvant de lui à 6 deniers et une obole d'accroissement de cens; en considération des religieuses et pour le bien de la religion, ledit doyen, avec le consentement du Chapitre, renonce à cet accroissement de cens; il s'engage également à ne jamais exiger des religieuses aucune finance pour cause d'aliénation de ladite pièce de terre et ne conserve que treize deniers d'ancien cens.

59

Charte de la disme de Coully. 68 R°

Déc. 1235
L

Devant Pierre, évêque de Meaux. Cette charte est un bail à

rente rachetable fait à l'abbaye moyennant cinquante livres provinoises par Jean de Couilly, écuyer, de deux muids de blé à percevoir sur sa dîme de Couilly. Robert de Chatillon de qui cette dîme est mouvante se porte garant et *plége*(1) ; avec lui se portent *pléges* également Hébert, Lemoine, Arnould aîné, Jean le meunier de Rus et Evrard de Couilly.

60

Nov. 1237
L

Charte de XX livres de rente sur la censive de Couilly.

112 V°

Hugues de Chatillon et Marie, son épouse, font savoir qu'ils ont donné à leur affectionné Robert du Pont Notre-Dame vingt livres de revenu sur leur censive de Couilly, qui lui seront payées, chaque année, soit par eux-mêmes, soit par leurs baillis, et qui, après son décès, appartiendront à l'abbaye.

61

Fév. 1237
L

Carta de recompensatione molendinorum Arnulphi.

100 R.

Hugues de Chatillon et Marie, son épouse, font savoir que pour indemniser l'abbaye des revenus qu'elle avait sur leurs moulins, ils lui accordent huit muids et demi de blé à percevoir sur le moulin du Saule et, en cas d'insuffisance sur les autres moulins du même lieu. Ils accordent, en même temps aux religieuses le droit de moudre gratuitement auxdits moulins tout le blé nécessaire à l'abbaye.

62

Mai 1238
L

Charte de XXVIII sols et demy sur une maison séant à la Farronnerie à Paris.

7 V.

Devant l'official de Paris, Emeline de Montmorency, veuve, reconnaît avoir vendu à Jean de Charonne et à ses héritiers, moyennant cent deux sous parisis, vingt-huit sous et demi de cens sur une maison, sise à Paris, en la Ferronnerie, dans la censive du roi, promet de ne jamais contrevenir à ladite vente et de garantir Jean de Charonne de tous troubles selon les *usages et coutumes de Paris*. Jean de Montmorency, fils d'Emeline, permet, approuve et confirme la vente.

(1) Plége, celui qui cautionne, qui se porte fort.

63

Juin 1239
L

Charte de XXII arpens de bois séant es bois de Sarris (1). 112 R°

Devant l'official de Paris. Henri des Garres (Henricus de Garriis)(2), chevalier croisé, voulant partir pour la Terre Sainte, donne en main-morte, à titre d'échange perpétuel, aux moniales du Pont Notre-Dame, vingt-deux arpents de bois en une seule pièce assise dans les bois de Serris, contigus au terroir de Villeneuve-le-Comte, sur le fief de dame Gondeline, épouse de Fulcand de Ury. En contr'échange les religieuses lui donnent neuf arpents de terre et deux arpents de pré, situés à Serris. Gondeline, en qualité de dame du fief approuve l'échange et consent que les religieuses possèdent en main-morte.

64

Sept. 1239
L

Charte de Chercamp (3) 120 R.

Vidimus d'une charte du mois d'août 1239 par laquelle Hugues de Chatillon et Marie, son épouse, donnent à l'abbaye de Notre-Dame de Cercamp cinq muids tant de blé que d'avoine à percevoir annuellement sur le dîmage de Souiche à la mesure de Lucheux et huit muids tant de blé que d'avoine à percevoir annuellement sur le territoire d'Ancre, à la condition que ladite abbaye de Cercamp enverra, chaque année, à ses propres frais, à l'abbaye du Pont Notre-Dame, dix mille harengs et trois pots de beurre. (Ce *vidimus* est délivré par frère Jean, abbé de Pontigny, au mois de septembre 1239.)

65

Sept. 1239
L

Carta de redditu butiri et Aletum Caricampi (4). 139 V°

Par cette charte, l'abbé de Cercamp s'engage à servir exactement à l'abbaye du Pont-Notre-Dame, la rente annuelle de dix-mille harengs et de trois pots de beurre dont il est parlé ci-dessus.

On dit aujourd'hui Serris.
(2) Je pense que ce nom est mal écrit ; que Garriis est pour Barriis et qu'il faut lire *Henricus de Barriis*, Henri des Barres.
(3) Cercamp, village du Pas-de-Calais où il y avait une abbaye de l'ordre de Citeaux.
(4) Nom latin de Cercamp.

66

Févr. 1239
L

Item de la fundacion de Nostre-Dame du Pont. 14 R.

Charte de la translation de l'abbaye, du Pont de Couilly au hameau de Rus. Hugues de Chatillon et Marie, son épouse, par le conseil et l'assentiment du vénérable Pierre, évêque de Meaux, de M⁰ Guy, curé de Couilly, et aussi pour le plus grand avantage de ladite abbaye, la transfèrent à Rus dans l'enclos qui tient, savoir : en sa partie supérieure au chemin de Crécy et où il y a un pont de pierre, par le bas aux pâtures du moulin d'Arnould et de chaque côté à des chemins. Ils approuvent l'acquisition que les religieuses ont faite de Pierre Leclerc de Rus et de Jean, son parent, soit à titre d'échange, soit autrement, et consistant en vignes, censives et autre choses, donnent à l'abbaye la permission de faire construire sur le Morin, près le moulin d'Arnould, un pont, à l'usage des piétons, des chevaux et des voitures, enfin concèdent à ladite abbaye la propriété du rû qui traverse l'enclos dont il s'agit...

67

Mars 1239
L

Carta de fondo domus de Rus. 68 V⁰

L'évêque de Meaux expose : qu'une contestation s'étant élevée entre le curé de Couilly d'une part, et le couvent du Pont-Notre-Dame d'autre part, sur ce que le curé prétendait exercer son droit paroissial dans le nouvel enclos de l'abbaye; il a été décidé, *avec la médiation d'hommes de bien*, que ce nouvel enclos serait affranchi de tout droit paroissial, comme en était affranchi l'enclos que les religieuses avaient précédemment près du pont de Couilly, etc., etc...

68

Mai 1240
L

Charte de l'achat de la disme de Serbonne, de Saint-Martin et de Genevroi. 57 V⁰

Devant Pierre, évêque de Meaux, Jean Bische de Crécy, clerc, reconnaît avoir vendu depuis longtemps à l'abbaye, moyennant quatre-vingts livres provinoises qu'il déclare avoir reçues, tout ce qu'il possédait en blé et en vin dans les dîmes de Saint-Martin, près de Crécy, de Serbonne et de Genevray. Clémence, épouse de

Jean, approuve la vente et renonce à tous droits qu'elle peut avoir soit pour raison de sa dot, soit pour toute autre cause...

69

Août 1240
L

Charte de ce mesmes Serbonne. 58 R°

Guy, doyen de Couilly, expose : que la dîme dont il est parlé ci-dessus étant mouvante du fief des enfants d'Etienne de La Chapelle, chevalier, lesquels enfants se trouvent actuellement en la *maimbournie* (1) de dame Marie, leur mère, épouse en secondes noces de Symon de Beaubourg, chevalier, lesdits Symon et Marie ont reconnu avoir reçu de l'abbaye la somme de six livres provinoises, au nom desdits enfants, pour prix de ladite dîme, promettant sous la foi du serment de restituer ladite somme à l'abbaye, si les enfants dont il s'agit ne font pas délivrance de la dîme dans le mois de la réquisition qui leur en sera faite, quand ils auront atteint l'âge légitime. Se sont constitués pléges de cette promesse Pierre de Couilly et Jean de Saint-Germain.

70

Juin 1240
L

Carta pro capellania defuncti Bocel et XI arpentorum nemoris in Jarrioï. 48 R.

Hugues de Chatillon et Marie, son épouse, pour le remède de leurs âmes, des âmes de leurs auteurs, de leurs héritiers, donnent certains biens à l'abbaye et confirment certaines donations à elle faites, notamment la donation de dix livres de revenu faite par le père de Jean Bocel dans le but de construire une chapelle à l'abbaye pour le remède de l'âme du donateur. Ils confirment également l'acquisition faite par l'abbaye d'une maison, sise à Crécy, près de la halle, sauf le droit de justice appartenant au sire de Crécy sur ladite maison. Hugues et Marie se réservent la chasse dans les bois qu'ils ont donnés; ils font défense aux religieuses de défricher aucune partie de bois.

71

Juill. 1240
L

Charte de la quittance des héritages Thierry de Cueilly. 72 R°

Guy, doyen de Couilly, expose : que Gauthier de Voulangis et Herméniarde, son épouse, Renaud de Crécy et Jeanne, son

---

(1) **En la garde, en la puissance de..**, Voir *institutes coutumières de Loisel* Livre Ier, titre IV, et *Coutume locale de Rebais*.

épouse, ont traduit en cour d'église et en cour laye, Richeude (1), veuve du cordonnier Thierry, parce qu'ils prétendaient avoir des droits sur certaines terres et vignes données par ce dernier aux moniales du Pont-Notre-Dame; mais que demandant enfin *miséricorde et non jugement*, lesdits sus-nommés ont délaissé auxdites moniales les terres et vignes dont il s'agit, s'en rapportant à la conscience de Richeude, à celle du frère Jean (2) et de M⁰ Robert du Pont-Notre-Dame, pour ordonner ce qui sera le plus conforme au droit et ce qui conviendra le mieux à l'âme de Thierry.

72

Nov. 1240 L
Quittance de Tierry de Cuelly pour l'Eglise. 46 R°

Devant l'official de Meaux, Renaud de Crécy, tanneur, et Jeanne, son épouse, renoncent, en faveur de l'église du Pont-Notre-Dame, à tous les droits qu'ils pouvaient avoir sur l'héritage de défunt Thierry de Couilly, leur oncle...

73

Déc. 1240 L
Charte de la moitié de la disme des vignes de Saint Georges que donna Pierre de Cornillon chevalier et seigneur de Quincy. 59 R°

Pour le remède de son âme et des âmes de ses parents et de ses héritiers, Pierre de Cornillon, chevalier, seigneur de Quincy, avec l'assentiment de ses fils, donne à l'abbaye la moitié de la dîme qu'il avait sur les vignes de Saint-Georges, de Couilly, proche le cimetière.

74

Janv. 1240 L
Carta de quittanciâ nemoris de Jarroï. 32 R°

Thomas, abbé d'Hermières, au nom de son couvent, reconnaît avoir cédé à Hugues de Chatillon quarante arpents de bois, situés dans la forêt de Jarroï; lesquels quarante arpents ledit couvent tenait de défunt Philippe de Coupvray, chevalier. De son côté, Hugues de Chatillon, avec le consentement de Marie, sa femme, approuve et confirme : 1° la donation de vingt arpents de bois, sis à Villeneuve-Saint-Denis, faite audit couvent par Jean de

---

(1) Elle est appelée Richolde dans la charte 27. C'est le même nom.
(2) Le frère Jean est évidemment le frère Convers de l'Abbaye.

Marle; 2° la vente de huit arpents, situés proche ladite forêt faite également au même couvent par Renaud de Marle, chevalier. Hugues de Chatillon se réserve les poires, les pommes, les glands et les nèfles; il ajoute que les moines d'Hermières n'auront pas le droit de défricher.

75

Janv.
1240
L

Charte de la quittance de la disme de Fresne.   67 V•

Devant l'official de Meaux, Raoul Paillart et damoiselle Hacidis, son épouse, veuve de Jean Ralart de Claye, cèdent à Guillaume, frère et héritier dudit Ralart, moyennant trente-cinq livres provinoises, tous les droits que ladite Hacidis avait ou pouvait avoir sur la dîme de Fresnes, du chef de son premier mari, soit pour raison de sa dot, soit pour toute autre cause.

76

Fév.
1240
L

Charte de la dessus dite disme de Fresne   68 R.

Gaucher, fils de Guy, jadis comte de Saint-Paul, veut et approuve que le monastère du Pont-Notre-Dame possède à perpétuité une dîme située dans le dîmage de Fresnes, donnée en perpétuelle aumône audit monastère par Jean, prévôt de Montjai, (1) lequel l'avait acheté de Guillaume Ralart de Claye.

77

Juin
1248
F

Item Charte de la disme de Fresne.   67 R.

Gaucher de Chatillon, sire de Saint-Aignan en Berry, confirme le don de la moitié de la dîme de Fresnes fait à l'abbaye par Jean de Forest, chevalier.

78

Déc.
1264
L

Charte de la disme de Fresne.   66 V°

Jean de Fresne, chevalier, en qualité de seigneur du fief, approuve et confirme la donation de la moitié de la grande dîme de Fresne, faite autrefois à l'abbaye du Pont-Notre-Dame par Jean De Forest, chevalier, jadis prévôt de Montjay, (1) à l'exception toutefois du cinquième de ladite moitié. Il déclare en outre

(1) Montgé-la-Tour, canton de Dammartin.

qu'il ne retient aucun droit de féodalité, de justice, ni de domaine sur l'objet de la donation, ni pour lui-même, ni pour ses héritiers, lesquels il tient pour obligés au maintien de cette donation; enfin il veut et concède que l'abbaye possède en main-morte.

79

Mars 1243
L

Carta de quitatione dotalicii Agnetis dictæ Neptis. 4 V°

Devant Mᵉ Adam, official de Meaux, Addine, fille de défunt Yvelard, reconnaît avoir eu, depuis longtemps, des biens de l'abbaye jusqu'à cent livres provinoises, et, pour cette cause, avoir abandonné à ladite abbaye tous les biens immeubles provenant de défunt Jean Laniepce, fils de défunt Etienne Lejeune...... promettant, sous la foi du serment, de ne jamais rien réclamer desdits biens. Renonçant, au profit de l'abbaye à tous droits qu'elle avait eus, qu'elle avait ou pourrait avoir sur ces biens.

80

Avril 1247
F

Charte de quarante livrées de terre. 51 R°

Hugues de Chatillon fait savoir que : indépendamment de tout ce qu'il a donné jusqu'alors à l'abbaye, il lui fait don de quarante livrées de terre; il charge Monseigneur l'évêque de Meaux, Monseigneur Jean de Torote et Monseigneur Gefroy de Sergines d'asséner lesdites livrées de terre sur le domaine de Crécy; il s'engage en outre à rétablir la valeur des lieux où l'abbaye fut anciennement fondée, pour le cas où ladite abbaye voudrait échanger ces bâtiments.

81

Avril 1247
F

La charte des prez venus par messire Hue (1) *de Chastillon.* 10 R.

Hugues de Chatillon confirme toutes les acquisitions que les Nonnains du Pont-Notre-Dame ont pu faire en son fief de Crécy.

82

Fév. 1247
L

De vinea Radulphi dicti Bridoul Creciaci. 3 V.

Devant l'official de Meaux, Raoul Bridoul de Crécy, reconnaît avoir vendu à l'abbaye une pièce de vigne contenant environ un demi arpent et un demi quartier sise dans le vignoble de Crécy,

1) Hugues.

lieudit *le Pressoir*, tenant d'une part à la vigne de Dame Ysabelle de Dammartin-en-Brie, d'autre part à la vigne de Jean Leflamant, de Crécy, mouvant d'Etienne Chinelay à quatre deniers tournois de cens.

83

Juin 2248 L

Amortissement de la terre de Montjay.

6 R•

Gaucher de Chatillon, sire de Saint-Aignan, en Berry, confirme le don que Me Guy, d'Orcheux, clerc, a fait à l'abbaye, du quint de sa terre mouvant du fief de Montgé; duquel don l'abbaye devra rester en paisible possession et jouissance.

84

Juill. 1248 L

Charte de XXIII livres tournois prinses sur Montjay.

133 R°

Gaucher de Chatillon seigneur de Saint-Aignan en Berry déclare que : par le testament qu'il a fait avant de partir pour les contrées d'au-delà des mers, il a ordonné que l'abbé d'Hermières et l'abbesse du Pont-Notre-Dame recevraient annuellement, à perpétuité, sur les revenus de sa terre de Montgé, vingt-trois livres tournois. En conséquence Il veut que les dits abbé et abbesse en emploient vingt à acheter des vêtements et des souliers qu'ils distribueront aux pauvres de ladite terre comme ils jugeront à propos. Quant aux soixante sous restant, ils les retiendront pour leurs frais et dépens. Si les dits abbé et abbesse ne veulent ou ne peuvent se mêler de cette distribution, le prieur et la prieure s'en acquitteront ; et dans ce cas, chacun d'eux retiendra trente sous pour une pitance à faire dans son couvent. Il oblige ses héritiers et ses successeurs dans sa terre à exécuter cette convention. Il veut que les receveurs de la terre de Montgé et ceux qui exerceront la justice sur cette terre paient les 23 livres dont il s'agit aux dits abbé et abbesse, le jour de Saint-Remy, lorsqu'ils en seront requis par les dits abbé et abbesse ou par l'un deux. Il veut et ordonne que les dits receveurs ajoutent à leur serment l'engagement de payer trois sous tournois d'amende, chaque fois qu'ils manqueront de payer cette somme au jour indiqué ; et que si les dits receveurs et officiers ne veulent prêter ce serment, ils paient pour chaque jour de retard de leur serment la même amende que pour défaut de paiement au jour dit. Ces amendes seront payées aux abbé et abbesse ci-dessus nommés. Afin que ses volontés soient fidèlement exécutées, Gaucher de Chatillon veut et ordonne que chaque nouvel abbé ou nouvelle abbesse, après son élection, vienne sur les lieux et prenne l'engagement devant le seigneur de Montgé, si ce dernier l'exige, de faire fidèlement la distribution dont il s'agit. Enfin il prie et requiert l'Evêque, dans le diocèse duquel les dits revenus sont situés, de contraindre par la censure ecclésiastique, les seigneurs du lieu, les receveurs des revenus et les officiers de justice à payer entre les mains desdits abbé et abbesse, prieur ou prieure, les revenus et amendes dont il s'agit.

85

Août 1248
F

Carta domini Galcheri de Saint-Aignien de dix muis de blé et de dix livrées.

132 R°

Gaucher de Chatillon, sire de Saint-Aignan, en Berry, approuve et confime le don de dix muids de blé à prendre sur les moulins de Claye et de dix livrées à prendre sur la terre de Montgé, don fait autrefois par Guy de Chatillon son père pour la fondation de deux chapelles en l'église du Pont-Notre-Dame.

86

1249
L

Charte d'ung muis de blé sur la grange de Bourbaudoin.

135 V°

Sentence définitive rendue par l'Evêque de Meaux, à la requête de l'abbaye du Pont-Notre-Dame représentée par son procureur, contre le seigneur et la Dame de Nesle, défaillants. L'Evêque, avec le conseil d'hommes de bien (*de bonorum consilio*) condamne le Seigneur et la Dame de Nesle comme détenteurs actuels de la ferme de Bourgbaudouin à payer à l'abbaye, chaque année, le jour de la Saint-Martin d'hiver, un muid de blé, à la mesure de Nesle ; lequel muid de blé avait été donné à l'abbaye par feu Simon de Nesle chevalier, avec affectation sur la ferme de Bourgbaudouin.

87

Nov. 1249
L

Item charte de ce muis mesmes dessus dit.

136 R°

Pierre, évêque de Meaux, fait savoir que le seigneur de Nesle a donné à l'abbaye en pure et perpétuelle aumône, un muid de blé à la mesure de Nesle, à prendre sur la ferme de Bourgbaudoin. Il rend témoignage de ce fait.

88

Oct. 1249
L

Item de quitatione nemoris de Lubeton.   115 V°

L'official de Meaux fait savoir que : comme il existait une contestation entre l'abbaye d'une part, Guillaume du Vivier et Pierre son frère, tous deux écuyers d'autre part, sur ce que ces derniers prétendaient avoir des droits de fief sur la forêt de Lubeton qui était en la possession de l'abbaye, les dits Guillaume et Pierre ont renoncé amiablement au profit de l'abbaye à tous les droits qu'ils pouvaient avoir sur la dite forêt. Et ce moyennant 15 livres provinoises qu'ils reconnaissent avoir reçues.

89

Nov. 1255
L

Amortissement de trois arpens de terre séants ès   51 V°
Allois et à l'oulme Jourrois.

Devant Pierre, archidiacre de Brie au diocèse de Meaux; Jean de Montomer, écuyer, et Damoiselle Ysabelle sa femme, approuvent la vente faite par Robert Lecourt à l'abbaye de trois arpents de terre environ, dont un arpent et demi situé aux *Allois*, le surplus à l'orme *Jarrois*, sauf le cens appartenant à Jean et à Ysabelle. Ces derniers approuvent également toutes les acquisitions que l'abbaye a faites dans leur mouvance et consentent. qu'elle possède en main-morte.

90

1258
L

Officialis curiæ Meldensis testatur privilegium   50 V°
domini papæ : quod possumus celebrare missas in
granchiis nostris.

L'official de Meaux délivre un *vidimus* d'une lettre du pape Alexandre IV qui permet à l'abbé de Citeaux, à ses co-abbés, à tous les monastères de l'ordre de célébrer les offices divins dans leurs granges(1), quand les dites granges sont tellement éloignées des églises paroissiales qu'on ne puisse facilement s'y rendre, mais à la condition que les paroissiens des dites églises n'assistent pas à ces offices.

(1) Granges dimeresses et fermes.

91

Juill. 1259
F

Charte de VIII^{xx} arpents de bois à Dampmartin.   85 V°

Gaucher de Chatillon, sire de Crécy, pour fournir à l'abbaye les quarante livrées de terre que messire Hugues de Chatillon son père avait données à la dite abbaye, lui baille 160 arpents de bois en la forêt de Dammartin; lesquels à raison de 4 sous 6 deniers par arpent font 36 livres tournois, quant aux 4 livres restant, il les assoit sur sa cencive de Crécy. Il retient la *chace*, le *pommier* et *l'essartage* dans la forêt de Dammartin. Il est dit que les hommes d'Esbly devront payer aux Dames du Pont 10 sous de cens par année pour les paturages d'Esbly, lesquels 10 sous les dites Dames abandonnent au sire de Crécy en échange de 10 sous que ce dernier leur octroie en sa censive de Crécy.

92

Fév. 1259
F

Carta de elemosina domini Guillermi de Chalifer de XXIX sextiers et mine de blé et admortissement.   101 R°

Gaucher de Châtillon, sire de Crécy, de sa volonté et de l'assentiment d'Ysabel de Lizine, dame de Crécy, *sa chière fame*, octroie à Guillaume de Chalifer, chevalier, 29 setiers et pleine mine de blé à mettre au Pont-Notre-Dame pour *la reson de deux siennes filles qu'il i fait nonains*. Le quel blé est à amortir et siet en les molins de Vilers.

93

Avril 1260
L

Carta de elemosina Stephani Barbete.   105 V°

Devant le roi saint Louis, Etienne Barbet, bourgeois de Paris, comparaît et reconnaît avoir donné pour le remède de son âme, en perpétuelle aumône, aux Moniales du Pont-Notre-Dame, une sienne maison, appelée la maison de Focher le Maçon, sise à Paris, rue du Franc-Mûrier, dans la censive du roi, à 6 deniers de chef cens contenant 5 toises sur la grande rue et 25 sur la rue du Jardin. Saint Louis approuve cette donation et, de son autorité royale, la confirme; voulant que les Moniales possèdent en main-morte, sous la réserve de la justice royale et du droit d'autrui.

94

Mai 1260
L

Amortissement de la granche de Bouleure. 61 V.

Devant Frère Evrard, prieur de Saint-Martin-des-Champs, transaction amiable entre le monastère du Pont-Notre-Dame, détenteur de la grange de Bouleurs, à un denier de cens envers le prieuré de Saint-Martin-des-Champs, d'une part; et ledit prieuré qui s'oppose à ce que les Religieuses possèdent en main-morte, d'autre part. Le prieuré consent à ce que les Religieuses possèdent en main-morte, à la condition que, moyennant un setier de blé et un setier d'avoine, qui leur seront payés chaque année; elles seront tenues de recevoir et d'engranger dans la grange dont il s'agit, et tant qu'il plaira aux Religieux de Saint-Martin-des-Champs, la dîme que perçoit, à Bouleurs, le prieuré de Saint-Martin-de-La-Chapelle, lequel dépend de Saint-Martin-des-Champs.

95

Mai 1260
L

Charte de demi arpent de terre à l'Orme Jorroiz. 50 R.

Devant l'official de Meaux, le nommé Letondu, de Couilly, tanneur, et Ysabelle, sa femme, reconnaissent avoir vendu et délaissé, à titre de vente, à l'abbaye du Pont-Notre-Dame, moyennant six livres tournois, qu'ils déclarent avoir reçues, une pièce de terre contenant environ un demi-arpent, sise à Couilly, lieu dit l'Orme Jarrois, proche la terre de l'abbaye. Les vendeurs renoncent à l'exception de *la pécune non nombrée*.... Ils promettent de garantir à perpétuité les Religieuses contre tous troubles; ils promettent de ne jamais revenir contre cette vente, soit pour raison de dot, de douaire ou de toute autre cause. Pierre, frère de Letondu, accepte, approuve et confirme la vente, promettant sous la foi du serment de ne jamais aller à l'encontre de ladite vente, soit pour droit d'héritage, soit pour toute autre cause.

96

Déc. 1260
F

Charte de acquerre jusques à Xl livrées de terres ses fiez et arrière-fiez de monseigneur Gauchier. 110

Gaucher de Châtillon, sire de Crécy, de sa volonté et de l'assentiment d'Ysabelle de Lizine, sa femme, autorise les Nonnains du Pont-Notre-Dame à acquérir jusques à 60 livrées de terre en ses fiefs et arrière-fiefs.

97

Janv. 1260 — **L**

Charte de dix livres de rente sur une maison séant à Paris ou Moncel-lez-la-Maison-Dieu Saint-Gervais que donna Pierre Marcel.

Devant l'official de Paris, Pierre Marcel jeune, sergent, et Agnès, son épouse, déclarent : 1° Qu'ils perçoivent annuellement, à Paris, aux *quatre termes* (1) *accoutumés*, dix livres parisis d'accroissement de cens, savoir : huit livres et demie sur une maison sise au Montcel, à l'opposite de l'Hôtel-Dieu Saint-Gervais, tenant d'une part à l'abbesse de Malnoue, d'autre part à la maison appartenant autrefois à feu Baudouin le fondeur, présentement occupée par Pierre Barbier, dans la censive du Roi, à cinq deniers de chef cens, et les trente sous de surplus sur deux maisons contiguës l'une à l'autre, sises en la *Ferronnerie*, tenant à l'extrémité des *halles royales*, dans la censive du Roi, à trois deniers et une obole de chef cens; 2° qu'ils ont cédé ces dix livres de cens à Pierre Marcel père, lequel leur a livré, en échange, la moitié d'une boutique de changeur qu'il possédait, à Paris, sur *le grand pont* (2), entre la boutique de Pétronille l'Auvergnate et celle de Jean Flamingis, dans la censive du Roi, et en outre soixante-six livres parisis de soulte que lesdits Pierre Marcel jeune et Agnès, son épouse, reconnaissent avoir reçues comptant. En conséquence, ces derniers renoncent, sous la foi de leur serment corporel, à jamais revenir sur cet échange pour raison de succession, dot, douaire, donation à cause de noces, ou pour toute autre cause que ce soit, renoncent également à l'exception de la pécune non membrée, non livrée, non payée. Jean, Etienne, Martin, Jeanne, Aalipse, Perrette, enfants de Pierre Marcel père, et Nicolas, mari d'Aalipse, approuvent et confirment l'échange dont il s'agit, promettant par serment sur les Saints Evangiles qu'ils n'iront jamais à l'encontre de ladite convention. Enfin Pierre Marcel père déclare qu'il a deux filles nommées Ysabelle et Marie, qui sont religieuses au monastère du Pont-Notre-Dame; ne voulant pas que ledit monastère soit surchargé et induit en frais pour lesdites filles, il donne librement, par donation entre vifs, en pure et perpétuelle aumône, au monastère, les dix livres de revenu annuel dont il est parlé ci-dessus; promet par serment corporel de ne jamais aller à l'encontre de ladite donation, pour quelque cause que ce soit. Tous les enfants de Pierre Marcel père renoncent, à leur tour, à l'exception de dol, à l'exception de l'obligation

(1) Aujourd'hui les locations se paient encore en quatre termes, à Paris.
(2) Le Pont au Change.

sans cause ou sans juste cause, au bénéfice de restitution et à toutes exceptions en général.....

98

Juin 1261
L

Carta de elemosina Petri Marcelli super quibus dam domibus Parisiùs constitutis.

65 V

Le roi Saint-Louis approuve la donation ci-dessus, et, de son autorité royale, la confirme; consentant que les Religieuses du Pont-Notre-Dame possèdent ladite rente en main-morte, se réservant pour lui et pour ses successeurs la justice et le cens, sauf le droit d'autrui.

99

Fév. 1260
L

Carta de XIV sols de cens es hostiles de Montbarbain

7 R.

Devant l'archidiacre de Brie, en l'église de Meaux, Gilon de Coutevroult, chevalier, et dame Agnès, son épouse, reconnaissent avoir vendu, à l'abbaye, quarante-cinq sous de cens à percevoir sur les maisons qu'ils avaient à Montbarbin. Jean de Montomer, écuyer, en qualité de seigneur du fief, approuve et confirme la vente; promettant, sous la foi du serment, de n'aller jamais à l'encontre et de ne jamais rien réclamer pour quelque cause que ce soit.

100

Fév. 1260
L

Charte de quatre quartiers de vignes séant dehors la muraille de l'abbaye du Pont Notre-Dame d'enprès la bergerie de ladite église.

122 R.

Devant l'official de Meaux, archidiacre de Brie, Gilon de Couilly, chevalier, et Jean, écuyer, fils de Jean Longis, chevalier, déclarent 1° que Pierre de Coutevroult a légué à l'abbaye du Pont-Notre-Dame une pièce de vigne contenant environ trois quartiers, sise en dehors de l'abbaye et proche la bergerie de ladite abbaye. 2° Déclarent en outre qu'Ulric, chapelain, demeurant en l'abbaye, a légué à cette dernière une petite pièce de vigne contenant un quartier environ. Ces vignes étant en leur mouvance; Gilon et Jean les amortissent au profit de l'abbaye moyennant 5o sous tournois qu'ils reconnaissent avoir reçus comptant. Quant aux cens dont les dites vignes sont chargées, ils continueront à être payés aux sus-nommés et à leurs héritiers, au pied de la croix qui est devant l'église de Couilly, à la Saint-Remi. Les dits chevalier et écuyer promettent de fidèlement observer ces conventions et de ne jamais y contrevenir... Et s'il arrivait par hasard, que l'abbaye fut contrainte par quelque seigneur supérieur à délaisser les dites vignes, sans que les sus-nommés puissent lui porter garantie, ces derniers s'engagent à restituer les 50 sous dont il s'agit.

101

Déc. 1261
L

Charte de dame Marie de Boulleure. 88 R.

Henri, chantre de l'église de Thérouanne, pour l'amour de Dieu et pour le bien de la Religion, amortit au profit de l'abbaye du Pont-Notre-Dame un grand nombre de pièces de terre, vigne, jardin, etc... situés à Bouleurs, avec les cens et autres redevances tels que les possédait Marie de Bouleurs, oblate de la dite abbaye.

102

1278
Le Dimanche après Pâques
L

Littera Henrici episcopi Morinensis de Manumortuacione. 62 R°

Henri, devenu évêque de Thérouanne, vidime, approuve et confirme la Charte ci-dessus.

103

1263
L

Vidimus du privilége : Non absque dolore. 4: R°

Cette pièce me paraît assez importante pour que je la rapporte en entier. En voici la traduction aussi littérale que possible :

« L'official de Meaux, remplissant en cette partie, les fonctions de notre Révérend père, par la grâce de Dieu, évêque de Meaux, à tous les prêtres des doyennés de Coulommiers et de Crécy, à tous les curés et chapelains à qui ces présentes parviendront, salut en Notre Seigneur. Sachez que par Monseigneur l'Evêque et par Nous a été vue une lettre papale ainsi conçue :

» Alexandre (1), évêque, serviteur des serviteurs de Dieu, à nos
» vénérables frères l'Archevêque de Sens et ses suffragants, à nos

(1) Alexandre IV devenu Pape au mois de décembre 1254, mort au mois de mai 1261.

» chers fils les abbés, prieurs, doyens, archidiacres, archiprêtres.
» Et autres prélats des églises de la province de Sens, Salut et Bé
» nédiction Apostolique.

« Ce n'est pas sans douleur et sans grand trouble que nous
» avons appris que dans la plupart des diocèses, la censure ecclé-
» siastique se dissout, la sévérité des sentences canoniques est
» énervée, à tel point que les Religieux et surtout ceux qui, par les
» priviléges du Saint-Siége, jouissent de la plus grande liberté, favo-
» risent les méfaits et les rapines des malfaiteurs et même y pren-
» nent part. C'est à peine s'il se trouve quelqu'un pour se poser en
» défenseur des pauvres et des innocents et leur donner une pro_
» tection efficace. Nos chères filles en Jésus-Christ l'Abbesse et
» les sœurs du monastère du Pont-Notre-Dame, se plaignant parti-
» culièrement de fréquentes pilleries et de continuels dénis de
» justice, nous ont supplié de vous adresser nos lettres aposto-
» liques, afin que vous vous empressiez de les secourir dans leurs
» tribulations, de les protéger contre les malfaiteurs et que, sous
» votre protection, elles puissent respirer en paix. C'est pourquoi
» les gens qui auront audacieusement envahi les biens et maisons
» des dites sœurs ou qui détiendront injustement les choses qui
» auront été données par testament à ces dernières, ou ceux qui,
» contrairement aux permissions du Saint-Siége, auront osé pro-
» noncer contr'elles ou contre l'une d'elles une sentence d'excom.
» munication ou d'interdit ; ceux qui, au mépris des priviléges du
» Saint-Siége, leur auront extorqué les dimes des possessions
» acquises avant le Concile général avant lequel elles ont reçu les
» règlements de l'ordre, possessions qu'elles font valoir elles-
» mêmes ou qui sont affectées à la nourriture de leurs animaux,
» Nous vous mandons et enjoignons que vous tous, dans vos
» églises et diocèses, après monition préalable, s'ils sont laïques,
» vous les frappiez d'une sentence d'excommunication, les cierges
» publiquement allumés ; s'ils sont clercs, chanoines réguliers ou
» moines, vous les suspendiez sans appel, de leurs offices et béné-
» fices. Qu'ils ne soient relevés de cette sentence qu'après avoir
» donné pleine satisfaction aux dites sœurs. Les laïques et clercs
» séculiers qui pour cause de violences commises contre les sœurs
» ou contre l'une d'elles, auront été frappés d'anathème, s'ils se
» présentent au Saint-Siége, avec des lettres de leur évêque diocé-
» sain, pourront être absous. Donné à Viterbe le troisième jour
» des ides de mai l'an septième de notre Pontificat. »

Avec l'autorité dont nous sommes revêtu et par la volonté de Monseigneur l'Evêque, nous vous mandons et enjoignons que, publiquement, dans toutes vos églises, vous défendiez sous peine d'excommunication que les abbesse et couvent dont il s'agit soient aucunement molestés ni troublés dans la possession de leurs terres, forêts, prés, maisons et toutes autres choses. Et s'il arrivait que contrairement à ces inhibitions, on prétendit qu'il ne nous est pas permis de frapper d'excommunication les dits malfaiteurs, tant qu'on peut recourir à la rigueur de la justice; s'il arrivait que quelque nouveau dommage fût commis et que vous fussiez requis par le porteur des présentes, d'informer sur ce fait, vous citerez le coupable à jour fixe devant Monseigneur l'Evêque de Meaux ou son représentant pour donner satisfaction aux dits abbesse et couvents, dans les termes du droit, en ayant soin de faire connaître par vos lettres patentes les noms des poursuivants et le jour de la citation. Donné l'an du Seigneur mil deux cent soixante-trois, le samedi d'avant *isti sunt dies* (1).

104

1264
L
Charte d'une pièce de vigne séant au Vignoble de Crécy. 65 R.

Devant l'official de Meaux, Pierre de Crécy, clerc, demeurant à Meaux, et Bétilde son épouse reconnaissent avoir vendu à Robert de Vauchamp, bourgeois de Crécy, pour neuf livres quinze sous et huit deniers tournois qu'ils déclarent avoir reçus, une pièce de vigne contenant environ un quartier dix-neuf perches et demie, située dans le vignoble de Crécy, près de la ruelle par où on va à la montagne, entre la vigne de Richard, de Voulangis-le-Petit, et la vigne de Godefroy Normand, mouvant des frères du Temple à 2 deniers de cens. Promettent de garantir l'acquéreur contre tous troubles et évictions. Renoncent à l'exception de la pécune non nombrée, etc., etc.

105

Janv.
1260
L
Charte de cinq quartiers de terre assis sur le ruisseau de Rus. 118 R°

Devant l'official de Meaux, Pierre Burgant et Jeanne son épouse, de Couilly, reconnaissent que la dite Jeanne, de son plein gré et sans contrainte (*spontanea et non coacta*) a vendu à Jean, curé de Quincy, pour dix-sept livres tournois payées comptant, une pièce de terre labourable sise au-dessus du ruisseau de Rus (le rû de Champigny), tenant d'une part au dit ruisseau, d'autre part à la terre de la veuve de Guillaume, le boucher, mouvant de Jean

---

(1) Les auteurs du nouveau Traité de Diplomatique pensent que ces mots désignent le Dimanche de la Passion où l'Eglise chante à la procession le répons : *isti sunt quos ce ebrare...*

Longis, chevalier, à neuf deniers de cens. Promettent de garantir l'acquéreur contre tous troubles. Promettent de ne jamais aller à l'encontre de la dite vente pour cause d'héritage, de douaire, de dot ou pour toute autre cause. Renoncent à l'exception de la pécune non nombrée. Obligent leurs héritiers et tous les biens de ces derniers, etc., etc.

106

Juin 1239
L

Charte de la terre des Allois et Jourrois. 132 R⁰

Devant l'official de Meaux, Jean Longis, chevalier, reconnaît que l'abbaye possède : une pièce de terre contenant environ un arpent et demi, sise aux *Allois*, un demi arpent au même lieu, un arpent de terre à l'Orme *Jarrois*, un demi arpent entre Quincy et Rus, un demi arpent sur le même territoire au-dessus du pressoir, une maison sise à Couilly près du four de l'abbaye, un arpent de terre au lieu dit Saint-Quentin, cinq quartiers de terre situés à Rus près des friches de l'abbaye, un quartier de terre du côté du pont qui est près du moulin (le pont de bois près du moulin d'Arnoul). Le tout dans la censive du dit chevalier lequel consent que l'abbaye possède les dits biens en main morte. S'obligeant, promettant, renonçant, etc., etc., comme dans les formules précédentes.

107

Avril 1265
F

Charte de XI solz sur la prevosté de Tournan. 20 R⁰

Anseau de Garlande, sire de Tournan, pour tenir lieu de cinq muis de vin que son père donnait aux Dames du Pont-Notre-Dame, leur octroie en aumône trente sous tournois à prendre chaque année en la prévôté de Tournan et dix sous tournois pour *pitance* à payer en la quinzaine de la Toussaint. Et si le prévôt qui aurait acheté la prévôté de Tournan *défaloit* de payer les dites sommes, le dit prévôt serait tenu de payer aux dites dames douze deniers d'amende par chaque semaine de retard.

108

Février 1265
F

Charte de cent solz tournois par an donnés par madame Ysabeaus de Lisines. 110 V⁰

Ysabeau (1) de Lizine, dame de Crécy, veuve de noble homme

1) Ysabeau, Ysabelle ou Ysabel même nom.

Gaucher de Châtillon, ajoute quarante sous tournois de rente aux soixante sous que son défunt mari, *pour le remède de s'âme*, avait laissés aux Dames Religieuses du Pont, à l'effet d'acheter rente à *faire pitance* à ces dames devant dites chascun an, le *jour que l'on ferait son anniversaire*, le tout assis sur la cense de Crécy. Promettant... Renonçant... S'obligeant elle et tous ses biens, ses hoirs et tous les biens de ses hoirs présents et à venir en quelque lieu qu'ils soient ou qu'ils seront...

109

Mars 1265
L

Charte des bois de Lubetum-les-Crécy.

113 R°

Devant l'official de Meaux, Guillaume Louviaus, écuyer, Symon de Servele (1), écuyer, Damoiselle Aelidis, épouse de Symon et sœur de Guillaume, vendent à l'abbaye du Pont-Notre-Dame, pour être possédés en main-morte, vingt-sept arpents de bois en trois pièces, sis au lieu dit Lubeton, enclavés dans les bois de l'abbaye, voisins de ses terres labourables et appartenant aux vendeurs par droit héréditaire. Cette vente est faite moyennant cent quatre-vingts livres cent douze sous et demi tournois et deux chevaux de quarante livres tournois, le tout payé comptant. Ils renoncent à l'exception de la pécune non nombrée et des chevaux non livrés... Promettent garantie contre tous seigneurs excepté contre les seigneurs de Crécy... Obligent leurs héritiers et tous les biens présents et à venir de ces derniers, comme dans les formules précédentes.

110

1267
L

Admortissement.

97 R•

Thibault, roi de Navarre, comte de Champagne et de Brie, pour le remède de son âme et des âmes de tous ses ancêtres, confirme toutes les acquisitions que l'abbaye a faites et toutes les donations qu'elle a reçues dans les fiefs et arrière-fiefs dudit seigneur; et consent que l'abbaye possède tous ces biens en main-morte.

111

Juin 1260
L

Charte de VI arpens et demy 'de bois à la Ville-neuve-Saint-Denys et de plusieurs aultres bonnes lettres de lays.

30 V•

Devant l'Official de Meaux. Amiable composition entre les ab-

---

(1) Servele pour *Silvelle* hameau de la commune de Magny-le-Hongre.

besse et couvent du Pont-Notre-Dame d'une part, Messire Michel de Villeneuve-le-Comte, chevalier, d'autre part. Les religieuses exposaient que ledit chevalier, à leur préjudice et illicitement, avait un four dans sa maison sise à Villeneuve-le-Comte; qu'il n'en avait pas le droit par la raison qu'elles en possédaient un au même lieu en vertu de la concession que leur en avait faite Hugues de Châtillon; auquel four étaient forcés de cuire les gens demeurant dans la maison même dudit chevalier. Messire Michel alléguait, au contraire, que ses prédécesseurs avaient obtenu du même Hugues de Châtillon la liberté d'avoir à perpétuité un four dans la maison dont il s'agissait, pour y cuire du pain qu'ils vendraient où bon leur semblerait. Les religieuses prétendaient, en outre, contrairement à l'affirmation de Michel, avoir droit à la totalité de la dîme des terres dudit chevalier assises à Champrose, en la paroisse de Neufmoutiers, et qui avaient appartenu à défunt Simon de Champrose, jadis frère dudit Michel; laquelle dîme aurait été donnée aux religieuses par défunte Luce, jadis mère de Michel et de Simon. Enfin, avec le conseil de gens de bien (*de bonorum consilio*), les parties concluent un arrangement amiable, aux termes duquel Michel et ses héritiers pourront avoir, dans la maison susdite, un four; où ledit chevalier, ses héritiers et ses tenanciers, cultivant ses propres terres et demeurant dans la susdite maison, pourront cuire du pain pour leur usage, mais ne pourront pas en vendre. Quant à la dîme, elle appartiendra en totalité à Messire Michel et à ses héritiers à perpétuité, sans que les religieuses puissent jamais y prétendre; mais, à titre de compensation, Michel cède aux religieuses six arpents de bois exempts de tout droit de gruerie (1) qu'il possédait dans le fief du sire de Crécy, derrière Villeneuve-Saint-Denis, près du bois de Messire Gilon de Magny-le-Hongre, à la charge par les religieuses d'obtenir de qui de droit la permission de posséder en main morte. Michel promet toutes garanties selon l'usage. .. Il renonce à toute exception de lésion outre la moitié du juste prix (2), à toute exception de déception ou d'obligation sans cause, à tout privilége de croix (3) pris ou à prendre, à toute aide de droit canon ou de droit laïque, à toutes autres choses que l'on pourrait dire contre ces lettres, etc., etc. Enfin, il se soumet, en ce qui concerne ce traité, à la juridiction de l'Official.

(1) Le droit de gruerie, que l'on appelait aussi tiers et danger, était un droit que l'on payait au roi ou au seigneur à raison des coupes de bois.

(2) Sur la rescision d'une vente pour cause de lésion. (Voir les art. 1674 et 1675 de notre Code civil.)

3) Sur le privilége de croix, voir l'introduction.

112

1269
L

Amortissement de par le roi de Navarre 19 V°

Thibault, roi de Navarre, comte de Champagne et de Brie, fait savoir aux bailli de Meaux et prévôt de Coulommiers, qu'il a amorti toutes les acquisitions faites par les religieuses du Pont-Notre-Dame. Il enjoint auxdits bailli et prévôt de ne jamais les molester ou inquiéter pour quelque cause que ce soit.

113

Juin 1269
L

Charte de quatre livres de rente sur la maison séant à la rue de la Tanerie à Paris. 63 R.

Le roi saint Louis fait savoir que : Défunte Emeline de Corbeil, bourgeoise de Paris, ayant donné aux religieuses du Pont-Notre-Dame quatre livres parisis d'accroissement de cens qu'elle percevait annuellement aux *quatre termes accoutumés*, sur une maison sise à Paris, rue de la Tannerie, tenant d'un côté à la maison d'Hébert de Créteil, d'autre côté à celle de Symon l'aîné, dans la censive royale de la Conciergerie; il approuve et confirme ladite donation ; se réservant pour lui et pour ses successeurs la justice et le cens, et sauf le droit d'autrui.

114

Juillet 1270
L

Carta de X solidis super quamdam domum apud sanctum Germanum. 2 v°

Devant l'Official de Meaux, Symon de Servele (1), écuyer, reconnaît que Jean de Saint-Germain, près de Couilly, chevalier, a donné à l'abbaye les dix sous de cens qu'il avait sur une maison sise à Saint-Germain, ayant appartenu à Bertrand Le Gindre et tenant à la maison de Bégard ; lesquels cens ledit chevalier tenait en fief de Symon. Ce dernier approuve la donation, la confirme ; et moyennant trois septiers de blé qu'il reconnaît avoir reçus, consent que l'abbaye possède en mainmorte. Il promet de fournir toute garantie.... Et dans le cas où il ne pourrait garantir la mainmorte, de rendre lesdits trois septiers de blé.

Enfin ledit Symon se soumet, en ce qui concerne le fait dont il s'agit, à la juridiction de l'Official.

(1) Servele pour *Silvelle*, hameau de la commune de Magny-le-Hongre :

115

Nov. 1271
L

Charte de madame Agnès de Molignon.   72 V

Devant l'Official de Meaux, Jean, fils de défunt Henri de la Cour, âgé de dix-huit ans, ainsi qu'il le déclare, approuve et confirme la donation qu'il a faite, dès avant ce jour, à l'abbaye du Pont-Notre-Dame, de douze arpents de terre environ, situés à Quincy; voulant que l'abbaye possède en mainmorte; promesse de garanties comme dans les formules précédentes.

116

Oct. 1275
L

Carta de domina Ysabella de Molignon et de filiis ejus   36 R.

Devant le clerc juré de l'Official de Meaux, dument commissionné par ce dernier, à l'effet de dresser l'acte dont il s'agit, a comparu damoiselle Isabelle de Moulignon, fille de feu Milon de Moulignon, laquelle voulant se consacrer, à perpétuité, au service de Dieu (*perpetuo famulari*), a donné, par donation entrevifs, aux religieuses du Pont-Notre-Dame et à leur monastère sa propre personne (*seipsam*) (1), avec douze arpents de terre labourable en une seule pièce, provenant de la succession de son père, sur le territoire de Moulignon, tenant d'un côté au chemin de Saint-Fiacre, de l'autre à la terre du curé de Quincy. Madame Agnès, mère de ladite Isabelle, Robin, Perrot, Jeannet, damoiselles Jeanne et Sodilie, tous enfants d'Agnès, spontanément et sans contrainte (*spontanei non coacti*) approuvent et confirment cette donation; promettent toute garantie... Les seigneurs du fief approuvent, confirment et amortissent. A titre de garantie, ils engagent tous leurs biens mobiliers et immobiliers présents et futurs, en quelque lieu qu'ils soient situés; enfin ils se soumettent, en ce qui concerne les faits dont il s'agit, à la juridiction de l'évêque.

117

Mai 1281
L

Carta de elemosina Symonis Mautrompe militis (dix arpents de terre à Couternois).   39 V°

Devant l'Official de Meaux, Symon Mautrompe, chevalier, mari de la dame de Trilbardoul, Renaud et Henri, écuyers, fils de

---

(1) Exemple d'un acte par lequel une femme fait donation de sa propre personne.

Symon, reconnaissent avoir donné, de leur plein gré (*spontanea voluntate*) en perpétuelle aumône, à l'abbaye du Pont-Notre-Dame, dix arpents de terre qu'ils possédaient au terroire de Couternois... Lesquelles terres, au temps de la donation, lesdits Symon et ses fils tenaient en fief de Messire Jean, seigneur de Chantelou, entre les mains duquel ils se sont dessaisis; voulant que les religieuses en fussent saisies, et que lesdites terres fussent amorties par ledit Messire Jean, seigneur de Chantelou. Symon et ses fils promettent toute garantie et se soumettent à la juridiction épiscopale dans les termes des formules précédentes.

1281
F

118

Charte sans titre. Devant l'Official de Meaux, Messire Etienne de Montaudier, chevalier, reconnaît que les parents de sa femme, de la succession desquels provient la maison où il demeure, ont donné en perpétuelle aumône à l'abbaye du Pont-Notre-Dame, un setier de blé de revenu annuel, et s'engage à payer annuellement ledit setier de blé es octaves de la feste de la Nativité Nostre Seigneur.

119

Mars 1284
F

La confirmation du connestable.

10 R.

Par cette charte, *Gauchiers de Chastellon, chevaliers sire de Créci, connestable de Champaigne et Ysabelle sa fame, confirment et amortissent tot ce que l'Yglise dou Pont as Dames de lez Coully tient et a tenu dès le temps que ele fut fondée..... et que ele tieigne peissiblement sanz débat et sanz nul contredit.....*

120

Sept. 1286
F

Charte de cent solz tournois à prendre à Crécy sur la taille de Montery.

63 V.

« Devant Galchiers de Chasteillon, sires de Crécy, conestable
« de Champaigne, comparaissent en propre personne Raous de la
« Boissière, escuiers, et damoiselle Gile sa fame, sans contrainte
« mais de sa bonne volonté, lesquels reconnaissent avoir donné
« par donation entrevifs..... pour Dieu et en perpétuel almone
« et pour le salut de lor ames, à l'église dou Pont Nostre Dame,
« cent solz de tournois de rente à penre chascun an en la ville
« de Crécy; les quiex cent solz devant dis Raous et damoiselle Gile
« sa fame, devant dits, tenoient avoient et prenoient chascun an

« en la taille de Monthery..... Et promistrent les devant diz Raous
« et damoiselle Gile sa fame, sans nul contraignement, si comme
« il est dit pardevant, par la foy de lor corps, que il encontre
« don ne venront ne feront venir par eux ne par autrui desore
« en avant.... A ce faire ils ont obligé eux lor hoirs présenz et
« advenir et tous lour biens, mobles et non mobles en quelque
« leu que ils soient..... »

121

1290
L

Charte de dix arpens de bois séans entour l'Her- 117 R.
mitage (1).

Devant Robert de la Ferté, clerc juré de l'Official de Meaux, pour la cause dont il s'agit et autres plus importantes, spécialement commis à l'effet des présentes et investi de la plus grande confiance, Guillaume Lenfant, écuyer, et damoiselle Agnès sa fame, reconnaissent avoir vendu et délaissé de leur plein gré, à l'abbaye du Pont-Notre-Dame, dix arpents de bois appartenant auxdits vendeurs comme provenant de leurs conquets et situés près de l'Hermitage, tenant d'un côté à la forêt qui appartenait autrefois à Jean de Messy, d'autre côté au bois des religieuses du Pont-Notre-Dame, mouvant desdites religieuses à quarante deniers tournois de cens. Cette vente est faite moyennant cinquante livres tournois que les vendeurs reconnaissent avoir reçues en argent comptant.... Promesse de garantie.... Renonciation à toutes exceptions, etc., comme dans les formules précédentes...

122

Mars
1290
L

Charte de XV arpens de bois séans à Lubéton. 114 v°

Devant l'Official de Meaux, Adam de Montguillon, chevalier, et noble homme, Jean de Navarre, clerc, chacun en ce qui le concerne, approuvent et confirment, savoir : Adam en qualité de deuxième seigneur, Jean en qualité de troisième seigneur, la vente faite par Guérin de Charmentray, aux religieuses du Pont-Notre-Dame, de quinze arpents de bois situés à Lubeton, près des bois desdites religieuses, et mouvant desdits Adam et Jean. ..

(1) La ferme de l'Ermitage près de Villeneuve-le-Comte.

123

Mars 1290
L

Amortissement de XV arpens de bois à Lubéton. 116 V.

Devant l'Official de Meaux, noble homme Guillaume de Coutevroult, en qualité de premier seigneur du fief, approuve et confirme la vente faite par Guérin de Charmentray aux religieuses de Pont-Notre-Dame, de quinze arpents de bois situés à Lubeton, etc., etc.

124

Mars 1293
L

Admortissement de plusieurs terres, vignes et bois. 96 R°

Le roi Philippe-le-Bel vidime une lettre de Me Guillaume de Noiseau, chanoine de Tours, clerc du très-illustre roi des Français, commis à la recette de la finance due par les personnes ecclésiastiques, et non nobles pour les acquisitions par elles faites dans les fiefs et arrière-fiefs du roi dans la province de Troyes et dans les terres dépendant du douaire de très-illustre dame, madame Blanche, reine de Navarre (1). Par cette lettre Me Guillaume de Noiseau reconnaît que les religieuses du Pont-Notre-Dame lui ont payé pour le roi la somme de trente livres tournois, en considération de diverses acquisitions énoncées en ladite lettre; en conséquence, il amortit au nom du roi les biens dont il s'agit au profit des religieuses. Philippe-le-Bel, après avoir vidimé la lettre de son clerc, déclare avoir ladite finance pour agréable; et tant en son nom qu'au nom de sa chère épouse, la reine Jeanne, amortit les biens dont il s'agit, sauf le droit royal sur toutes autres choses, et le droit d'autrui en tout.

125

Juin 1294
L

Carta decimæ panis et vini de Creciaco Becoisel, 76 R°
Crevecuer et Villanova.

Aux termes de cette charte, le roi Philippe-le-Bel, par un sentiment de piété (*pietatis intuitu*) donne à l'abbaye du Pont-Notre-Dame la dîme du pain et du vin sur ses maisons de Crécy, de Becoiseau, de Crevecœur et de Villeneuve-le-Comte. De son côté, Jeanne, reine de France et de Navarre, comtesse palatine de Champagne et de Brie, dans le patrimoine de laquelle les biens

---

(1) Il s'agit ici de la recette du droit de franc fief et de nouveaux acquets.

dont il s'agit sont compris, approuve et confirme cette donation
Cette charte est donnée à Senlis.

126

Juin 1299
L

De la disme du pain et du vin.

22 V.

Philippe-le-Bel et Jeanne confirment purement et simplement la charte qui précède. Cette charte de confirmation est donnée à Crécy.

127

Déc. 1300
F

Charte por treize arpens tant de prez comme bois séant à Villeneuve-Saint-Denis.

5 R.

Devant « Raous (1) li sergens garde dou scel de la prévosté de
» Crécy, vient en sa propre personne Jehannoz de la Villeneuve-le-
» Comte, escuier, filz jadis de monseigneur Jehan, de la dite Ville-
» neuve, chevalier; lequel reconnaît que le dit chevalier a donné
» pour Dieu et en aumône au couvent du Pont-Notre-Dame, treize
» arpens tant prez que bois en une seule pièce séant au terroir
» de la Villeneuve-Saint-Denis; approuve et confirme la dite
» donation; promet par son *leal creant* de garantir et défendre les
» Religieuses en jugement et hors jugement contre tous et envers
» tous; s'oblige à tenir, soy en prison fermée à Crécy ou là on
» len le pourroit trouver, à ses propres coûts et despens, à vendre
» et à despendre tous ses biens et tous les biens de ses hoirs,
» meubles et non meubles présents et avenir jusques à pleine
» satisfaction et aussi pour raison des couz et domages se aucuns
» y en avoit pour défaut de garantie. Renonçant à tout privilége
» de croix (2), à toute déception et circonvention, à toutes choses
» de feit et de droit de canon et de lay, au droit disant : *général*
» *renonciation non valoir* et à toutes autres choses que len pour-
» roit dire ne opposer contre la dite charte. Se soumettant à la
» juridiction dou roy et de la prévosté de Crécy où que il se
» transport.....

128

Fév. 1301
F
le lundi après les oct. de la chande-leur.

Charte de quatrevinz arpens de boys assis aux friches de Martengien et au puis Libert.

92 V°

Je crois devoir rapporter en entier cette charte, qui ouvre le

---

(1) Raoul le sergent garde-scel.
(2) Privilége de Croix. Voir la charte du mois de Juin 1267 et l'introduction.

quatorzième siècle et est écrite en langue vulgaire. Elle fera connaître les formules des actes de cette époque, le style et l'ortographe du temps.

« A touz ceus qui ces présentes lettres verront et orront. Raous
» li sergans garde du scel de la prévosté de Crécy, salut. Sachent
» que par devant nous vindrent en propres personnes Thoumas
» Lestocie de Grefain (1), escuier et Damoiselle Marguerite sa
» fame, conseillie, pourveu de certainne science et en bonne
» santé si comme ils disoient et recongnurent de leur bonne
» volenté sanz nul contraingnement (2) que ilz avoient vendu
» ottroié delessié et quitté et vendirent ottroirent delessierent et
» quitterent à toisjours (3) pour eus et pour leurs hoirs et pour
» ceus qui d'eus pourroient avoir cause pardevant Nous, en nom
» de pure et perpetuele vente, as religieuses fammes l'abbesse de
» l'église du Pont-Notre-Dame et au convent (4) de ce mesme lieu
» et à ceux qui d'eus aueront cause pour le priz de six vinz
» livres de tournoiz petiz (5) quittés aus diz vendeurs si comme
» ilz disoient et ja païez en bonne pecune nombrée à eus ou à
» leur commandement de par la dite abbesse et convent et se tinrent cils vendeurs pour bien paiez et agréez par devant Nous et
» renoncièrent à ce que ilz peussent dire que ilz neussent eu et
» receu ladite somme d'argent de par lez diz abbesse et convent :
» C'est assavoir quatrevinz et diz arpenz de boys que li diz vendeur avoient si comme ilz disoient assis en deux pièces desquels
» la premier pièce est assise si comme les d. vendeurs disoient
» au lieu que len dit aux friches de Martengien (6) tenant au boys
» le Roy que len dit La Pointe d'une part et au boys auz diz
» abbesse et convent d'autre Et la second pièce est assise au lieu
» que len dit au Puits Libert tenant au boys Pierre de Voudoy
» d'une part et au boys Monseigneur Jehan Grapin, chevalier,
» d'autre qui fu langles, mouvant ces deux pièces de boys vendues
» de nostre seigneur le Roy en gruerie si comme les diz vendeurs
» disoient et en doit avoir nostre Seigneur le Roy le tierz
» deniers (7) toutes fois que il est vendu et le tenoient li diz vendeurs au jour que cest vente fu faite de nostre Seigneur le Roy
» en fié si comme ilz disoient et transportèrent et mistrent li diz
» vendeur par le bail de ces lettres es diz acheteurs et en ceulx

(1) Thomas Lestocie d'Aigrefin, commune de Neufmoutiers.
(2) Sans contrainte.
(4) A toujours.
(3) Le mot couvent est moderne ; on écrivait autrefois *convent* qui était la traduction du latin *conventus*.
(5) Il y avait autrefois des livres tournois, des sous tournois, des petits tournois et des doubles deniers tournois. Voir l'introduction.
(6) Les dénominations de Martingien et de Puits Libert ont complétement disparu.
(7) Il s'agit ici du droit de grurie ou tiers et danger, que l'on payait au Roi pour les coupes de bois.

» qui d'eus aueront cause, tout le droict, toute la saisine toute la
» seigneurie, propriété, possession et action réele personele que
» ilz avoient ou pouvoient avoir es diz boys vendus et de ces boys
» dessus diz vendus se dessaisirent et devestirent li diz vendeurs
» par devant Nous et de yceux les diz acheteurs et ceulx qui
» d'eus auront droict saisirent et vestirent par devant Nous par
» l'ottroy et par le bail de ces lettres. Et promirent cils vendeurs
» par leur loial créant par devant Nous que eus encontre la vente
» dessus dite ne venront par eus ne par aultres ou temps avenir.
» Mes en bonne foy chascun pour le tout les diz boys vendus aux
» diz acheteurs et à ceulx qui auront cause garantiront et deffen-
» deront en jugement et hors jugement contre touz et envers touz
» aux us et aux coustumes du païs et quand li diz vendeurs en
» ont obligié chascun pour le tout par devant Nous eus à tenir
» en prison fermée à Crécy ou là où on les pourroit trouver à
» leurs propres couz et à tous leurs biens et les biens de leurs
» hoirs, meubles et non meubles présens et avenir où que ilz
» puissent être trouvé à penre, à vendre et despendre par la jus-
» tice le Roy jusques à plainne satisfaction de la dite vente et des
» couz et des doumages se aucuns en y avoit par deffaut de garan-
» tie. Renunçans en ce fait à toutes choses qui leur pourroit valoir
» et aus diz acheteurs nuire. Et s'ensoubzmirent quand à ce à la
» jurisdiction du Roy et de la prévosté de ou que il se transpor-
» tent. Ou tesmoing de ce Nous avons scellé ces lettres du scel
» de la dite prévosté et par nostre raport Jehan dit Maljambe,
» clerc, establi de par le Roy y a mis son propre scel. Ce fu fait
» l'an de grâce mil trois cens et un en février le lundi après le
» octabes de la Chandeleur.

129

Mars 1301
L

Admortissement pour les bois de la Tençon

99 R.

Par cette charte, le roi Philippe-le-Bel et sa très-chère épouse Jeanne, reine de France et de Navarre, comtesse Palatine de Champagne et de Brie, dans le patrimoine de laquelle les biens dont il s'agit sont compris, Approuvant et confirmant la vente ci-dessus, Amortissent au profit des Religieuses du Pont-Notre-Dame les quatre-vingt-dix arpents de bois dont il s'agit, appelés vulgairement les bois de la Tençon (1), sauf le droit royal en toutes autres choses et le droit d'autrui en tout.

(1) Le nom de La Tençon a complètement disparu.

130

1302   *Charte de la maison et héritage de Bouleurc.*   12 Vᵉ
L

Par cette charte écrite en latin, donnée à Meaux au mois de janvier 1302, Philippe-le-Bel vidîme la charte écrite en langue vulgaire dont j'extrais les fragments suivants :

« A tous ceux qui ces présentes lettres verront et orront Jehan
» de Biauvoisins (1), garde dou seau de la prévosté de Miaux, et
» Jehans dit Malejambe, juré establi de par nostre Seigneur le
» Roy en la chatellerie de Miaux à ce faire. Salut. Sachent tuit (2)
» que par devant Nous vint en propre personne Guillemin
» fuiz (3) damoisele Agnez de Chamigny demourans à Boulairre (4)
» et recognut de sa bone volunté sans force que il en non de pur
» don perpétuel pour Dieu et en non de pure et perpétuelle au-
» mone avait donné quitté et délaissé pour lui et pour ses
» hères (5)... A l'Abbesse et au convent de l'Eglise du Pont-Notre-
» Dame et à leur successeraces en la d. église les choses cidesouz
» noumées c'est assavoir : premièrement, une meson a tout le
» jardin environ cinq arpens de terre...

Suit la désignation d'un grand nombre de pièces de terre, vigne et pré situés à Bouleurs. — Promesse de garantie. — Renonciation à tous priviléges et exceptions dans les termes de l'acte du mois de février 1301 ci-dessus. Jehan de Beauvoisin et Jehan Malejambe terminent en ces termes :

« Ou tesmoin de ce nous Jehans de Biauvoisins desusdit, avons
« scélé ces présentes lettres du scel et du contrescel de ladite pré-
« vosté, et nous Jehans, dit Malejambe, cils devant noumé, j'a-
« vons (6) mis nostre propre scel. Ce fu fait l'an de grâce mil
« trois cens et deux en aoust, le mardi devant la feste Saint Lorant. »

En conséquence Philippe-le-Bel, approuvant et confirmant la vente dont il s'agit, amortit lesdits biens au profit des religieuses; sauf le droit royal en toutes autres choses et l'autrui en tout..... De son côté Jeanne, reine de France et de Navarre, comtesse palatine de Champagne et de Brie, dans le patrimoine de laquelle ces biens sont compris, approuve également.

(1) Jean de Beauvoisin garde-scel.
(2) Tous.
(3) Fils de Damoiselle Agnès.
(4) Bouleurs.
(5) Hoirs, héritiers.
(6) Encore aujourd'hui les habitants des campagnes disent bien souvent : *j'avons* pour *nous avons*.

131

Janv. 1309 F

Le testament de dame Marguerite du Tour et de Dampierre.

125 R°

« *In nomine Domini Amen.* Je Marguerite, dame dou Tour et de
« Dampierre, fame de haut homme et noble monseigneur Gau
« chier de Chatillon, seignour dou Tour et de Dampierre, par le
« consentement de lui et en ma pleine santé et en ma bonne mé-
« moire, pensans et considérans qu'il n'est chose plus certaine
« de la mort ne moins certaine de l'heure de la mort, fas et or-
« donne mon testament et ma derrienne volanté, et ordonne dont
« es las de mes biens de la manière qui s'ensuit : . . . . . .
« Et de cest mien present testament, je fas et elis et nomme
« mon exécutour mon très chier et bien amé seignour compa-
« gnon et mari monseigneur Gauchier de Chateillon, seignour
« dou Tour et de Dampierre, et li proie et requier quil vueille
« loer et agréer cest mien testament, et qu'il praigne seur lui le
« fais de l'accomplir et y mette son scel pendent avec le mien. Et
« je Gauchiers dessus diz, à la prière et à la requeste de ma très
« chière et amée compaigne devant nommée, loe et agree ce tes-
« tament et prain le fais sur moy de lui accomplir et païer et
« m'en charge et l'an descharge. En tesmoignage de laquelle
« chose, j'ai mis mon scel pendent en cest présent testament avec
« le scel de ma chière et amée compaigne devant nommée. Lequez
« fu faiz en l'an de grace Nostre Seigneur, mil CCC et nuef, le
« vendredi après les xx jours de Noël ou mois de janvier. »
Quoique ce testament ne contienne aucun legs en faveur de
notre abbaye, j'ai cru devoir en transcrire ici la formule. Je re-
grette que sa longueur ne me permette pas de le rapporter en son
entier; car cette pièce historique donne une idée de la vie privée
des seigneurs féodaux au xive siècle, du nombre de leurs domestiques et de leurs chevaux; il fait connaître l'habillement d'une
dame noble à cette époque. Toussaint Duplessis, dans le tome 2^e
de son *Histoire de l'église de Meaux*, rapporte quelques fragments de ce testament et du codicile qui suit :

132

1315 F

Addition au testament qui précède.

127 V°

« De rechief, je Marguerite, dame du Tour et de Dampierre,
« adjoute en mon présent testament par voie de addition en mon
« laiz et en ma derrienne volenté les choses qui s'ensuivent; c'est

« assavoir : A l'église Nostre Dame dou Pont-aux-Dames, qua-
« rante livrées de terre à tosjours, en laquelle église j'ay esleu et
« esliz ma sépulture ; desquelles quarante livrées je ordonne que
« les dames de l'Eglise ayent pour *pitance* de an en an, au jour
« que elles feront mon service, dix livres, et les autres trente
« livres seront pour le *vestiaire* desdites dames..... Au Pont-aux-
« Dames où j'ai esleu ma sépulture, pour pitance, une foiz
« soixante livres. »

La testatrice nomme son mari et trois autres seigneurs comme exécuteurs testamentaires pour *assouvir* et mettre à exécution ce testament, lequel est fait à Courtemont, le dimanche jour de feste St-Lorent, l'an de grâce mil CCC et XV, en présence de plusieurs témoins, au nombre desquels figurent une dame et trois damoiselles....

133

Janv. 1310 F

Charte sur la foire de Gandeluz qui est à la Saint-Remy.

19 V°

« A tous ceus qui ces présentes lettres verront et orront Gaul-
« chier de Chasteillon, cuens de Porcyens et connestable de
« France, salut. Sachent tuit que comme nostre chière compaigne
« Hysabiaus de Drues (1), eut leissié à l'église de Nostre Dame
« du Pont de l'ordre de Cistiaux à certain us et pour le remède
« de l'âme de li et de nostre assentement vinte deus (2) livrées de
« terre à tousjours, et nous en ayens asis à ladite en certain lieu
« quise (3) livrées et dis sodées, nous voulons et nous plaist que
« sis livrées et dis soldées de terre qui demeur à aseoyr à ladite
« église, qu'elle les praigne (4) chacun an sur nostre foire de Gan-
« deluz, qui est à la saint Remy ou chef d'intoinire, (5) jusques
« à tant que nous les ayons assises en autre lieu et en obligons
« quant à ce nous et nos hoirs. En tesmoing de laquelle chose
« nous avons scelé de nostre scel ces présentes lettres, qui furent
« faites l'an de grâce mil trois cens et dis au mois de janvier. »

(1) Ysabelle de Dreux.
(2) Vingt-deux.
(3) Quinze livrées et dix soldées.
(4) Prenne.
(5) Au commencement d'octobre.

134

Mars. 1312

La lettre des XI sols de rante que l'abbaïe du Pont aux Dames a à Couilly sur une maison que monseigneur Raouls donna pour faire son anniversaire.

1 R°

« A tous ceus qui ces présentes lettres verront, Raouls, li ser-
« genz garde du scel de la prévosté de Crécy, et Jehans de Lai-
« gny, clers juré et establi de par monseigneur le Roy en chas-
« tellerie de Crécy, à ce faire, salut. Sachent tuit que pardevant
« nous vindrent en propre personne Mahaut la briarde de Coully,
« Jehannin, Christophle et Martin, tuit enfans de ladite Mahaut,
« et recongnurent eux avoir vendu et quité à tousjours pour eus
« et pour leurs hoirs à Jehan de Beauvoisins, bailli de Crécy, et
« à ses hoirs pour le pris de dixhuit livres tournoiz petiz, des-
« quiex dixhuit livres li dis vendeur se tindrent pour bien païez
« et agreez pardevant nous, c'est à dire quarante soudées tour-
« nois petiz de rente par an assenez et prins seur une maisons à
« tout le pourprins d'icelle si comme ilz se comport de toutez pars
« que les diz vendeurs ont si comme ilz disoient assise à Coully,
« tenent à la meson Martin Rame d'une part et à la meson Guil-
« laume Remon d'autre, mouvant de l'église du Pont-aux-Dames
« si comme len dit.... Et se il avenoit chose que li dit vendeur
« ou ceux qui de eux auroient cause que ladite meson tenroient
« ne tenissent et maintenissent la meson devant dite en bon
« point (1) et souffisant, et que par le défaut de soustenir ladite
« meson decheist (2), si que ladite rente ne y pouist pas bien estre
« assenée, lidit vendeur voldrent et accordèrent pardevant nous que
« lidiz acheteurs y pouïssent entrer et assener au tréfonz comme
« en son propre héritage. Et de ce lidit vendeur se sont dessaisi...
« Et promistrent par leur léal créant qu'ils garantiront..... et se
« sont obligiés à tenir eux en prison fermée à Crécy juques à
« pleine satisfaction de la vente..... Renoncenz en ce fut à toute
« déception, à tous priviléges de croix, au droit introduit pour la
« fame, à toute aide de droit de canon et de lay, au droit disant
« *général renonciation non valoir*..... Et s'ensoubzmistrent quant
« à ce lidit vendeur à la juridiccion de nostre seigneur le roy et
« de ladite prévosté ou qu'il se transportent..... »

(1) En bon état.
(2) Tombât.

135

Mars 1328

F Le mardi devant la feste de nostre-Dame.

Charte de la maison de Meaux.

« A tous ceulz qui ces présentes lettres verront et orront Jehans Reboulez, garde du scel de la prévosté de Meaux, et Raoul Malejambe, clerc tabellion jurez et establiz de par notre sire le roy en la prevosté et ou ressort d'icelle, à ce faire qui s'ensuit; salut : Sachent tuit que pardevant nous vindrent en propres personnes Odierne de Rains (1) et Gile sa suer (2) nièces feu monseigneur Gile de Rains, jadis chapellain en l'église Saint-Etienne de Meaux, si comme elles disoient et recongnurent de leurs bonnes volontez sanz force que comme lediz monseigneur Gile en sa darrienne volenté eust donné pour Dieu et en aumône aus dessus dites Odierne et Gile et à la survivant d'eus l'euffruit (3) et la rente tant seulement d'une meson, si comme elle se comporte assise à Meaux sur le pont Rade (4), tenant à la meson Guillaume de la Charrete d'une part. Sachent tuit que lesdites Odierne et Gile pour ce présentes pardevant nous, l'euffruit et la rente et tout le droit quelles avoient en ladite meson, vendirent, quittèrent et delessièrent à tousjours pour eus et pour leurs hoirs, en nom de pure et perpétuelle vente as religieuses dames et honestes l'abbeesse et le convent du Pont-aus-Dames, en l'eveschié de Meaux, et aux ayans cause d'eus pour le pris et pour la somme de cent livres tournois, desquiex deniers se tindrent lesdites vendaresses pour bien païez et agréés pardevant nous.... et en quitterent lesdites acheta resses amiablement et bénignement à tousjours,.... Renuncenz à tous priviléges, graces et indulgences dounées ou à douner, à tout aide de fait et de droit escript et non escript de canons et de lay, à la copie des présentes lettres pour dire contre, à l'espitre Diviadiran (5), à la loy de Veleyan (6), à tout droit introduit pour fames et espécialement au droit disant général renonciation non valoir, et s'ensoubmistrent quant à ce à la juridiction du roy, de ladite prevosté et de toutes autres justices où que elles se transportent...... »

(1) Rheims.
(2) Sœur.
(3) L'usufruit.
(4) Le pont Roide.
(5) Le mot *Diviadiran* est une contraction pour *Divi Adriani* : l'épître du divin Adrien.
(6) Sénatus-consulte Velleyen. Il s'agit ici de dispositions du droit romain. Voir l'Introduction.

136

1328 F

L'Admortissement de la maison de Meaux du Port au Poisson.   90 R°

« A tous ceus qui ces présentes lettres verront et orront. Nous
« Jehan de Guisnes, vicuens (1) de Miaux, sires des Fertez-Aucoul,
« et Gauchier et de Traisnes salut en nostre Seigneur. Sachent
« tuit (2) que nous en pure et perpétuel aumosne avons octroyé
« et octroyons de grace espécial as religieuses et honnestes dames
« l'abbeesse et le convent du Pont-Nostre-Dame.... une meson qui
« fu feu monseigneur Gile de Rains (3) jadis chappelain perpé-
« tuel en l'église de Miaux.... assise en Miaux devant le port au
« poisson, joignant d'une part à la meson Guillaume de la Char-
« rete, bourgeois de Meaux, et à la meson Philippot, jadis filz
« Estienne Mil d'autre part, mouvant de nostre censive pour
« réson de nostre viconté a deux deniers parisis de cenz.... Vou-
« lant que ladite meson elles tieignent paisiblement sans que elles
« puissent être contraintes de vendre, transporter ou mettre hors
« de leur main ou bailler aucune finance à nous, à nos hoirz, à
« nos successeurs..... »

137

1333 L

Confirmation d'un septier de blé sur les molins de Quintejois.   2 V°

Le dimanche avant la fête des apôtres Symon et Jude

Cette charte, délivrée par le curé de Quincy, atteste que Jean de Cornillon, qui décéda le dernier jour de décembre mil trois cent trente-trois, avait légué par testament, aux moniales du Pont Nostre Dame, pour faire chaque année son anniversaire, un setier de blé à prendre sur sa part dans les moulins de Quintejoie.

138

1334 L

Vidimus du Testament de Jehan de Couternois escuier qui donna touz ses fiefz de Couppvrez et Esbly.   146 V·

Par cette charte écrite en latin, l'Official de Meaux vidime le

---

(1) Vicomte.
(2) Tous.
(3) Rheims.

testament de Jean de Couternois, également écrit en latin, par M^r RIchard, curé de Serris, l'an 1333, le mercredi après la fête de Saint-Martin d'hiver, en la forme ci-après : « *In nomine Domini amen,*
« A tous ceux qui ces présentes lettres verront, le curé de Serris
« au diocèse de Paris, salut en notre Seigneur qui est le salut de
« tous, faisons savoir que pardevant nous a comparu en propre
« personne Jean de Couternois, écuyer, notre paroissien, sain
« d'esprit quoique malade de corps; lequel considérant qu'il
« n'est chose plus certaine que la mort, ni plus incertaine que
« l'heure de la mort, et voulant pourvoir au salut de son âme,
« a fait son testament ou acte de sa dernière volonté de la ma-
« nière suivante : »

Par ce testament, que sa longueur même ne nous permet pas de reproduire en entier, Jean de Couternois fait un grand nombre de legs à des établissements hospitaliers et religieux : églises, monastères, hôtels-Dieu, etc., etc. Il donne : à l'hôtel-Dieu de Couilly deux sous tournois; à l'église du Pont-Notre-Dame, pour faire annuellement, à perpétuité, son anniversaire, tout son fief, consistant en terres labourables et prés, situés tant à Esbly qu'à Coupevray, provenant de Guillaume Potel et de damoiselle Jeanne de Montgodefroy, épouse de ce dernier; à Jeanne Dupré, religieuse en ladite abbaye du Pont-Notre-Dame, dix sous tournois. Il fait aussi deux legs au curé même de Serris, rédacteur du testament; l'un de ces legs consistant en trois quartiers de terre labourable sis au lieu dit *le Closel au Chevalier est pour son anniversaire à célébrer annuellement, à perpétuité, dans l'église de Serris*. Il nomme pour exécuteurs testamentaires Gillet Longis, Jean Desfossés, Jean Boulet, tous écuyers. Il est dit que ce testament est fait sous les sceaux du curé rédacteur et des exécuteurs testamentaires, en la demeure du testateur, en présence de Guillaume Bonnet, et de Pierre Lempereur, écuyers, de damoiselle Jeanne de Mauléon, épouse du testateur, de Perrette *De Veriis* (1) sa nièce, de Jean de Saint-Denis, clerc, et de plusieurs autres témoins dignes de foi.....

139

Avril 1236
F
avant Pâques

Vente de onze arpens de terre séans ou terrouer de Montigny.

8 R°

« A tous ceulx qui ces présentes lettres verront. Jehan Reboul,
« garde du scel de la prévosté de Meaulx et Colars Le Foulons de

---

(1) Je pense que *De Veriis* doit être traduit par *Devert*, nom de famille qui est très-ancien dans notre contrée.

« Aci, clercs tabellions jurés, et establiz de par nostre sire le roy
« en ladite prévosté et ou ressort d'icelle à ce faire salut. Sachent
« tuit que pardevant nous vinrent en propres personnes Renaut
« des Meurs (1), escuyers et Ysabelle sa fame, de l'auctorité d'iceli,
« si comme ils disoient et recognurent eux avoir pris et détenu
« et encore prinrent et detindrent pardevant nous, chascun pour
« le tout à tousjours en nom de pure et perpétuel seurcens pour
« eulx et leurs hoirs, de religieuses dames et honnestes madame
« l'abbesse et le convent Nostre Dame dou Pont-aux-Dames, en-
« viron onze arpens de terre séans ou terroir de Montigny-les-
« Trie-le-Bardoul, tenant à l'héritage de la dame de Lesches et
« de Gilet de Troen, pour le pris et la somme de six souls tour-
« nois de annuelle rente..... Promettant..... Renonçant..... »

140

La disme de la Blanchardière.

28 Mars
1339
F

42 V.

« A tous ceulx qui ces lettres verront et orront. Hue (2) de Roucy,
« chevalier, vidame de Laonoys et seigneur de Eschaufferis (3)
« aprésent, et Marie de Claey (4), notre chière et amée compaigne,
« et dame desdiz lieus, à laquelle nous avons donné povoir et
« auctorité de faire les choses cy après senciévent, salut en nostre
« Seigneur. Sachent tuit que pour la grant et affectueuze dévo-
« tion que nous avons et attendons à avoir es dévotes oroy-
« sons et prières du convant du Pont-aux-Dames de l'ordre de
« Cysteaux en l'éveschié de Meaux et ou service de Dieu qui en
« ce lieu est célébré, ou quel lieu nous, Marie dessus dite, avons
« eleu nostre sépulture, et ou quel lieu noble (5) hons feu monsei-
« gneur Hue (6) de Chastillon, chevalier, jadis seigneur de nous,
« Marie, dessus dite gist et a éleu sa sépulture ; nous Marie, des-
« sus dite, avons donné et aumosné, donnons et aumosnons à
« ladite église du Pont perpétuellement et à tousjours, pour avoir
« chascun an en ladite église tant comme nous arons vie ou corps,
« *une messe du Saint Esperit*, le mardi après la feste saint Jean-
« Baptiste, et après nostre décez, de *Requiem* au jour de nostre
« obit, et pour le remède et salut de l'âme dudit feu monseigneur
« Hue de Chastillon et pour son anniversaire faire chascun an

(1) Renault des Murs.
(2) Hugues.
(3) Seigneur de Chauffery.
(4) Claye.
(5) Homme.
(6) Hugues.

« en ladite église lendemain de la Purification Nostre Dame, huit
« sextiers de blef de rente annuelle et perpétuelle à la mesure
« de Marle en brie, prins de ci en avant en ladite ville de Marle
« le jour de la Saint André, sur tous nos terrages que nous avons
« et aurons assis ou terroir de la Blanchardière (1) et de Marle, en
« la granche où ils seront menez de par nous..... Et promettons
« loyaument.... »

141

Charte de Xl livres parisis sur le trésor du Roy.

Charte latine du roi Jean, en date à Paris du mois de novembre 1350, par laquelle il vidime, approuve et confirme une charte de Philippe-de-Valois son père, donnée au château de l'Ermitage, au mois de janvier 1342, ainsi conçue : « Philippe, par la grâce
« de Dieu, roys de France, savoir faisons à touz présens et ave-
« nir, que comme feu Gile Grancher, jadis chevalier et maistre
« de l'escurie de nostre très chier seigneur et oncle le roy Phi-
« lippe-le-Bel, que Dieux absoille preist, chacun an, sus le trésor
« royal à Paris, au terme de la Toussaint, quarante livres parisis
« de rente à héritaige, laquele rente, après le décez dudit cheva-
« lier, escheu vint et appartint à Gile de Serriz, dame de Changy,
« jadiz femme dudit chevalier ; laquele Gile veult et ordonna en
« son testament ou derrenière volenté, que ycelles quarante livres
« parisis de rente feussent et demourassent pardevers nous, et
« que nous en peussions faire et ordonner toute nostre pleinne
« volenté comme de nostre propre chose parmy certaines condi-
« tions contenues es lettres des exécuteurs d'ycelles sur ce faites.
» Et les religieuses, abbesse et convent du Pont Nostre Dame de
« lez Crécy, de l'ordre de Cistaulx, nous ayent faict supplier
« humblement, que, comme pour leurs vivres, sustentation et né-
« cessitez, ils ayent très petites revenues, Nous leur vousissions
« ottroyer à tousjours ycelles quarante livres parisis de rente.
« Nous considérans les choses dessus dites, et pour ce que les
« dites Religieuses et leurs successeresses aient cause de plus
« honnestement et mieux Dieu servir et prier pour nous et leur
« sustentation avoir plus convenable, A ycelles religieuses pour
« euls et leurs successeresses, Abbesse et convent dessus diz,
« Donnons et Ottroyons par ces présentes lettres de grace espécial
« les quarante livres de rente dessus dites à les prendre et avoir

---

(1) La Blanchardière, petite ferme dans le voisinage de La Houssaye.

« ou dit Trésor, chascun an dors en avant et en la manière que
« lez prenoit ladite feu Gile, et ycelles quarante livres Transpor-
« tons par ces lettres aux dites Religieuses et en leur église, et
« Voulons que d'ycelle rente elles puissent joir et user paisible-
« ment senz mettre hors de leur main et senz en payer aucune
« finance à Nous ne a noz successeurs ou à noz gens ou tems à
« venir, par telles conditions toutes voies que lesdites Religieuses
« seront tenues de faire chanter chascune sepmaine pour Nous,
« pour nostre chière compaigne la Royne et noz enfans, en leur
« dite église, tant comme Dieu nous donra vie, une messe du
« *Sainct Esprit* et une messe de *Nostre Dame*, et après nostre
« décez une messe de *Requiem* chascune sepmaine pour les ames
« de Nous et de nos prédécesseurs. Et à ce seront obligées par
« leurs lettres qu'ils feront confermer de l'Abbé de Cisteaux ou
« des souverains de leur ordre.... Sy donnons en mandement par
« ces présentes lettres à noz trésoriers à Paris, prensens et a venir,
« que aus dites Religieuses et à leurs successeresses ils paient
« dors en avant lesdites quarante livres parisis de rente chascun
« an, au terme dessus dit senz aucune difficulté et aux gens de
« nos comptes que ilz les allouent es comptes des dits tréso-
« riers. . . . .

142

Charte de Coutternoys.

Juin 1345
F
97 V°

« Philippe, par la grâce de Dieu, Roy de France, savoir faisons
« à tous présens et avenir que, à la supplication de nostre amé
« sergent d'armes Philippe Mautrompe, nous avons ottroyé et
« ottroyons par ces lettres de certaine science et grace espécial
« aux Religieuses, Abbesse et convent du Pont-aux-Dames-lez-
« Cresci en Brie, que dixhuit arpens de terre gaignables (1) ou
« environ avec une maison et le jardin si comme tout se com-
« porte séans à Courtarnois en Brie hors fye, lesquelles choses
» peuvent valloir dix livres de rente par an ou environ que ledit
« Mautrompe leur a données pour le salut de l'âme de lui, ycelles
« religieuses et leurs successeures puissent tenir, posséder et
« recevoir comme leur propre chose, perpétuellement et paisi-
« blement sanz estre contrainctes à les vendre ne mettre hors de
« leur main ou temps à venir et sanz en païer aucune finance à
« nous ne à nos successeurs. . . . .

(1) Terres gaignables, terres labourables ou cultivables.

143

Janv. *Admortissement pour Courternois.* 120 V°
1345

« A tous ceux qui ces présentes lettres verront et orront, Guil-
« laume de Beaunes, chevalier, sires de Bonnes, et Dame Jehanne
« de Mangnys, nostre amée et léal compaigne, salut. Savoir fai-
« sons à tous présens et à venir que : à la supplication de nostre
« amé cousin, sergent d'armez du Roy, nostre Sire, Philippe
« Mautrompe, Nos avons ottroié et ottroions par nos lettres, aus
« religieuses, abbesse et convent de Pont-aux-Dames-les-Crécy
« en Brie que dix huit arpens de terres gaignables (1) ou environ
« avec une maison et le jardin si comme tout se comport séans
« à Courternois en Brie; les quelles choses peuvent valoir dix
« livres de rente par an ou environ que ledit Mautrompe leur a
« données pour le salut de l'âme de luy, icelles religieuses et
« leurs successeurs puissent tenir, posseder et recepvoir comme
« leur propre chose, perpétuelement et paisiblement, sans estre
« contrainctes à les vendre ne mettre hors de leurs mains ou
« temps a venir et sans en païer aucune finance à nous ne à nos
« successeurs, laquelle nous leur quittons et remettons de nostre
« plaine et pure volenté sans contraincte. Et pour ce que les dix
« huict livres de rente dessus dites estoient tenues en fié de la
« terre de nostre amée et loiable compaigne dessus dite Nous
» dessus dit Guillaume, chevalier, ly avons donné et donnons
« encoire licence, pouvoir et auctorité de ce faire. . . . . . .

144

1347 *Quittance de Monseigneur de Meaulx pour le* 143 V°
dixiesme.

« A tous ceulx qui ces présentes lettres verront et orront
« Regnault Audigois, garde de par le roy nostre sire du scel aux
« contracts de la baillie de Crécy en Brie, salut, savoir faisons
« que l'an de grace mil quatre cens cinquante deux, le deuxième
« jour d'aoust, Jehan de Montion (2), clerc tabellion juré et establi
» ad ce faire de par ledit seigneur audit lieu, vit tint et leut mot
« après autre unes lettres escriptes en parchemin saines et entiers
« de scel et escripture, scellées si comme la teneur d'icelles tes-

(1) Labourables.
(2) Monthyon, canton de Dammartin.

« moingnoit, du scel de la Court de Meaux et du signet de Mon-
« seigneur l'official de ce lieu qui estoit ou temps des dites lettres
« faites et escriptes, desquelles lettres la teneur s'ensuit :

Par la lettre dont il s'agit, écrite en latin et datée du samedi après les octaves de la purification de la Vierge, l'an 1347, l'official de Meaux fait savoir :

Que le monastère de Pont-aux-Dames ayant joui depuis sa fondation d'un revenu tellement minime, tellement insuffisant que sans les libéralités des nobles et des fidèles qui lui étaient venus pieusement en aide, il aurait été impossible de pourvoir à la nourriture et au vêtement des religieuses, dont le nombre considérable était hors de proportion avec les ressources de la communauté; l'Abbesse dudit monastère avait déclaré à l'official que ladite communauté avait toujours été exempte de tous cens et droits de procuration, de tous subsides envers les nonces et les légats apostoliques, de toutes décimes envers le roi de France, de toute taxe envers le révérend père en Dieu l'Archevêque de Sens; et l'avait supplié de vouloir bien, après avoir compulsé les anciens registres des légats et nonces apostoliques, rendre témoignage que ladite abbaye avait toujours été exempte des décimes et des procurations.

En conséquence l'official déclare que : vérification faite des registres des légats et nonces apostoliques et aussi des registres des décimes accordées au Roi par le Saint-Siége, il n'y a trouvé trace d'aucune taxe imposée audit monastère...

145

Disme du Pain et du Vin.

22 nov. 1348

40 2°

» A tous ceulx qui ces présentes lettres verront. Hugues Aubriot,
» chevalier, garde de la prévosté de Paris, Salut : savoir faisons
» que Nous, l'an de grace mil trois cens soixante et treize, le
» mardi vint jour d'octobre veismes une cédule de la chambre
» aux deniers du roi nostre sire à Paris, de la quelle la teneur
» s'ensuit : Prenez sur le compte de l'ostel le roy dix-sept livres
» treize sols neuf deniers et maille parisis et les rendés aux non-
» nains du Pont-aux-Dames pour la disme du pain et du vin
» despenduz ou dit hostel par les dix derniers jours de juing et
» les cinq premiers jours de juignet derrenièrement passés que le
» roy a esté à Becoysel (1) en Brie. Faite xxii jours de novembre,
» l'an mil trois cens xviii... »

(1) Le château de Becoisel ou Becoiseau, en latin *Becoisellum*, qui était joignant le village de Moressart, aujourd'hui Mortcerf, dépendait de la châtellenie de Crécy.

146

Juillet 1349 — *Amortissement de la Chapelle Saint Matellin, de XX arpens et trois quartiers de terre à la Croix Bertin.* — 48

« Iehanne par la grâce de Dieu royne de France et de Navarre.
» A tous ceux qui ces présentes lettres verront, Salut : Religieuses
» personnes noz amées en Dieu suer (1) Ysabel de Sarris, abbesse
» de l'église du Pont-Nostre-Dame enprès Couilly et le convent de
» ce lieu Nous ont humblement supplié et requiz que comme
» la dite abbesse, de l'espargne de la rente que elle tient de son
» patrimoigne et autres ses amis aient donné et aumosné à ladite
» église certains deniers pour acroistre le service de Dieu et les
» rentes de ladite église, des quiex deniers elles entendent à
» fonder et douer de vint livres de rente une chapellenie en
» ycelle église en l'honneur du glorieux confez Monseigneur Saint-
» Matherin (2), laquelle sera desservie par un chapellain qui sera
» vestuz des draps de leur religion, qui pour ce demourra au lieu
» continuellement, et pour cause de la dite fondation elles aient
» nouvellement acquiz à tiltre d'achaz de Jehan d'Amillis, escuier,
» une pièce de terre arable contenant environ vint arpens et trois
» quartiers, assise près de la maison de Molins au lieu que len
» dit à l'Ourme de la Croix Bertin (3) et va parmi la dite pièe de
» terre le grand chemin qui va de Couilly droit à Laigny, tenant
» ycelle pièce tout du lonc à ung chemin qui va de devers Esbely
» droit à Maigniz (4) et à la terre Simon Gaupin et aboutist au
» bout de dessouz aus terres des Religieux de Saint Mor des

Il était jurable et rendable au comte de Champagne, dont le sire de Crécy était vassal. A partir de 1289, lorsque la seigneurie de Crécy eût été acquise au domaine royal, le château de Becoiseau fut quelquefois habité par des rois. On le trouve sur la liste des *Palatia Regia* donnée par Ducange. Devenues propriété privée, les ruines de cette vieille forteresse féodale appartiennent aujourd'hui à M. Josseau et sont comprises dans son parc. Ces ruines, conservées et entretenues avec le plus grand soin, consistent en une haute tour, un fragment de pignon et quelques oubliettes qui, dit-on, auraient mis le château de Becoiseau en communication avec celui de Crèvecœur. M. Josseau, ancien député, né à Mortcerf même, est avocat à la cour d'appel de Paris. Une notice, rédigée par M. Lemaire, archiviste de notre département et insérée dans les Mémoires de la Société d'Archéologie de Seine-et-Marne, 4e volume, exprime l'opinion que les souterrains de Becoiseau s'étendaient jusqu'à Crèvecœur.
(1) Sœur Ysabelle de Serris.
(2) Saint Mathurin.
(3) Lieu dit l'Orme-de-la-Croix-Bertin, terroir de Montry.
(4) Magny.

» Fossez, laquelle terre muet de nous en fief et en nostre haute
» justice à cause de nostre chastel et chastellenie de Crécy et puet
» valoir de commune estimacion dix livres tournois de rente par
» an. Nous leur voulissions la dite terre amortire pour la cause
» dessus dite. Si faisons assavoir que nous désirant l'accroisse-
» ment du divin service et aussi pour l'amour et affection que
» nous avons despieça à la dite Eglise et que les dites Religieuses
» nous ont accompaignée aus bienfaicts et prières qui seront
» faicts en la dite chapelle, voulons et nous plaist, ottroyons et
» nous consentons entant comme en nous est, de grâce espécial et
» de certaine science que ycelles Religieuses et leur successe-
» resses en la dite église tieignent et puissent tenir et posséder à
» toujours héritablement et perpétuellement la pièce de terre dessus
» dite sanz ce que elles soient dores en avant contrainctes de la
» vendre ne mettre hors de leurs mains ne de païer pour ce au-
» cune finance ou temps à venir... Donné à Becoisel au mois de
» jûillet, l'an de grâce 1349.

147

19 mars 1349 — *Nandy. Charte de l'achat madame Jehanne, par la grace de Dieu, Royne de France et de Navarre.* — 101 V°

» A tous ceux qui ces présentes lettres verront, Alexandre de
» Crevecuer, garde de la prévosté de Paris, salut, savoir fai-
» sons que par devant Rogier du Fruit et Nicolas du Fruit, clers
» notaires jurez du roy notre sire, en son chastelet de Paris, en
» lieu de nous commiz et envoyés pour ouyr et nous féablement
» rapporter ce qui s'ensuit en adjoustant à eux foy planière en
» ce cas et en gregnieur (1), furent personnelment establiz noble
« homme Monseigneur Louys Byllouart, chevalier, et Madame
« Aales, sa fame, de luy souffisamment auctorisée sur ce qui
« s'ensuit en la présence desdiz jurez. Les quiex mariés, de leur
« bons grez de certain propos et science si comme ils disoient,
« pardevant lesdiz jurez recognurent, confessèrent avoir vendu
« et par nom ou tiltre de pure simple et perpétuele vente ottroyé,
« ballié, cessié, quittié, delessié, et transporté et vendent et trans-
« portent à toujours desor en droit par la teneur de ces lettres
« A très haulte excellente et puissante Dame ma très redoubtée
« dame Jehanne, par la grace de Dieu Royne de France et de
« Navarre, pour elle, pour ses hoirs et pour ceux qui d'elle au-
« ront cause, les cenz, rentes, boys et autres héritaiges dont men-

(1) Et en plus important.

« cion est cidessoubz faicte que les diz vendeurs disoient avoir,
« tenir, posséder, prendre et recepvoir paisiblement du propre
« héritaige dudit Monseigneur Louys es lieux qui s'ensuivent;
« c'est assavoir :

Suit l'Enumération d'un grand nombre de pièces de terre, bois, vigne, etc., situées à Nandy et à Saint-Port. Ces biens furent, plus tard, donnés par la duchesse d'Orléans, fille de la reine Jeanne, à l'abbaye de Pont-aux-Dames. On trouvera ci-après, sous l'année 1391, des lettres de Charles VI qui amortit les biens dont il s'agit.

148

Mars
1353
L

Charte de l'adcort de la disme de Bouleure, par le Prieur de Saint Martin et le curé dudit Bouleure.

123 R°

Transaction amiable entre : Sœur Ysabelle, abbesse du Pont-aux-Dames, le prieur de Saint-Martin près Crécy, les chanoines de La Chapelle-sous-Crécy, d'une part; Pierre de Rus, curé de Bouleurs, d'autre part.

Ce dernier prétendait avoir un droit exclusif sur les dîmes novales de la paroisse de Bouleurs, sur lesquelles dîmes les parties adverses, de leur côté, prétendaient avoir droit aussi bien que sur les dîmes anciennes. Pour faire la paix, pour éviter tout litige à l'avenir, les parties, d'un commun accord, après avoir pris conseil de certains hommes sages et conciliants, conviennent : Que l'abbesse du Pont, le prieur de Saint-Martin et les chanoines de La Chapelle continueront de percevoir ensemble, comme par le passé, les dîmes novales et les dîmes anciennes, mais qu'ils fourniront au curé de Bouleurs et à ses successeurs, à perpétuité, pour leur tenir lieu de toutes dîmes anciennes ou nouvelles, un muid de bon grain, moitié blé moitié avoine, à la mesure de Crécy, et provenant de la grange dîmeresse même. Les contractants s'engagent, eux et leurs successeurs, à fidèlement observer ce traité, renoncent à toutes exceptions de droit, et supplient l'Evêque de Meaux de confirmer la transaction dont il s'agit.....

149

Sept.
1354

Item charte au propos dessus dit.

124 V°

Charte par laquelle Philippe (1), évêque de Meaux, approuve la

---

(1) Philippe *de Vitry*, évêque de Meaux. Voir *Toussaint Duplessis*.

transaction ci-dessus. Cette charte est datée de Paris (1) le 7 septembre 1354.

150

25 fév. 1360 — *L'eschange de trois pois de burre a six muis de vin à Chercamp.* — 140 R°

« A tous chiauls (2) qui ces présentes lettres verront et orront,
« Frere Jehan, abbez de l'Eglise Nostre Dame de Chercamp (3), de
« l'ordre de Cisteaux ou dyocèse d'Amiens et tout li convens de
« ce meisme lieu, salut en Nostre Seigneur perdurable. Comme
« nous au droit et adcause de nostre dite Eglise prensissions et
« eussions de rente annuele et perpétuele par an six muis de vin
« vermeil à Cressy en Brie, si comme il puelt clerement apparoire par lettres et chartes de ce faisant mencion et aussi lez
« religieuses, abbesse et convent de l'église Nostre Dame du Pont
de lez Cressy en Brie dudit ordre de Cisteaux ou dyocèse de
Meaulx en Brie à cause et au droit de leur dite église eussent
« et prensissent sur nostre dicte Eglise de rente anuele et perpé-
« tuele trois pois de burre (4) par an rendus et conduis en leur
« dite eglise du Pont chascun an au terme de Noël, sachent tout
« que nous commun assentement et accord et par licence de
« révérend père en Dieu monseigneur l'abbé de Cisteaux et du
» chapitre général et par l'ottroy et consentement dez procureurs
« desdites religieuses et de nous, avons baillié et transporté,
« baillons et transportons ladite rente de vin en la main desdites
« religieuses, abbesse et convent du Pont et à leur profit pour
« joïr et posséder perpétuelment et à toujours comme nous fai-
« siemez avoec tout se que nous poviesmez en ce avoir par chartes,
« lettres et privilèges ou en aultre manière, lesquels desja nous
« avons baillié, mis et transporté en leurs mains. Parmi (5) ce
« et pour et u lieu de ce lez ditez religieuses, abbesse et convent
« du Pont au droit de nous et de nostre dite Eglise nous ont
« desja quittié et delaissié, quettent et délaissent perpétuelment
« et à tousjours ladite rente de burre et avoec ce ont renonchié

---

(1) On voit que les évêques, à cette époque, n'observaient pas la résidence. Le concile de Trente, session 23, leur ordonna *de résider en personne dans leur église et diocèse*. Sur cette matière, on peut consulter l'Institution au droit canonique de *Fleury*, l'Histoire du Concile de Trente et tous les recueils d'histoire et de jurisprudence ecclésiastique.
(2) Ceux.
(3) Cercamp.
(4) Beurre. On sait que Cercamp est situé dans le diocèse d'Amiens ; on retrouve donc ici une teinte du patois picard.
(5) Moyennant.

« et renonchent a pooir (1) faire aucune demande ou poursuite à
« l'encontre de nous et de nostre dite Eglise en tampz présent
« ny advenir. Si promettons. . . . .

151

1364
L

L'Amortissement de Dampierre 129 R°

Le roi Charles V amortit au profit des religieuses du Pont-aux-Dames les 40 livrées de terre qui leur ont été léguées par la Dame du Tour et de Dampierre. (Voir plus haut le codicile de 1315.) Lesquelles 40 livres de revenu sont assignées sur la terre de Sompuis en Champagne. Il est dit dans cette charte que les religieuses du Pont, pour ne pas encourir le reproche d'ingragratitude, ont spontanément promis de faire célébrer, chaque année, dans la huitaine de l'Assomption de la Vierge, une messe pour le roi Charles V, tant qu'il vivrait et même après son décès à perpétuité. Cette charte est donnée à Crécy en Brie au mois d'août 1364.

152

1364
L

La confirmation du pain et du vin. 23 R.

Par cette charte, donnée à Crécy au mois d'août 1364, Charles V vidime approuve et confirme la charte par laquelle Philippe le Bel et la reine Jeanne ont donné à l'abbaye du Pont la dîme du pain et du vin sur les maisons de Crécy, de Becoiseau, de Crevecœur et de Villeneuve-le-Cointe. (Voir plus haut charte de 1294.) Il ajoute que, dans le cas où il viendrait à se dessaisir de quelques-unes de ces villes, il veut que la dîme dont il s'agit soit toujours payée aux religieuses.

153

13 août
1372

Charte de cinq sextiers et les III pars d'ung sextier de blé de rente à Sarris (2). 108 V°

« Noble homme Monseigneur Pierre de Mail, dit Héron (3),
« chevalier, confesse devoir et gaige aux religieuses dames et

---

(1) Renoncent à pouvoir.
(2) On dit aujourd'hui Serris.
(3) Pierre de Mail, dit Héron, seigneur de Serris.

« honneste l'abbesse et convent de l'Eglise Nostre Dame du Pont
« aus Dames les Crécy en Brie deux muis cinq sextiers et le
« tiers d'ung sextier de blé froment à la mesure de Sarris, c'est
« assavoir : les deux muis pour cause des arrérages de certaine
« rente que lesdites religieuses prennent par an sur eertains
« héritaiges qui furent dudit chevalier à cause de Madame sa
« femme, séans ou terroir dudit Sarris ; et les cinq sextiers et
« tiers d'ung sextier pour le terme de Saint André prochain à
« cause de ladite rente, a rendre païer aus dites Religieuses au
« Pont et sur le lieu en tel grain comme les terres sur quoy ladite
« rente est prinse désirrent porter, etc. . . . .

154

13 août 1372 *Item de ce mesme charte passée devant le Prévot de Paris.* 109 R.

« A tous ceux qui ces lettres verront, Hugues Aubriot, garde
« de la prévosté de Paris, savoir faisons que par devant Jehan
« Fourmi et Nicholas Lemire, clers notaires jurez du Roy, nostre
« sire, de par lui establis au Chastelet de Paris, fu présent noble
« homme Monseigneur Pierre de Mail, dit Héron, chevalier, qui
« recongnut et confessa devoir loyaument à religieuses Dames et
« hounestes l'abbesse et convent de l'Eglise Nostre Dame du Pont
« aus Dames les Crécy en Brie deux muis cinq sextiers et le tiers
« d'un sextier de blé froment à la mesure de Sarris, c'est assa-
« voir : ………Obligant quant à ce ledit debteur luy, ses hoirs,
« tous ses biens…… Et renonça……… En tesmoing de ce, nous
« Estienne de Montargis, aprésent garde du scel de ladite pre-
« vosté de Paris, pour ce qu'il nous est apparu par l'inspection
« d'ung brevet signé des seings dez dis notaires jurez, les choses
« dessus dites ainsi avoir esté passées et accordées en leur pré-
« sence. Avons mis à ces lettres grossoïeez par ledit Nicholas
« Lemire et mises en forme publique de nostre commandement,
» après le trespassement dudit Jehan Fourmi, le scel de ladite
« prévosté de Paris. »

155

1374 *Amortissement de monseigneur l'Evesque de Meaulx touchant la disme Sainte Catherine ou terroir de Coully.* 142 R

« A tous ceux qui ces présentes lettres verront et orront,

» Jehan (1), par la grace de Dieu, évesque de Meaux, salut en
» Nostre Seigneur, comme supplie et requis nous ait été par les
» religieuses, abbesse et convent de l'église du Pont as Dames lez
» Coully que le quarantiesme de tous grains et le vint quatriesme
» du vin des disme que elles ont acoustume de prenre, avoir et
» percevoir chascun an en aoust et en vendanges en et seur la
» moitié des dismes de Coully. Laquelle moitié feu Mannessier
» de Charllifer, jadiz escuier ou temps qu'il vivoit, prenoit et ses
» aïens cause prennent chascun an et ont acoustumé de prenre
» et percevoir depuis le trespassement dudit feu Mannessier si
» comme l'en dit, laquelle moitié est mouvant et tenue en fié de
» nous à cause de nostre eglise et eveschié de Meaulx. Item nous
» pleust à elles admortir pour Dieu et en ausmone par quoy elles
» les peussent plus seurement et franchement tenir ; et elles
» soient tenues et seront et prieroient Dieu pour nous et pour
» nos successeurs évesques à tousjours, sachent tuit que pour le
» bien desdites religieuses qui volontierz diligemment et dévote-
» ment font le service divin et qui ont petite revenue et fonda-
» cion pour elles soustenir et gouverner si comme de ce sommes
» souffisamment informez. Nous pour Dieu et en ausmone, en
» considéracion aus choses dessus dites leur avons admorti et par
» ces présentes leur admortissonz les diz quarantiesme de tous
» grains et vint quatriesme du vin desdites dimes que elles ont
» et prennent seur ladite moitié desdites dimez de Coully, appar-
» tenant aux hoirs et aïens cause dudit feu Mannessier en tant
» comme à nous à cause de nostre dite eglise et eveschié appar-
» tient et puet appartenir et que faire le povons, sauf le droit
» d'aultruy et sauf aussi que elles sont tenues de faire dire,
» chascun an, en leur dite église du Pont-aus-Dames une messe
» de *Nostre Dame* à nostre vie et après nostre trespassement une
» messe de *Requiem* pour nous et pour nos successeurs à tous-
» jours. Et voulons et leur ottroyons de grace espécial et doresna-
» vant elles ne soient poursuites de mettre hors de leurs mainz
» les choses dessus dites tenues de nous par aucuns ou aucun de
» noz officiers ou temps présent ne advenir en tant comme nous
» la povons faire de droit et de raison. Sauf en aultres choses
» nostre droict et en toutes l'autruy. Et mandons à nostre bailly
» et à tous nos aultres officiers présens et avenir que lesdites
» religieuses fassent et laissent joïr et user paisiblement de nostre
» présente grâce senz y mettre empeschement en aucune ma-
» nière. . . . .

(1 Jea VI, évèque de Meaux.

175

20 juin 1458
F

Du quart de la grant disme de Coully dite la grant **159 v°**
disme de sainte Catherine.

    Traité d'accord passé entre l'abbesse du Pont-aux-Dames, d'une part, et noble homme Jean de Meaux, d'autre part. Les parties exposent que, par son testament ci-dessus énoncé sous l'année 1439, Jean de Lagny a légué à l'abbaye le quart de la dîme du grain et du vin dite *grande dîme de Sainte-Catherine*, qu'il possédait à Couilly.

    Que ce quart de dîme est tenu en plein fief de Jean de Meaux, à cause de Marie de Charny, sa femme; en arrière-fief de révérend père en Dieu l'Evêque de Meaux; et qu'il n'est pas amorti.

    En conséquence, Jean de Meaux, audit nom, déclare approuver ce legs; promet de ne pas contraindre les religieuses à mettre hors de leurs mains le quart de dîme dont il s'agit; promet également de ne pas exiger qu'elles lui fournissent *homme mortel* (2) jusques à douze ans (3). Il confesse en outre être tenu envers les religieuses de vingt sous tournois de rente, que défunt Guillaume de Charny, son beau-père, leur a légués par son testament ci-dessus énoncé sous l'année 1439.

176

24 avril 1488

Donation par Jacques de Montion et Perrette **9 R°**
Saulmont sa femme demeurant au grand marché de Meaux, à l'abbaye du Pont-aux-Dames de XXXV solz tournois sur une maison sise à Couilly et un jardin sis à Saint-Germain-lès-Couilly.

    « A tous ceulx qui ces présentes lettres verront, Philippe
« Bataille bachelier en loix, garde de par le roy nostre sire, des
« sceaulx aux contracts de la baillie de Crécy-en-Brye, salut.
« Sçavoir faisons que pardevant Colin Substand commis pour et
« au lieu de Mathurin Briour praticien tabellion juré et de par

---

(2) Homme mortel, c'est-à-dire *homme vivant et mourant.* (Voir l'Introduction.)

(3) Pendant douze ans.

» ledit seigneur establi audit Crécy, Furent présens Jacques de
» Montion (1) et Perrette sa femme, de lui quant à ce souffisant
autorisée, demourant au grand marché de Meaulx, Lesquels
» reconnurent avoir donné et aumosné, en pur et vray don irré-
» vocable, à l'Eglise Nostre-Dame du Pont-aux-Dames, la somme
» de XXXV solz tournois que lesdits reconnaissans disoient avoir
» droit de prendre recevoir et percevoir, chascun an, en et sur
» une maison cour jardin et pourpris, comme il se comporte,
» séant à Couilly en la grant Rue.... item sur un jardin séant à
» Saint-Germain-lez-Couilly contenant environ ung quartier,
» tenant de toutes part à feu Joseph Tuillier et aux Tartarins.....
» Ce don et transport irrévocable fait par iceulx aulmosniers et
» donateurs à icelle fin qu'ilz soient accompagniez es bienfaits
» et prières qui se font et se feront journellement et à tousjours
» à ladite église... Promettent.....

177

Sans date

Le département de la disme de Sancy.

151 V°

« La disme de Sancy comme de toute ancienneté se extend
» mesme du coté de Saint-Fiacre, à commencer à une grosse
» espine qui est au chemin du Roy jusques au pertuis de Vau-
» courtois, en avalant aux Viviers parderrier Vaucourtois, tout
» selon les prés de Dormans et dela tout selon les Viviers droit
» à la host et jusques emprès de haulte Averne; Et dela jusques
» au bois Et dez bois en retournant à Sancy et de Sancy autour
» du Rû profont en tirant jusques au chemin parré Et du chemin
» parré retournant à une espine qui est ou dit chemin parré qui
» fait l'entredeux de Coulommes et de Sancy Et dudit Sancy
» retourne à ladite première espine premièrement dite et du coté
» de Coulommes commence oultre la maladrie dudit Coulommes
» à une grosse espine qui est ou dit chemin du Roy et delà
» droit à Sancy jusques à Montdenis près du moulin à vent de
» Maisoncelles Et si en est la Cousture Berthe jusques à Mont-
» graulle.

178

Sans date

« C'EST LE DROIT que Madame l'Abbesse du Pont-aux-Dames
» prent sur les dîmes de Vins de Montaudier, Serbonne, Et le
» Grand Genevroy. Premièrement En toutes lesdites dîmes de

---

(1) Monthyon.

» vin, Madite Dame prent le huictièsme Et sont aultres qui
» prennent le surplus, c'est assavoir : Suit l'énumération des
personnes qui partissent avec l'Abbesse; au nombre de ces personnes figurent le prieur de Saint-Martin et les chanoines de La Chapelle.....

197

« Le mardi premier jour de septembre l'an mil IIII^CIIII^{XX} et
» quinze A la requeste de moy frère Gilles Desmoulins procu-
» reur (1) du monastère du Pont, par le consentement de Maistre
» Symon Besbœufs procureur du prieur de Saint-Martin furent
» assemblés Claude Nolisson de Ferrol et Jehan Fourment de
» Coulommes en lieux par nous dessus nommés sus un champ
» près de la justice de Crécy pour divider et départir la disme de
» Bouleurs commencant au lieu où le noïer feu Martin Josse
» soloist estre où il at pour le présent ung mérisier en une haie
» d'emprès un chemin qui vat de Montbarbin à la maison du
» Buisson, etc., etc.......

(1) Ici, procureur a le sens de mandataire. Gilles Desmoulins n'est autre que le frère convers chargé de l'administration du temporel de l'Abbaye.

TABLE DES NOMS DE PERSONNES

DONT IL EST FAIT MENTION DANS LE CARTULAIRE

Les numéros placés à la suite de chaque nom renvoient aux numéros que les chartes portent dans l'analyse

---

ADAM, chanoine official de l'Eglise de Meaux, 53, 79.
ADÈLE DE BRETAGNE, abbesse de Fontevrault, 14.
ALAIN (Thomas), à Ferolles, 170.
ALEXANDRE IV, pape, 90, 104.
ARNOULD, à Couilly, 59.
AUBRIOT (Hugues), garde de la prévôté de Paris, 145, 154.
AUDIGOIS (Regnault), garde-scel de la baillie de Crécy, 144, 167, 172.
BARBET (Etienne), bourgeois de Paris, 93.
BARBIER (Hugues), bourgeois de Paris, demeurant près l'hôtel-Dieu Saint-Gervais, 97.
BARILLART (Gille), prévôt de Château-Thierry, 131.
BARILLART (Colard), fils du précédent, 131.
BATAILLE (Philippe), garde des sceaux de la baillie de Crécy, 176.
BAUDOIN, fondeur à Paris, près l'hôtel-Dieu Saint-Gervais, 97.
BEAUVOISIN (Jean de), garde des sceaux de la prévosté de Meaux, puis bailli de Crécy, 129, 134.
BICHE ou BISCHE (Jean), à Crécy, 68.
BINEREL (Jean), tabellion royal à Crécy, 161.
BLANCHE DE FRANCE, fille de Charles IV, duchesse d'Orléans, 158, 159, 160, 163, 164.
BOCEL ou BOCIAUS (Etienne), prévôt de Crécy, 11, 12, 19.
BOCEL (Jean), fils du précédent, 70.
BONNE (Guillaume de la), garde des sceaux de la baillie de Crécy, 159, 161, 164, 166, 167.
BORDEREL (Clément), dit Potier, à Couilly, 162, 164.
BOUTEILLER (Oudin), à Couilly, 162.
BRIDOUL (Raoul), à Crécy, 82.
BRIOUR (Mathurin), tabellion royal à Crécy, 176.
BURGANT (Pierre), à Couilly, 106.
CHARRÈTE (Guillaume de la), bourgeois de Meaux, 136, 137.
CHAPELLE (Philippe, vicomte de la), 38.
CHAPELLE (Etienne de la), chevalier, 69.
CHARLES IV, roi de France, 166.
CHARLES V, roi de France, 151, 152, 156.
CHARLES VI, roi de France, 160, 169.
CHARNY (Guillaume de), écuyer, 171.
CHATILLON (Hugues de), fondateur de l'abbaye du Pont-aux-Dames, marié à Marie d'Avesne, comtesse de Saint-Paul et de Blois, *passim*.
CHATILLON (Gui de), frère aîné de Hugues, 6,

156

25 mai 1380
F

Admortissement de la Cousture de Crécy.

25 R°

Par cette charte, donnée à Saint-Maur-des-Fossés le 25 mai 1380, Charles V vidime approuve et confirme :
1º Une charte de Philippe de Valois, datée du Louvre *près de Paris*, au mois de janvier 1336, par laquelle ce roi, se conformant aux intentions du roi Charles IV, son cousin, qui, pour considération de deux siens enfants inhumés dans l'église conventuelle du Pont-aux-Dames, *avait eu propos* de donner à l'abbaye trente-quatre ou trente-six arpents de terre labourable assis *emprès le chastel de Crecy* en une pièce appelée *la Cousture*, et tenus à vie seulement par les hoirs de feu Jehan Rabe (1), jadis barbier du roi Philippe le Bel, donne à ladite abbaye la pièce de terre dont il s'agit ;
2º Une charte de la reine Jeanne, veuve de Charles IV, par laquelle cette reine, obéissant aux considérations énoncées par Philippe de Valois, dispose au profit de l'abbaye de la pièce de terre appelée la Cousture.

157

7 Juin 1387

Charte de la délivrance des usages de la passon pour le debat qui fut contre les gens de la Royne pour la forêt de Crécy.

94 R°

« A tous ceulx que ces présentes lettres verront, Jacques Lem-
» pereur, maistre et enquesteur des eaues et forez du roy nostre
» sire, salut : Comme certain plet et procès soit pieça meus et
» commancé par devant nous entre Guillaume Leconte, deman-
» deur d'une part, et religieuse dame et honneste l'abbesse du
» Pont-aux-Dames ou son procureur, défendeur d'autre part,
» pour raison de ce que ledit Guillaume Leconte qui tinst la
» pesson de la forest de Crécy en Brie en l'an mil CCC LXXIX
» proposoit et compose que en ladite année ladite dame avoit
» mis en pesson certaine quantité de pourceaux oultre le nombre

---

(1) Dans la charte ci-après énoncée, le barbier de Philippe le Bel est nommé Raille.

5

» de sa despance et plus quelle n'y en puet mettre, de la pesson
» desquelx luy appartenoit pour son droit à cause de sa dite
» pesson la somme de vint livres parisis ou ce que raison don-
» roit et disoit oultre que entant qui touchoit le Roy il lui sem-
» bloit quil y devoit avoir grande et grosse amende avecques la
» confiscacion qui devoit estre faite desdiz pourceaux et de ce se
» rapportait au conseil du Roy. Ladite dame défenderesse propo-
» sant au contraire disant que il estoit vray que en ladite année
» elle avait mis certaine quantité de pourceaux en ladite pesson
» de ladite forest non pas tant seulement ce quelle y en devoit et
» povoit mettre de son droit dont elle avoit et a bonnes chartes
» et privileges dont elle et ses predecesseresses religieuses de ladite
» eglise avoient toujours joy et usé paisiblement desquelles elle
» nous fist foy et que en ce elle n'avoit fait que ce quelle povoit
» et devoit faire et par ainsy folement et sanz cause ledit Guil-
» laume la poursuoit et que de ce elle devoit demoure quite et
» absoute. . . . . Lesdites parties pour ce présentes et
» comparans en jugement pardevant nous, c'est assavoir : ledit
» Guillaume Leconte demandeur en sa personne d'une part et
» Thibaut de Sameron, procureur de ladite abbesse, d'autre part.
» Ycellui Guillaume Leconte disant que il savoit bien et estoit
» souffisamment informez que il avoit eu grand tort et très mal
» conseilliez avoit esté de faire ne avoir faute ladite demande et
» poursuite que il avoit faite à l'encontre de ladite abbesse pour
» la cause dessus dite et que se il plaisoit à icelle il se dessis-
» teroit dudit procès et consentiroit que elle fut absoulte de sa
» dite demande et se despartiroit de court sanz despens. Lequel
» Thibaut de Sameron comme procureur dessus dit pour bien de
» pays se consentit ad ce et nous en requist noz lettres pour sen
» aider quant mestier (1) seroit. . . . . Sachent tuit que oy le
» propos dudit demandeur et son consentement et aussi dudit
» procureur eu sur tout ce advis et déliberacion aux saiges (2),
» ladite abbesse avons absoulte et absolons de la demande re-
» questez et conclusions faites contre elle par ledit Guillaume
» Leconte et avons compensez (3) les despens et pour cause et
» sans amende et outre avons dit que a bonne et juste cause
» ladite abbesse avoit mis les diz porcs en ladite pesson et qu'elle
» le povoit faire par nostre sentence deffinitive et par droit........

---

(1) Quand besoin serait.
(2) Sages.
(3) L'article 131 de notre Code de procédure autorise la compensation des dépens.

158

17 nov. 1390 — *Charte du don que Blanche, fille de Roy de France et de Navarre, donna à l'Église du Pont, contenant tous les héritages qui furent à Pierre Richart.*

« Blanche, fille de Roy de France et de Navarre (1), duchesse
» d'Orliens (2), contesse de Valois et de Beaumont (3), a tous ceux
» qui ces présentes lettres verront, salut : Comme pour certaine
» somme d'argent en quoy feu Pierre Richart naguères demou-
» rant à Coully estoit tenu et demourant de (4) grégnieure somme
» à cause de la ferme (5) de nostre prévosté de Crécy qu'il avoit
» tenue par certaine année, tous les héritages que icelluy Pierre
» avoit en ladite ville de Coully et ou terroir et appartenances
» d'icelle, par deffaut (6) de paye, eussent étez mis et exposez (7)
» en vente; et après plusieurs crys et subhastations (8) sur ce
» faictes en la manière accoustumée, fussent demourez et adjugez
» par décret (9), à nostre amé escuyer Adam de Montgodefroy
» qui, depuis l'adjudication d'iceluy decret les nous a deleissez
» et transportez (10), ensemble tout tel droict et action, comme par
» vertu dudit décret il y avoit et povoit avoir sy comme de toutes
» les choses peult plus plainement apparoir par ledit décret et
» lettres dudit transport sur ce faites; et pour l'affectueuse dévo-
» tion que nous avons à l'église du Pont Nostre Dame prez de
» ladite ville de Couilly, en laquelle église nous avons ordonné
» à faire mettre noz entrailles quand il plaira à Dieu que nous
» départions de ce siècle; nous, pour le salut de nostre ame,
» ayons fondé et ordonné et en intention de fonder et ordonner
» en ladite église deux *anniversaires* ou *obits* perpétuels et trois
» *messes* perpétuelles chascune sepmaine pour le salut et remède
» des ames de nostre très chier seigneur et espoux que Dieu

(1) Blanche de France, fille de Charles IV.
(2) Duchesse d'Orléans.
(3) Beaumont-le-Roger (Eure).
(4) Restant de plus forte somme.
(5) Autrefois les prévôtés se donnaient à ferme.
(6) Faute de paiement.
(7) Ces biens avaient été saisis et mis en vente.
(8) Les mots *subhastation, subhaster*, sont des expressions empruntées à la procédure romaine en matière de saisie immobilière. Les Romains plaçaient une *haste* ou *pique* dans le lieu où le bien saisi devait être mis en adjudication.
(9) Procès-verbal d'adjudication sur saisie.
(10) Déclaration de command.

» absoille et de nous, pour partie desquelles fondacions nous
» ayons dès maintenant baillé et assigné à nos amées en Dieu
» l'abbesse et convent de ladite église tous les dis héritages,
» sçavoir faisons que nous iceulx héritages pluz a plain contenuz
» et déclarez ou dit décret ensemble tout tel droit et action comme
» nous, au tiltre et à la cause devant ditz, y avons et povons avoir
» en saisine et en propriété comme dit est, de nostre certaine
» science et propre mouvement, pour raison desdites fondacions,
» avons transportié, quictié, cessié et délaissié, et par la teneur
» de ces présentes, transportons, quittons, cessons et delaissons
» à tousjours à ladite église, voulant que d'iceulx héritages les
» dites religieuses puissent dès maintenant et leurs successe-
» resses. . . joyr et user. . . . .

» Donné à Asnières, le 17ᵉ jour de novembre 1390.

159

Juin 1391
F

Vidimus du don fait par Madame la duchesse d'Orliens. 28 Rᵒ

Le 9 juillet 1393, Guillaume de la Bonne, garde des sceaulx du bailliage de Crécy, et Jehan Garnier, tabellion dudit lieu, jurez et establis de par le Roy, vidiment une charte donnée par la duchesse d'Orléans, en son hostel d'Asnières, au mois de juin 1391, par laquelle ladite dame baille, assigne, donne, transporte, quitte, cède et délaisse, à l'abbaye du Pont-aux-Dames, tous les biens qui furent à feu Pierre Richart, dont il est parlé en la charte ci-dessus, et en outre tous les fiefs, arrière-fiefs, bois, terres, prez, rentes et autres revenus à elle venus et descendus par la succession de madame la Reine sa mère es villes, terroires et appartenances de Nandy, de Chatres, de Laval en Brie, avec quatorze vingts arpents de bois nommés les bois de la Fresnoys, situés entre Fontenay et Marle en Brie, excepté *tant seulement* la haute justice sur tous les biens dont il s'agit.

160

Mars 1391
F

L'admortissement de Cueilly, Saint-Germain-Chaatres, Laval, Nandy et plusieurs aultres. 76 Vᵒ

Par cette charte, qui n'a pas moins de dix pages de grand papier, Charles VI, à la demande de sa *chière et bien amée* tante, madame Blanche de France, duchesse d'Orléans, amortit au profit de l'abbaye du Pont un grand nombre de pièces de terre, prés, bois, rentes, etc., situés à Couilly, à Saint-Germain-les-Couilly, à Nandy, à Magny-le-Hongre, à Marle, à Chatres, au hameau de Laval, en la paroisse de Chatres, duquel hameau tous les édifices ont été *ars et détruits par l'effet des guerres et mortalitéz*, etc., etc... Tous lesquels biens ont été donnés à l'abbaye par ladite dame duchesse d'Orléans; laquelle n'a retenu sur ces biens que la haute justice, cédant à l'abbaye la moyenne et la basse.

On trouve dans cette charte quelques renseignements topographiques ou autres qui peuvent avoir un certain intérêt pour l'histoire des localités où les biens dont il s'agit sont situés.

161

De la Damoiselle de Cornillon.

« A tous ceulx que ces présentes lettres verront et orront, Guil-
» laume de la Bonne, garde des sceaux de la baillie de Crécy, et
» Jacque Mignon, clerc, commis à exercer le tabellionage dudit
» Crécy, jurez et establiz de par madame la duchesse d'Orliens,
» contesse de Valois et de Beaumont, à ce faire, salut. Sachent
» tuit que pardevant Jehan Binerel, juré et establi en lieu de
» nous de par madite dame à faire ce qui s'ensuit, vint et fut
» présente en sa propre personne damoiselle Philippote de Saint
» Agnien, jadiz femme de feu Pierre de Cornillon, escuyer, tant en
» son nom comme ayant la garde du gouvernement et administra-
» tion des enfans dudit feu Pierre de Cornillon, jadiz son mari
» et d'elle, disans et affirmans que comme feu Pierre Richart,
» demeurant à Couilly ou temps qu'il vivoit, tenist et possédat
» une pièce de pré contenant demy arpent ou environ, séant
» ou terroir de Couilly (1), au lieu dit les Hayes de Mont-
» guillon, tenant à l'héritage Jehan Gasteblé d'une part et
» à l'héritage Jehan Lamiraut d'autre part, mouvant et tenue
» en censive de ladite damoiselle ou dit nom à deus deniers
» tournoiz de cens dues au jour de la feste Saint Remy et à
» douze deniers de rente par chascun an à Noël; laquelle pré
» avecques plusieurs autres héritages que avoit ledit feu Pierre
» Richart en ladite ville de Couilly et ou terroire et apparte-

(1) Le hameau de Montguillon fait réellement partie du territoire de Saint-Germain. Cette désignation prouve que Saint-Germain était, autrefois, compris dans les dénominations de territoire de Couilly. Voir *Lettre historique* sur Couilly.

» nances d'icelle eussent ja pieça (1) pour certaine cause esté
» miz et exposez en vente et par tiltre de decret adjugez à madite
» Dame d'Orliens ou à certaine personne dont elle avoit la cause,
» laquelle dame pour certaine fondacion par elle ja pieça faite et
» ordonnée en l'église du Pont-Notre-Dame eust et ait donné et
» aumosné à icelle église tous lesdits héritages et yceux fait
» amortir par le roy nostre sire, si comme de toutes ces choses
» estoit souffisamment apparu à ladite damoiselle si comme elle
» disoit, laquelle damoiselle, de sa bonne volenté, non contrainte,
» recongnut et confessa avoir eu et reçeu es noms que dessus de
» ladite madame la Duchesse la somme vint sous tournoiz pour
» telle finance comme à ycelle damoiselle et à ses diz enfens
» pouvoit et devoit competter et appartenir en tant que toucher
» leur povoir pour l'admortissement de ladite pièce de pré et de
» laquelle somme de vint sous tournois ycelle damoiselle es
» noms que dessus se tint pour bien content et paiée pardevant
» ledit establi (2). Volent, consentant et accordant. . . . .
» Promettant. . . . . Renonçant. . . . .

1392- **162** 149 R°

« La déclaration et departement fait par Oudart de Langny (3),
» pour lors prévost de Crécy, de la disme de Coully, entre le
» Pont-aux-Dames et le chapelain de Sainte Catherine et mon-
» seigneur de Charny contre le curé dudit Coully, fait l'an mil
» III^c IIII^{xx} et XII, par lez personnez ici nommées : Premier par
» Jehan Loublier, Jehan de la Court, Jehan Sadet, Simon Le-
» bailli, Oudin Bouteiller, Pierre Tupin, Clément Borderel dit
» Potier, Phélippon le charpentier et Pierre Courtin.

» Et premierement que autour de Coully appartient audit curé
» les dismes des champs et jardins dudit Coully, depuis le che-
» min qui descent pardevant l'ostel des Caves appartenant à
» Estienne Guie droit à la fontaine Saint-Georges jusques au
» moulin de Quintejoie. Item depuis ledit moulin jusques au
» chemin qui descent à venir de Meaulx au dessoubz d'Ury (4)
» droit au moulin de Lierry. . . . .

Cette déclaration ou procès-verbal d'expertise qui a pour but
de désigner les pièces de terre sur lesquelles le curé a droit de

(1) Déjà.
(2) Par devant ledit notaire.
(3) Lagny.
(4) Huiry.

percevoir les dîmes, fournit quelques renseignements sur la topographie ancienne du terroir de Couilly.

163

6 avril 1393
F

Lettres de Madame d'Orliens pour I I I messes chanter chascun an.   52 R°

Par cette charte, Louis d'Orléans, frère de Charles VI, vidime la charte du mois de juin 1391, ci-dessus énoncée, par laquelle Blanche de France, duchesse d'Orléans, sa tante, avait donné à l'abbaye du Pont divers biens situés à Couilly, Saint-Germain, Nandy, Chatres, etc., etc..., approuve, confirme et ratifie ladite donation, *en tant comme elle le touche*, à cause du don et transport à lui fait par Charles VI, à titre d'augmentation d'apanage, *des rentes, terres et possessions que tenoit et possédoit en son vivant* ladite duchesse d'Orléans...

164

29 sept. 1395

Amortissement d'une pièce de vigne séant à Cueilly. 130 R°

« A tous ceulx qui ces présentes lettres verront, Guillaume de
» la Bonne, escuier, salut. Comme excellente et puissante dame
» madame la duchesse d'Orliens, contesse de Valois et de Beau-
» mont, pour partie de certaine fondacion par elle faite et ordon-
» née en l'église du Pont-Nostre-Dame de l'ordre de Cisteaulx ou
» diocèse de Meaulx, ait donné et aumosné à ycelle église du
» Pont plusieurs rentes et revenues assises ou païs de Brie, et
» entre les autres choses une pièce de vigne contenant demi ar-
» pent séant ou terrouer de Coully, au lieu dit es Noez (1) soubs
» Esturbet, tenant d'une part au chemin royal et à messire Jehan
» de Geresme, chevalier, d'autre part, mouvant de moy, chargée
» de trois deniers et maille de cens païez chascun an sur peine
» d'amende, le jour de feste Saint Remy chief d'octobre. Sur quoy
» me eust été requis par les exécuteurs du testament de ladite
» dame, que, comme le Roy nostre sire, en tant comme il lui
» povoit touchier, eust et ait amorti ladite pièce de vigne avec-
» ques tous les autres héritages et revenues donnés et aumosnés
» par ladite dame à lad. église du Pont pour sadite fondacion,

(1) Le lieu dit *les Noues* et le lieu dit *les Curebecqs* sont réellement sur le territoire de Saint-Germain, lequel, ainsi que je l'ai déjà dit plusieurs fois, était autrefois compris sous la dénomination générale de Couilly. Voir *Lettre historique sur Couilly.*

» je voulsisse consentir et accorder que de ladite vigne mouvant
» et tenue de moy, comme dit est, les religieuses, abbesse et
» convent de ladite église du Pont peussent à tousjours perpé-
» tuellement joïr et user. Sachent tuit que, veu l'amortissement
» du Roy notre dit Seigneur duquel il m'est apparu ; je, en faveur
» du divin service, ay voulu et ottroyé et encores vueil et consent
» et accorde, par ces présentes, aux dites religieuses de ladite
» église du Pont que, en païant annuelement dores en avant à
» moy et à mes hoirs les diz trois deniers et maille de cens tant
» seulement, au terme accoutumé comme dit est, icelles reli-
» gieuses et leurs successeresses puissent à tousjours perpetuel-
» ment tenir et posséder ladite pièce de vigne comme amortie,
» en tant comme il me touche... moyennant la somme de quatre
» livres tournois que je en ay eu et receu des diz exécuteurs
» pour telle finance comme à cause d'iceluy amortissement m'en
» povoit et devoit appartenir. . . . .

165

Pour la mouture de Crécy.

27 mars 1400

« Ysabel, par la grâce de Dieu, Royne de France (1), à nostre re-
» ceveur de Crécy-en-Brie ou à son lieutenant, salut : Nos bien
» aimées les Religieuses, abbesse et couvent de l'église du Pont-
» aux-Dames lez nostre ville de Crécy nous ont fait exposer que,
» à antien et juste titre, elles ont droit et acoustume d'avoir et
» prendre chascun an huit mùys et six sextiers de blé sur nos
» molins de Arnoul et Lasaulx, séant en la rivière de Morein, en
» nostre chastellerie de Crécy, ou paiement duquel blé elles ont
» toujours acoustume de avoir les deux pars bonne mousture et
» la tierce grosse (2). Mais soubz umbre de ce que en une quitance
» baillée par elles et par vous rendue sur ung de vos comptes
» depuis que la dicte terre de Crécy est nostre et en nostre main
» avoist esté escript par inadvertance que ycelles religieuses con-
» fessoient avoir eu pour une année les dits huit muys six sex-
» tiers de blé les deux pars grosse et la tierce bonne mousture.
» Vous avez esté refusans de leur payer leur dicte rente ; disans
» que ainsy vous a esté ordonné par nos gens et défendu que
» d'icelle rente ne les payez autrement jusques à ce qu'il appa-
» rust de leurs tiltres et comment elles ont acoustume d'estre
» payées de la dite rente, qui est ou grand préjudice et domage

(1) Ysabelle ou Ysabeau de Bavière femme de Charles VI.
(2) Les mesures dont on se servait pour mesurer les grains n'étaient pas partout uniformes.

» d'icelles religieuses et de leur dicte église si comme elles dient,
» supplient par nous leur estre sur ce pourveu de remede con-
» venable. Pourquoy nous qui ne voulons les droiz des églises
» estre en notre temps ne par noz gens aucunement diminuez et
» qui avons veu les lettres et tiltres que icelles religieuses ont
» de prendre les dits viii muys et six sextiers de blé sur nos dits
» molins et aussi qu'il nous est apparu par certains extraits de
» la Chambre des Comptes de Monseigneur quelles ont acous-
» tume ou temps passé d'avoir et prandre ou paiement d'icelle
» rente les deux pars bonne et la tierce grosse mousture, Vous
» mandons et enjoignons expresement que en ceste matière les
» payez dores en avant, chascun an, de la dicte rente aus tems et
» de la manière acoustumez, sans aucune difficulté ou contre-
» dit..... »

166

18 mars 1401

La lettre de la délivrance des herbages des XIII XX arpens des Fresnoys.

43 V°

« A tous ceulx qui ces présentes lettres verront, Guillaume,
» conte de Tancarville, vicomte de Melun, conseiller du Roy,
» souverain maistre et général réformateur de ses eaues et forests
» partout son royaume, salut. Comme par occasion de certain
» empeschement fait et mis ja pieça par ung appellé Jehan Le
» Veneur, soy disant sergent de la forest de Crécy en certains
» bois nommés les boys de la Fresnoys (1) entre Fontenay et
» Marle en brie contenant XIII^{xx} arpens ou environ appartenant
» aux religieuses abbesse et couvent du Pont-aux-Dames et par
» espécial en la justice que se dient avoir les dictes religieuses es
» diz bois et aussi ou droit des herbages d'iceulx bois, lesquels
» herbages, les dites religieuses dient que elles peuvent vendre
» en toutes saisons de l'an ou en faire leur plaisir et prouffit.
» Ycelles religieuses eussent eu propos de elles complaindre en
» cas de saisine et de nouvelleté dedens l'an et le jour après ledit
» empeschement fait et mis par ledit Veneur; mais pourceque
» la chose touchoit et concernoit la Royne à cause de son chastel
» et chastellerie de Crécy; icelles fussent alées pardevant ladite
» dame par manière de requeste et supplication afin de eschever
» le débat ou procès que elles penssent avoir avec elle et leur
» supplication lui eussent baillée à ce que souverainement et de

(1) Des renseignements que j'ai pris il résulte que les bois de La Fresnoys se raient aujourd'hui compris dans le domaine de Lumigny.

» plain elle ordenast information estre faite du droit et saisine
» desdites religieuses. Laquelle Dame eust commis Guillaume de
» La Bonne lieutenant du bailli de Crécy et maistre Jehan Guer-
» nier procureur de la dite Dame audit lieu pour faire ladite in-
» formation, laquelle eust esté faite et depuis refaite pour ce que
» la première fut adirée si comme on disoit. Néantmoins pour
» ce que la chose touche et regarde nostre office, ladite dame
» nous eust envoyé ladite information ainsi refaite comme dit
» est, afin que sur ce en fust par nous discuté et déterminé
» sanz figure de long procès et pour ceste cause en feussent ve-
» nues par devers nous lesdites religieuses requérant à grant
» instance que sur ce leur voulissions douner expédition. Savoir
» faisons que veue ladite information, laquelle nous avons faite
» veoir et visiter par aucuns conseillers du Roy nostre dit sei-
» gneur. Eu sur tout conseil et délibération aux sages; nous,
» l'empeschement à elles mis par ledit sergent es dix XIIII^{xx} ar-
» pens de boys et es herbages d'iceulx avons mis et mettons à
» néant et yceulx boys et herbages ainsi empeschez avons mis et
» mettons a plaine délivrance. Si donnons en mandement. . . . .

167

6 fév. *Instrument pour mesdames du Pont a cause des* 144 V°
1402 *vignes qui furent à la Royne.*

« A tous ceux qui ces présentes lettres verront et orront, Guil-
» laume De La Bonne garde des Sceaulx de la baillie de
» Crécy en Brie, et Regnault Audigois clerc tabellion dudit lieu
» jurés et establis de par le Roy nostre Sire ad ce faire Salut.
» Savoir faisons que l'An de grace mil quatre cens et deux le
» mardi sixiesme jour du mois de février. Nous feusmes présens
» en la grant halle de Crécy ouquel lieu estoit Pierre Dumoulin
» receveur de Crécy pour la Royne, auquel receveur ung appelé
» Pierre Dufour ou nom et comme procureur des Religieuses
» Dames et honestes Mesdames les Religieuses, Abbesse et Con-
» vent de l'Eglise Nostre-Dame du Pont-aux-Dames si comme il
» nous apparu lors souffisant par lettres de procuration saines et
» entiers de sceaulx et d'escripture scellées des sceaux de ladite
» Abbesse et convent, dist une telle manière de parler : Mesdames
» Religieuses du Pont ont entendu (1) que vous Receveur pour et
» ou nom de la Royne, avés fait crier et subhaster les vignes de

(1) Ont entendu dire.

» la Royne et que icelles vous voulés bailler à rente aux plus
» offrans et derreniers enchérisseurs sens les cherger de six muis
» de vin du meilleur qui croist et a coustume de croistre es dites
» vignes que les Religieuses ont droit et coustume de prenre et
» avoir sur les dites vignes et par la main des détenteurs d'icelles
» chacun an à toujours. La quelle chose est ou pourroist être ou
» temps advenir ou grant grief préjudice et dommage des dites
» Religieuses et de leur dite église : Et pour ce affin que ycelles
» vignes feussent et soient baillées à cette charge, le dit Pierre
» Dufour ou nom et pour les dites Religieuses et comme leur
» procureur (1) dist que il s'opposoit ad ce que elles feussent
» baillées et délivrées à la dite charge (2) due aux dites Reli-
» gieuses et de fait s'opposa le dit procureur en notre présence.
» Ledit Receveur dist que il oyait bien que le dit procureur
» disoit sens donner autre réponse sur ce (3) et nonobstant la-
» quelle opposition le dit Receveur ne differa point aux baulx
» des dites vignes. Mais depuis et après la dite opposition ainsi
» faite ledit receveur, en nostre présence, bailla ycelles vignes en
» nostre présence à la chandelle (4) aux plus offrans et derreniers
» enchérisseurs en la manière et pour le pris ci-après déclarés.
» Premièrement fut baillée par ledit Receveur une pièce de vigne
» appelée La Rochelle contenant environ cinq quartiers à Mi-
» chelet Maugis pour le prix de dix-huit solz neuf deniers tour-
» noiz de rente à payer chascun an à toujours. Après fut baillée
» par ledit Receveur à Symonnet Boucher comme au plus offrant
» une pièce de vigne contenant environ trois quartiers et demy
» séant à la Fontaine Magisse tenant à Robin Le Vallet pour le
» pris de quinze solz tournoiz de rente chascun an à toujours;
» et après ce le dit receveur bailla à Pierre Sansolt comme au
» plus offrant une autre pièce de vigne contenant environ trois
» quartiers et demy séant oultre la fontaine Magisse aboutissant
» sur les prés du Roy pour le pris de neuf solz tournoiz de rente
» chascun an à tousjours et au surplus fut baillée par le dit Re-
» ceveur à Jehan Maugis comme au plus offrant pour le pris de
» six solz parisis de rente chascun an une autre pièce de vigne
» par de là la fontaine Magisse tenant à Jehan Pinçon pour le
» prix dessus dit. Et depuis et après ce furent baillées par le dit
» Receveur à Symonnet Boucher comme au plus offrant et derre-

---

(1) Ici le mot Procureur doit s'entendre dans le sens de mandataire.

(2) Sans que la dite charge fut mentionnée ; à moins qu'il ne fut fait mention de la dite charge. Cette omission pouvait en effet préjudicier aux Religieuses, être invoquée contre elles.

(3) Sans donner aucune justification sur ce fait.

(4) Adjudication à l'extinction des feux, c'est ainsi que l'on procède encore aujourd'hui.

» nier enchérisseur deux autres pièces de vigne contenant environ
» trois arpents séans emprès Voulengi-le-Petit tenant aux terres
» des dites Religieuses pour le pris de vint solz tournoiz de rente
» chascun an à toujours. Ce fait le dit procureur des dites Reli-
» gieuses en nostre présence et en la présence des témoins ci-
» dessoux nommés dist au dit Receveur que les vignes dessus
» déclarées estoient celles qui estoient et sont chargées envers
» ycelles Religieuses de six muis de vin de rente chascun an et
» que contre les baulx dessus dis il s'opposoit de rechief et pro-
» testa de ycelle son opposition relever poursuir et demener
» toutes quantes fois que mestier (1) sera et contre ceuls à qui il
» appartiendra ou de autrement y pourvoir et procéder comme
» raison donra (2). Et de tout ce que dessus est dit ledit procu-
» reur des dites Religieuses nous demanda et requist à avoir
» lettres par manière de instrument, lesquelles nous lui
» ottroyasmes et ottroyons par ces présentes pour lui valoir et
» proufiter ce que raison donra en temps et lieu. Présens ad ce
» Maistre Jehan Guerrier procureur de la Royne à Crécy. Jehan
» Patourel sergent du dit lieu, Pierre Sauvajon, Guillaume Jolis,
» Robin Le Vallet, Michelet Maugis, Simon Choppin, Jehan
» Fournier et autres. En tesmoing de ce Nous garde dessus dit
» Avons mis à ces lettres le scel et contrescel de la baillie de
» Crécy avec le scel du dit tabellion. Ce fut fait l'an et le jour
» dessus dis.

168

12 Mars 1402 *Lettres des vignes de Crécy données de par la Royne nommée Ysabel.* 32 v.

« Ysabel par la grace de Dieu Royne de France (3), à tous ceulx
» qui ces présentes lettres verront salut. Comme ja pièça (4) pour
» certeines causes nous mouvens à ce, eussions ordonné cer-
» teines vignes que nous avions ou terrouer de Crécy en Brie et
» environ à nous appartenant à cause de nostre chastel et chatel-
» lerie dudit lieu de Crécy, estre baillées à rente c'est assavoir :
Suit l'énumération des pièces de vigne énoncées au procès-verbal
d'adjudication ci-dessus et *d'aucunes autres* appartenant également
à la Reine dans le même vignoble ; les quelles autres vignes, la

---

(1) Toutes et quantes fois que besoin sera.
(2) Comme raison donnera.
(3) Ysabelle ou Ysabeau de Bavière, femme de Charles VI.
(4) Déjà.

Reine, après avoir pris l'avis des gens de son conseil, baille et delaisse aux Religieuses du Pont, qui, de leur côté, renoncent à la rente de vin qu'elles percevaient sur les vignes énoncées au procès-verbal d'adjudication du 6 février 1402 ci-dessus et même sur *autres quelconques vignes appartenant à la Reine à cause de son chatel de Crécy*. En considération de ce traité la Reine promet de faire amortir par le Roi les vignes qu'elle délaisse aux Religieuses. . . . .

169

7 Juin 1404   *L'admortissement des vignes de Crécy.*   16 V°

Par cette charte, Charles VI, *inclinant favorablement à la supplication de sa chière et très-amée compaigne la Royne et aussi en faveur de l'Eglise du Pont-aux-Dames et de l'accroissement des divins services*, amortit les pièces de vigne énoncées dans la charte ci-dessus.

170

1ᵉʳ Déc. 1407   *Le Département de la grant disme de Boulleure.* 153 V°

« Le jeudi premier jour de décembre l'an mil IIIIᶜ et sext Je
» Colin Blanchet, en la présence de Pierre Dufour procureur de
» Madame l'Abbesse du Pont me transportay à l'Orme d'entre La
» Chapelle et Ferroles, dessoubz lequel orme y a une pierre par
» manière de bourne entre le chemin Saint-Fiacre et la vigne
» Robin Loys de Ferroles, laquelle bourne fait le départ de la
» grant disme de Bouleurre si comme le dit Robin dit et s'enva
» l'entre deux des deux dismes droit à la petite ruelle de Champ
» Chardonneux qui est entre la vigne à la Templière et la vigne
» Jehan Moynat, lesquelles vignes dessus dites tiennent au che-
» min d'entre Crécy et Ferroles et de la dite ruelle traverse le dit
» chemin et s'en va par le rosier et le bout des vignes Guillaume
» de la Bonne tout droit au pignon du four du Buisson, et de-
» puis le dit pignon s'en va parmi les vignes darrière le Buisson
» droit au noyer feu Martin Josse. A ce furent présens Jehan
» Lebon, Jehan Guépin, Thomas Alain, Estienne Pichon de Fer-
» roles et Robin Loys.

171

1439
L

Le testament de Guillaume de Charny escuyer.   38 R°

Ce testament est rédigé selon la même formule que celui de Jean de Courtenois, énoncé plus haut, sous la date de 1334.

En présence du curé de Crécy et de plusieurs témoins, Guillaume de Charny, écuyer, résidant momentanément à Crécy à cause des guerres (*occasione guerrarum*) (1), sain d'esprit et entendement, quoique malade de corps ; pensant à l'heure suprême ; considérant qu'il n'y a rien de plus certain que la mort, ni de plus incertain que l'heure de la mort; voulant, pendant que son esprit est encore sain, disposer de ses biens et pourvoir au salut de son âme, a fait son testament ou acte de dernière volonté dans la forme suivante....... Suit l'énumération d'un grand nombre de legs : aux églises de Crécy, de Quincy, de La Chapelle ; à l'église Saint-Etienne de Meaux ; aux hôtels-Dieu de Crécy, de La Chapelle, de Couilly, de Meaux... Le Testateur lègue une rente annuelle et viagère de trois francs à l'une de ses filles qui est religieuse à Faremoutiers. Il fait également des legs à ses filleuls et filleules, etc... Il exprime la volonté d'être inhumé dans l'église de l'abbaye du Pont-aux-Dames, à laquelle il donne vingt sous de rente perpétuelle à percevoir sur sa dîme de Couilly et en outre une somme de vingt-cinq sous tournois payable le jour de son service... Il désigne ses exécuteurs testamentaires, etc., etc...

172

1439

Le testament de Jehan de Laigny.   74 R°

« A tous ceulx qui ces présentes lettres verront et orront.
» Regnauld Audigois, garde de par le roy nostre sire, des seaulx
» de la baillie de Crécy en Brie salut. Savoir faisons que l'an de
» grace mil quatre cens et trente neuf le xxi° jour du mois de
» décembre Pierre Lebègue commis de par le roy nostre sire à
» exercer le tabellionnage dudit lieu de Crécy, vit, tint et leut
» mot à mot unes lettres de testament saines et entières de scel
» et escripture en queue pendant de cire verte scellée du scel de
» l'église parrochialle Nostre-Dame de La Chapelle-lez-Crécy,
» desquelles la teneur s'en suit....

(1) Le sieur de Charny ne se trouvant pas en sureté dans sa demeure de Charny s'était retiré à Crécy qui était une ville forte.

Aux termes de ce testament écrit en latin par le curé de La Chapelle-sous-Crécy, en présence de témoins, selon la même formule que le testament énoncé plus haut, Jean de Lagny donne à l'église de Pont-aux-Dames, à perpétuité, tout ce qu'il possède dans la dîme de Couilly, à la condition que les Religieuses du Pont feront célébrer, chaque année, une messe de *Requiem* pour le salut de son âme et des âmes de ses parents.....

Ce testament qui n'a pas moins de trois pages contient un grand nombre de legs pieux, notamment au profit des églises de La Chapelle, de Crécy, de Saint-Martin.....

173

27 fév. *Charte pour cinq sextiers de bled prins sur Sarris.* 44 R.
1443

« A tous ceulx qui ces présentes lettres verront, le Prieur et
» Convent des Célestins de Paris de l'ordre de Saint Benoist
» vivant selon les institutions de saint Pierre Célestins, Salut en
» Nostre-Seigneur-Jésus-Christ. Comme feu Messire Héron de
» Mail en son vivant chevalier et seigneur de Sarris en Brie,
» pour augmentation du divin service et le remède et salut de
» son âme et de ses parents eust donné et aumosné aux religieuses
» et dévotes dames l'abbesse et l'église du convent de l'église du
» Pont-Nostre-Dame de l'ordre de Cysteaux, ou dyocèse de Meaulx
» cinq sextiers et les deux parts d'ung sextier de blé à les prendre
» et percevoir par chascun an perpétuelment par ycelles dames
» en et sur la dite terre de Sarris qui alors lui appartenoit, de
» laquelle terre à présent, à bons et justes tiltres nous sommes
» seigneurs et possesseurs et par ces moyens soyons tenus de
» payer aux dites Dames, la dite quantité de blé; et pour ce que,
» pour l'occasion des guerres et discensions qui ont esté en ce
» royaume la dite terre de Sarris a esté destruitte, vuide et vague,
» sans estre labourée ne cultivée et est demorée en friche et de
» nulle valeur, et ne pourroit len aprésent trouver personne qui
» voulsist prendre à labourer cultiver ne mettre en estat la dite
» terre de Sarris, se elle n'estoit deschargée de tout ou partie de
» la dite charge des dis cinq sextiers et les deux parts d'un sextier
» de blé deubz aux dites dames. Et pour ce Nous à ycelles dames
» eussions supplié et requis qu'il leur pleust de remettre et
» admoderer partie de la dite charge afin que ycelle terre peust
» estre cultivée et laborée et d'ycelle terre elles peussent avoir et
» percevoir aucun émolument. Lesquells dames de leur bénigne
» grace, soy inclinans à nostre requeste, ont remis et quitté tous
» les arrérages qui deubz leur estoient de tout le temps passé et

» aussi ont admoderé les dits cinq sextiers et les deux parts d'ung
» sextier de blé, à la quantité de deux sextiers de blé du jour de
» la date de leurs lettres à Nous sur ce ottroyées tant et si lon-
» guement (1) comme Jehan Goudart et Philippote sa femme et
» leurs enfants et le survivant d'yceulx vivront, durans leurs
» vies tant seulement, comme plus à plain est coutenu en leurs
» dites lettres. Savoir faisons que Nous, ces choses considérées,
» avons promis et par ces présentes promettons, en bonne foy,
» rendre, payer et délivrer, chascun an doresnavant, au jour de
» feste Saint-Martin d'iver, en leur dit monastère du Pont-Nostre-
» Dame, la dite quantité des dis deux sextiers de blé à laquelle
» icelles Dames de leur grace ont admodéré les dits cinq sextiers
» et les deux parts d'ung sextier qui deubz leur estoient, comme
» dit est, et quelles avoient droit de prendre sur la dite terre......
» Et oultre voulons et consentons que, après la mort ou trespas
» du survivant des ditz Jehan Goudart, Philippote sa femme et
» leurs enfants dessus diz, Nous ne nos successeurs ne nous
» puissions ayder en aucune manière, à l'encontre des dites
» dames ou leurs successeresses, des dites lettres d'admodération,
» remission et ottroy à nous faitz par ycelles de la dite quantité
» de blé ; mais demourent icelles lettres cassées et de nulle
» valeur. Et pourront icelles Dames, se ainsi leur plaît, revenir
» et retorner en leur premier estat ainsi et par la manière que
» elles estoient avant l'admodération.....

174

Mars 1443
F

Lettre touchant les deux sextiers prins sur les terres de Sarris durant la vie de Jehan Godart et Philippote sa femme.

141 V°

Le prieur du couvent des Célestins, après avoir relaté la charte ci-dessus transcrite, promet *en bonne foy* de payer chaque année aux religieuses du Pont-aux-Dames la quantité de deux setiers de blé, mesure de Serris, jusqu'au décès de Jean Godart (1), de Philippote, sa femme, et du dernier vivant de leurs enfants. Après ledit trépas, les religieuses rentreront dans leur droit.

(1) Aussi longtemps que.
(1) Il est nommé Goudart dans la charte précédente.

CHATILLON (Gaucher de), sire de Saint-Aignan-en-Berry, 77, 83, 84, 85.

CHATILLON (Gaucher IV de), fils de Hugues, sire de Crécy, marié à Isabelle de Lizine, 91, 92, 96, 118, 119.

CHATILLON (Gaucher V de), fils de Gaucher IV, comte de Porcien, connétable de Champagne, puis connétable de France, marié à Isabelle de Dreux, 133.

CHATILLON (Gaucher VI de), fils de Gaucher V, comte de Porcien, marié à Marguerite, dame du Tour et de Dampierre, 131, 132.

CHOPPIN (Simon), à Couilly, 167.

CORNILLON (Pierre de), seigneur de Quincy, 73.

CORNILLON (Jean de), 137.

COUILLET (Jean), sergent à Crécy, 179.

COUILLY (Gilon de), chevalier, 100.

COUTEVROULT (Gilon de), chevalier, 99.

COUTERNOIS (Jean de), écuyer, 138.

CREVECŒUR (Alexandre de), garde de la prévôté de Paris, 147.

DEMOULIN (frère Gille), procureur de l'abbaye du Pont-aux-Dames, 179.

DESBŒUFS (Simon), procureur du prieuré de Saint-Martin, 179.

DUFOUR (Pierre), procureur de l'abbaye du Pont-aux-Dames, 167.

DUFRUIT (Roger), notaire à Paris, 147.

DUFRUIT (Nicolas), notaire à Pariz, 147.

DUMOULIN (Pierre), receveur de la terre de Crécy pour la Reine, 167, 170.

DUPRÉ (Jeanne), religieuse au Pont-aux-Dames, 138.

ETIENNE (frère), prieur de Fontevrault, 14.

EUDES (frère), abbé de Saint-Germain-des-Prez, 8.

EVRARD DE GRASSU (frère), prieur de Saint-Martin-des-Champs, 13.

EVRARD, à Couilly, 59.

FLAMINGIS (Jean), changeur sur le grand pont, à Paris, 97.

FOREST (Jean de), chevalier, prévôt de Montgé, 76, 77, 79.

FOURMENT (Jean), à Férolles, 179.

FOURMI (Jean), notaire à Paris, 154.

FOURNIER (Jean), à Crécy, 167.

GALLOIS (Guillaume), à Couilly, 176.

GARLANDE (Anseau de), sire de Tournan, 107.

GARVERI, tanneur à Crécy, 41.

GARNIER (Jean), tabellion royal à Crécy, 159.

GRANCHER (Gille), chevalier, maître de l'Ecurie du Roi Philippe-le-Bel, 141.

GUI, curé de Couilly, 69, 71.

GUIE, propriétaire de l'*ostel des Caves*.

GUINES (Jean de), vicomte de Meaux, 136.

GUINOT (Mathieu), tabellion royal à Crécy, 16.

GUERNIER ou GUERRIER (Jean), procureur de la Reine à Crécy, 166, 167.

GRENU (Colin), substitut du tabellion royal de Crécy, 16.

HÉBERT, à Couilly, 59.

HÉRON (Pierre de Mail, dit), seigneur de Serris, 154, 155, 173.)

JEAN, roi de France, 141.

JEAN VI, évêque de Meaux, 155.

JEAN DE LAGNY, tabellion royal à Crécy, 134.

JEAN (frère), abbé de Pontigny, 64.

JEAN (frère), abbé de Cercamp, 150.

JEANNE, reine de France, femme de Philippe-le-Bel, 124, 125, 126, 129.

JEANNE, reine de France, femme de Philippe de Valois, 146, 147.

JEANNE, reine de France, veuve de Charles IV, 156.

JOLI (Guillaume), à Crécy, 167.

LEBAILLI (Simon), à Couilly, 162.

LEBÈGUE (Pierre), tabellion royal à Crécy, 172.

LEBÈGUE (Renaud), à Couilly, 18.

Lecourt (Robert), à Couilly, 89.
Leflamant (Jean), à Crécy, 82.
Lefoulon (Colars), tabellion royal à Meaux, 139.
Lemire (Nicolas), notaire à Paris, 154.
Lemoine (Jean), à Couilly, 59.
Lempereur (Jacques), maître des eaux et forêts, à Crécy, 157.
Leroy (Jean), à Crécy, 45.
Levallet (Robin), à Crécy, 167.
Lestocie d'Aigrefin (Thomas), escuyer, 127.
Longis (Jean), chevalier, 100, 105, 106 et passim.
Letondu, tanneur à Couilly, 95.
Loublier (Jean), à Couilly, 162.
Louis IX, Saint Louis, roi de France, 93, 98, 113.
Louis de France, duc d'Orléans, frère de Charles VI, 163.
Mabde, prieure de Fontevrault, 14.
Malejambe (Jean), tabellion royal à Crécy, puis à Meaux, 128, 130.
Malejambe (Raoul), tabellion royal à Meaux, 135.
Malet (Giles), chevalier, maître d'hôtel du roi Charles VI, 160.
Marcel (Pierre), sergent au Châtelet de Paris, 97.
Mannessier de Chalifer, escuyer, 155.
Maugis (Michelet), à Crécy, 167.
Mautrompe (Simon), chevalier propriétaire du fief de Couternois, 117.
Mautrompe (Renaud et Henri), fils du précédent, 117.
Mautrompe (Philippe), sergent d'armes du roi Philippe de Valois, 142, 143.
Mignon (Jacques), tabellion royal à Crécy, 161.
Monguillon (Adam de), chevalier, 121.
Montaudier (Etienne de), chevalier, 118.
Montgodefroy (Adam de), écuyer de madame la duchesse d'Orléans, 158.

Monthyon (Jean de), tabellion royal à Crécy, 143.
Monthyon (Jacques de), demeurant au Grand-Marché de Meaux, 176.
Murs (Renaud des), écuyer, 139.
Nesle (Simon de), chevalier, 86.
Nolisson (Claude), à Férolleso, 179.
Oudard de Lagny, prévost de Crécy, 162.
Patourel (Jean), sergent à Crécy, 167.
Picoart ou Pichoarz (Pierre), escuyer, à La Chapelle, 11, 13.
Philippe-le-Bel, roi de France, 123, 124, 125, 129, 130.
Philippe-de-Valois, roi de France, 141, 142, 156.
Philippe, évêque de Meaux, 149.
Philippon ou Phélippon, charpentier à Couilly, 162.
Philippot, au Pont-aux-Dames, 58.
Pichon (Etienne), à Féroles, 170.
Philippe de Coupevray, chevalier, 74.
Pierre de Cuisy, évêque de Meaux, passim.
Pierre de Rus, curé de Boulleurs, 148.
Potel (Guillaume), à Montgodefroy, 138.
Rabe ou Raille (Jean), barbier de Philippe-le-Bel, 156.
Ralard (Jean), à Claye, 75, 76.
Raoul, sergent, garde-scel de la prévoté de Crécy, 126, 127, 134.
Rame (Martin), à Couilly, 134.
Reboules (Jacques), foulon de draps à Saint-Germain-les-Couilly, 176.
Reboules (Jean), garde-scel de la prévoté de Meaux, 135, 139.
Remon (Guillaume), à Couilly, 134.
Renaud, tanneur à Crécy, 71.
Renaud de Marle, chevalier, 74.
Richard (Pierre), prévot de Crécy, 158, 159, 161.
Richard, curé de Serris, 138.
Richard, charron à Couilly, 67.
Richard, au Petit Voulangis, 114.

ROBERT, charpentier au Pont-Notre-Dame, paroisse de Couilly, 16, 58, 60, 71.

ROBERT de Villeneuve, prévot de Crécy, 30.

SADET (Jean), à Couilly, 162.

SAUVAJON (Pierre), à Crécy, 167.

SAINTE-CÉLINE (Jean de), clerc demeurant à Meaux, 10, 11.

SAINTE-CÉLINE (Gilon de), fils de Jean, 10, 14, 15.

SAINTE-CÉLINE (Gilon, Philippe et Marie de), enfants de Jean, 15.

SILVELLE (Simon de), escuyer, 109, 114.

SUBSTAND (Colin), tabellion royal à Crécy, 176.

TANCARVILLE, vicomte de Melun (Guillaume de), conseiller du Roc, maitre général des eaux et forêts, 166.

TARTARIN (Jean), à Couilly, 160.

TARTARIN, à Saint-Germain-les-Couilly, 176.

THIBAULT IV, comte de Champagne et de Brie, 40.

THIBAULT V, roi de Navarre, comte de Champagne et de Brie, 110, 112.

THIBAULT de Sameron, procureur de l'abbaye du Pont-aux-Dames.

THIERRY, cordonnier à Couilly, 29, 50, 71.

THOMAS, abbé d'Hermières, 74.

THOMAS DE SANCY, chevalier, 4, 55.

TUILLIER (Joseph), à Saint-Germain-les-Couilly, 176.

TUPIN (Pierre), à Couilly, 162.

ULRIC, chapelain de l'abbaye du Pont-aux-Dames, 100.

VAUCHAMP (Robert de), à Crécy, 104.

VITRY (Philippe de), évêque de Meaux, 149.

VILLENEUVE-LE-COMTE (Michel de), chevalier, 41. 111

VIVIER (Guillaume et Pierre du), écuyers, 88.

VOUTE, Jean de la, clerc, 41.

YSABELLE de Serris, abbesse du Pont-aux-Dames, 146, 148.

YSABELLE ou YSABEAU de Bavière, femme du roi Charles VI, 165, 168.

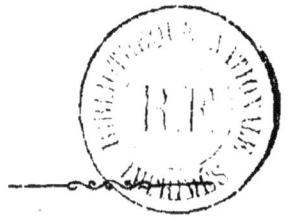

ERRATA

Pages	Lignes	Au lieu de	Lisez
47	17	L'énonciation de métier	L'énonciation du métier
80	27	Daguesseau	D'Aguesseau
88	2	Le chemin du Voyeulx	Le chemin des Voyeulx
115	21	De l'an 1198	De l'an 1158
125	Note 1	Nec in cadem abbatia	Nec in eadem abbatia
131	1	Aelipidis	Aelipdis
131	13	Scolarium Parisiensis ac totus	Scolarium Parisiensis humilis Prior ac totus
141	Note 2	Secum dum	Secundum
144	— 2	Le chapitre général de 1490	Le chapitre général de 1491
159	Dans la note	Que l'on découvrait avec couché	Que l'on découvrait avoir couché
214	5	Enfin les moines de Circamp	Enfin les moines de Cercamp
214	6	Une rente nouvelle	Une rente annuelle
227	29	Sur la nouvelle ruet	Sur la nouvelle rue
230	16	A nos amis	A nos amés
254	Note	La note qui se trouve au bas de cette page est le résultat d'une erreur et doit être supprimée. La religieuse que Janvier appelle madame de Belébat est celle que T. Duplessis appelle Marie Hurault de l'Hospital. La famille Hurault avait substitué à son nom celui de la terre de Belebat, et, plus tard, par mariage, y joignit celui de l'Hospital. Mais c'est à tort que Janvier place cette abbesse à Dijon où je l'avais vainement cherchée. Elle était abbesse de Notre-Dame-de-Consolation, autrement dite l'abbaye du Réconfort, au diocèse d'Autun. (*Gallia christiana*, IV,	

		col. 5o5). Les auteurs du *Gallia christiana* la nomment Madeleine Hurault de l'Hospital de Belesbat. Le *Dictionnaire généalogique*, de La Chénaye des Bois, lui donne également le prénom de Madeleine.	
258	15	Nouveaux acquits	Nouveaux acquets
272	21	Qu'il plût à M. de Cîteaux de décharger	Qu'il plut à M. de Cîteaux décharger
280	13	L'autre Me Jean Chalmot	L'autre pour Me Jean Chalmot
281	6	Ces quatre derniers cousins de	Ces quatre derniers, cousins de
283	3	Sous les ruines	Sous ses ruines
287	35	Ce 10 décembre 1755	Ce 10 décembre 1758
3oo	34 (Note)	M. Levoy	M. Leroy
310	26	Cour intérieure de l'abbaye	Cour extérieure de l'abbaye
33o	21	Du sept séances	De sept séances
332	13	Dans différents bâtiments	Dans les différents bâtiments
337	3	Total des dettes de l'abbaye, 29,660 l.	Total des dettes de l'abbaye, 29,667 l.
338	2	Marie de Tessière	Marie de Tersière
341	2	La qualifiaient abbesse	La qualifient abbesse
35o	20	Après le paragraphe commençant par : Ce témoignage me paraît... et finissant par : Et la religiosité de la communauté du Pont-aux-Dames, ajoutez : Enfin T. Duplessis constate que plusieurs religieuses, dont il nous fait connaître les noms, furent tirées de l'abbaye du Pont-aux-Dames pour gouverner d'autres abbayes.	

ANALYSE DU CARTULAIRE

1	7	Ad earumdum sustentationem	Ad earumdem sustentationem
14	N° 45	Sur la marge à droite, au lieu de 186 V°	136 V°

15	Nº 51	Carta quittœ molendinorum Arnulphi	Carta quittantiœ molendinorum Arnulphi
16	Nº 53	Carta de quittantiœ	Carta de quittantia
30	Ligne 22	De la pécune non membrée	De la pécune non nombrée
34	Nº 105	Sur la marge à droite, au lieu de 118 Rº	87 Rº
		Sur la marge à gauche, au lieu de janvier 1260	Mars 1264
35	Nº 106	Sur la marge à droite, au lieu de 132 Rº	73 Rº
		Sur la marge à gauche) au lieu de juin 1239	Mars 1265
36	Nº 111	Sur la marge à gauche, au lieu de juin 1260	Juin 1267
52	Nº 139	Sur la marge à gauche, au lieu de avril 1236	Avril 1336
56	Nº 143	Ligne 18, les dix-huict livres de rente	les dix livres de rente
		Ligne 19, loiable compaigne	loialle compaigne
65	Nº 157	A tous ceulx que ces présentes	A tous ceulx qui ces présentes
69	Nº 161	Cette charte est du 28 mai 1392. Elle] se trouve au fº 20, vº du cartulaire	
69	Nº 161	A tous ceulx que ces présentes	A tous ceulx qui ces présentes
69	Nº 161	Ligne 10, la garde du gouvernement	la garde, gouvernement et....
72	Nº 165	Ligne 3, nos bien aimées	Nos bien amées
73		Ligne 11, en ceste matière....	En ceste manière]

DU MÊME AUTEUR

Lettre historique sur Couilly, chatellenie de Crécy, élection de Meaux en Brie, 853-1789, un volume petit in-8°. . . . 3 fr.

www.ingramcontent.com/pod-product-compliance
Lightning Source LLC
Chambersburg PA
CBHW070603230426
43670CB00010B/1391